交通运输类"十三五"创新教材

中华人民共和国内河船舶船员适任考试培训教材

船舶管理

（驾驶专业一类）

中国海事服务中心组织编审

主编 ◎ 杨学辉 刘芳武 孙建明 余胜君

大连海事大学出版社

图书在版编目(CIP)数据

船舶管理：驾驶专业一类 / 杨学辉等主编. — 大连：大连海事大学出版社，2020. 12
中华人民共和国内河船舶船员适任考试培训教材
ISBN 978-7-5632-4027-2

Ⅰ. ①船… Ⅱ. ①杨… Ⅲ. ①船舶管理—技术培训—教材 Ⅳ. ①U692

中国版本图书馆 CIP 数据核字(2020)第 239356 号

大连海事大学出版社出版

地址：大连市凌海路1号　邮编：116026　电话：0411-84728394　传真：0411-84727996
http://press.dlmu.edu.cn　E-mail:dmupress@dlmu.edu.cn

大连永盛印业有限公司印装　　大连海事大学出版社发行

2020 年 12 月第 1 版　　2020 年 12 月第 1 次印刷
幅面尺寸：184 mm×260 mm　　印张：18.25
字数：452 千　　印数：1～5000 册

出版人：余锡荣

责任编辑：杨　淼　　责任校对：董洪英
封面设计：解瑶瑶　　版式设计：解瑶瑶

ISBN 978-7-5632-4027-2　　定价：51.00 元

中华人民共和国内河船舶船员适任考试培训教材
编委会

前 言

根据《内河船舶船员适任培训和考试大纲(2019 版)》,中国海事服务中心组织在内河船舶运输领域有着丰富教学和培训经验的专家在2016 年培训教材的基础上重新编写了"中华人民共和国内河船舶船员适任考试培训教材",并组织实践经验丰富的海事管理机构专家和船公司的指导船长、轮机长对教材进行了审定。

在本套教材编写前,中国海事服务中心组织参编专家对内河船舶运输现状进行了广泛的调研和深入的讨论,确保教材内容符合船上实际,反映最新航运技术和与航运相关的最新法律、法规、规范与标准,并在表达方式上通俗易懂,符合内河船舶船员业务学习和技能培训的需要。

本系列教材分驾驶专业和轮机专业两类:驾驶专业包括《船舶操纵》《船舶值班与避碰》《船舶引航》《船舶管理(驾驶专业一类)》《船舶操纵与引航(二、三类)》《船舶管理(驾驶专业二、三类)》;轮机专业包括《主推进动力装置》《船舶辅机》《船舶电气设备》《船舶管理(轮机专业一类)》《船舶机械设备操作与管理(二、三类)》《船舶电气设备操作与管理(二、三类)》《船舶管理(轮机专业二、三类)》。

《船舶管理(驾驶专业一类)》由重庆交通大学杨学辉、江苏航运职业技术学院刘芳武、江苏海事职业技术学院孙建明、重庆交通大学余胜君主编,上海交通职业技术学院张忠飞、中国海事服务中心王希行主审。重庆交通大学尹朝忠参与了本书的编写。全书由杨学辉负责统稿。

《船舶管理(驾驶专业一类)》全书内容共分十章。第一章船舶常识,第二章货物运输常识,第三章安全与环保意识,第四章遵守船舶法定要求,第五章遵守船员法定要求,第六章船舶维护与保养,第七章船舶修理与检验,第八章船舶应变部署,第九章轮机常识,第十章海事案例分析。本书适用于内河船舶驾驶专业一类证书船员适任考试培训,也可供航运企业内部培训使用,还可作为大、中专院校内河船舶驾驶专业或同类专业的教学参考书。

在教材编写过程中得到了各海事机构、航运院校、船员培训机构、航运企业等相关单位的关心和大力支持,特致谢意!由于时间仓促,书中难免存在错误和疏漏,欢迎广大读者和专家批评指正。

中国海事服务中心

2020 年 7 月

目　录

第一章 船舶常识

船舶是能航行或漂浮于水域内用于执行运输、工程作业、作战等任务的运载工具，是各类船舶、舰艇、舢板及水上作业平台的统称。本章主要介绍船舶种类与结构、船舶尺度及主要标志、船舶稳性等内容。

第一节 船舶种类与结构

一、船舶种类

（一）船舶分类

现代船舶种类繁多，但内河船舶主要按以下几种方式进行分类。

（1）按用途分类：运输船舶、工程船舶、工作船舶等（见图 1-1）；

（2）按推进方式分类：机动船和非机动船；

（3）按船体结构分类：纵骨架式船、横骨架式船和混合骨架式船；

（4）按机舱位置分类：中机型船、艉机型船和中艉机型船；

（5）按推进器形式分类：明轮船、螺旋桨船、平旋推进器船、喷水推进船等；

（6）按建造材料分类：钢质船、木质船、水泥船、铝合金船和玻璃钢船等；

（7）按航行状态分类：浮行船、滑行船和腾空航行船。

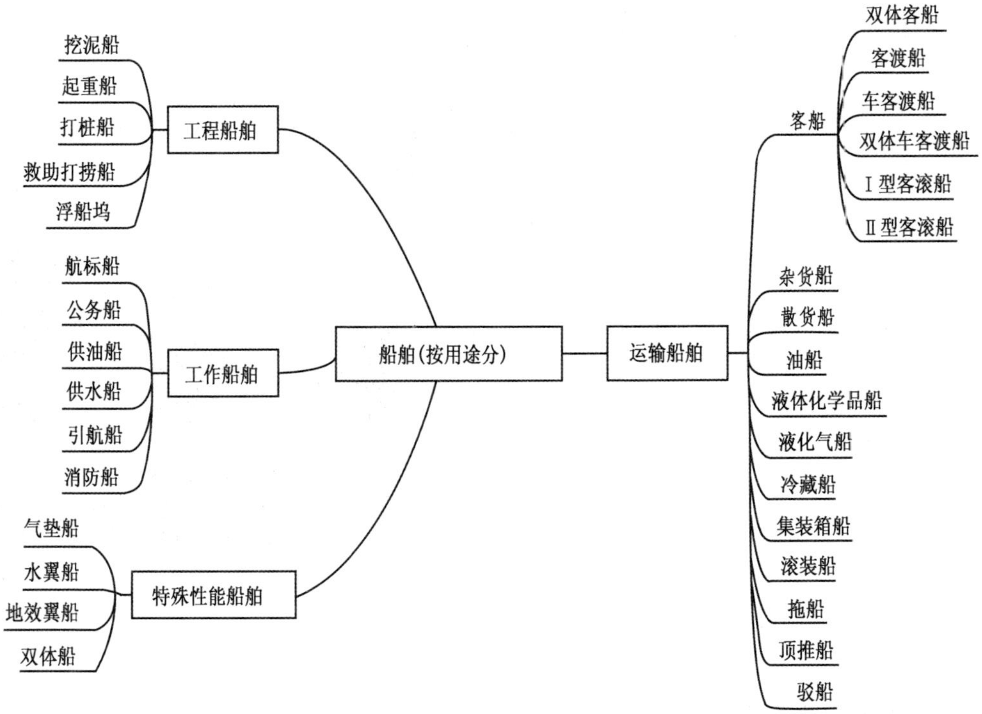

图 1-1　内河船舶按用途进行分类

(二)运输船舶

船舶最主要的作用是进行水上交通运输，在各类船舶中运输船舶的种类和数量最多，尺度和载重量也最大。

1. 客船

客船系指载运乘客超过 12 人的船舶。小型客船系指船长为 20 m 以下的客船。对兼运少量货物的客船也称客货船。客船要具有较好的抗沉性、稳性、耐波性、快速性及操纵性，并具有较大的强度和配备足够的救生和消防设备。客船具有较大的甲板面积和舱室面积，甲板层数较多，外形美观，居住条件较好。根据《内河船舶法定检验技术规则》的规定，客船还包括以下类型的船舶：

(1)双体客船，系指具有两个相互平行的船体，其上用连接桥、抗扭箱或等效结构将双体连在一起的客船。该类客船除具有一般客船的特点外，还具有抗阻力性能好、操纵性能好，甲板面积大、舒适性能好，稳性性能好、安全性强，船型简单、易于维护，能实现浅吃水等特点。

(2)客渡船，系指航行于渡口(城镇渡口和乡村渡口)间，单程逆水延续航行时间(不包括中途停港时间)不大于 2 h 或单程航行距离不大于 20 km，载运乘客或兼运货物的客船。这类渡船历经千年的发展变迁，历史悠久、形式各异，按建造材质分有钢质船、玻璃钢船、木质船等；其经营方式分为企业化经营、私人承包经营、政府资助经营、义渡船经营等。这类船舶的使用状况不尽相同，有的设备齐全、保养良好，船况较好；少数船舶配备不全、船况不佳。近年来，地方政府加快了建桥撤渡的速度，以方便人们安全、便捷出行。

(3)车客渡船，系指自出发港至终点港逆水延续航行时间不超过 2 h，并设有滚装处所用于载运货车、客车和乘客的船舶(包括仅载运汽车的船舶,但不包括仅载运商品汽车的船舶)。

(4)双体车客渡船,系指具有两个相互平行的船体,其上用连接桥、抗扭箱或等效结构将双体连在一起的车客渡船。

(5)Ⅰ型客滚船,系指自出发港至终点港逆水延续航行时间超过 2 h 并设有滚装处所的客船(Ⅱ型客滚船除外)。

(6)Ⅱ型客滚船,系指自出发港至终点港逆水延续航行时间超过 2 h 且仅载运在油箱内备有闪点大于 60 ℃(闭杯试验)自用燃油的载货汽车(不包括装载危险货物的货车),以及全船载运的载货汽车司机和随车工作人员超过 12 人的客滚船。

2. 杂货船

杂货船是用来运输箱装、袋装、桶装、包装等杂货的船舶,也叫干货船。杂货船货舱舱容较大,一般设多层甲板,机舱多设在艉部。杂货船又可分为普通杂货船和多用途杂货船。普通杂货船通常用于运输箱装、包装、袋装、捆装等杂货,货舱体积较大,具有多层甲板,上甲板有吊杆,装卸效率较低。多用途杂货船可装集装箱,甲板开口大,有吊杆,有较多的压载舱,装卸效率较高。

3. 散货船

散货船是用来专运谷物、矿砂、煤炭等大宗散装货物的船,包括矿砂船、运煤船、散粮船、散装水泥船。散货船一般为单甲板、艉机型船,设有较大的货舱口以便装卸。散货船货舱区域结构为双底单舷(顶部设抗扭箱)、单底单舷或单底双舷。

4. 油船

油船是专运散装油类的船。油船多为艉机型、双底、纵舱壁、双层壳结构、单层甲板、吨位大。油舱由纵横舱壁分隔为若干个独立舱,以增加强度、减小自由液面的影响。油的装卸由管系和油泵进行。由于石油及其制品易挥发、易燃,所以油船对防火和消防设备有特殊的要求。为防止油气进入其他舱室,油船货舱区的前、后两端与机舱、船员住室及其他非货油舱之间均设有舱长不小于 76 cm 的隔离舱。有的油船将油泵舱兼作隔离舱。根据我国《船舶水污染物排放标准》的规定,内河油船的含货油残余物的油污水须全部排入接收设施,不得排往水体。

5. 液体化学品船

液体化学品船系指类似油船设有货物围护系统专运散装液体化学品或有毒液体物质(NLS)的船舶。根据液体化学品危险性大小可将液体化学品分为Ⅰ级、Ⅱ级、Ⅲ级,Ⅰ级危险性最大,其货舱容积必须小于 1 250 m^3;Ⅱ级危险性较大,其货舱容积必须小于 3 000 m^3;Ⅲ级危险性较小。液体化学品船要求货舱必须与机器处所和居住处所分隔开来,货舱还要求有透气系统和温度控制系统,货舱和泵舱必须有足够大的出入口。

6. 液化气船

液化气船系指设有货物围护系统专运在温度为 37.8℃时蒸汽压力超过 0.28 MPa(绝对压力)的液化气体或其他液货的船舶。其运输时将石油气或天然气经低温或高压处理使之变成液态。专门散装运输液化石油气的船舶称为液化石油气船,简称 LPG 船;专门散装运输液化天然气的船舶称为液化天然气船,简称 LNG 船。液化气体船按所装运的液化气体的液化方式可分为以下三种:压力式液化气体船、低温式液化气体船、低温压力式液化气体船。液化气船常用蒸汽轮机作为主机。

7. 冷藏船

冷藏船系指具有货物制冷装置的船舶，用于将肉、鱼或水果等时鲜食品以冻结或维持低温的状态进行运输。按货物的不同，冷藏船可分为运肉船、运鱼船、水果运输船等。冷藏船具有多层甲板、甲板间舱高度较小、货舱口小、航速较高的特点。

8. 集装箱船

集装箱船（见图 1-2）系指单甲板具有大舱口，货舱区域结构为双底双舷、双底单舷（顶部设抗扭箱）、单底单舷或单底双舷，专门载运集装箱，有货舱舱口盖的船舶。敞口集装箱船系指单甲板具有大舱口，货舱区域结构为双底双舷、双底单舷（顶部设抗扭箱）、单底单舷或单底双舷，专门载运集装箱的船舶，但货舱无舱口盖。集装箱船甲板大多不设起重设备。集装箱船的优点是装卸效率高，船舶周转速度快，货损货差少。在甲板上装集装箱，会造成重心高、受风面积大等对船舶稳性和操纵性不利的影响。

图 1-2　集装箱船

9. 滚装船

滚装船（见图 1-3）系指具有单层或多层车辆甲板、能装载车辆或使用车辆装卸集装箱或托盘货物的货船。滚装船的货物装卸，不是从甲板上的货舱口垂直地吊进吊出，而是通过船舶首、尾或两舷的开口，以及搭到码头上的跳板，用拖车或叉式装卸车把集装箱或货物连同带轮子的底盘从船舱至码头拖进拖出，滚装船的主要特征是：

（1）滚装船的甲板面积大、层数多。按其尺度的不同设有 2~6 层分舱甲板，装载小汽车的滚装船甲板层数可达 10 层以上。其主甲板以下设有双层船壳，两层船壳之间作为压载水舱，在各层甲板上设有内跳板或升降平台，用来安放货物或供货车通行。

（2）由于滚装船装载的货物一般是连同底盘车一起装船运输的，所占舱容大、货舱利用率低，因此，滚装船通常型深较大，水线以上的受风面积也大。

（3）滚装船在艏部、艉部或两舷侧设有开口，但多数在船尾设有开口，并装设水密门和跳板，依靠机械机构或电动液压机构进行开闭和收放。

滚装船的主要优点是：不需要起货设备，装卸速度快，货损较小，码头投资少，便于特大、特重货物运输。

图 1-3 滚装船

10. 拖船

专用于拖曳其他船只或浮体的船称为拖船。拖船按用途分有运输拖船、港作拖船和救助拖船等;按航区分有远洋拖船、沿海拖船、内河拖船和港口拖船等。拖船具有拖曳设备和较大功率的主机,拖钩多置于接近船中的部位。内河拖船一般很少设艏楼,上层建筑比较丰满,船长较短,操纵要求灵活方便,常采用导管螺旋桨提高推进效率,舷侧加设水平和竖向护舷材。

11. 顶推船

专门用于顶推驳船与驳船队的船称为顶推船。顶推船设有较大功率的主机,驾驶室位置较高,其艏部装有顶推设备。为了增加推力,顶推船常装有导管螺旋桨。

拖船和顶推船在使用时并没有严格的区分,拖船可用来顶推驳船队,而顶推船也可用于吊拖驳船队。但顶推船队的推进效率比拖带船队高。

12. 驳船

驳船一般是指无推进动力并依靠其他船只带动的船。驳船按其用途分有客驳、货驳、泥驳、石驳等;按结构分有舱口驳、敞舱驳、甲板驳、半舱驳和罐驳等;按船型分有普通驳、分节驳等。

分节驳船队的首段驳和尾段驳常设计成船的首尾型,中间驳常设计成方型,整个船队的队形与船型相似,以减少航行阻力。分节驳船队利用自动锁或短缆系结方式相互连接,编队快捷迅速。

(三)工程船舶

工程船舶是利用船上特有的工程机械来完成特定的水上或水下工程任务的船舶,工程船舶种类繁多,设备复杂,专业性强,新技术、新设备应用广泛。

1. 挖泥船

挖泥船(见图 1-4)是能挖掘河底的泥土、沙砾,以疏浚航道、港口,使航道和港口水域维持一定的水深的船。挖泥船可以分为非自航式、自航式、自航自载式等。挖泥的方式有吸扬式、抓斗式、链斗式等。

2. 起重船

起重船(见图 1-5)又称浮吊,是用于起吊水上建筑构件、搬运和安装大型机械、在港口码

图 1-4 挖泥船

头起卸特大件货物等起重作业的船。主钩起吊能力从几十吨到 500 t 以上，按其起重设备类型的不同可分为转机式、定机式和固定变幅式等。为了保证浮吊的稳性，船上还设有平衡水舱和水泵等专用设备。

常见的有扒杆式起重船和旋转式起重船。扒杆式起重船多为非自航式的箱形船体，吊钩在船首，几乎无横向倾斜；旋转式起重船多为自航式的箱形船体，可进行 360°旋转，起吊灵活。

图 1-5 起重船

3. **打桩船**

打桩船是用于港口工程、桥梁工程以及其他临水建筑工程施工中打桩的船，多为非自航式的箱形船体，桩架通常设在艏部。常见的有桩架固定式打桩船和桩架全回式打桩船。

4. 救助打捞船

救助打捞船是对遇险船舶进行施救和打捞沉船的工程船。救助拖船常要求稳性好、耐波性好、航速快、有较强的消防能力。打捞船按打捞方式可分为浮筒式、起吊式、充塑式、金属筒式。

5. 浮船坞

浮船坞是能调节沉浮、用于修船和造船的工程船舶。特别是修船工程中有关拆换底部外板、清除污底、船底涂漆、修理螺旋桨和舵设备等水下工程，常需进坞施工。浮船坞具有箱形坞底和左右对称的两个箱形坞墙，其上设起重设备，坞中设强力泵站，通过对坞底水舱进行排灌，可以调节坞的沉浮。浮船坞由于造价比干船坞低，且可以移泊，在内河的修造船中广泛使用。

（四）工作船舶

工作船舶是不直接参与运输生产，而是为运输生产服务的船舶。它包括以下几种：

1. 航标船

航标船的主要任务是安放航标，也兼做起重、航道测量和水文测量工作。全船漆成白色，并绘有专用标志。

2. 公务船

公务船是专门从事各种公务工作的船的统称，包括海事船、海关艇、检疫艇、巡逻艇等。

3. 绞滩船

绞滩船是锚泊于内河急流、险滩河段，专门绞曳上行船舶过滩的工作船，设有大功率绞车及钢缆等绞曳设备。

4. 供油船

供油船是港内用于供应运输船舶燃油的船，有自航船和油驳两种，它们都装有油泵以供泵油，消防设备比较完善。

5. 供水船

供水船是为港内停泊的运输船舶供应清水的船，有自航式和水驳两种，装有水泵和水管以供泵水之用。

6. 引航船

专用于接送引航员的交通船叫引航船，当引航船在工作时，应当显示上白下红的旗号和（或）上白下红的号灯。引航是指为了维护国家主权和保障船舶、港口和设施的安全，由国家专业引航人员引领船舶安全航行的行为。引航员必须持有引航员证书。引领船舶进出港口的引航员俗称“领港”，江上引航员俗称“领江”。引航员通常登船引航。对外国籍船舶进出中国港口和在港内移泊实施强制引航，本国籍船舶如船长需要也可申请引航，以确保航行安全。在引航过程中，被引船船长继续负有管理和驾驶船舶的责任。

7. 消防船

消防船（见图 1-6）是对港内船舶或岸边临水建筑物进行消防灭火工作的专业船。消防船外形很像拖船，所以也有兼作拖船使用的消防船。消防船上备有大功率水泵系统、高压喷水枪和灭火剂等消防器材，并配有救护人员和医疗设备。为适应油船消防，还设置专门的消防泡沫炮。消防水枪设在离水面很高的消防塔架上，有的设在加粗的船桅顶上，其射程可达 40 m 以上。为了能更深入火区救火，船上还设有水幕装置。在进入火区时，全船由水幕罩着。消防船漆成红色，从外观上很易识别。消防船航速较高，并有良好的耐波性，还要求有很好的操纵性，使船能在狭窄水道或拥挤的港口内执行消防任务。

图 1-6　消防船

（五）特殊性能船舶

1. 气垫船

气垫船是航行时利用高于大气压的空气在船体与支承表面（水面或地面）间形成气垫，使部分或全部船体脱离支承表面的船。按产生和维持气垫的方式，气垫船可分为全垫式气垫船和侧壁式气垫船两种。全垫式气垫船系指能借助气垫支承其全部重量的高速船。全垫式气垫船航行时，船底全部离开水面，能在陆地和沼泽地区行驶，水、陆两用，船上装有空气螺旋桨或喷气机作为推进动力，航速可达 100 km/h 以上。全垫式气垫船适合在水域比较开阔的江面或沿海港口之间航行。侧壁式气垫船在船的两侧设置有刚性的侧壁以防止气体的外泄，航行时，船底大部分离开水面，但侧壁仍在水中。其通常采用水下螺旋桨推进，航速比全垫式气垫船低，但侧壁式气垫船适合在山区河流中航行。气垫船按航行状态属于腾空航行船，多用轻合金材料制成。目前，气垫船多用作高速客船、交通船、货船和渡船，尤其适于在内河急流、险滩和沼泽地使用。

2. 水翼船

水翼船（见图 1-7）船底下部安装有水翼，高速航行时利用水翼产生的升力使船体部分或全部升离水面。水翼船在停泊或低速航行时与普通排水型船一样，也靠浮力支承。但随着航速的增加，作用在水翼上的升力逐渐加大，最后可将除水翼臂架推进器和舵以外的整个船体升离水面，使总阻力大幅度下降，航速提高，一般可达 70～120 km/h。为尽量减轻重量，水翼船的船体通常用铝合金、水翼用高强度合金钢制造，并利用轻型柴油机或燃气轮机作为主机。水翼船一般采用水螺旋桨、喷水螺旋桨等推进装置。水翼船按航行状态属于滑行船。与普通排水型船相比，水翼船虽造价较高，但有航速高、兴波小的优点，适于在内河、湖泊和沿海作高速客船、交通船、巡逻船用。

图 1-7 水翼船

3. **地效翼船**

地效翼船(见图 1-8)系指重量由机翼利用其与贴近水表面或其他表面之间的地面表面效应所产生的气动升力支持的船舶。地效翼船可分为冲翼艇和气翼艇两种，其中冲翼艇由提供浮力的船体和一定展弦比的机翼组成。其利用机翼贴近表面运动时表面对气流的影响而产生表面效应，使机翼升阻比增加，既可以减少推进功率，又可以保持离开地面的航行。冲翼艇具有速度快、巡航性好的特点，主要用于在海洋平台、远洋渔业中快速运送人员。气翼艇除了利用空气动力表面效应原理外，在低速航行时还利用动力气垫起飞和降落，具有两栖性。

图 1-8 地效翼船

4. **双体船**

在两个分离的船体上部用强力构架将其连为一个整体的船叫双体船(见图 1-9)。双体船的每个单体称为片体，两个片体各设一部主机和一个推进器，航行时同时转动。连接两个片体的强力构架称为联桥，上设舱室。双体船的显著特点是甲板面积大、稳性好、操纵灵活。其一般用作中、小型内河船，以及渡船、甲板货船、推船、浮油回收船和炸礁船等。

图 1-9　双体船

二、船体结构

（一）船体的基本概况

1. 船体的基本组成

船体结构依据船舶的类型而定，一般来说船体大致可分为主船体和上层建筑两部分。主船体部分有船首、船中、船尾；上层建筑部分有艏楼、桥楼和艉楼及甲板室。

主船体是船体结构的主要部分，是由船底、舷侧、上甲板围成的水密的空心结构。其内部空间又由水平布置的下甲板、沿船宽方向垂直布置的横舱壁和沿船长方向垂直布置的纵舱壁分隔成许多舱室。货船上通常有货舱、机舱、艏尖舱和艉尖舱等。艏、艉端的横舱壁也叫艏尖舱舱壁和艉尖舱舱壁。船体的基本结构如图 1-10 所示。

2. 组成船体的板架

船体是由钢板和骨架组成的长箱形结构，整个船的主体可分为若干板架结构，如甲板板架、舷侧板架、船底板架和舱壁板架等，如图 1-11 所示。各个板架相互连接，相互支持，使整个主船体构成坚固的空心水密建筑物。

（二）板架结构的骨架形式

船舶结构是由板材和骨材组成的船体结构物的总称。船体内由相互连接的骨材所组成的构架称为船体骨架。船体骨架主要有横骨架式、纵骨架式和混合骨架式三种形式。

1. 横骨架式船体结构

横骨架式船体结构是指在上甲板、船底和舷侧结构中横向构件数目多、排列密而纵向构件数量少、排列疏的船体结构。具体结构名称如图 1-13 所示。

这种横骨架式船体结构的船舶具有以下特点：

（1）横向强度好和局部强度好。

（2）结构简单，建造容易。

（3）舱容利用率好。横向构件数目多不需要很大尺寸，因而占据舱内空间小。

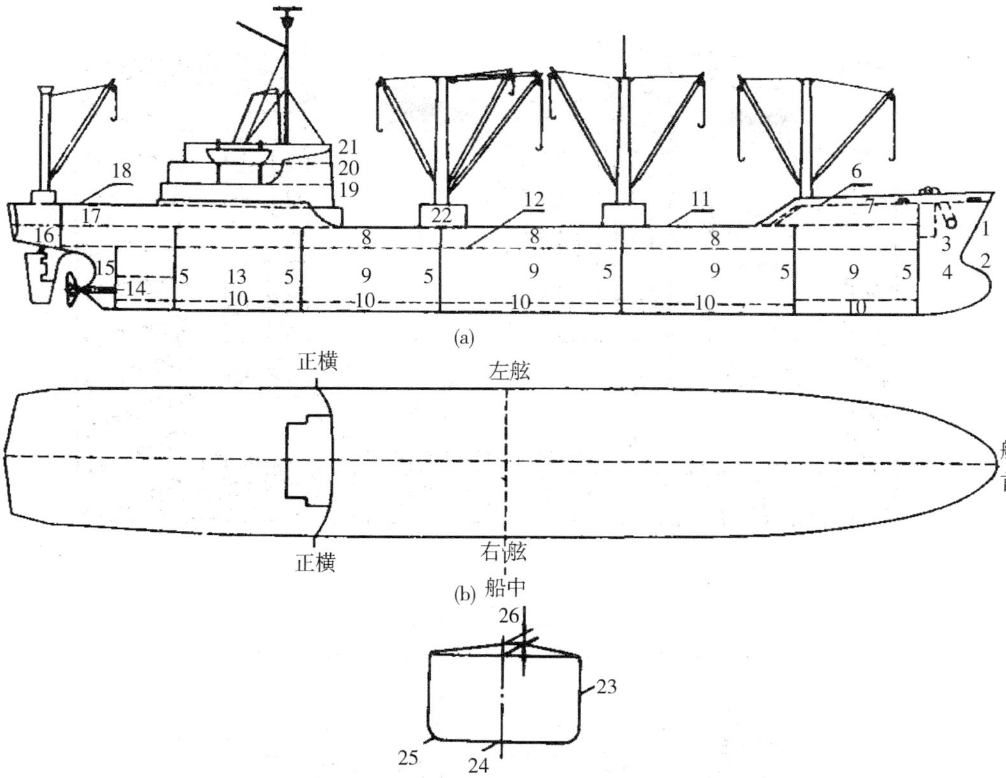

图 1-10 船体的基本结构

1—艏柱;2—球鼻艏;3—锚链舱;4—艏舱;5—水密舱壁;6—艏楼甲板;7—艏楼;8—甲板间舱;9—货舱;10—双层底;11—上甲板;12—下甲板;13—机舱;14—轴隧;15—艉尖舱;16—舵机舱;17—艉楼;18—艉楼甲板;19—艇甲板;20—驾驶甲板;21—罗经甲板;22—桅屋;23—舷侧;24—平板龙骨;25—舭部;26—梁拱

(4)空船重量大。船体总纵强度主要靠纵向构件和船壳板、甲板板来保证。由于纵向构件数目少,必须增加船壳板的厚度来补偿,结果增加了船体重量。

2. 纵骨架式船体结构

纵骨架式船体结构是指在上甲板、船底和舷侧结构中纵向构件数目多、排列密而横向构件数量少、排列疏的船体结构。具体结构名称如图 1-12 所示。

这种纵骨架式船体结构的船舶具有以下特点:

(1)纵向强度好。

(2)结构复杂。由于小尺寸的纵向构件数目多,增加了焊接工作量。

(3)舱容利用率低。船体横向强度主要靠少数横向构件来保证,因而尺寸很大,占据舱容较多。

(4)空船重量小。因为船壳板和甲板板可以做得薄些,所以结构重量减小。

这种形式的船体结构通常在对总纵强度要求较高的大型油船和矿砂船上被采用。

3. 混合骨架式船体结构

混合骨架式船体结构是在上甲板、船底采用纵骨架式结构,而在舷侧采用横骨架式结构,具体结构名称如图 1-14 所示。

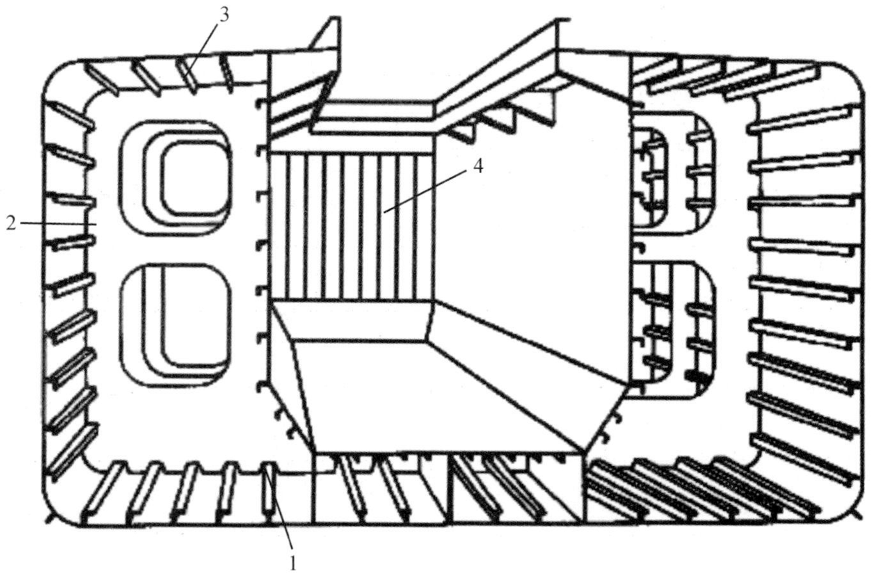

图 1-11　组成主船体的板架

1—底部板架；2—舷侧板架；3—甲板板架；4—舱壁板架

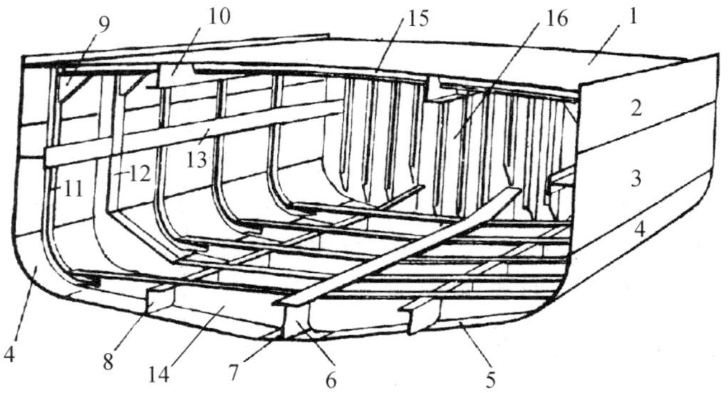

图 1-12　横骨架式船体结构

1—甲板板；2—舷顶列板；3—舷侧板；4—舭列板；5—船底板；6—中内龙骨；7—平板龙骨；8—旁内龙骨；9—梁肘板；10—甲板纵桁；11—肋骨；12—强肋骨；13—舷侧纵桁；14—肋板；15—横梁；16—横舱壁

从船体各部位的受力特点看这种结构是合理的，其具有以下特点：

（1）既满足总纵强度的要求，又有较好的横向强度。

（2）结构简单，建造容易。

（3）舱容利用率高。因为舱内突出的大型构件少，所以不妨碍舱容及货物的装卸。

（4）舷侧与甲板、船底的交接处结构连接性不太好。舷侧的横向构件多，而甲板、船底的横向构件少，因此舷侧上有部分横向构件不能与甲板和船底的横向构件组成横向框架。

混合骨架式船体结构在大中型干散货船中被广泛采用。

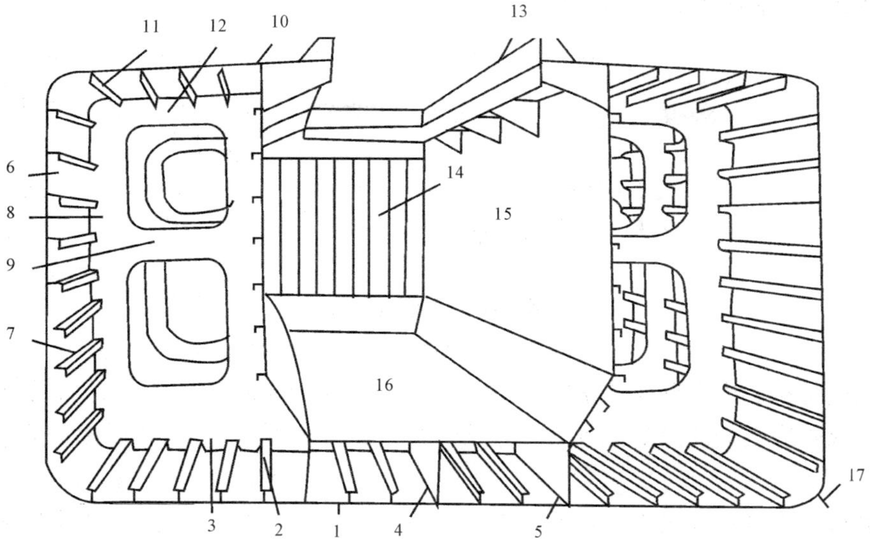

图 1-13　纵骨架式船体结构

1—船底板;2—船底纵骨;3—肋板;4—中桁材;5—旁桁材;6—舷顶列板;7—舷侧纵骨;8—强肋骨;9—撑杆;10—甲板;11—甲板纵骨;12—强横梁;13—舱口围板;14—横舱壁;15—纵舱壁;16—内底板;17—舭龙骨

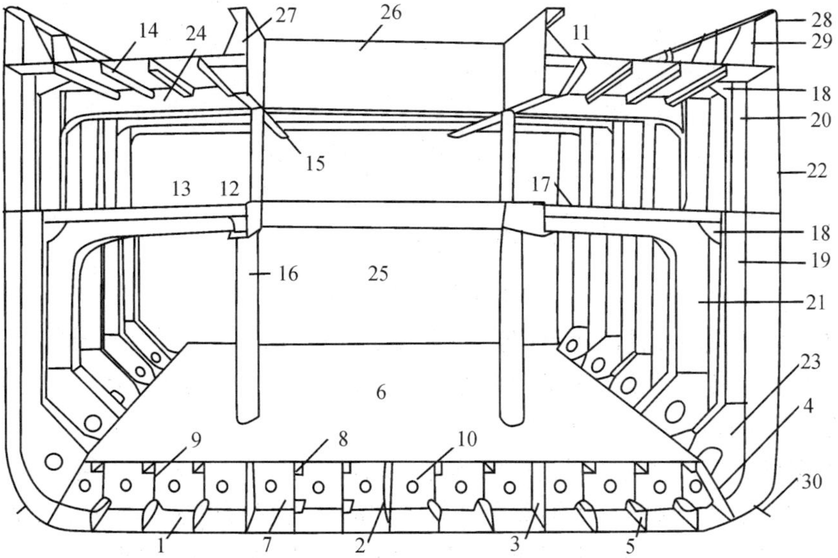

图 1-14　混合骨架式船体结构

1—船底板;2—中桁材;3—旁桁材;4—内底边板;5—船底纵骨;6—内底板;7—实肋板;8—内底纵骨;9—加强筋;10—人孔;11—上甲板;12—舱口端梁;13—横梁;14—甲板纵骨;15—甲板纵桁;16—支柱;17—二层甲板;18—梁肘板;19—船舱肋骨;20—甲板间肋骨;21—强肋骨;22—舷侧列板;23—舭肘板;24—舱口端梁;25—横舱壁;26,27—舱口围板;28—肘板;29—舷墙扶强材;30—舭龙骨

(三)船体主要组成结构

1. 外板

外板由一块块钢板对接而成。钢板的长边沿船长方向布置,长边与长边相接叫边接,其焊缝叫边接缝;短边与短边相接叫端接,其焊缝叫短接缝。在艏艉部由于船体瘦削,某两列板会

合并为一列板，这种列板称为并板，如图 1-15 所示。

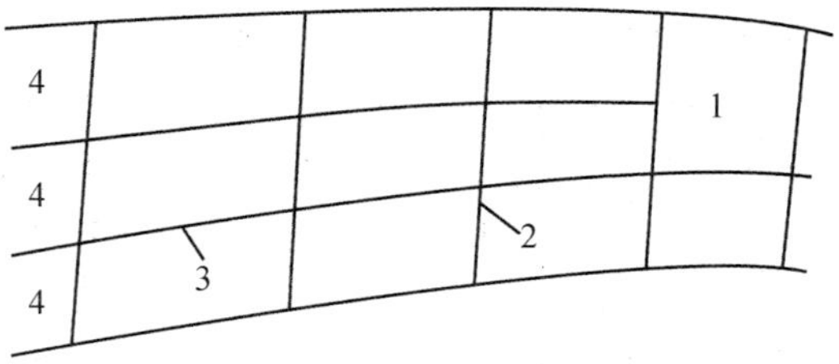

图 1-15　接缝与列板

1—边接缝；2—端接缝；3—并板；4—列板

外板在船体结构中保证船体水密，使船舶具有漂浮及运载能力。它作为船梁的组成部分，参与船体总纵强度与船底及舷侧骨架一起承受并传递各种横向载荷，共同保证船体的局部强度和刚性。

各个列板根据其在外板中所处的位置，分别称为平板龙骨、船底列板、舭列板、舷侧列板和舷顶列板，如图 1-16 所示。

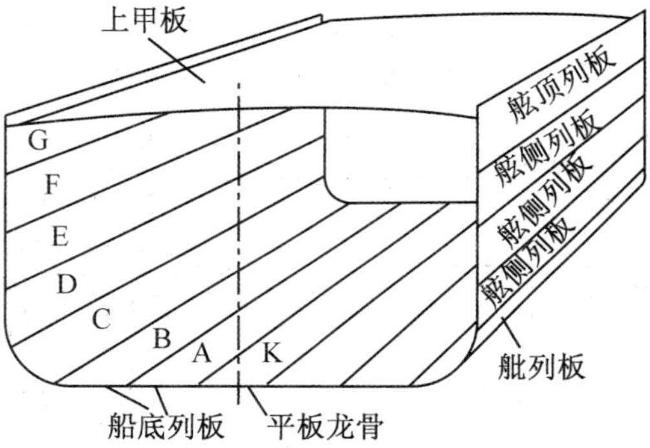

图 1-16　列板名称

外板的排列与编号由列板号码与钢板序号组成，以表示钢板在外板展开图中的位置。

（1）列板号码。位于基线的平板龙骨称为 K 列，与其相邻的船底列板依次为 A 行板、B 行板，以此类推。但 I、O 不用于列板编号。

（2）钢板序号。它是钢板在列板中的排号。钢板序号可以从船首排起，也可以从船尾排起，以阿拉伯数字表示。这样每块钢板在展开图中的位置就可以表示出来。如图 1-17 所示，K_3 表示平板龙骨第三块板（从船尾排起），PD_6 则表示左舷 D 行第六块板。

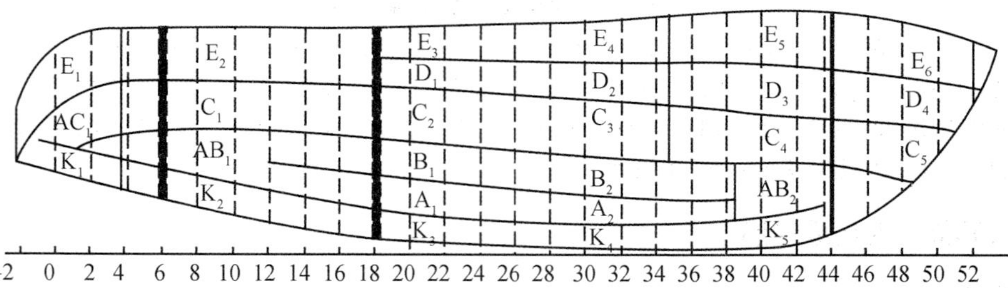

图 1-17　列板编号

2. 船底结构

船底结构按船底的层数可分为单底结构和双底结构。若考虑到骨架形式,船底结构就有横骨架式单底、纵骨架式单底、横骨架式双底和纵骨架式双底四种形式。

单底结构是没有内底板的单层船底。其结构简单、施工容易,但纵向强度不大,抗沉性较差。

双底结构就是在肋板的上缘,横向自船的一舷至另一舷、纵向自防撞舱壁至艉尖舱壁之间加设了一层水密列板,称为内底板。它与船底板之间构成了一个水密的空间,称为双层底。双层底有许多好处:提高了船舶的抗沉性能;既可以装载油、水,充分利用底部空间,又可以用压载水来调整船舶的纵倾和横倾,降低船舶的重心,提高船舶稳性;极大地增加了船舶的纵向强度。

(1)横骨架式单底结构

横骨架式单底结构(见图 1-18)通常用于小型内河船及大型船舶的艏艉区域。它主要由以下构件组成:

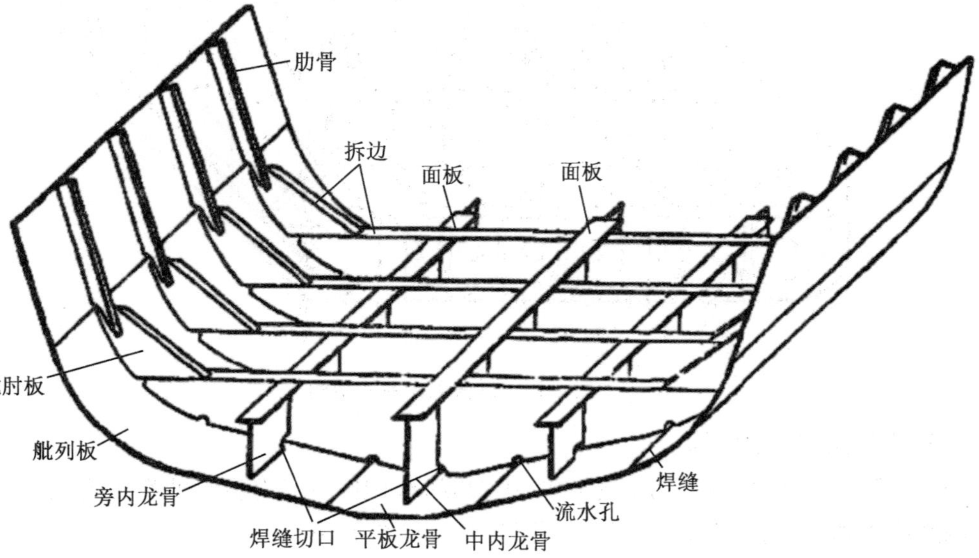

图 1-18 横骨架式单底结构

①平板龙骨。平板龙骨位于船底纵中线上,是船底骨架的主要纵向构件。通常采用一系列较厚的钢板作平板龙骨。

②内龙骨。内龙骨是船底骨架的纵向构件之一。按布置的位置可分为:

a. 中内龙骨。在船舶纵中剖面上安装的内龙骨,延伸至船首、尾两端。除了必要时可在艏、艉尖舱部分被实肋板间断外,其余都是连续的。它与平板龙骨连接在一起,形成强有力的工字结构。中内龙骨参与总纵弯曲,承受船底局部载荷,以及墩木反力和其他偶然载荷。

b. 旁内龙骨。在船舶纵中剖面两侧采用的内龙骨称为旁内龙骨。它的作用是加强船底板的稳定性,以免发生变形,并参与总纵弯曲。旁内龙骨与肋板同高,在实肋板和横舱壁处被做成间断形式。

③肋板。肋板是船底骨架的横向构件,在中内龙骨、水密纵舱壁处被间断,它与肋骨、横梁组成横向框架,维持船舶横向强度。在横骨架式单底结构中,每一个肋位上均设有肋板。

肋板分为实肋板、水密肋板、组合肋板三种。实肋板是肋板的主要形式，实肋板在中桁材处被间断，其上可以开人孔或减轻孔；水密肋板上不开孔，强度比实肋板大，在中桁材处被间断，通常设置在水密横舱壁下方（以保持水密的连续性）或双底内分舱处；组合肋板是由船底骨材、内底骨材、肘板及撑材等组成的，强度较实肋板差。

肋板通过内底边板与肋骨和横梁组成横向框架，以加强横向强度。

④舭肘板。连接肋骨下端与肋板的构件称为舭肘板，用来加强连接处的强度。

(2)纵骨架式单底结构

纵骨架式单底结构（见图1-19）通常用于油船上。它与横骨架式单底结构的主要区别在于设置了船底纵骨。船底纵骨通常由角钢或球扁钢做成，且左、右两边船底纵骨的面板朝向应左右相对，以保持左、右重量的平衡。纵骨架式单底结构的肋板尺寸较大，但每隔2~3个才设置一道肋板，且没有组合肋板。

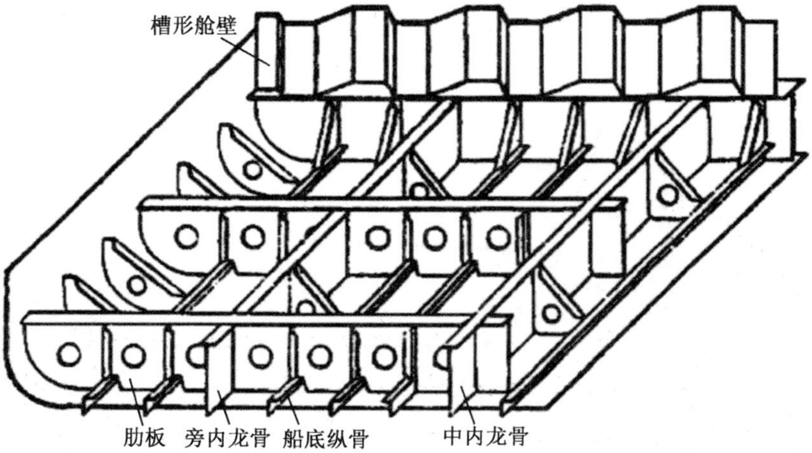

图1-19 纵骨架式单底结构

(3)横骨架式双底结构

横骨架式双底结构主要用于内河中、小型客船和中、小型货船的机舱区域，主要由平板龙骨、内底中央列板、内底边板、桁材及肋板等组成，如图1-20所示。

①内底中央列板。内底板的中央列板与内底板的其他列板不同，必须纵向布置，以便与中桁材和平板龙骨组成强大的工字结构，加强纵向强度。

②内底边板。它是指内底板两旁直接与舭列板连接的纵向布置的列板。内底边板可做成下倾式，与舭板构成污水沟。内底边板通常比内底板稍厚。

③桁材。双层底的桁材相当于单层底的内龙骨，按布置位置分为中桁材和旁桁材（或称侧桁材）。中桁材必须连续贯通且所有四周的焊缝要求水密；旁桁材在肋板处间断。

④肋板。横骨架式双底结构有实肋板、水密肋板、组合肋板三种肋板形式，且每一肋位上均设置有肋板。

(4)纵骨架式双底结构

纵骨架式双底结构（见图1-21）主要用于大型船舶，特别是大型油船的底部。

纵骨架式双底结构与横骨架式双底结构的主要区别在于设置了船底纵骨和内底纵骨，肋板尺寸较大，但每隔2~3个才设置一道肋板，且没有组合肋板。

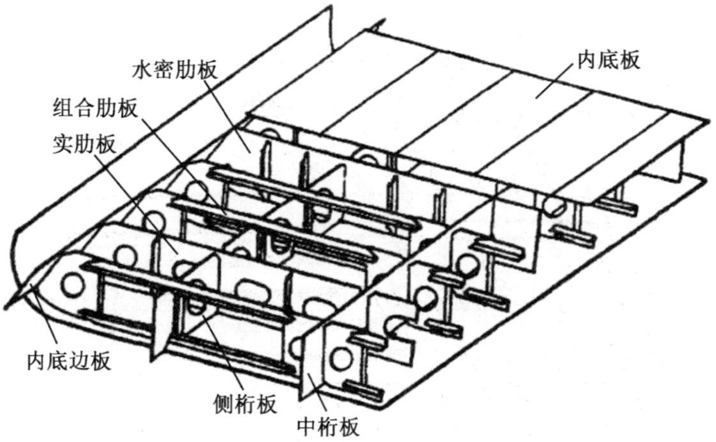

图 1-20 横骨架式双底结构

船底纵骨和内底纵骨在实肋板下两边缘的开孔处通过，遇水密肋板时间断。

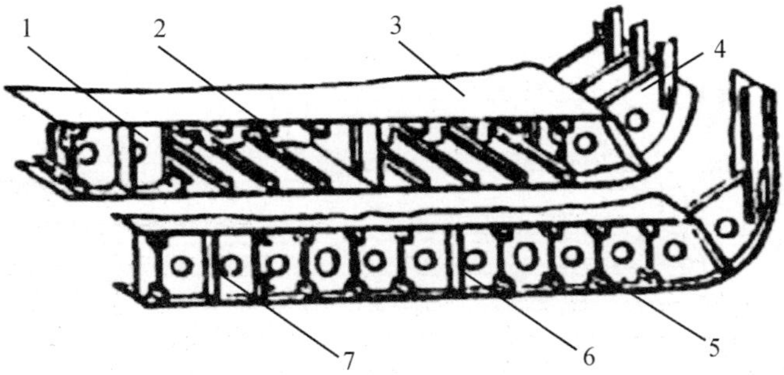

图 1-21 纵骨架式双底结构

1—肘板；2—内底纵骨；3—内底板；4—舭肘板；5—船底纵骨；6—旁桁材；7—中桁材

3. 甲板结构

甲板结构主要由甲板板和甲板骨架组成。

(1) 甲板板

甲板板是指甲板结构中的板材，由纵向布置的列板组成。在各层甲板中，强力甲板在保证船体总纵强度中起的作用最大，其甲板板也最厚。在同一层甲板上，船中部甲板板最厚并向艏、艉两端逐渐减薄。在甲板开口的四周都应用覆板加强。

在强力甲板中，沿左、右两舷舷边的列板称为甲板边板。由于甲板边板位于舷边折角处，易引起应力集中，舷边又经常积水，锈蚀严重，因此它是强力甲板最厚的列板。

(2) 甲板骨架

甲板骨架有纵骨架式（见图 1-22）和横骨架式（见图 1-23）两种。纵骨架式甲板结构常用于大型船舶的上甲板和油船的主甲板，横骨架式甲板结构常用于大型船舶的下甲板和内河船舶的甲板。

甲板骨架主要由横梁、强横梁、舱口端梁、甲板纵桁、甲板纵骨和支柱等构件组成。

(1) 普通横梁是设置在甲板板之下各肋位上尺寸较小的横向骨材。其作用是承担横向强度。

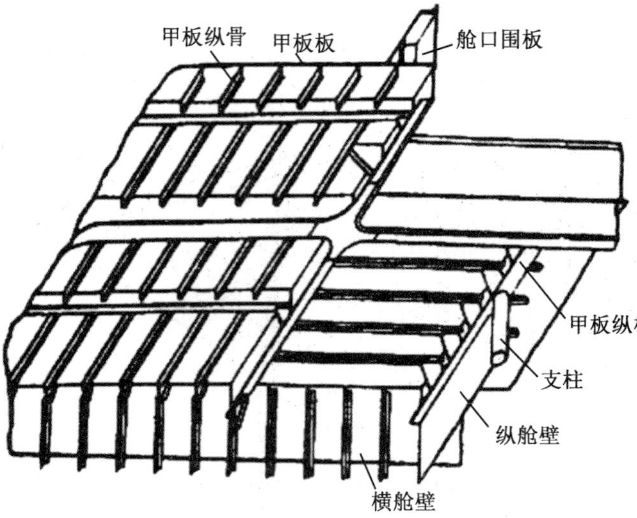

图 1-22　纵骨架式甲板结构

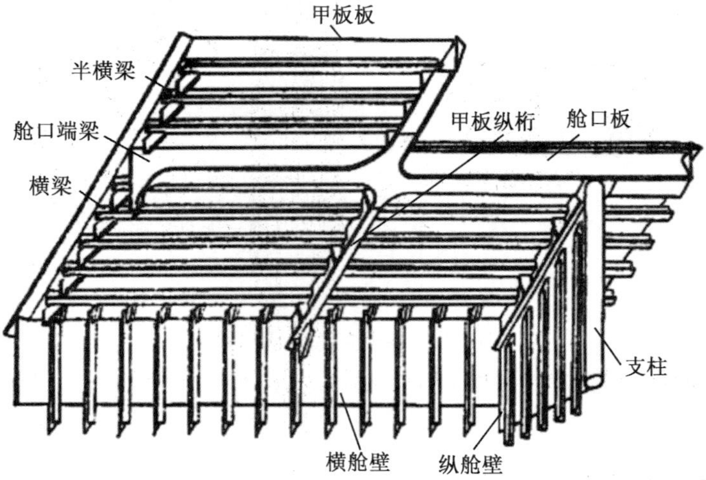

图 1-23　横骨架式甲板结构

(2)强横梁是每隔 3~4 个肋位布置一道的大型横梁。它的作用是加强横向强度,在纵骨架式甲板结构中用来支承甲板纵骨。

(3)舱口端梁是布置在舱口两端肋位上的强横梁。

(4)甲板纵桁是甲板下支承横梁的大型纵向构件。它的作用是支持横梁,承担总纵弯曲强度,兼作舱口纵桁,是横骨架式甲板结构中的重要构件。

(5)甲板纵骨是纵骨架式甲板结构中的纵向骨材。它主要承受由甲板板传来的载荷,参与总纵强度。

(6)支柱是支撑甲板和平台等的柱子。设置支柱可减少甲板纵桁和强横梁的尺寸,并将所受的力传递到下层较强的构件上。支柱的上、下支撑点应尽量设置在强力纵横构件的交汇处。

(7)舱口围板是沿舱口四周设置的围板,一般指货舱口的围板。舱口围板可防止舷外水流入或人员跌入舱内,并提高舱口区的结构强度。

4. 船侧结构

(1)横骨架式船侧结构

横骨架式船侧结构(见图1-24)主要由肋骨、船侧纵桁及肘板等组成,肋骨竖向安置,常用于内河船的船侧结构。

①肋骨。艏柱是用于加强和稳定船侧外板,使其能抵抗水压力并可作为甲板横梁在船侧端点的支柱。肋骨两端用肘板分别同横梁及肋板相连接,组成了横向框架,所以能抵抗船体的横向歪斜。

肋骨根据强度不同分为普通肋骨和强肋骨两种。尺寸较小的叫普通肋骨,尺寸与强度较大的叫强肋骨。强肋骨通常每隔3~4个肋位设置一根。

②船侧纵桁。船侧纵桁是组成横骨架式船侧骨架的纵向构件,应尽量延伸至艏、艉,在横舱壁处用肘板连接,且与横舱壁上的水平桁在同一高度上。普通肋骨通常是穿过船侧纵桁,而船侧纵桁与强肋骨相交时是船侧纵桁间断。

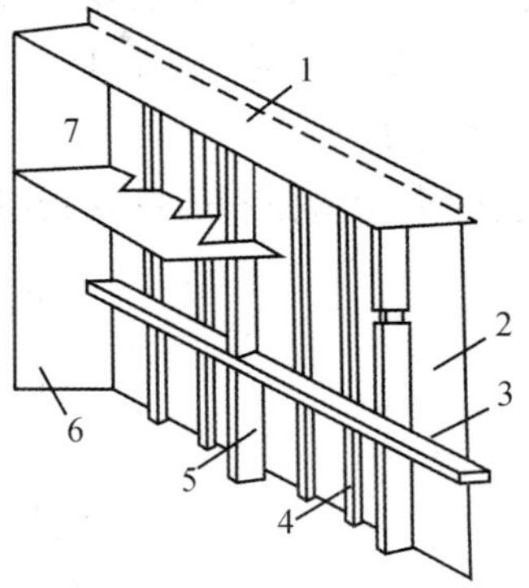

图1-24 横骨架式船侧结构及甲板骨架

1—上甲板;2—舷侧列板;3—船侧纵桁;4—普通肋骨;5—强肋骨;6—横舱壁;7—下甲板

③肘板。肘板是为加强船底、船侧、甲板各个骨架的连接部分而设的连接板,可分为梁肘板和舭肘板两种。梁肘板用于肋骨与横梁的连接;舭肘板用于肋骨与实肋板或内底边板的连接,舭肘板上可以开减轻孔。

(2)纵骨架式船侧结构

在纵骨架式船侧结构中,用船侧纵骨代替肋骨(见图1-25),它不能支撑甲板重量,只能承担总纵强度,主要用于少数大型邮船和矿石船。

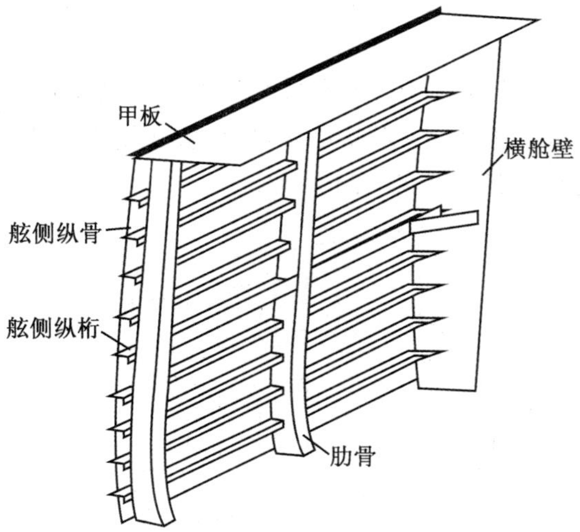

图1-25 纵骨架式船侧结构

5. 舱壁结构

根据结构，舱壁可以分成两种：一种是平面舱壁；另一种是槽形舱壁。舱壁能够防止油或水渗透的称为油密舱壁或水密舱壁；不能防止油或水渗透的称为非油密或非水密舱壁。舱壁沿船长方向布置的舱壁称为纵舱壁；沿船宽方向布置的舱壁称为横舱壁。

舱壁的主要作用是分隔船舱内部空间，保证船舶的抗沉性及防止火灾蔓延、有害气体的扩散等。同时，横舱壁又是保证船体横向强度的重要构件。

（1）平面舱壁

平面舱壁由舱壁板和舱壁扶强材组成，见图 1-26。

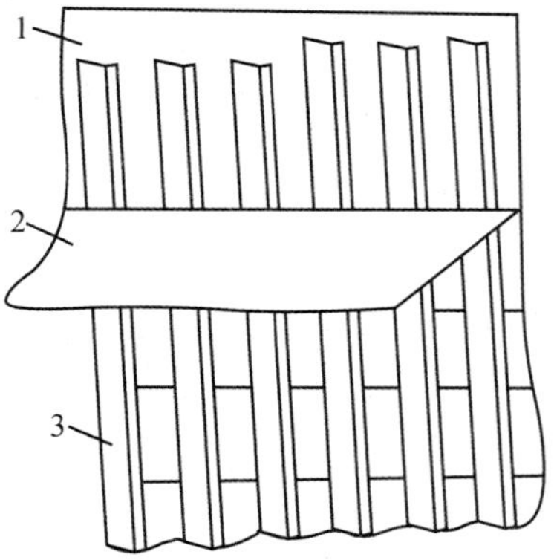

图 1-26　平面舱壁结构

1—横舱壁板；2—主甲板；3—舱壁扶强材

舱壁板由多列钢板组合焊接而成。舱壁最下端的钢板受到的水压力最大，容易腐蚀，所以靠近船底的一列板最厚，向上各列板的厚度可以逐渐减薄。

舱壁扶强材一般垂直布置。当舱壁高度较大时，除舱壁扶强材外，还装设水平扶强材（水平桁材）。舱壁扶强材、水平桁材应尽可能与甲板、船底、船侧等部位的骨材相连接。

平面舱壁由于要安装大量的扶强材，所以会造成船体重量增加，且施工麻烦。

（2）槽形舱壁

槽形舱壁（波形舱壁）目前常应用于油船和散装货船上。其特点是：在强度要求相同的条件下，槽形舱壁的质量比平面舱壁小，并节省大量的型钢，又便于施工，清舱方便；但槽形舱壁所占舱容较大，对装载包装货物是不利的，见图 1-27。

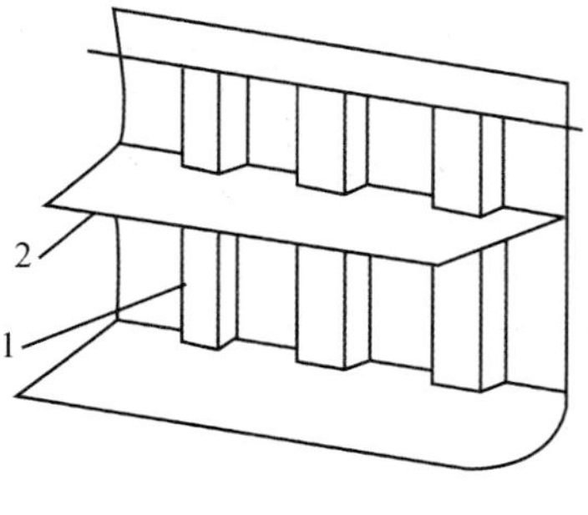

图 1-27　槽形舱壁结构

1—槽形舱壁板；2—水平桁

6. 艏、艉结构

(1)艏部结构

艏部是从艏尖舱舱壁到艏柱的部分。船舶航行时,这部分经常受到波浪的冲击、水面漂流物和靠离码头时的碰撞,因而它的结构需要特别加强。

船舶最前端的结构叫艏柱。艏柱形式很多,最常见的有直立形、前倾形、雪橇形和球鼻形等几种形式,见图 1-27。

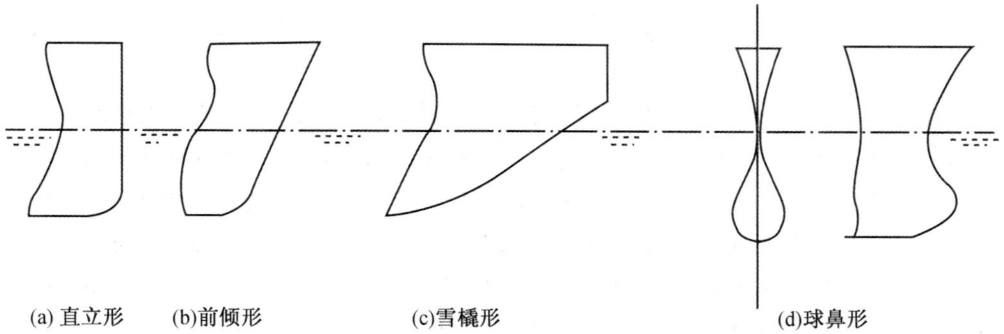

图 1-28 艏柱

①直立形船首的艏柱侧面形状呈直线并与艏垂线重合或接近重合。

②前倾形船首的艏柱呈直线前倾或接近直线前倾。这种形式的艏柱较尖,当船舶发生碰撞时接触面较小,所引起的破洞一般较其他形式船首小一些,同时破洞常在水线以上,容易修补;艏部外倾还使浪花难以拍上甲板,并增加了甲板前端面积,方便船员作业;此外,这种船首形式较为美观。因此,前倾形船首被广泛采用。

③雪橇形船首前端较宽,外形如同雪橇,主要用于驳船和推船。

④球鼻形船首是设计水线下艏部前端近似球状的一种船首,球状部分称为球鼻。球鼻艏有利于降低兴波阻力,但在抛、起锚和靠、离码头作业时不够方便。多用于海上大吨位船舶。

在艏部结构中,船体最前端连接两侧外板和龙骨的构件称为艏柱。按制造方式,艏柱可分为钢板焊接艏柱、铸造艏柱和锻造艏柱几种形式,见图 1-29。

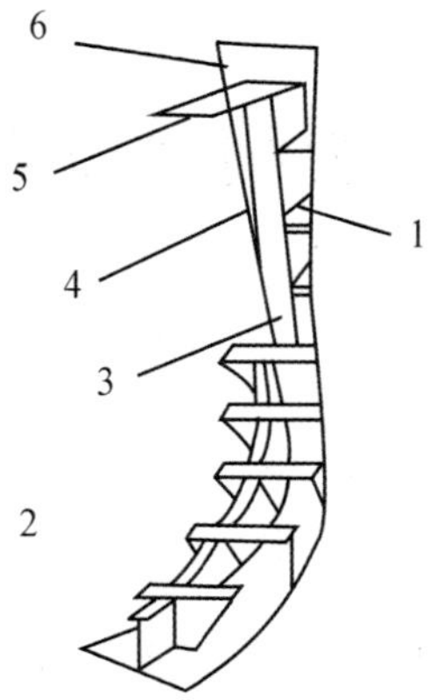

图 1-29 艏柱形式

1—肘板;2—肋板;3—加强筋;4—上甲板;5—艏楼甲板;6—艏柱板

艏部除了有坚强的艏柱外，艏尖舱内两侧肋骨安排得比较密，每档肋骨上均设实肋板，实肋板的高度向艏柱逐渐升高。

(2)艉部结构

船体艉尖舱壁以后的部分，称为船尾部分。这部分由于经常受到波浪打击、机器振动、舵运动等力量的作用，应和艏部一样，需特别加强。

普通式船尾由一端连接于艉尖舱舱壁形成放射状排列的斜肋骨及斜横梁组成骨架，然后用外板包围而成。舱壁上固定有舵杆套管作为舵杆的通道，如图 1-30 所示。艉柱是艉部结构的重要构件，它的作用主要是支持及保护舵和螺旋桨，并提高艉部结构的强度，如图 1-31 所示。

根据制造方式，艉柱也可以分为钢板焊接艉柱、铸造艉柱、锻造艉柱等几种形式。小形船的艉柱形状较为简单，一般采用锻造艉柱；大型船的艉柱尺寸较大，形状也比较复杂，一般采用铸造艉柱。由于浇铸设备的限制或者为了减轻结构质量，有些船舶采用钢板焊接艉柱。

艉尖舱的结构和艏尖舱一样要特别加强，舱内的肋骨间距和艏尖舱相同，每挡肋骨上必须装设实肋板。当舱深较大时，设置强胸横梁（强胸横梁是艏、艉尖舱内为增加局部强度和刚度而加设的用于支撑舷侧纵桁的横向构件）和船侧纵桁。

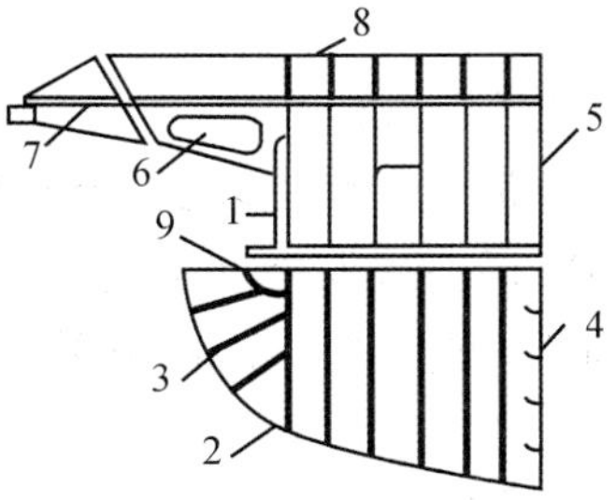

图 1-30　普通式船尾

1—艉柱；2—艉柱舱壁；3—斜肋骨；4—肋骨；5—艉尖舱舱壁；6—托架；7—假艉；8—船尾栏杆；9—舵杆套管

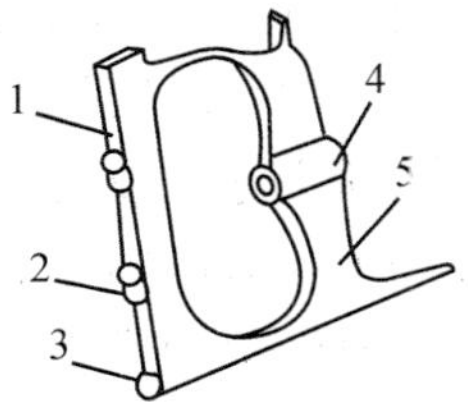

图 1-31　艉柱

1—舵柱；2—舵钮；3—舵托；4—轴毂；5—螺旋桨柱

第二节　船舶尺度及主要标志

一、船舶的主要尺度及吨位

（一）船舶的主要尺度

船舶主要尺度（简称主尺度）是表示船体外形大小的基本量度，包括船长、船宽和船深。《内河船舶法定检验技术规则（2019）》规定了船舶主要尺度的含义。

1. 船长 L（m）

船长系指沿满载水线自艏柱前缘量至舵柱后缘的长度，无艏柱船舶自船体侧投影面前缘与满载水线的交点量起(金属材料外板的船舶为内表面,非金属材料外板的船舶为外表面);无舵柱船舶量至舵杆中心线,若舵杆位于船体侧投影面外面,则量至船体侧投影面后缘与满载水线的交点(金属材料外板的船舶为内表面,非金属材料外板的船舶为外表面);但均应不大于满载水线长度,亦不小于满载水线长度的96%。无舵船舶的船长取满载水线长度。

2. **满载水线长度** L_S (m)

满载水线长度系指满载水线面的前、后两端之间的水平距离(金属材料外板的船舶为内表面,非金属材料外板的船舶为外表面)。

3. **最大船长** L_E (m)

最大船长系指船首最前端与船尾最后端之间的水平距离,包括外板和船首、尾两端结构性突出物(如舷伸甲板、护舷材、舷墙、假艏、假艉、顶推装置等)在内。活动突出物(如跳板、起重吊臂、输送装置等)根据航行状态的情况计量,如图1-32所示。

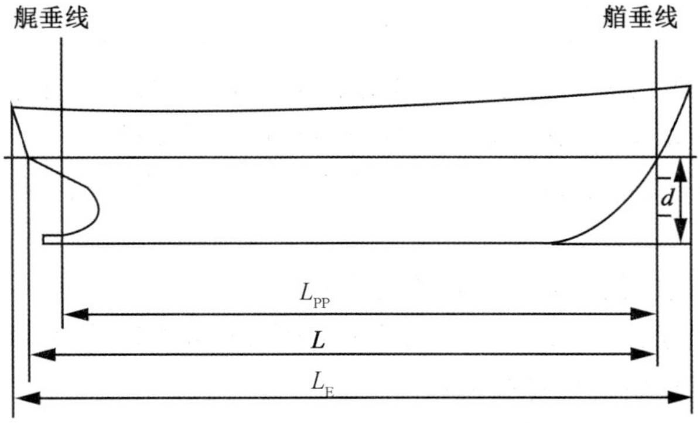

图1-32 船舶长度

4. **船宽** B (m)

船宽系指在船舶最宽处两舷舷侧板内表面(对于非金属外板的船舶为外表面)之间的水平距离,舷伸甲板和护舷材等突出物不计入。

5. **型深** D (m)

型深系指在船长中点处沿舷侧自平板龙骨上表面(对于非金属外板的船舶为下表面)量至干舷甲板下表面的垂直距离;甲板转角为圆弧形的船舶,则量至干舷甲板下表面的延伸线与舷侧板内表面(对于纤维增强塑料等非金属外板的船舶为外表面)延伸线的交点。

6. **满载吃水** d (m)

满载吃水系指在船长中点处由平板龙骨上表面(对非金属外板的船舶为下表面)量至满载水线的垂直距离。满载水线系指船舶在核定的最高一级航区载重线对应的水线。满载水线应与基线平行。

(二)船舶吨位

1. **载重量** DWT (t)

载重量系指船舶允许装载的货物、人员及其行李、燃料、滑油、淡水、粮食、备品和供应品等的重量的总和，相当于船舶满载排水量与空船排水量之差。

2. **总吨位**

总吨位系指根据《内河船舶法定检验指南》的规定丈量的船舶总容积所确定的数值。根据该规定，内河船舶的总吨位（GT）按下式计算：

$$GT = K_1 V$$

式中：K_1——四舍五入取值到小数点后第四位；

$$K_1 = 0.23 + 0.016\lg V$$

V——按规定丈量所得的船舶总容积，m^3。

$$V = V_1 + V_2 + V_3 + V_4$$

其中：V_1——量吨甲板以下所有围蔽处所的容积，m^3；

V_2——量吨甲板以上所有围蔽处所的容积，m^3；

V_3——量吨甲板以上应计入的固定载客开敞处所的容积，m^3；

V_4——量吨甲板以上应计入的固定载货开敞处所的容积，m^3。

船舶总吨位是船舶内部总容积的一种标准的表示方法，其用途在于：

（1）表示船舶规模的大小，作为运输船舶拥有量的统计单位；

（2）作为船舶规范、海事法规中划分船舶等级及对船舶进行技术管理和设备要求的依据和标准；

（3）作为船舶登记、检验和丈量等收费的标准；

（4）作为估算船舶建造、买卖、租赁的费用以及海损事故最高赔偿额的基准；

（5）作为某些港口使费的计算基准；

（6）作为计算船舶净吨位的基础。

3. **净吨位**

净吨位系指根据《内河船舶法定检验指南》的规定丈量的船舶有效容积所确定的数值。根据该规定，内河船舶的净吨位（NT）按下式计算：

$$NT = K_2 GT$$

式中：GT——总吨位；

K_2——系数，按照船舶种类在《内河船舶法定检验指南》中选取。

净吨位的用途是作为计算各种港口费用或税金（如港务费、引航费、码头费、进坞费、吨税等）的基准。

4. **量吨甲板**

量吨甲板系指用于量计吨位的甲板，通常指毗邻于水面的第一层全通甲板；当甲板有艏、艉升高时，应取甲板最低线及其平行于升高甲板的延伸线作为量吨甲板，如图 1-33 所示。

图 1-33 量吨甲板

二、船舶水尺及载重线标志

(一)水尺标志及识别方法

船舶在营运中经常需要了解实际吃水及其变化,为此在船体艏、艉和船中两舷侧的船壳板上绘有表示船舶吃水的标尺,称为水尺。

水尺标志由水尺刻度线和水尺数字组成。水尺标志正投影的式样如图 1-34 所示。

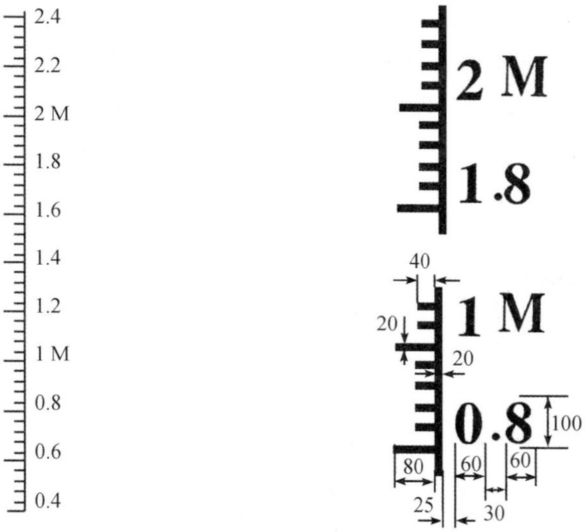

图 1-34 船舶水尺标志

船舶水尺标志说明:

(1)水尺刻度线由垂直线段(艏、艉处可采用斜线线段)和水平线段组成,其刻度线要求如图 1-33 所示。从垂直线段引出水平线段的方向为水尺刻度线的槽口方向,水尺刻度槽口方向由水尺标志勘划的位置确定。

(2)水尺数字由数字、小数点和单位组成。水尺标志吃水值以 0. 2 m 的倍数进行标注,吃水值为整数时在数字的后面加注单位 M,吃水值有小数时不加单位。水尺读数要求如图 1-34 所示。

(3)水尺刻度线中,长水平线段的下缘标注水尺读数,水尺读数的下缘与长水平线段的下缘平齐,吃水达到水尺读数下缘时即为该数字所示的吃水。水尺刻度线与水尺数字之间的间距为 25 mm,当水尺刻度线由垂直线段和水平线段组成时,水尺数字一般位于与水尺刻度槽口方向相反的一侧;当水尺刻度线由斜线线段和水平线段组成时,水尺数字一般位于与水尺刻度槽口方向相同的一侧。

(4)水尺一般应以船中平板龙骨(或龙骨底缘)的外表面及其延长线作为计量基准线;对于有原始纵倾船舶(即倾斜龙骨船舶),则以船中倾斜龙骨的外表面及其延长线为计量基准线。艏、舯、艉水尺分别以基准线与艏、舯、艉垂线的交点作为计量基准点。

(5)水尺标志至少从实际空船吃水以下 0.2 m 且为 0.2 m 的倍数处划起,并应保证空船时(包括纵倾情况)能正确反映船舶吃水状况。如图 1-33 所示,当空船吃水为 0.6 m 时,水尺标志至少从吃水 0.4 m 处划起。

(6)艏、艉水尺标志尽可能勘划在艏、艉垂线处,当勘划有困难时可根据实际情况平行引伸勘划成阶梯状,艉部可以加焊一扁钢将水尺标志勘划在扁钢上或舵叶后缘适当位置。艏、艉水尺刻度的槽口方向一般应面向船中。

(7)对于水尺标志的线段、数字、小数点和字母,当船舷为暗色底时,应漆成白色和黄色;当船舷为浅色底时,应漆成黑色。

(8)当通过水尺标志读取船舶吃水时,应注意将艏、舯、艉水尺标志处的读数分别换算到艏、舯、艉垂线处的数据,并注意第(4)项所述水尺基准线与型线图中基线的区别。

(二)载重线标志及用途

船舶载重线标志是指为标明船舶载重线位置,用于检查装载状态使之不小于已核定的最小干舷,而按中国船级社《内河船舶法定检验指南》规定的式样勘划在船中两舷的标志。

载重线标志由甲板线、载重线圈及各载重线组成。内河船舶的载重线标志式样如图 1-35 所示。

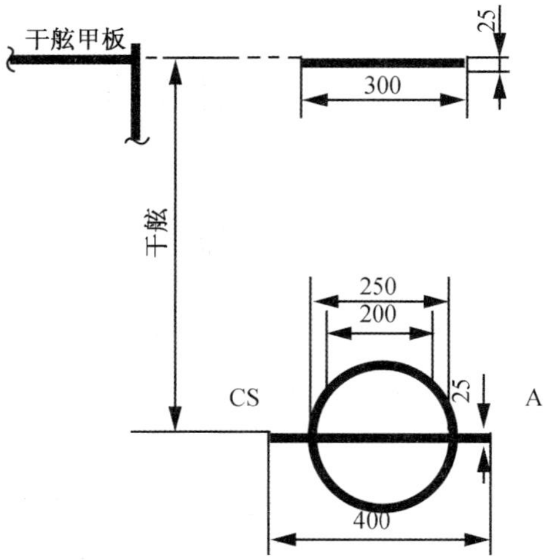

图 1-35　载重线标志(单位:mm)

船舶载重线标志说明:

(1)甲板线系长为 300 mm、宽为 25 mm 的水平线段,线段的中点位于船中,其上缘应为通过干舷甲板上表面向外延伸与船壳板外表面交点的水平线。

(2)载重线标志由一圆环、与圆环相交的一条水平线和圆环两侧的字母组成,其圆环中心位于船中,圆环中心至甲板线上边缘的垂直距离等于所核定最高一级航区的干舷。圆环的外径为 250 mm、线宽为 25 mm;水平线的线段长为 400 mm、宽为 25 mm,其上缘中点通过圆环的中心。在圆环左侧绘以字母 CS,表示勘定干舷的主管机关是中国船级社。在圆环右侧绘以表示航区的字母 A 或 B 或 C，分别表示船舶的主要航区的级别代号；J_1、J_2 分别表示 J_1 级航段载重线和 J_2 级航段载重线，如图 1-35 所示。

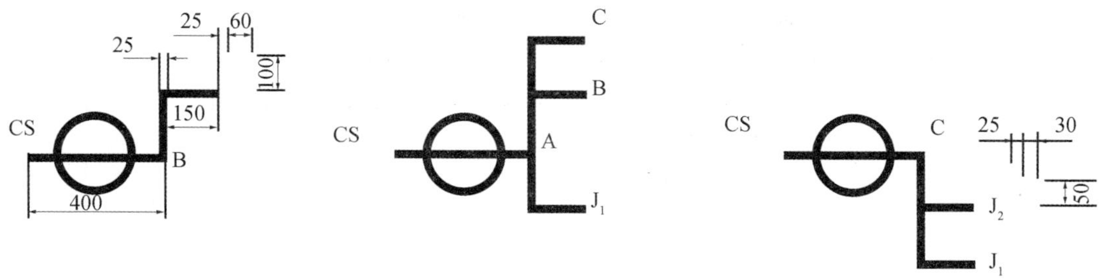

图 1-36　数级航区的载重线标志

（3）船舶如有实际勘划的数级航区（段）的载重线相重合，则用字母并列表示，相邻字母的间距为 25 mm，如图 1-37 所示。

如数级航区（段）的载重线的间距较小，影响载重线勘划时以高级别的航区（段）勘划载重线和字母，低级别的航区（段）的载重线用各字母的下缘位置表示，相邻字母的间距为 25 mm。

图 1-37　数级航区干舷相同的船舶载重线标志

第三节　船舶稳性

一、船舶的浮态和平衡

（一）船舶浮态

浮态是指船舶漂浮在静水中的平衡状态。船舶在各种载重情况下能保持一定浮态的性能称为浮性。

船舶的浮态有四种：正浮，横倾，纵倾，纵横倾。

1. 正浮

船舶既无横倾又无纵倾的漂浮状态称为正浮，也就是船舶的左、右舷吃水和艏、艉吃水分别相等，如图 1-38 所示。

2. 横倾

船舶的左、右舷吃水不相等的浮态称为横倾。左舷吃水大于右舷吃水时称为左倾，右舷吃水大于左舷吃水时称为右倾。船舶的横倾用横倾角 θ 度量。横倾角是船舶正浮与横倾时两水线面在横向的夹角，如图 1-39 所示。

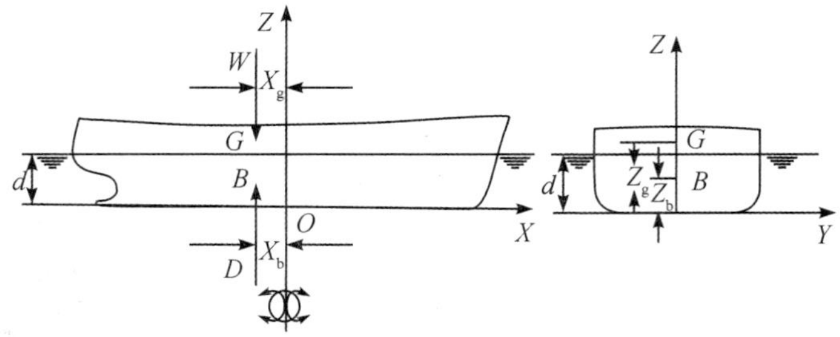

图 1-38　正浮

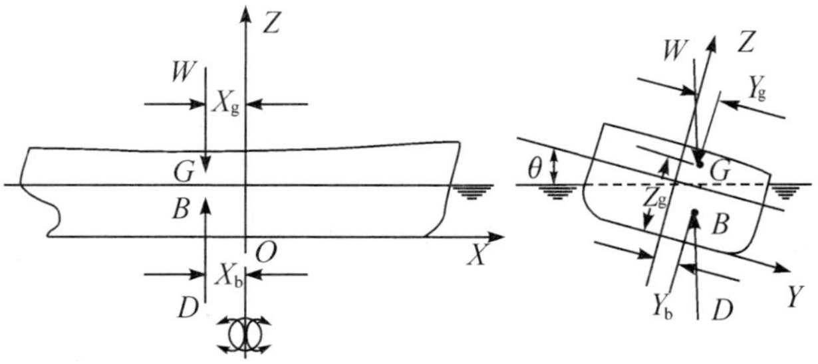

图 1-39　横倾

3. 纵倾

船舶艏、艉吃水不相等的浮态称为纵倾。艏吃水 d_F 大于艉吃水 d_A 时称为艏倾，艉吃水 d_A 大于艏吃水 d_F 时称为艉倾。船舶的纵倾一般用艏艉吃水差 t 表示。吃水差定义为：

$$t = d_F - d_A$$

$t>0$，为艏倾；$t<0$，为艉倾。纵倾也可用纵倾角 φ 表示。纵倾角是船舶正浮与纵倾时两水线面在纵向的夹角，如图 1-40 所示。

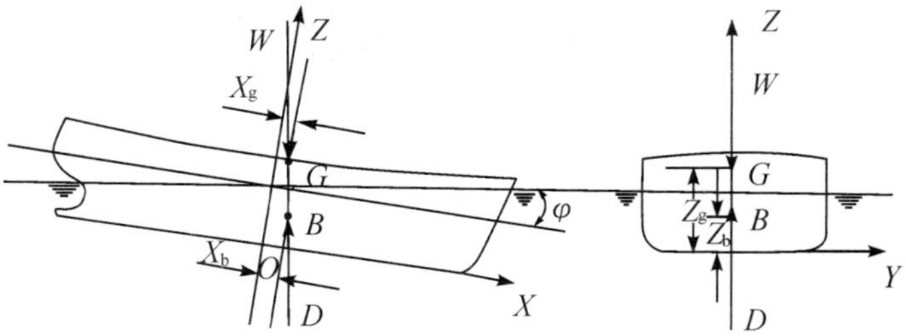

图 1-40　纵倾

4. 纵横倾

船舶既有横倾又有纵倾的浮态称为纵横倾。船舶在实际航行中一般均处于纵横倾状态，如图 1-41 所示。

（二）船舶的平衡条件

船舶是一种浮体，浮体主要受到两个力的作用，一个是重力，另一个是浮力，如图 1-42 所示。

船舶所受到的重力的大小等于船舶的质量（俗称重量）W 乘以重力加速度 g，重力的方向垂直向下。重力的作用中心称为重心，用 G 表示，重心的位置用直角坐标 X_g，Y_g，Z_g 表示。

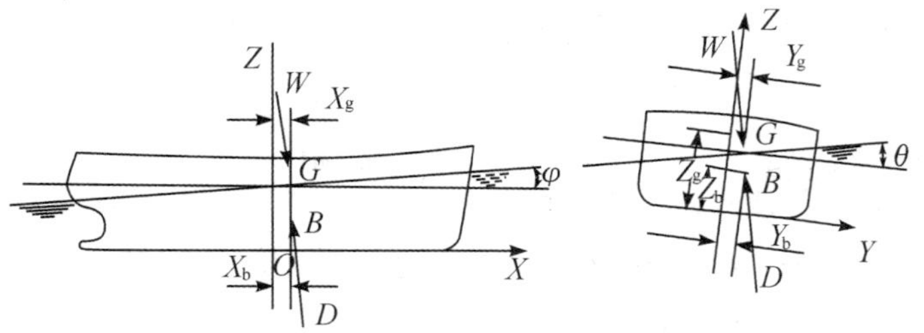

图 1-41 纵横倾

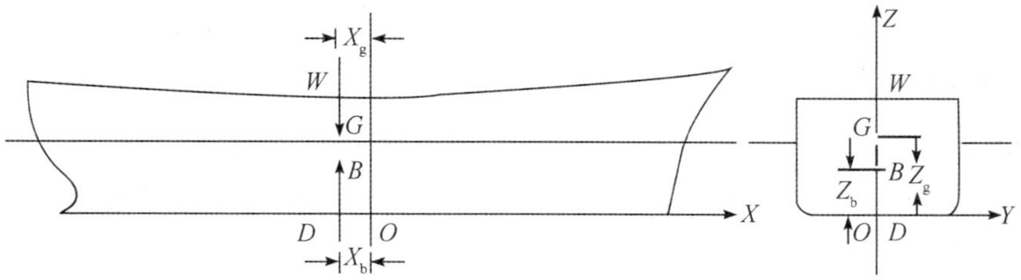

图 1-42 船舶的受力

船舶所受到的浮力是作用于船舶浸水外表面的静水压力的垂向分力的合力,浮力的方向垂直向上。浮力的大小根据阿基米德定理等于船体所排开同体积水的质量 D 乘以重力加速度 g,即:

$$Dg = \rho Vg$$

式中:D ——排水量,$D=\rho V$,t;

V ——排水体积,m^3;

ρ ——水的密度,t/m^3;

g ——重力加速度,m/s^2。

浮力的作用中心称为浮心,用 B 表示;浮心就是排水体积的几何中心,其位置用 X_b,Y_b,Z_b 表示。

根据物理学的有关原理,船舶的平衡条件是:

(1)重力与浮力大小相等、方向相反,即 $Wg = Dg$;

(2)重心和浮心在同一垂直线上。

在船上重力与浮力总是同时存在的。当 $Wg > Dg$ 时,船舶下沉,吃水增加;当 $Wg < Dg$ 时,船舶上浮,吃水减少;当 $Wg = Dg$ 时,船舶吃水不变。

船舶在水中受到重力和浮力的作用。当重力与浮力相等并作用在同一垂线上时,船舶便达到平衡。当船内载重量减小时,重力小于浮力,船即上浮,吃水减少直至其浮力减小并与重力达到新的平衡为止;相反,当船内载重量增加时,重力超过浮力,船就下沉,吃水增大使船的排水体积增加直至浮力又与重力达到新的平衡。

二、稳性的一般概念

船舶稳性是指船舶受外力作用离开平衡位置而倾斜,当外力消除之后船能够自行地回复到原平衡位置的性能。这是一切船舶必须具备的性能。

船舶在停泊或航行中经常受到风浪等外力的作用,使其离开原平衡位置而倾斜;产生倾斜后的船舶又由于其本身所具有的性能而回复到原平衡位置。因此，可以说船舶一般都是经常处于这种平衡与不平衡的往复运动之中。为了船舶的安全，当然需要船舶具有良好的回复到原平衡位置的能力。

船舶是否具有稳性；船能够承受多大的风浪作用而不至于倾覆；有哪些因素影响船舶稳性的大小；提高船舶稳性应采取的措施，等等。关于这一类的问题都是属于船舶稳性的内容，这是船舶在营运中人们最关心的船舶安全问题之一。

稳性是船舶非常重要的一个航行性能，与船舶配载有着密切的关系。为了保障航行安全，防止船舶发生倾覆的危险，首先要求船舶具有足够的稳性，但是稳性亦不宜过大因为稳性过大，会使船舶发生剧烈的横摇。

（一）船舶的平衡状态

船舶有了浮性在水中就会呈一种平衡状态，但这种平衡状态是否具有稳定性可做以下分析。

图 1-43（a）所示的船舶无外力矩作用，其初始的平衡状态为正浮于水线 *WL* 处，重力 *W* 和浮力 *D* 大小相等，方向相反，并作用在垂直于 *WL* 的同一条直线上，船处于正浮状态。

当船舶受外力矩（一般称为倾斜力矩，用 M_f 表示）作用后，将发生倾斜（图中假设为右倾，即顺时针）。船舶发生横倾 θ 后，重力作用点即重心 *G* 一般认为保持不变，而浮力作用点即浮心 *B* 将向倾斜一侧移动到 B_1，如图 1-43（b）所示。船舶倾斜前、后浮力作用线的交点 *M* 称为稳心。船舶倾斜后当重力与浮力不在同一垂线上时，两力将形成一个逆时针力矩，称为稳性力矩（或复原力矩），用 M_S 表示。

船舶在水中的平衡状态与稳性力矩的方向有关，可分为三种：

1. 稳定平衡状态

如图 1-43（b）所示，如果重心 *G* 在稳心 *M* 之下，则重力和浮力所形成的力矩 M_S 和倾斜力矩 M_f 方向相反，称为复原力矩。当 M_f 消除后，M_S 将使船舶回复到初始平衡位置，所以称倾斜前船舶的平衡状态为稳定平衡状态。

2. 不稳定平衡状态

如图 1-43（c）所示，如果重心 *G* 在稳心 *M* 之上，则重力与浮力所形成的力矩 M_S 与 M_f 方向相同，称为倾覆力矩，它将使船舶进一步倾斜，称此时船舶的平衡状态为不稳定平衡状态。

3. 随遇平衡状态

如图 1-43（d）所示，如果重心 *G* 与稳心 *M* 重合，则重力与浮力作用于同一垂线上，M_S 为零，即无复原力矩。当 M_f 消除后，船舶不会回复到原来位置，也不会继续倾斜，将保持在倾斜角 θ 位置上，船舶的这种平衡状态为随遇平衡状态，也称中性平衡状态。

以上三种平衡中仅有船舶重心 *G* 低于稳心 *M* 时船舶的平衡是稳定的。为了保证船舶的安全，必须使船处于稳定平衡状态，即使船舶重心 *G* 点低于稳心 *M* 点。

（二）稳性的分类

在稳性问题研究中，为了使计算简化和得到较明确的稳性影响因素，将稳性问题做以下分类：

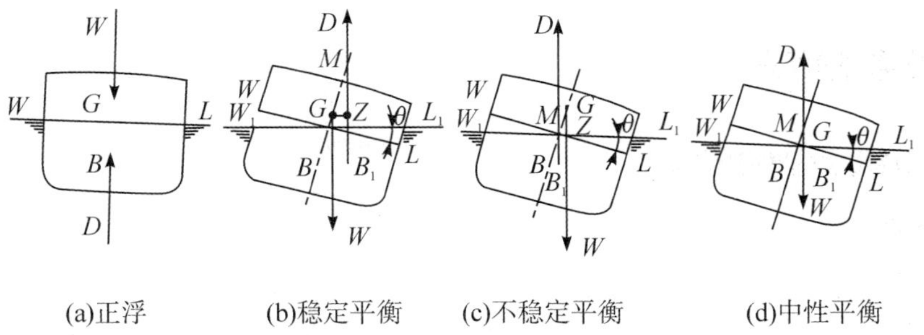

图 1-43　船舶的平衡状态

1. 按倾斜方向分类

横稳性——船舶绕纵向轴（x 轴）横倾（即向左舷或右舷一侧的倾斜）时的稳性。

纵稳性——船舶绕横向轴（y 轴）纵倾（即向船首或船尾的倾斜）时的稳性。

2. 按倾角大小分类

初稳性（也称小倾角稳性）——船舶倾斜角度很小时的稳性。实用上它是指倾角小于或等于 10°（或主甲板边缘开始入水前）时的稳性。初稳性高度（GM）是衡量船舶初稳性好坏的标志。GM 值为正，为稳定平衡状态；GM 值为 0，为随遇平衡状态；GM 值为负，为不稳定平衡状态。

大倾角稳性——船舶倾斜角度较大时的稳性。实用上它是指倾角大于 10°（或主甲板边缘入水或舭部开始露出水面）时的稳性。

3. 按倾斜力矩的性质分类

静稳性——船舶受到静倾力矩的作用，在倾斜过程中不计及角加速度的稳性。稳性力矩和倾斜力矩相等时船舶即得到平衡，故稳性力矩是衡量静稳性的重要指标。

动稳性——船舶受到动倾力矩的作用，在倾斜过程中计及角加速度的稳性。稳性力矩做功和倾斜力矩做功相等时船舶即得到平衡，故稳性力矩做功是衡量动稳性的重要指标。

对于一般船舶，船长远大于船宽，故纵稳性远好于横稳性。因此通常说的稳性够不够指的是横稳性。

4. 按船舱状态分类

完整稳性——船舶的船舱为完整状态时的稳性。

破舱稳性——船舶的船舱为破舱进水状态时的稳性。

船舶在航行时所受外力的性质和受力的情况是多种多样的，可能引起船舶稳性不足的因素也是种类繁多的：船内重物移动、船上的液体舱柜（如油舱、淡水舱、压载水舱等）在液体没有充满或未抽空而存在自由液面、船上的悬吊货物随船摆动、横风对船的吹袭、风浪对船的联合作用、船舶进坞和搁浅、船舶装卸货物、船舶在内河急流中航行、客船旅客集中在一舷、船舶掉头回航、船舶拖带作业等。所有这些都需要驾驶人员去掌握船舶稳性的基本知识，能更主动地使船舶具备应有的稳性而不致被削弱，以确保船舶安全。

三、稳性的影响因素

（一）货物移动对稳性的影响

1. 载荷竖移

载荷向上移动，船舶重心提高，浮态不变，但初稳性高度会减小；载荷向下移动，船舶重心降低，浮态也不变，初稳性高度会增大。因此可通过载荷的竖向移动来调整船舶的初稳性高度。

载荷的竖向移动对纵稳性高度的影响很小，可以忽略不计。

2. 载荷横移

载荷的水平横移可使船舶产生横倾角。船上习惯将船舶右倾时的横倾角定为正，左倾时其横倾角就为负。载荷水平向左横移产生左倾，向右移产生右倾。可见，通过载荷的水平横移来调整船舶的横向浮态是非常实用的。如果船舶有了初始横倾角，与正浮时相比所具有的稳性范围就减小了，对稳性是不利的。所以船舶开航时应努力消除初始横倾。

3. 载荷纵移

载荷的水平纵移可使船舶产生纵倾角，通过载荷的水平纵移可以使船舶的艏、艉吃水和吃水差得以调整。艏倾时的纵倾角为正，艉倾时的纵倾角为负。

船舶的实际纵倾程度应根据驾驶员的航行需要来调整。

（二）货物装卸对稳性的影响

船上装卸大量货物时可根据装卸后船舶的排水量查静水力曲线图等资料求得船舶新的吃水和新的初稳性高度。装卸载荷的特点是船舶的排水量将发生变化，装卸的位置也直接影响船舶的浮态。

在船上装卸小量载荷（不超过排水量的10%）时，船舶的排水量和重心都将发生变化，从而导致浮态及初稳性，且浮态及初稳性的变化随载荷装卸的位置不同而变化。

一般来说装载载荷的位置越低，船舶重心高度越小，初稳性高度越大，故稳性越好；反之，若装载载荷的位置偏高，船舶重心升高，初稳性高度减小，稳性变差。如果是卸载，则卸载位置越高，重心高度越低，稳性越有改善；卸载位置偏低，重心将升高，初稳性高度就会减小，稳性会变差。所以装货配载时应注意其对重心、浮态的影响，力求重物低放、均匀对称布置。卸货时应采用先上后下的顺序。

（三）液体载货对稳性的影响

1. 自由液面概念及其对稳性的影响

船上的液体舱柜如油舱、淡水舱、压载水舱等若未装满或在航行中有部分消耗，那么当船舶倾斜时，舱内的液体也将跟着倾斜以使液面保持水平状态。这种可以自由流动的液面称为自由液面。液体流动后，其体积、形状相对于原状态发生了变化，因而它的重心必向倾斜一侧移动。这种情况相当于船上载荷的移动，其结果必将造成船舶稳性的下降。我们把这种自由液面对初稳性的不良影响称为自由液面影响，其主要危害在于横稳性方面，当自由液面很大时，由于横向惯性矩也很大，严重时可能使船舶的横稳性高度变为负值而造成船舶倾覆。

自由液面对稳性的影响总是不利的，总是使初稳性高度减小。其影响值的大小与舱内液体的重量无关，而与排水量舱内液体的密度和自由液面面积惯性矩有关。

2. 减少自由液面对初稳性有害影响的措施

自由液面对船舶稳性的影响不利，应尽量减少其影响，如在液舱内设置水密纵舱壁。以矩形液舱为例，用平行于倾斜轴的纵舱壁将液舱 n 等分后，其自由液面对稳性的不利影响将减为原来的 $1/n^2$。另外，在船舶营运的过程中，使用液舱时应尽可能将其装满或放空，以减少具有自由液面的舱柜数。

为了减少自由液面对初稳性的有害影响，可采取以下措施：

(1)根据 CCS 的规定，当液体舱柜装充率达 98%以上时，可不计自由液面对初稳性的影响。因此应尽量将液体舱柜装满。

(2)根据 CCS 的规定，当舱柜内的剩余液体量不超过舱容的 5%时，可不计自由液面对初稳性的影响。因此对未装满的液舱可尽量采取抽空并舱的措施。

(3)在船舶建造时，要求大型液货舱采用水密纵舱壁的结构将舱容纵向分隔，减少自由液面的影响。因此，船员不能随意在水密纵舱壁上开洞、开孔，以保证船舶的稳性。同理，也不得随意在水密横舱壁上开洞、开孔，以保证船舶的抗沉性。

(四)散装载货对稳性的影响

1. 散货的概念、特点及其对船舶稳性的影响

散装货是指不需要包装，散装在船甲板上或船舱中的大宗颗粒状的货物，如煤、砂石、粮食和矿砂等。为了降低运输成本和提高装卸效率，往往采用散装的方法来运输。这类商品的装卸需要有相应的码头装卸设备，有的还需要特殊的运输工具——散装货船(内河常用甲板干散货船)，交通运输部还对“川江及三峡库区”这类运输船制定了标准船型主尺度系列。

散装货物对船舶稳性影响的原理与液体货物的相类似，但是它比存在自由液面的液体货物更难以估计。因为散装货物的颗粒间具有摩擦力，而这种摩擦力因货物种类的不同而不同。它的存在使散装货物的表面不一定与水平面平行，能使颗粒在一定的坡度时保持不流动状态，当这坡度再增至超过它的静止极限角时，颗粒就突然开始流动。这个静止的极限坡度取决于船舶摇摆剧烈程度。

这些散装货物如果没有装满船舱或者虽已装满，但是由于船舶在航行时的运动和机器的振动产生下沉现象，舱间上部仍留出一定的空间，这样就会使这些散装货物表面部分有随船舶的倾侧而流动的可能。通常散装货物装满船舱以后，经过航行往往在上部空余出占船舱 5%~8%的体积。

正是由于散装货物具有表面流动性，所以它比自由液面更难于估计，更为危险。因为当货物随船舶倾侧而流向倾侧的一侧后，可能就不会恢复原来状态。就像在船上移动重物一样把船压歪了使船形成倾侧的平衡状态。这时船舶的稳性就要按新的平衡位置来讨论。如果散装货物连续几次向船舷同一侧流动，将会使船舶倾侧很大一个角度，甚至倾覆。

内河散货运输有相当一部分是由甲板货船承担的。甲板货船满载时，干舷较小、重心较高、稳性余量较小。稍有风浪或甲板货船稍有横摇，江水就会侵上甲板浸入散货中，致使散货与甲板间摩擦力减小，使散货更容易移动。在大风浪中，由于上述原因加之驳船摇荡加剧，极易导致散货大规模移动，严重危及船舶安全。因此甲板货船装运散货时较一般船舶具有更大的危险性。长江上就曾多次发生散货甲板货船在大风浪中货倾船翻的恶性事故，应引起驾驶员的足够重视。

2. 减少散货对稳性影响的措施

为了减少散货对船舶稳性的影响，保证船舶航行安全，一般装散货的舱口货船都采用纵隔板法或灌舱法。不过散装货物的流动因仅限于货的表面，故只需用可移动的木板插入一定深度做成纵隔板形式即可。灌舱法是在甲板上围着货舱口做成一个相当于船舱容积 10%~15% 的围壁，称为灌舱。散装货物一直装到该舱装满为止。这样当船舶航行中船舱内颗粒下沉时，所形成的空隙即由灌舱内的散装货物填满，使船舱随时呈灌满的状态而消灭舱内颗粒流动的可能。同时可考虑：改进散货船货舱结构，如设置翼舱以减小散货移动距离；限制散货船的载货量，杜绝超载等。对运载大宗散货的船，特别是内河甲板货船的稳性提出较高的要求，应加强对船员的安全教育和指导。

悬吊货物对稳性的影响与液体货物、散装货物的情况类似。

船上的悬吊货物本身不会引起船舶的倾斜，但它将随船舶倾斜而摆动，与自由液面的移动相仿，从而对初稳性产生不利的影响。悬吊货物摆动的实际效果相当于构成了一个横倾力矩，从而使船舶原有的稳性力矩减小，其减小的程度与货物悬吊的长度有关，悬吊越长，对稳性的影响越不利。应将这类货物的悬吊长度缩短，甚至完全固定住，而没有悬吊长度是最有效的措施。

四、稳性的判断

（一）船舶稳性的判断

1. 船舶稳性不足的征兆

（1）装卸货时左、右重量稍有不均，船舶立即偏向重的一侧。

（2）使用一舷淡水、燃油时船舶很快向另一舷倾斜；抽调或注排压载水数量不大，船舶就发生横倾。

（3）用舵后船舶明显横倾且恢复较慢，使用拖船时船身明显横倾，甚至绞松系缆也会引起横倾。

（4）风力不太大时也会引起船舶横倾。

（5）当遇有意外情况（如甲板上浪舱内出现自由液面）时，船舶出现永久性横倾角。

2. 稳性不足时的措施

（1）满载船舶发现稳性不足，可采取垂向轻、重货互换的方法调整；尚未满载的船舶发现稳性不足调整的方法有：注入压载水，垂向轻、重货互换。

（2）向燃油舱、淡水舱分别添加燃油、淡水。

（3）压载舱左、右成对地注满压载水并防止产生自由液面。

（4）将部分双层淡水舱或油舱注入水。

（5）将高位舱的油水调至低位舱。

（6）将甲板货抛入水中。

(二)船舶稳性的保障措施

1. 船舶稳性的一般法定要求

根据中国船级社《内河船舶法定检验指南》,船舶在各种装载状态下的完整稳性应符合以下要求:

(1)船舶的初稳性高度应保证不小于 0.2 m,集装箱船的初稳性高度应不小于 0.3 m。

(2)A 级或 B 级航区的船舶,其复原力臂曲线应符合下列要求:

①当最大复原力臂所对应的横倾角 θ_m 和进水角 θ_j 两者中之小者大于等于 20°时,至最大复原力臂所对应的横倾角 θ_m、进水角 θ_j 和 30°二者中之小者的复原力臂曲线下的面积(也可取相应的动稳性力臂 l_d 值)应不小于按下式计算所得之值 A:

$$A = 0.052C_kC_L \quad (\mathrm{m \cdot rad})$$

式中:C_K ——系数,A 级航区取 $C_K = 1$; B 级航区取 $C_K = 0.9$。

C_L ——系数,按下式计算:

$$C_L = 0.7 + 0.015L$$

当 $C_L > 1$ 时,取 $C_L = 1$。

其中: L ——船长,m。

②当最大复原力臂所对应的横倾角 θ_m 和进水角 θ_j 两者中之小者小于 20°时,至该角度的复原力臂曲线下的面积应不小于按下式计算所得之值 A:

$$A = C_K[0.052C_L + 0.0015(20 - \theta)] \quad (\mathrm{m \cdot rad})$$

式中:C_K、C_L ——同上述①;

θ—— 取 θ_m 或 θ_j 两者中之小者。

③A 级航区船舶的最大复原力臂所对应的横倾角 θ_m 应不小于 15°。

(3)急流航段的船舶,至最大复原力臂所对应的横倾角 θ_m、进水角 θ_j 和 30°三者中之小者的复原力臂曲线下的面积应不小于按下式计算所得之值 A:

$$A = 0.05C_L \quad (\mathrm{m \cdot rad})$$

式中: C_L ——同上述①。

(4)风压稳性衡准数应不小于 1。

2. 船舶稳性的控制措施

在船舶稳性计算符合要求的情况下船长仍应注意船舶装载、气象和水文等情况,并谨慎驾驶和操作。

(1)船舶装载应不超过设计工况的范围。船舶装运的货物,其装载和堆装应尽可能防止在航程中对船舶和船上人员造成损伤或危害并防止货物落水丢失。船舶装运木材、车辆、集装箱、重件以及特殊外形尺寸货物时应进行有效的系固;船舶装运活畜禽货(活猪、活牛、活羊、活马等)时应采取分栏(栏栅)、分笼和系固相结合的装运方式。

(2)Ⅰ型客滚船、Ⅱ型客滚船和车客渡船装载的载货汽车应位于载车处所内并满足对载车处所通道的要求。船长应在车辆上船前对所载车辆的单车总重量、拟装载的所有载货汽车总重量进行核查,并根据平衡配载原则确定车位布置方案。

(3)集装箱船应按照设计的箱位布置进行装载,当设计箱位数为货箱数和空箱数之和时,应在集装箱箱位布置图上对设计的货箱位置和空箱位置进行标注,已标注空箱位置的部位只允许装载空箱。

(4)船舶开航前船长应检查船舶的浮态,使其尽可能保持正浮,初始横倾角应不超过0.5°,初始纵倾角应不超过所限定的范围。

第二章 货物运输常识

船舶货物运输是通过船舶将货物最经济、最安全地从一个港口运输到另一个港口。与其他运输方式相比，船舶运输运量大、运费低，但运输速度较慢，外界营运条件复杂。因此，为了安全、优质、快速、经济地完成货物运输任务，船舶驾驶员应熟悉和掌握船舶与货物有关的基本知识。

第一节 货物种类及特点

一、货物的分类

海上运输的货物，品种繁多，包装、规格、特性、装运方式等各不相同，因而货物分类的方法也不尽相同，不同的分类方法只能表征货物的某一方面特点。从便利货物运输角度考虑，可采用以下几种分类方法。

1. 按货物形态和装运方式分

(1)杂货

杂货(General cargo)是指具有一定形式的包装货物，以及同包装货物一起运输的散装货物、裸装货物和货物单元及需专门运输的特殊货物，如普通杂货，特殊杂货，冷藏货物和重、大件货物等。对重、大件货物，各地区的航运部门有不同的规定。按国际标准，凡单件货重量超过 40 t，或长度超过 12 m，或高度、宽度超过 3 m 的货物分别称为超重、超长、超高或超宽货物；

我国沿海规定为重量超过 5 t 或长度超过 17 m 的货物；长江、黑龙江干流规定为重量超过 3 t 或长度超过 10 m 的货物。这种货物在装卸和运输中有特殊的要求。

散装货物包括非整船运输的固体散装货物（如矿石、煤炭盐、生铁块等）。

裸装货物是指卷、盘、捆、张、个等形式的无包装货物，如盘圆、筒纸、钢棒、型钢等。

货物运输单元是指由于其重量、尺寸或特殊性质需对其积载、系固进行特别处理的货物，如车辆、成套设备、可移动罐柜、托盘、货物组件等。

需专门运输的特殊货物是指由于其性质或运输要求的限制需专门运输或可以专门运输的某些货物，如木材、钢材、冷藏货物等。

（2）固体散装货物

固体散装货物（Solid bulk cargo）是指直接装船而不需包装和标志的大批量投入运输的块、粒、粉、末等形状的货物，如化肥、矿石、粮谷、煤炭、水泥等。固体散装货物一般以专用固体散货船运输。

（3）液体散装货物

液体散装货物（Liquid bulk cargo）是指直接装船而不需包装和标志的大批量液体货物，如石油及其产品、液化气体、液体散装化学品等液体散装货物，一般以专用液体散货船运输。

（4）集装化货物

集装化货物（Unitized cargo）是指将若干包件或若干数量组成一个搬运单位且需专门船舶运输的货物，如集装箱、托盘货、载驳船上的驳船等。

2. 按货物特性及运输要求划分

（1）危险货物

危险货物（Dangerous cargo）是指具有燃烧、爆炸、腐蚀、毒害、放射射线等性质，在装卸、贮存或运输中如处理不当，可能会引起人身伤亡、财产毁损或造成海洋污染的物质和物品，如爆炸品、压缩气体、酸、碱等。危险货物有包装危险货物、固体散装危险货物和液体散装危险货物 3 种形式，应按照相应的国际规则谨慎装运，防止事故的发生。

（2）特殊货物

特殊货物（Special cargo）是指除危险货物外，性质特殊、在运输过程中易影响其他货物或易被其他货物及环境所影响的货物，如气味货、扬尘污染货、冷藏货、吸湿货等。

（3）一般货物

一般货物（Normal cargo）是指其性质对运输无特殊要求的货物。特殊货物和一般货物并无明确界限，在某些运输条件下为特殊货物，在某些运输条件转化后则应视为一般货物。此外，一般货物还可按数量分为零星货物、整批货物，在装运中均应采取相应的措施。

二、货物的性质

货物在装运过程中，由于自身的自然属性、化学组成和结构等不同，当受到温度、湿度、微生物等不利环境因素的影响以及装卸作业中的外力影响时，都可能引起货物在质量和数量上的变化，造成货物使用价值的降低或丧失及数量上的减少。货物发生质量和数量变化的现象，主要是由其物理、化学、生物和机械性质引起的变化。为避免产生货运事故，应了解各种货物所具有的相关特性。

1. 货物的物理性质

货物的物理性质是指货物受外界因素影响而发生物理变化的性质，主要包括吸湿、散湿、冻结、熔化、吸附、胀缩、挥发、物理爆炸、放射射线等性质。

(1)吸湿和散湿性

货物吸湿和散湿性是指货物具有吸附或散发水蒸气或水分的性质。影响其大小的主要因素，一是货物的成分与结构，在货物成分中含有亲水基团以及货物结构疏松多孔，如棉麻茶等物品。二是货物本身的水汽压与周围空气中的水汽压关系，当货物表面水汽压小于空气中水汽压时，货物就吸湿；反之，货物就散湿。

在运输中，货物含水量过多，会造成货物潮解、溶化、分解、生霉等变质现象；含水量过少，会使货物损耗、发脆开裂等。为防止货物吸水后变质，需熟悉各种货物的安全含水量，加强温度、湿度控制和采取防潮措施。

(2)挥发性

货物挥发是指液体货物表面能迅速气化变成气体向周围空间散发，如汽油、酒精、原油等物品。

液体货物挥发的原因是液货表面的分子运动比其内部分子更为活泼。它的表面蒸气压大于空气压力，并不断向空气中扩散。一般说来，货物温度高、物质沸点低、空气流动快、液货表面积大、气压低时，挥发速度就快。

在运输中，货物的挥发使货物重量减少，质量降低，还会产生有毒、腐蚀、易燃等危险性气体，使船舶处于潜在危险状态。控制液体货物挥发的主要措施是降低货物温度，使用坚固完好和封口严密的包装。

(3)热变性

货物热变性是指货物因温度变化后引起形态变化的性质。有些散装货物如煤炭、矿砂等，水分含量较高时，在低温条件下将冻结成块。某些低熔点货物在超过一定温度范围后，在形态上发生变化，如软化、变形、粘连、熔化等，此类货物有松香、橡胶、石蜡等。货物热变后，虽在成分上未发生质的变化，但容易造成货损、倒垛、沾染其他货物、影响装卸作业等后果。

货物热变与含水量、熔点、外界温度等因素有关，在运输中应采取控制货物含水量、低熔点货物装载于阴凉低温舱位、适当控制温度等措施。

(4)胀缩性与物理爆炸性

液体货物具有热胀冷缩的特性，如处置不当，温度上升会引起其体积膨胀而溢出舱内，导致水域污染。桶装油类遇高温会使油桶鼓起甚至破裂漏油，装于钢瓶内的压缩气体遇高温可引起内部气压急剧上升，当超过容器耐压值时，会引起物理爆炸。

(5)放射性

货物放射性是指放射性物质的原子核能自发地、不断地放出无形射线的性质。这些射线如无合格的防护屏蔽会杀伤细胞、破坏人体组织，从而引起对人身的伤害。

2. 货物的化学性质

货物的化学性质是指货物在光、氧、水、酸、碱等作用下，发生改变物质本质的化学变化的性质。货物发生了化学变化，意味着货物质量改变，轻者货物受损，重者还会殃及其他货物或发生危机船舶及人员安全的严重事故。

与海上运输有关的货物化学性质有氧化、腐蚀、自热、自燃、爆炸等性质。

（1）氧化性

氧化是指货物与空气中的氧或放出氧的物质间所发生的化学变化。易于氧化的物质很多，如金属类、油脂类、易自燃货物等。

一般情况下，氧化过程是十分缓慢的。如果氧化产生的热量不易散发而积聚，就会导致货物内部温度升高而产生自热现象。当温度超过其自燃点时，如有足够的氧气便会在无外界火源条件下发生自燃现象，如煤炭、鱼粉、金属粉末等。对一些发热量较大、燃点较低的货物，如黄磷、赛璐珞制品等，应特别注意防止自燃事故。

金属锈蚀也是一种氧化现象。金属及其制品表面在接触水、空气或酸、碱、盐时会发生氧化反应而生成氧化物。

橡胶的老化、茶叶的陈化也是在氧化作用下产生的现象。

（2）腐蚀性

腐蚀性是指某些货物能对其他物质发生破坏性作用的化学性质。腐蚀是由货物的酸性、碱性、氧化性和吸水性所致。例如，钢铁与盐、酸作用，使钢铁制品遭到破坏；烧碱和油脂作用，灼伤人的皮肤；浓硫酸能吸收动植物水分，使之碳化变黑；漂白粉的氧化性能破坏有机物。常见的腐蚀性货物主要为酸类、碱类物质。

（3）燃烧和化学爆炸性

燃烧是指物质相互化合而产生光和热的过程，一般指物质与氧的化合。某些物质易于被外部火源点燃并持续燃烧，如铝粉、棉、硫等。

化学爆炸性是指货物在外界高温高压或机械冲击等外因作用下所产生的剧烈化学反应。爆炸反应的主要特点是反应速度极快、释放出大量的热并产生大量的气体，产生冲击破坏力。爆炸和燃烧的主要区别在于反应速度。

3. 货物的机械性质

货物的机械性质是指货物的形态、结构在外力作用下发生机械变化的性质。货物的机械变化取决于货物的质量、形态和包装强度。

在运输中，货物所受外力大致分为堆码压力、震动冲击力、翻倒冲击力及跌落冲击力。货物和包装的耐压强度，是最常用的机械性指标。由于货物在运输中受力是不可避免的，因此要求货物和包装具有抵抗外界压力和机械冲击力、避免变形或结构破坏的能力。

货物发生机械变化的形式主要有破碎、变形、渗漏、结块、散捆等。

4. 货物的生物性质

货物的生物性质是指有生命的有机体货物及寄生在货物上的生物体，在外界条件影响下为维持生命而发生生物变化的性质。生物变化的表现形式有酶、呼吸、微生物及虫害作用。

（1）酶的催化作用

一切生物体内物质分解与合成都需要酶的催化来完成，它是生物新陈代谢的内在基础，因此，酶的催化作用在生物变化中占有重要的地位，如粮谷的呼吸、后熟、发芽、发酵、陈化等都是酶作用的结果。

影响酶的催化作用的因素有温度、pH 值、水分等。

(2)呼吸作用

呼吸作用是有机体货物在生命活动过程中,为获取热能维持生命力而进行的新陈代谢现象。呼吸可分为有氧呼吸和缺氧呼吸。有氧呼吸是指有机体货物内在葡萄糖或脂肪、蛋白质等,在氧气充足条件下受氧化酶的催化,进行氧化反应产生二氧化碳和水,并释放出热量。缺氧呼吸是指在无氧条件下,有机体货物利用分子内的氧进行呼吸。葡萄糖在酶的催化下转化为酒精和二氧化碳,并释放出少量热量。这种缺氧呼吸实质上是一种发酵作用。

旺盛的有氧呼吸可造成有机体中营养成分大量消耗并产生自热、散湿现象,而严重的缺氧呼吸所产生的酒精积累过多会使有机体内细胞中毒死亡。影响呼吸强弱的因素有温度、含水量、氧的浓度等。为确保货物安全运输,应控制有关因素,使货物处于微弱的有氧呼吸中。

(3)微生物作用

微生物作用是微生物吸取货物中的营养物质,进行生长及繁殖的生理活动过程。有机体货物在微生物作用下会引起生霉、腐败和发酵、发热等质量变化现象。易受微生物作用的货物主要有肉类、鱼类、乳制品、蛋类及果蔬类。另外,谷物、纸张、丝棉织品、橡胶等货物因内部含有淀粉、糖分、纤维素及少量蛋白质等而易受霉菌作用。

常见危害货物的微生物有细菌、霉菌和酵母菌等。微生物作用的主要影响因素有货物含水量及环境温度和湿度。为此,控制货物含水量和环境的温度、湿度是防止微生物危害的主要措施。

(4)虫害作用

虫害作用是指鼠、蚁等对有机体货物的蛀食作用。常见易受虫害作用的货物主要有粮谷类、果蔬类、毛皮制品等。

第二节 货物包装和标志

为使件杂货物方便地装运、堆垛、储藏和交接,从而确保货物的运输数量和质量,货物必须具有合格的包装和标识。

一、货物的包装

为保证货物完整和便于货物的运输和保管,对货物加以包裹和捆扎所用的包皮或捆扎物称为货物的包装。

1. 货物包装的作用

货物包装的作用主要体现在:

(1)防止货物水失、破损、污染、机械损伤等,保证货物运输质量;

(2)防止货物撒漏、脱落、丢失、短缺等,保持货物数量完整;

(3)防止货物本身的危害及危险性的扩散,保证人身、财产及环境安全;

(4)便于货物搬运、堆垛、装卸及理货。

2. 货物包装的分类

根据货物性质需要，某些货物包装为外包装和内包装的组合。外包装的作用主要是防止货物受外界机械力量的冲压、挤压或跌落等造成破损或残损，防止货物散落、撒漏及便于装卸。内包装的作用是防止货物受外部环境变化而受损、被污染和变质，具有防潮、防震、防异味感染和气味散失等作用。应注意的是，缓冲填塞材料也是内包装的重要组成部分。

（1）内包装（商业包装）；

（2）外包装（运输包装）：箱、袋、捆、桶、裸、坛、瓶、篓装。

二、货物的标志

1. 定义

在按件托运的货物或包装上，为了便于货物的运输，由发货人涂刷、印染、拴挂、粘贴一定的文字、代号和图案，统称为货物标志。

2. 作用

货物标志的作用是便于工作人员在运输的每个环节中识别和区分货物，以利于货物的装运、分票、理货和交接；同时，显示出货物重量、尺码性质及注意事项等，在装运中启示工作人员正确操作，以保证货物的完整和人身及船舶安全。

（1）建立货物本身与其运输单证的联系；

（2）便于工作人员在货物运输每个环节识别和区分货物；

（3）启示对货物的正确装运、交接和保管。

货物标志要求简要、清晰、准确、完整、牢固和耐久。标志位于货物或包装的两面或两端部位明显处，尺寸大小适当，使用的材料应牢固、耐久，使用的颜料应具有耐温、耐晒、耐磨损和不溶于水的特性，应保证在船舶抵达目的港前清晰可辨，在水中浸泡 3 个月仍可辨认。标志不应对货物质量产生不利影响，货物标志应符合国际和国家的有关规定。

3. 分类

目前，在国际贸易中已形成了较为统一和完整的货物标志模式。货物标志根据地位和作用不同，一般可分为运输标志、原产国标志、指示标志和危险货物标志四种。

（1）运输标志

运输标志是为方便货物收发、交接和运输而制作的标志，可分为主标志和副标志。

①主标志

主标志是货物运输标志的主体，又称发货标志，为货主的代号。主标志通常以简单的几何图形（如三角形、圆形、菱形等）配以文字表示，包括收货人名称、贸易合同编号或信用证编号及发货符号。在有关货运单证如装货单、提单、舱单（载货清单）等中均应全部记载货物主标志的内容。它是货物运输中识别同批货物的基本标志。

②副标志

副标志附加在主标志范围内，作为主标志的补充。它用于区分同批货物中不同的供货人，不同收货人，不同规格、品质和等级，以便于货物的交接；发生索赔时，可用于方便地确定有关责任方。

(2)原产国标志

原产国标志一般以英文和生产国文字表示。原产国标志是国际贸易中特殊需要的一种出口标志。对无原产国标志的商品,许多国家规定禁止进口,大多数国家则处以罚款。规定必须具备此种标志的原因是:不同国家的进口货物,规定不同的关税税率或限制进口数量;维护国内产业,防止与本国货物混淆。内河船舶由于运输的货物来源广泛,因此此类标志也同样适用。

(3)指示标志

指示标志又称保护标志,根据货物特性提醒有关人员在装卸、保管、开启等过程中应注意的事项,以确保货物质量完整。在外贸运输中,国际已形成了普遍通用的图案作为标记的指示标志。

指示标志通常用特殊记号、图形、文字表示。这种标志用于怕撞、怕摔、怕震、怕热、怕湿、怕冻等货物,指示装卸、运输、保管过程中应特别注意的事项,故又称保护标志。指示标志有3类,即装卸作业指示标志、存放保管场所指示标志、开启过程指示标志。我国标准计量局已发布和实施《包装储运图示标志》国家标准,以保证国际贸易中货物的正确储运、解决各国间辨认文字标志的困难。各国普遍以图案作为指示标记,如图2-1所示。

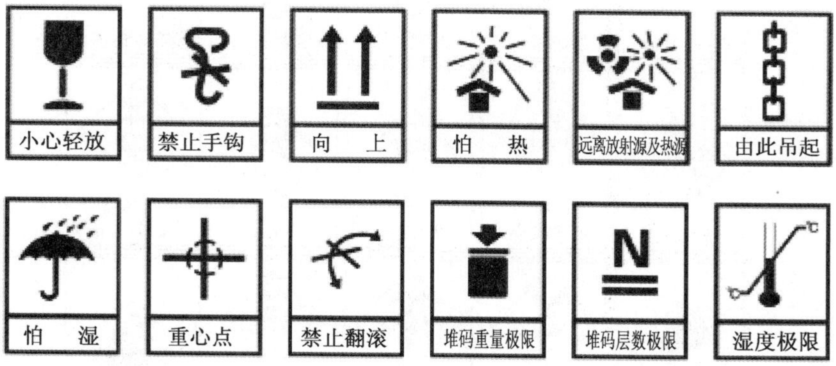

图2-1　图示标志

(4)危险货物标志

危险货物标志是指按《国际海运危险货物规则》(以下简称"《国际危规》")或《水路危险货物运输规则》(以下简称"《水路危规》")的规定,以特定的图案、文字和符号表示危险货物类别和性质的专门标志,由危险货物标记和图案标志组成,如图2-2所示。危险货物标志通常是指危险货物包装标志,此种标志标明危险货物的性质,表明在运输和保管中应引起特别注意。根据1996年的《水路规则》的规定,此种标志共有9类,计21图,其图样可参看相关资料。此种标志可用粘贴、涂打、钉板等方法,标打于包装两侧明显位置、集装箱四侧、可移动罐柜周围及顶部。

①标记

标记是指按危规要求标注在危险货物包件外面的简短文字或符号。它包括危险货物正确运输名称、联合国编号、海洋污染物标识(如含有)。

②图案标志及其等效标记

图案标志是指以危规中规定的色彩、图案和符号绘成的菱形标志,用以醒目明了地标示出货物的危险特性。除包件尺度或形状受限外，图案标志的尺寸应不小于 100 mm×100 mm。

具有副危险性的货物，除在包件上带有表明其主要危险性的图案标志外，还应同时带有表明副危险特性的图案标志，但后者不应标出其类别号。

当货物运输组件装运危险货物时，应将上述图案标志标记放大后粘贴在适当位置上，以达到清楚可见的目的。图案标志放大后亦称为标牌，其尺寸应不小于 250 mm×250 mm。货物运输组件在这里包括公路货运车、铁路货车、集装箱、公路罐车、铁路罐车及可移动罐柜。

国际危规规定，危险货物标志应满足在海水中浸泡至少 3 个月后既不脱落又能清晰可辨的要求。

图 2-2　危险货物标志

三、包装货物的管理

在贸易合同中，通常对有关货物的包装形式、材料及包装方法等具有特定要求，货物托运人应负责对货物予以妥善包装。货物在装载时，货物托运人应根据包装形式选择相应的适当舱位，并监督货物外表面状态良好，以确保货物运输质量并顺利交付。

1. 船运货物对包装的要求

考虑到货物的堆装条件、船舶摇荡、外部环境、装卸方式等方面的特殊性，船运货物包装应满足以下技术要求：

①货物包装材料与所包装货物的性质相适应；

②根据货物性质、形状、重量、体积、价值等因素选用适当的包装形式；

③货物包装强度能经受一般海上所受外力要求；

④货物包装应兼顾经济上的合理性和运输上的安全性；

⑤满足有关货物包装的技术规定及进口国的特殊要求；

⑥对危险货物的包装遵守国际和国内有关规则中的特别规定。

常见的货物包装形式如表 2-1 所列。

表 2-1 货物包装种类表

包装名称		缩写		适装货类
		单数	复数	
箱装	箱装(CASE)	C/—	C/S,Cs	箱的总称
	木箱(BOX)	Bx	Bxs	小箱,适装五金等
	木箱(CHEST)	Cst	Csts	小型轻便箱,适装茶叶等
	明格箱(SKELETON CASE)	C/—	C/S,Cs	土豆、红葱等
	胶合板箱(VENEER)			
	夹板箱(PLYWOOD BOX)			
	席包箱(MATTED)	M/Bx	M/Bxs	
	柳条箱(WILLOW CASE)			
	亮格箱(CRATE CASE)	Crt	Crts	自行车、玻璃机械等
	纸板箱(CARDBOARD CASE)			
	纸箱(CARTON)	Ctn	Ctns	易碎品、香烟、日用品等
包捆装	包、捆(BALE)	B,Bl	Bs,Bls	纺织品等
	机包(PRESSED BALE)	Bl	Bls	棉花、棉布、纸张等
	席包、蒲包(MAT)			
	布包(BURLAP)	Blp	Blps	砂糖、籽棉等
	麻布包(JUTE CLOTH)			
袋装	袋(BAG)	Bg	Bgs	袋装总称,粮食、水泥等
	麻袋(GUNNY BAG)	Bg	Bgs	大米、豆类、砂糖等
	草袋(STRAW BAG)	Bg	Bgs	谷物、食盐等
	布袋(CLOTH BAG)	Bg	Bgs	面粉、滑石粉、淀粉等
	布袋(SACK)	Sk,Sx	Sks,Sxs	
	聚乙烯袋(POLYETHY-LENE BAG)	Bg	Bgs	化肥、氯化氨等
	牛皮纸袋(PAPER BAG,KRAFT BAG)	Bg	Bgs	水泥、石灰、化肥等

续表

包装名称		缩写		适装货类
		单数	复数	
桶装	鼓形桶(BARREL)	Brl	Brls	油类、肠衣、松脂等
	桶(KEG)	Kg	Kgs	小五金、油漆等
	桶(CASK)	Csk	Csks	水泥、碱性材料等
	罐头桶(CAN)	Cn	Cns	油漆等
	听(TIN)			猪油、油漆、药品等
	铁桶(DRUM)	Drm	Drms	酒类、燃料、药品等
	桶(TUB)			酱、酱油等
	手提桶(PAIL)			油漆等
	桶(BUTT)			酒等
	大木桶(HOCSHEAD)	Hghd	Hghds	烟叶、酒类等
特殊包装	瓶(BOTTLE)	Botl	Botls	酒类、化学药品等
	柳筐瓶(DEMUOHN)	Dmjn	Dmjns	酸类等
	坛(JAR)			榨菜、咸蛋、酸类等
	钢瓶(CYLINDER)			液化气体、压缩气体
	细颈瓶(FLASK)			化学药品等
	笼(CAGE)	Cg	Cgs	鸟类容器等
	篓、篮(BASKET)	Bkt	Bkts	水果、蔬菜等
	包裹(PARCEL)			样品、赠品、行李等
裸装	裸装(UNPACKED)			汽车、挖掘机等
	盘(COIL)	Cl	Cls	盘圆、铁丝、绳索等
	卷(ROLL)	Rl	Rls	卷席、筒纸、油毡等
	卷(REEL)			电线、电缆、铁丝等
	捆、扎(BUNDLE)	Bdl	Bdls	铜棒、铁筋、藤条等
	大捆(SKID)			马口铁、废铁片等
	管(PIPE/TUBE)			钢管、铁管等
	块(INGOT/SLAB/CASTWHEEL)			铸铁块、铅块、豆饼块等
	棒(BAR)			铁棒、铁条、角铁等
	张(SHEET)	Sht	Shts	铁皮、钢板等
	个、件(PACKAGE)	Pkg	Pkgs	个数的总称
	个、件(PIECE)	Pc	Pcs	铁条、型钢等
	对(PAIR)	Pr	Prs	成套的车轮等
	组(SET)			成套的轮胎等
	头、匹(HEAD)	Hd	Hds	牛、马等

2. 包装货物装船前舱位和货位选择需要注意的事项

与其他件杂货一样，包装货物装船前舱位和货位的选择需要注意以下事项：

（1）根据货物的装载要求正确选定各类货物的舱位，如危险货应远离机舱、驾驶台及船员住室，重大件应置于重吊所及的大舱等；

（2）怕热货不能置于热源附近或温度较高的舱室；

（3）怕潮货不能置于易产生汗水的部位；

（4）重货不压在轻货的上面；

（5）怕冻的货物在冰冻季节不置于舱外；

（6）后卸货物不堵先卸货物。

3. 包装货物在舱内要正确堆码

包装货物在舱内要正确堆码：

（1）货物的垛形应符合要求，即货垛应稳固、有利于通风、操作方便、有利于亮格箱充分利用舱容。

（2）底舱货物应尽量平铺，必须扎位时，不得直立扎位、左右扎位和深扎位。

（3）各类包装的堆码高度不能超过限高（部分常见包装的限高见表 2-2）。

（4）应做好货物的系固绑扎。一般货件之间应紧靠，空隙处应用木材、绳索等予以固定，使其在航行中不发生移位，对于重大件货物的系固要求则更高（见本章第四节）。

表 2-2　各类包装限高

包装	限高/层	包装	限高/层
大桶（单重）		亮格箱	5~7
200~300 kg	5	纸袋装水泥	13
300~400 kg	4	坛装	3~4
400~500 kg	3	捆装蚕茧	4
600 kg 以上	2	捆装烟叶	5~6
		袋装烟叶	8
		纸板箱装烟叶	15

4. 正确处理包装货物的忌装

性质互抵不能配装在一起的货物称为忌装货。忌装货混装后轻则会影响货物的质量，重则会使货物丧失其使用价值甚至造成严重事故。（详见本章第三节。）

5. 正确处理包装货物的衬垫和隔票

应正确处理包装货物的衬垫和隔票。（详见本章第三节。）

第三节 忌装货物的忌装要求

一、忌装货物的特点

忌装货物是指性质互抵，至少不能相邻堆装的货物。这类货物如果不按其要求配装，轻者会降低或丧失货物的使用价值，重者会引起燃烧、爆炸等重大事故。这类货物如相互混装，会有以下特点：

（1）发生化学反应，相互作用中和、氧化同时释放热量等，从而生成新的物质甚至有害物质，发生腐蚀、燃烧、爆炸等，降低货物的作用等；

（2）发生物理作用，使之受潮、串味、变质等，从而影响货物质量、用途等，导致食品无法食用等；

（3）污染货物，改变货物的纯度、颜色等物理状态，从而影响到货物的用途、经济价值、药用价值等。

下面介绍部分常见的忌装货物及其混装结果，忌装货物举例见表 2-3。

表 2-3 忌装货物举例表

序号	忌装货名		混装结果
1	水泥	食糖	水泥中渗入食糖，便失去凝固性；食糖中渗入水泥，则影响食用
2	水泥	硫酸铵、硝酸铵、氯化铵等能分解氨的货物	铵盐能分解出氨，水泥受氨气作用会加速凝固，影响使用范围；化肥中混入水泥，在使用中会结块，也降低肥效和影响土质
3	茶叶	香皂、食糖、糖果	茶叶吸收香皂的香味后，会变味，影响茶叶的质量；茶叶与食糖、糖果同装，会使茶叶受潮湿而霉变，并吸收异味影响质量
4	食物	硫酸铵、氯化铵	硫酸铵、氯化铵会放出氨气，食物吸收氨后会变质，失去食用价值
5	水果	粮谷	粮谷具有发热性质，水果受热便蒸发水分，果实枯萎，而粮谷吸收水分，会受潮而霉变
6	煤	锰矿	煤与锰矿混合燃烧时会破坏炉膛
7	橡胶	酸、碱、苯、乙醚、二硫化碳	橡胶遇酸、碱、苯、乙醚、二硫化碳等易溶解腐蚀
8	玻璃制品	纯碱、潮湿货	玻璃器皿表面发毛，受潮不易分开
9	食盐	白铁皮、黑铁皮	白铁皮、黑铁皮遇到食盐容易生锈
10	碱类	硫酸铵、氯化铵、过磷酸等酸性肥料	碱类遇硫酸铵、氯化铵、过磷酸等酸性肥料，易产生中和，失去肥效
11	酸类	萤石、白云石、方解石	萤石、白云石、方解石等遇酸溶解，并生成有毒物质

续表

序号	忌装货名		混装结果
12	樟脑	尼龙制品	两者有亲和力，樟脑气味进入尼龙制品影响其强度和染色牢度
13	焦炭	硫化铁	焦炭中混入含硫杂质影响炼钢质量
14	潮湿货	工艺品、棉织品	工艺品受潮影响使用质量，棉织品受潮易发热
15	潮湿货	茶叶、烟叶、罐头	茶叶、烟叶受潮变质，罐头受潮生锈

二、忌装货物的正确隔离

1. 忌异味货与气味货物的忌装

忌异味的货物禁忌与有刺激气味的货物、散发腥臭气味的货物、散发异香的货物和有特殊异味的货物同舱装载。食品不能与调味品、中药材等有异味的货物同舱装载。有些货物既有强烈气味，又忌与其他异味货物串味，如茶叶、香烟、化妆品、调味品等，这些货物不宜同舱。它们与其他气味货物也不得同舱装载。

2. 忌潮湿货物与散发水分货物的忌装

玻璃、棉花、工艺品、茶叶、烟叶、糖类、罐头、百杂货等均为忌潮湿货物。例如，棉花吸收空气中的水分，受潮后极易发热霉变，甚至能引起自燃。平板玻璃受潮或水湿后，片与片会粘贴在一起不易分开。工艺品受潮后表面易产生皱缩和斑点，影响美观及欣赏价值。茶叶、烟叶等受潮后会发霉变质。罐头受潮后会引起包装锈蚀、商标脱落等货损。因此，忌潮湿的货物不能与散发水分的货物（谷物、木材、水果和矿石等）同室装载，如因某种需要必须同室装载时，也应注意在其中间介以其他货物，并严格衬垫。

3. 忌染尘及混杂的货物与扬尘污染货物的忌装

粮食、纸浆、耐火材料、金属矿石类矿粉、滑石粉、焦炭等均忌混入杂质。例如，粮食、纸浆掺混杂质后，不仅会影响其食用及产品质量，而且会损坏加工机器。若滑石粉混入铁屑、镁砂、废棉等杂质，用于制药则影响疗效，用于造纸则影响质量。镁砂、布矾土、焦宝石、黏土等作为高温设备如高炉、焦炉、炼钢炉的炉砖、炉衬时，不得混入生铁、煤炭、木屑、石块等任何杂质。

4. 忌油污货物与油污货物的忌装

一切忌油污的货物与桶装油类货物（如煤油、柴油、润滑油、桐油、食用油等），油脂货物（如亚麻籽、大麻籽等）以及箱装涂有防锈油的机械零件、小五金、机械设备等油污货物不能相邻配置，更不允许将忌油污货物配于油污货物之下。

5. 特殊忌装货物的忌装

特殊忌装货物是指此类货物混装后，易引起理化反应的货物。现将常见的此类货物举例如下：

（1）金属制品、棉花及棉制品、丝及丝制品、文具纸张、工艺品等百杂货，不得与酸、碱、盐类等有腐蚀性及潮解性的货物相邻装载，以防腐蚀，特别是贵重金属制品及干电池等不宜与其同室装载。

（2）水泥不得与食糖、氧化镁或铵盐等同舱装载，否则会降低水泥质量。

（3）化肥不得与碱性货物（如石灰、纯碱等）同舱装载，酸、性货物不得与茶叶同舱装载，磷肥不得与碱性货物同舱装载。

（4）化纤及其制品不能与樟脑及含有樟脑的货物同舱装载。因樟脑会使化纤的强度降低和颜色减退。

下面介绍部分常见的忌装货物及其忌装要求，部分忌装货物举例见表 2-4。

表 2-4　部分忌装货物一览表

忌装货 1	忌装货 2	混装后果	忌装要求
钢铁、金属、电池	酸、碱、化肥	腐蚀	与贵重钢材不同室，与一般金属不相邻
五金、白铁皮、铝锭	纯碱	腐蚀	不同室
白铁皮、黑铁皮	食盐	生锈	不同室
棉、皮、文具、纸	酸、碱	腐蚀	不同室
橡胶	酸、碱、苯、乙醚、二硫化碳	溶解腐蚀	不同室
玻璃制品	纯碱、潮湿货	玻璃表面发毛，受潮不易分开	不同室
硫酸铵、氯化铵、过磷酸等酸性肥料	碱类	中和，失去肥效	不同室
萤石、白云石、方解石	酸类	遇酸溶解并生成有毒物质	不同室
尼龙制品	樟脑	两者有亲和力，樟脑气味进入尼龙制品，影响其强度和染色牢度	不同室
水泥	食糖、氨肥、氧化镁	水泥混入食糖失去凝固作用，氨肥混入水泥降低肥效，混入氧化镁的水泥使用价值下降	不同室
滑石粉、膨润土	生铁、矿砂	滑石粉和膨润土混入杂质会降低使用质量	不同室
食品	气味货	污染食品，无法食用	至少不同室（气味严重不同舱）
食品	有毒货，包括有些中药材	污染食品，无法食用	不同舱（至少不同室）
耐火材料（镁砂、焦宝石、黏土、矾土等）	铁、煤、石屑、木块、氧化镁、氧化钙、垃圾等	混入杂质的耐火材料影响其耐火温度	不同室
铅块、铝块	各种矿、砂、煤等	混入杂质影响质量	不同室
焦炭	硫化铁	混入含硫杂质影响炼钢质量	不同室
生丝、麻织品	扬尘污染货	污染后影响质量	一般不同室，包装封闭可同室但不相邻

续表

忌装货 1	忌装货 2	混装后果	忌装要求
棉花、棉麻制品	桶装油、种子饼、五金机械(有防锈油)、火腿、肉类	受油污染,易自热、自燃	不相邻
纸浆、木浆、芦苇浆	生铁、纯碱、矿渣	造纸原料混入杂质影响质量	不相邻
工艺品、棉制品	潮湿货	工艺品受潮影响使用质量,棉织品受潮易发热	不同舱
茶叶	酸性物质	酸碱中和,使茶叶无味	不同室
茶叶、烟叶、罐头	潮湿货	茶叶、烟叶受潮变质,罐头受潮生锈	不同舱
水果	粮谷	粮谷受潮霉变发热,水果受热蒸发水分	不同舱
硝酸	锌、镁粉、金属、松节油	混合发生燃烧或爆炸	不同舱

第四节 货物积载与系固

一、集装箱货物的积载与系固

(一)集装箱的规格和标志

1. 集装箱定义和特点

国际标准化组织(ISO)在《集装箱名词术语》(ISO/TC104)中对集装箱的定义如下:集装箱是一种运输设备。其主要特点有:

(1)具有耐久性,其坚固程度足以能长期反复使用;

(2)在以一种或多种运输方式运输时,途中转运,不动箱内货物,可以直接换装;

(3)具有便于装卸和搬运的装置,可从一种运输工具方便地换装到另一种运输工具;

(4)便于货物的装满和卸空;

(5)具有 1 m^3 或以上的内容积。

2. 集装箱种类

集装箱的种类繁多,可以按材料、尺寸、用途和结构的不同进行分类。这里仅介绍运输中常见的货运集装箱类型。

(1)按箱体使用材料构成分类

①铝合金集装箱

它是用铝合金型材和板材(一般为铝镁合金)制成的集装箱。其优点是弹性好,重量小,耐腐蚀;缺点是造价高,焊接性和耐磨性差。铝合金集装箱约占世界总箱量的 11%。

②钢制集装箱

它是用钢材制成的集装箱。其优点是强度大,结构牢,价格低,焊接性和水密性好;缺点是重量大,耐腐蚀性较差。

③玻璃钢集装箱

它是用玻璃纤维和合成树脂混合在一起制成薄的加强塑料,用黏合剂贴在胶合板的表面形成玻璃钢板,并装在钢制的集装箱框架上而制成的集装箱。其优点是强度大,隔热性、耐腐蚀性好,易清扫;缺点是重量几乎同钢制集装箱。玻璃钢制集装箱约占世界总箱量的3.8%。

④不锈钢集装箱

它是用不锈钢制成的集装箱。其优点是比钢制集装箱重量小,强度大,耐腐蚀;缺点是价格高。不锈钢集装箱约占世界总箱量的1%。

(2)按外部尺寸分类

国际标准集装箱系列按外部尺寸可分为13种,在这一系列中,使用较普遍的两种箱型为20 ft型和40 ft型。即20 ft集装箱作为一个换算单位,称为标准箱,简称TEU。集装箱的尺寸,各国均有各种不同类型,但目前国际运输中使用的为国际标准化组织制定的标准。

(3)按用途分类

①通用干货集装箱,它是用来运输无须控制温度的件杂货最有代表性的箱型,又称杂货集装箱。这种集装箱通常为封闭式,在一端或侧面设有箱门。在全部集装箱中,此类箱约占85%。

②通风集装箱,它是用来运输不需要冷冻的,而具有呼吸作用的水果、蔬菜等货物的集装箱。此类箱在端壁和侧壁上设有通风孔。

③保温集装箱,它是用来运输需要保温的货物,所有箱壁都用导热率低的隔热材料制成,具有气密和隔热性能的集装箱。此类箱通常配有制冷机组。

④冷藏集装箱,它是用来运输以冷冻食物为主的货物,能保持所定温度的保温集装箱。此类箱,一种内装有制冷机组,称为内置式机械冷藏箱;一种无制冷机组,但在前端壁设有冷气吸入口和排气口,由船上制冷装置和可拆冷藏设备供应冷气,称为外置式机械冷藏箱。

⑤敞顶集装箱,它是箱顶及侧壁和端壁上面的一部分可以打开,货物能从上面装卸的集装箱,为保持开口部分的水密性,一般用帆布等覆盖。敞顶集装箱另有硬顶开顶箱。

⑥台架和平台集装箱,它是用来运输车辆、机器、设备等特殊、不规则货物的集装箱。台架集装箱没有箱顶和侧壁,有的甚至连端壁也去掉而只有底板和四个角柱;平台集装箱是在台架集装箱上再简化而仅保留底板的特殊结构集装箱。

⑦罐式集装箱,它是用来运输酒类、油类、液体食油以及化学品类等液体货物而设置的集装箱。此类箱有单罐与多罐数种,罐体四角由支柱、撑杆构成整体框架。

⑧散货集装箱,它是用来运输粉状或粒状货而设有特殊结构或设备的集装箱。此类箱除了端部设有箱门外,在箱顶上还设有2~3个装货口,在箱门的下方还设有长方形的卸货口。

⑨动物集装箱,它是载运家禽等活动物的专用集装箱,其箱壁用金属丝网制造,通风良好,并设有喂食装置。

⑩汽车集装箱,它是载运小型轿车的专用集装箱,其箱的框架内安有简易箱底,无侧壁,其高度与轿车一致,可载运一层或两层。

3. 集装箱的标志

为了便于识别和简化交接手续，国际标准化组织对国际集装箱的标志项目和位置均做了统一规定。集装箱标志项目应分别印刷在箱门、端壁、侧壁和箱顶的规定位置。

(1)箱主代号、顺序号和核对数字

箱主代号：由 4 个拉丁字母组成，其中第四个字母“U”表示常规集装箱。

顺序号：由 6 个阿拉伯数字组成。若有效数字不足 6 位，应在数字前用 0 补足 6 位，如 001456。顺序号也称箱号。

核对数字：紧跟在顺序号后面的一位阿拉伯数字。核对数字填在小方框内，以核对箱主代号和顺序号是否正确，如

箱主代号	顺序号(箱号)	核对数字
OOLU	001456	

(2)国家代号、尺寸和类型代号

国家代号：按 ISO 3166 所确定的国家和地区两字母代号表示，我国的国家代号为 CN(原 PRC)。

尺寸和类型代号：由 4 位数字组成。前两位数字表示尺寸大小，后两位数字表示集装箱类型。如 2010 表示 20 ft 自然通风式封闭干货集装箱。类型代号中第一位数字的含义如下：0—封闭箱；1—通风式封闭箱；2—绝热箱；3—冷藏箱；4—设备可拆卸式冷藏箱；5—顶开门箱；6—平板箱；7—罐柜；8—散装箱；9—通风箱。

国家代号	尺寸代号	类型代号
CN	20	30

(3)最大总重量和自重，以 kg 或 lb 表示。

MAX GROSS	24 000 kg
	52 920 lb
TARE	2 300 kg
	5 070 lb

(4)空陆水联运集装箱标记

此类集装箱设计了适合空运的系固和装卸装置，但其强度仅能堆码两层，如图 2-3(a)所示。

(5)登箱顶触电警告标记

它一般设在罐式集装箱上和邻近登箱顶的扶梯处，以警告登箱顶者有触电的危险，如图 2-3(b)所示。

(二)集装箱船的积载特点

1. 对集装箱船的稳性要求

有适度稳性。在计算集装箱船的稳性时，尚应满足以下要求：

①每只集装箱的重心垂向位置应取在集装箱高度的一半处。

集装箱船在横风作用下，在静稳性曲线上求得的静倾角应不大于干舷甲板入水角，且不超

(a) 空陆水联运集装箱标志　　(b) 登箱顶触电警告标志

图 2-3　集装箱标记

过 12°。

②集装箱船在所核算的各种装载情况下，经自由液面修正后的初稳性高度应不小于 0.3 m。

2. 正确选择集装箱的货位和堆装方式

(1)普通干货集装箱的堆装原则是：重箱置下，轻箱置上；强结构箱置下，弱结构箱置上。

(2)中途港货箱合理积载，应保证其在各卸货港顺利装卸，尽可能不发生倒载，为了便于装卸，同一卸货港的集装箱最好成对相邻堆放。

(3)正确安排专用集装箱的货位。专用集装箱应根据其特点选择合适货位。例如，水冷式冷藏集装箱应放置于舱内能提供水源和电源的部位，风冷式集装箱则应置于舱外，超长大集装箱只能配置于舱外，生鲜货通风式集装箱也应配置于舱外，危险货物箱应按《国际危规》的规定选择货位。

3. 集装箱船舶的箱位编排

每个集装箱的箱位由 6 位数码表示，前两位数表示行号，中间两位数表示列号，最后两位数表示层号。

(1)行——集装箱在专用船上的横排积载位置(见图 2-4)。编号方法是从船首至船尾依次标明，其中：

20′标准箱：以奇数 01、03、05、07、09、11……依次编号；

40′大箱：以标准箱两奇数之间的偶数(02、06、10……)依次编号。

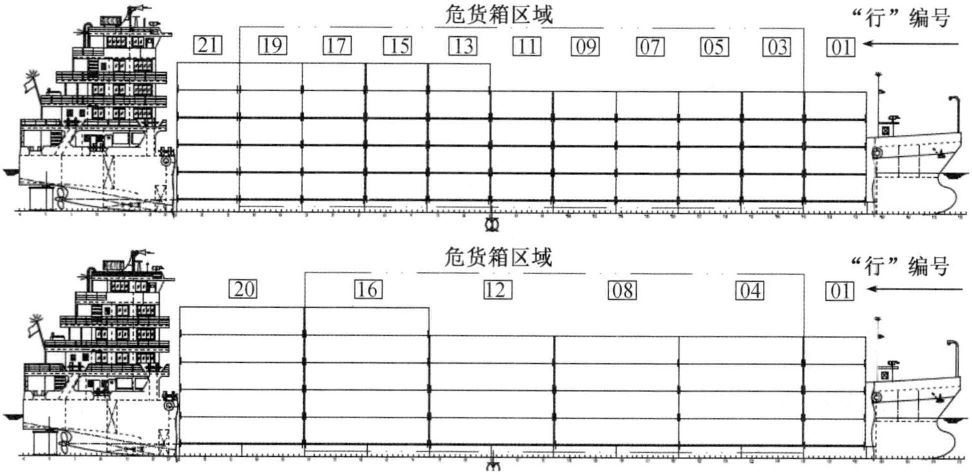

图 2-4　集装箱行排位

(2)列——集装箱在专用船上的纵列积载位置。编号方法是从中间开始左、右分开标，其中：

右舷：由中线向右编为单号 01、03、05……；

左舷：由中线向左编为双号 02、04、06……；

中线处编为：00。

(3)层——集装箱在专用船上的立体积载位置。自下而上依次编号为：1、2、3……，如图 2-5 所示。

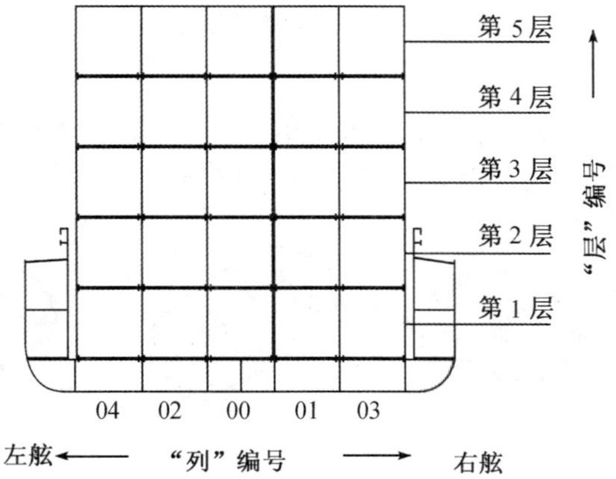

图 2-5 集装箱列排位

(三)集装箱系固设备

1. 固定式系固设备

(1)底座

底座直接焊接在舱底、甲板、支柱及舱盖上，相互之间的距离按集装箱四角角件孔的尺寸设计，并通过安放在其上的扭锁、底座扭锁或定位锥来对集装箱进行定位和固定，主要有以下几种：

①突出式底座

突出式底座主要用于舱盖、支柱及甲板上，其主体部分突出在结构的表面，用于安放并固定扭锁。突出式底座有单式、横向双式及纵向双式三种形式，如图 2-6 所示。

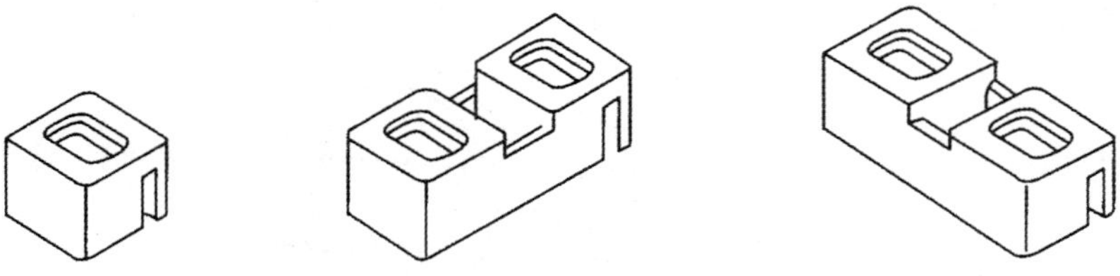

(a) 单式　(b) 横向双式　(c) 纵向双式

图 2-6 突出式底座

②突出式滑移底座

突出式滑移底座焊接位置同突出式底座，有单滑移式(包含横向单滑移式和纵向单滑移式)、横向双连单滑移式、纵向双滑移式三种形式，如图 2-7 所示。这种滑移式底座允许适当调整底座的间距。

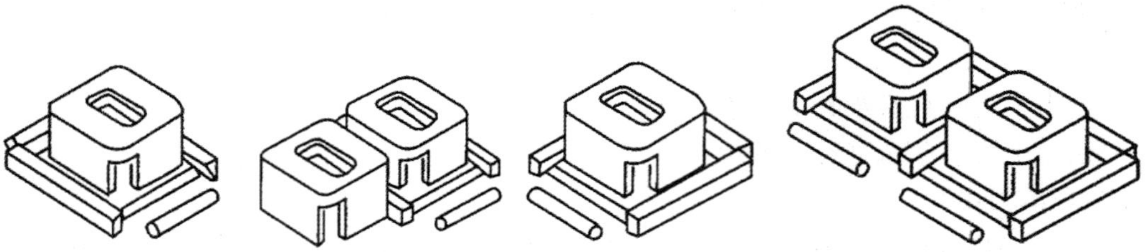

(a)横向单滑移式　(b)横向双连单滑移式　(c)纵向单滑移式　(d)纵向双滑移式

图 2-7　突出式滑移底座

③埋入式底座

埋入式底座主要用于舱底,也有用于舱盖上的,其结构表面略高于结构表面,如图 2-8 所示。埋入式底座有单式、横向双式、纵向双式及四连式四种。

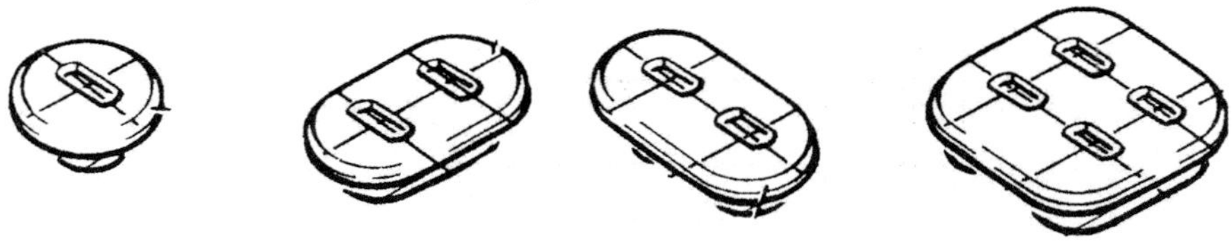

(a) 单式　(b) 横向双式　(c) 纵向双式　(d) 四连式

图 2-8　埋入式底座

(2)固定锥

固定锥通过一覆板直接焊接在舱底的前、后端导轨底脚处,并插入集装箱的角件孔内,用于固定舱内最底层集装箱,如图 2-9 所示。

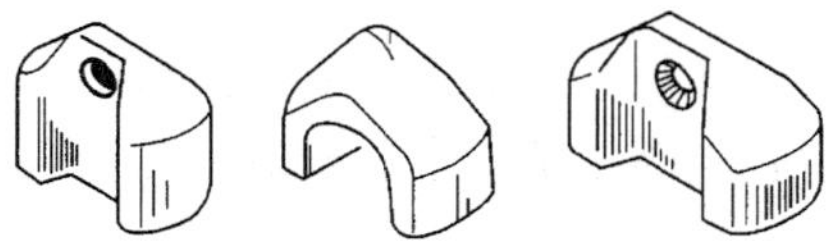

图 2-9　固定锥

(3)可折地令

可折地令又称 D 形环,主要用于甲板、集装箱支柱及绑扎桥上,多用途船也将其用于舱底,如图 2-10 所示。它作为一个系固点与花篮螺丝、绑扎杆等组成一系固系统来固定集装箱。

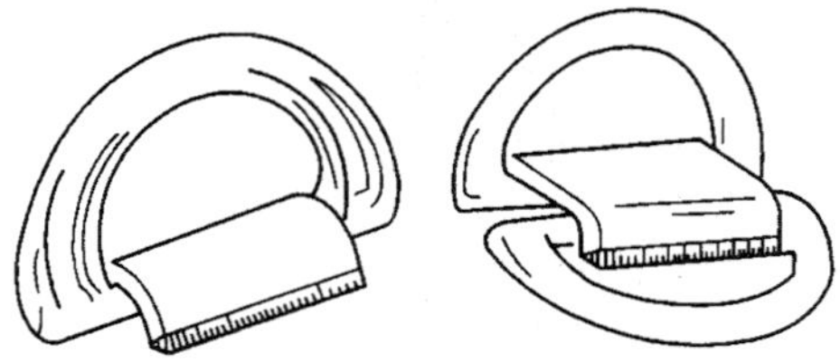

图 2-10　可折地令

(4)眼板

眼板的位置与作用同地令,一般不用于舱内。眼板有单眼、双眼、三眼及四眼等几种,如图 2-11 所示。

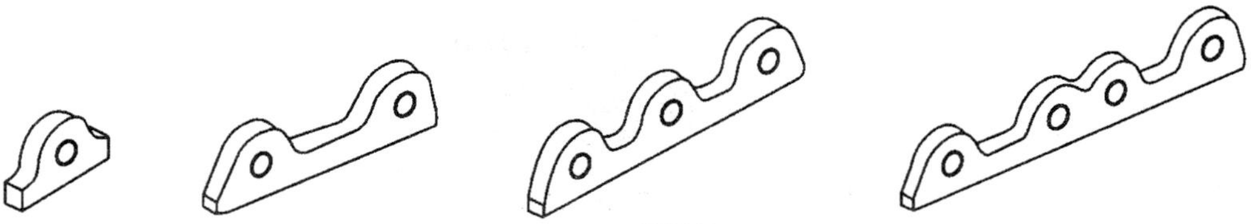

(a)单眼眼板　(b)双眼眼板　(c)三眼眼板　(d)四眼眼板

图 2-11　眼板

2. 便携式系固设备

（1）扭锁

扭锁主要用于甲板上、下层集装箱之间的连结锁紧或底层集装箱与突出式底座之间的连结锁紧，以防集装箱的倾覆及滑移，如图 2-12 所示。

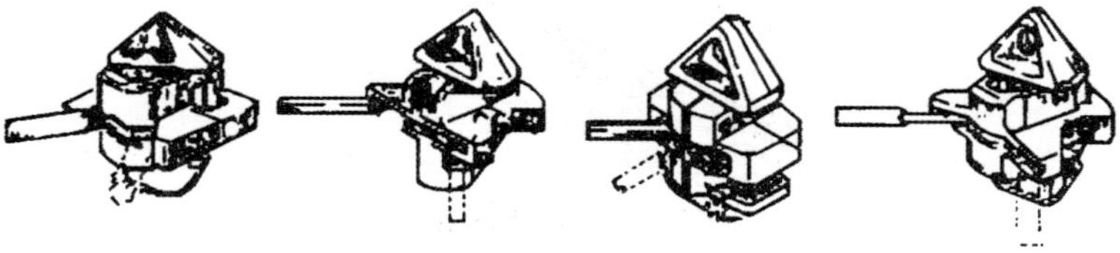

图 2-12　扭锁

（2）底座扭锁

底座扭锁仅与燕尾底座配套使用，如图 2-13 所示。其作用与操作使用方法同扭锁。

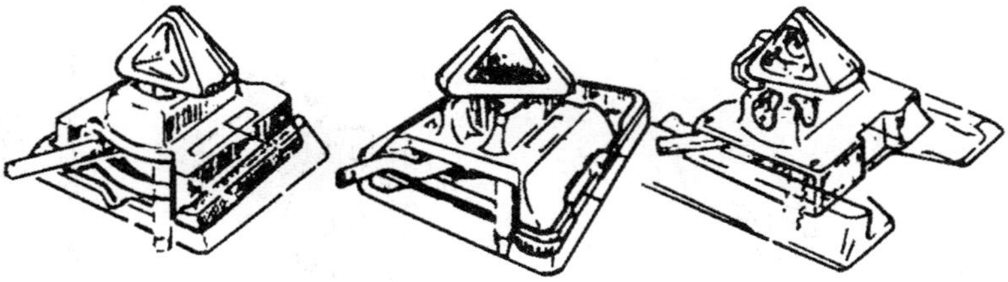

图 2-13　底座扭锁

（3）桥锁

桥锁用于对相邻两列最上层的集装箱进行横向连接，以分散主绑扎设备的负荷，如图 2-14 所示。

桥锁的使用方法较简单，只需将桥锁的两个锁钩（头）分别插入相邻两集装箱的角件孔中，再旋转调节螺母，即可把集装箱连接拉紧。

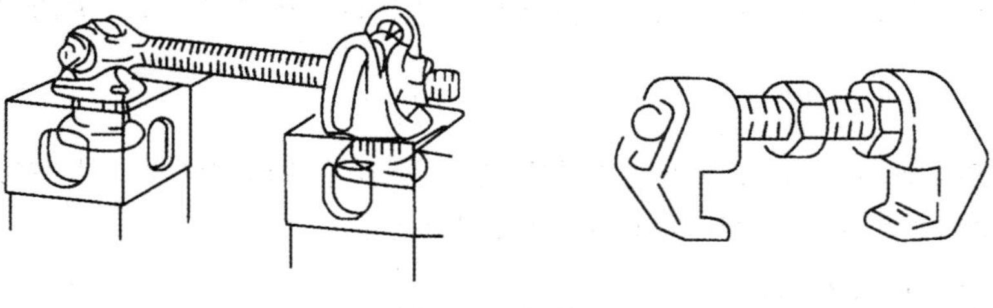

图 2-14　桥锁

（4）堆锥

堆锥用于限制水平位移，用在舱口以下或内侧，如图 2-15 所示。

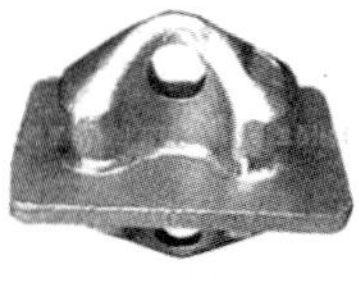

图 2-15　堆锥

(5)花篮螺丝

花篮螺丝与钢丝绳的接头连接,该两种设备通常需组合成一个整体后,方可达到系固集装箱的目的,如图 2-16 所示。

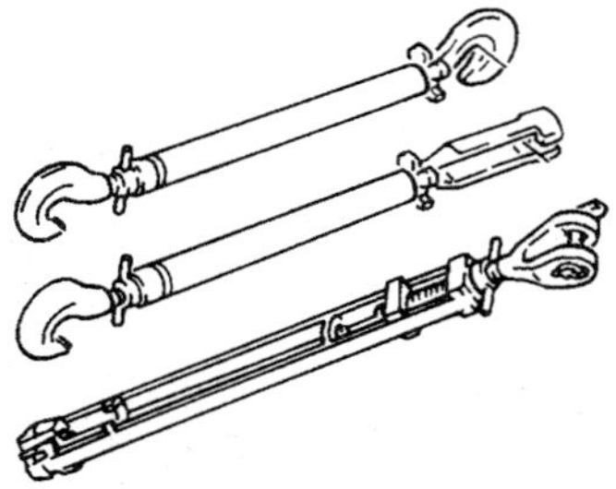

图 2-16　花篮螺丝

(6)绑扎带

绑扎带一般用于超高箱的顶部绑扎,以及存在空缺箱位的顶层绑扎加固,如图 2-17 所示。

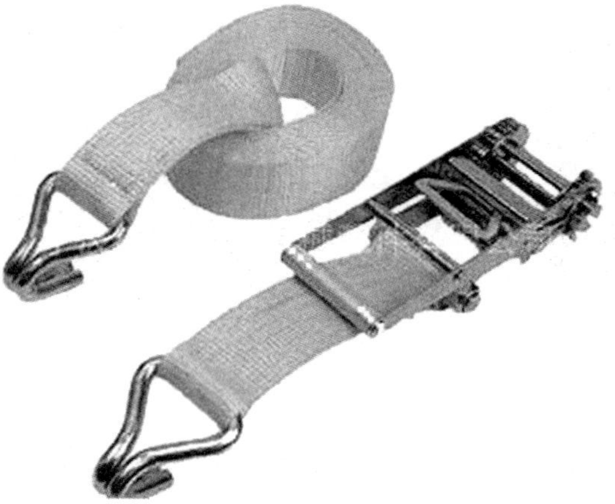

图 2-17　绑扎带

(7)钢丝绳

钢丝绳用于集装箱交叉绑扎。钢丝绳每根长 18.5 m,一端带角钩,一端带 4 个接头(间隔 1 m)。

(8)木楔

木楔用于绑扎加固,安放在围板与集装箱之间,限制箱的横向移动。木楔尺寸也可按实船需要制作,但其宽度应不小于集装箱角柱宽度的 1.5 倍。

(四)集装箱积载与系固要求

集装箱船在水上航行过程中,若堆装系固不当会导致集装箱移位、倒塌,随时可能发生系固件破损,集装箱损坏或坠入水中。为确保集装箱的水上运输安全,国际上各船级社在颁布的入级规范中提出了集装箱在船上系固的具体的核算方法。本节基于《钢质内河船舶建造规范》,介绍适用于吊装式全集装箱船的系固核算方法。

在选配集装箱箱位时,特别是在确定舱面集装箱箱位时,应当同时满足:

(1)船体局部强度要求;

(2)驾驶台前部舱面集装箱堆装不得超过对船首盲区限制的层高要求;

(3)集装箱的强度条件;

(4)集装箱系固设备的强度条件。

舱内当在装载 40 ft 箱的箱格导轨处选配 20 ft 箱且其中间无支撑时,为限制 20 ft 箱发生纵向位移(存在至少 76 mm 空隙)和横向位移,要求满足:

(1)在最多 5 层 20 ft 箱上应堆装 40 ft 箱;

(2)在 20 ft 箱堆上应堆装至少 1 层 40 ft 箱(可以是空箱);

(3)在 20 ft 箱层与层之间及 20 ft 箱与舱底之间应使用堆锥以防止集装箱横向滑移;

(4)如用纵向接连板将 2 个 20 ft 箱前后连接成相当于 1 个 40 ft 箱,则在 20 ft 箱堆上不需堆装 40 ft 箱,20 ft 箱堆堆重一般不应超过 120 t。

每一集装箱船,在船上无系固有效性校核软件的条件下,须按照船上《内河集装箱系固手册编制指南》的系固要求编制航次集装箱的系固方案。以下系固方案来自《内河集装箱系固手册编制指南》中的附录Ⅰ和附录Ⅱ。

附录Ⅰ　常用系固方案

敞口集装箱船或多用途船较常用的系固布置方案如下,甲板船也可参照布置。

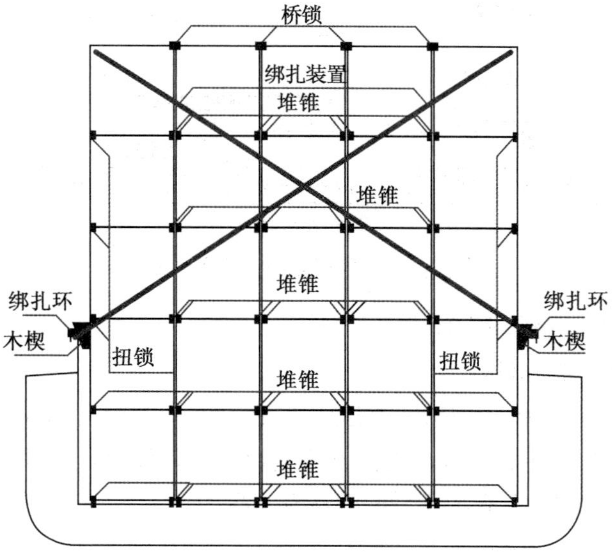

图 2-18　系固布置示意图

1.1 **系固布置示意图(见图 2-18)**

注:①其他未标注的箱角使用堆锥连接;②若两侧集装箱与内舷的间隙较大,具备安装扭锁的条件,则两最外侧箱角必须使用扭锁。

1.2 **系固设备选用说明**（见表 2-5）

表 2-5　系固设备选用一览表

位置	系固设备	常用型式
内底板	底座	埋入式
舱口以下	堆锥	双头单式
舱口以上　最外侧箱角	扭锁	双头两半拼接式
其他	堆锥	双头单式
堆垛顶部	①桥锁	C 型 堆垛端部
绑扎装置	②钢丝绳或绑扎带、舱口围板	
系缚件	③绑扎环、眼板等	

注：①堆垛顶部，若桥锁无法安放（由于相邻堆垛的横向间隙过大或垂向高度差过大等），则应使用绑扎装置从最左列到最右列进行横向绑扎；

②堆垛端部，采用钢丝绳时的绑扎方式详见 1.3，采用绑扎带时的绑扎方式详见 1.4；

③舱口围板上的系缚件型式，可依据绑扎需要来选用。

④舱口处，可以使用木楔加固，但它不能取代任何其他系固设备的作用，仅用于防止集装箱的横向滑移；采用木楔支撑时，木楔须安放于舱口围板与集装箱端部框架之间，不能置于集装箱侧壁板上，否则可能损毁集装箱。

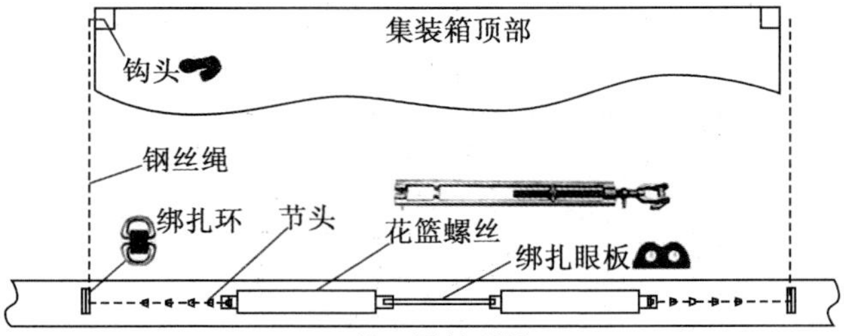

图 2-19　端部钢丝绳组合示意图

1.3 **端部钢丝绳组合**（见图 2-19）

（1）钢丝绳与花篮螺丝的连接

①钢丝节头与节式花篮螺丝：节头可间隔一定距离设置多个，以适应不同堆高；或

②钢丝夹与卸扣式花篮螺丝：这种连接方式钢丝绳的有效绑扎长度可伸缩量不大，一般对不同堆高（如四层和五层）需要配备不同长度的钢丝绳。

（2）钢丝绳与箱顶角的连接

①角钩：一般与钢丝绳固定连接为一体，使用时根据角钩的型式，有的是钩在集装箱端部的角孔内，有的是钩在顶部的角孔内；或

②卸扣：此时钢丝绳一般预设端环，卸扣穿过端环和集装箱角孔；或

③钢丝夹：此时直接将钢丝穿过集装箱的角孔，然后用钢丝夹加紧。

（3）围板上对钢丝绳起转向作用的绑扎环，也可用强度相等的导向滑轮等装置代替。

（4）钢丝绳的强度一定要满足绑扎力的要求，其 *SWL* 一般取破断负荷的 1/3。

1.4 **端部绑扎带组合**（见图 2-20）

（1）绑扎带的构成

①编织带：分为两段，一段较长，一段较短，其中一端带有钩头；

②收紧器：一般与较短的那一段编织带固定连接，另一段较长的编织带可绕在收紧器上，并转动后收紧。

（2）绑扎带与舱口围板的连接

①绑扎环等系缚件：可设在舱口围板的顶板，也可设在其他能承受绑扎力的位置；或

②其他等效结构：该结构可作为绑扎带的系固点，且满足绑扎受力的要求，如围板水平桁，同时须经船舶检验机构审批认可。

（3）绑扎带的强度一定要满足绑扎力的要求，否则此方案不可用，其 *SWL* 一般取破断负荷的 1/3。

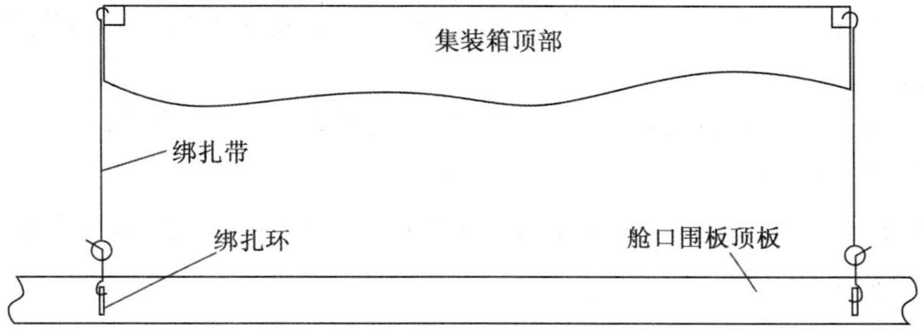

图 2-20　端部绑扎带组合示意图

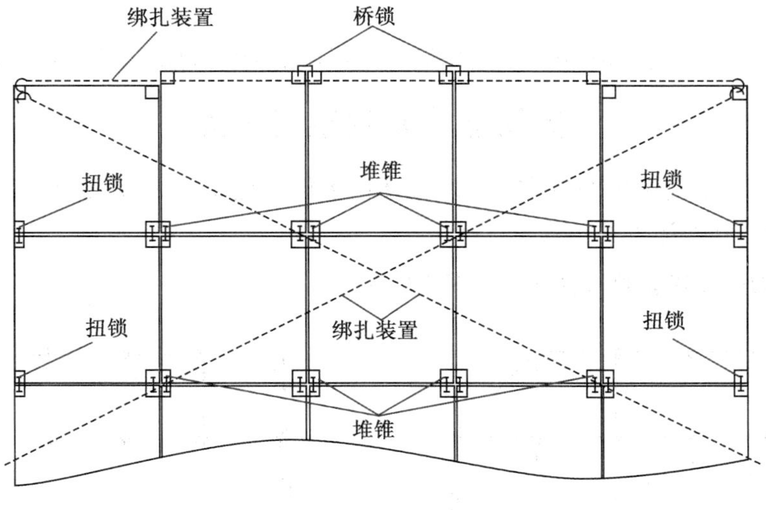

图 2-21　超高集装箱示意图

1.5 **超高集装箱**（见图 2-21）

（1）高箱一般在内侧和上层积载，且尽量在船宽方向对称布置；

（2）顶部的绑扎装置一般采用钢丝绳与绑扎带的组合，或者仅用绑扎带，若使用钢丝绳，它与端部的钢丝绳应相互独立。

（3）实船装载时，还应按当时的具体情况适当加强绑扎，以防止集装箱滑移和翻倒。

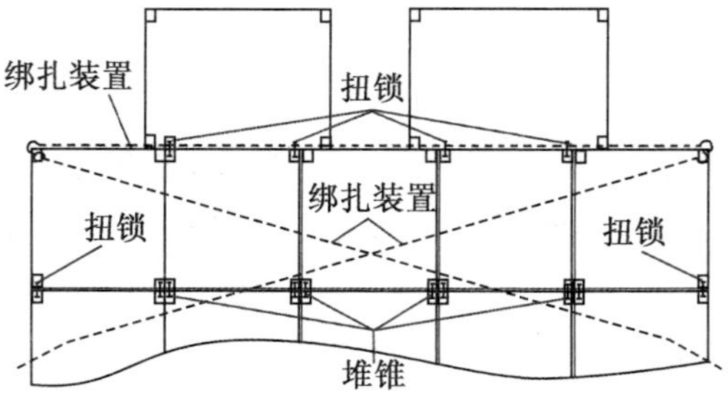

图 2-22 超宽集装箱示意图

1.6 **超宽集装箱**（见图 2-22）

（1）宽箱一般在内侧和上层积载，且尽量在船宽方向对称布置；

（2）宽箱的端部应有两个锁孔与下层箱对齐并用扭锁连接，若不存在这样的两个锁孔，应至少保证一个锁孔与下层对齐并用扭锁锁紧，然后用绑扎装置将宽箱未锁紧的那一侧与下层箱进行绑扎；

（3）顶部的绑扎装置一般采用钢丝绳与绑扎带的组合，或者仅用绑扎带，若使用钢丝绳，它与端部的钢丝绳应相互独立；

（4）实船装载时，还应按当时的具体情况适当加强绑扎，以防止集装箱滑移和翻倒。

1.7 **超长集装箱**

（1）长箱一般在内侧和上层积载；

（2）长箱的底部应有四个锁孔与下层对齐，并用扭锁或堆锥连接，条件允许时必须使用扭锁；

（3）实船装载时，还应按当时的具体情况适当加强绑扎，以防止集装箱滑移和翻倒。

附录Ⅱ 禁用系固方案

以下列出的集装箱系固布置方案，因其理论上极可能不稳定或实船营运中极易造成翻箱、掉箱等事故，在实船上禁止采用。

2.1 **一根钢丝绳横跨整行捆绑**（见图 2-23）

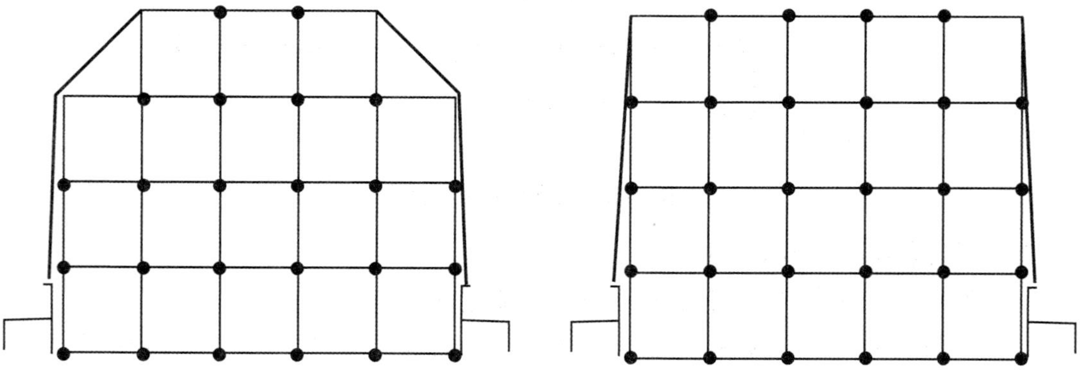

图 2-23 一根钢丝绳横跨整行捆绑示意图

2.2 钢丝绳直接与同一侧箱顶连接，未形成交叉绑扎(见图 2-24)

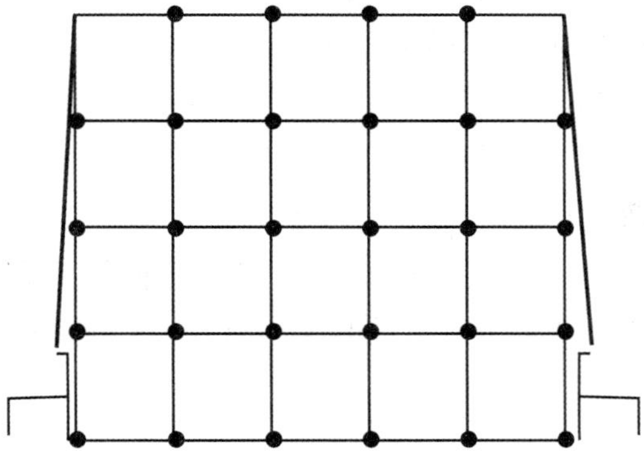

图 2-24 钢丝绳直接与同一侧箱顶连接，未形成交叉绑扎示意图

2.3 顶层有空缺箱位，外侧集装箱与内侧无绑扎装置连接（见图 2-25）

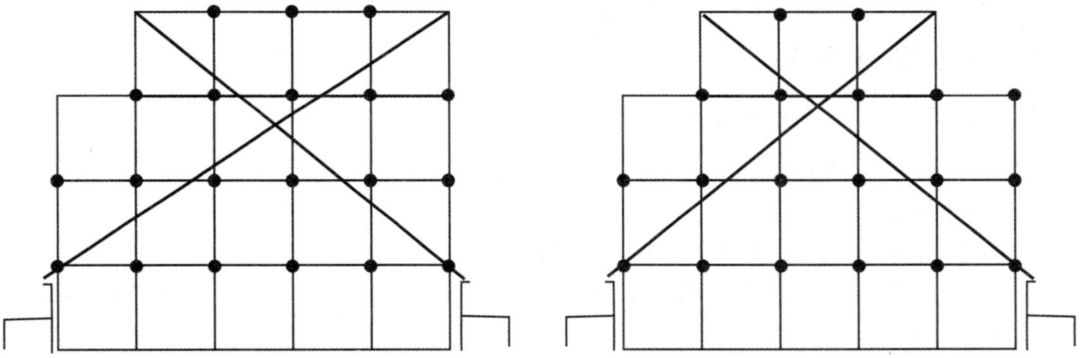

图 2-25 顶层有空缺箱位，外侧集装箱与内侧无绑扎装置连接示意图

2.4 堆垛顶层相邻集装箱间，未用桥锁紧固，也未用绑扎装置绑扎

二、散装货物的积载与平舱

(一)散装固体货物的分类

1. 易流态化货物(A 类散货)

(1)定义:在装运时外表比较干燥,但含有大量水分,在航行中由于船舶的颠簸、振动,其水分逐步渗出,形成表面流态化的物质。其多由较细颗粒的混合物构成。

根据其性质可分为:精矿粉,如铁精矿、黄铁矿、铅精矿、黄铜矿、锰精矿、锌矿等。

与精矿相类似的物质,如散装草泥、散装鲜鱼、煤泥(颗粒粒度一般小于 1 mm)等。

(2)潜在危险:A 类货物的危险性含水量超过其“适运水分限量 TML”,该类货物在航行途中会出现表层流态化,在船舶摇摆时会流向一舷,但在回摇时不能全部流回,如此继续,将使船舶逐渐倾斜乃至倾覆。

2. **具有化学危险性货物(B类散货)**

(1)B类散货包括已列入《国际危规》的固体散货(24种):4.1类、4.2类、4.3类、5.1类、6.1类、7类、8类、9类;和仅在散装运输时具有危险的货物(MHB)(20种)。

(2)特性:能减少舱内含氧量;易自热自燃;潮湿时会产生危险。

该类货物有煤炭、焙烧黄铁矿、直接还原铁、氟石、生石灰等。

3. **既不易流态化又无化学危险的散货(C类散货)**

(1)C类散货即普通固体散货,但也存在一定的危险性,只是较A类、B类危险性大为减小。在《国际海运固体散货规则》(以下简称"《BC规则》")的附录C中列有86种该类物质,如水泥、滑石粉、重烧镁、钒土、石膏等。

(2)注意,《BC规则》中列有:

①7种既属于A类又属于B类的固体散货:铜精矿、焙烧黄铁矿、硫化金属精矿、煤、散装草泥、黄铁砂灰、烟灰。

②34种既属于B类又属于C类的固体散货,如种子饼、花生粕、麦芽球团等。

③1种既属于A类又属于C类的固体散货:黄铁矿。

(二)散装固体货物积载

1. **散装固体货物积载的基本要求**

(1)要预防货物重量分配不当而造成船体结构损坏。

具体措施包括:

①在较高舱位装高密度($SF<0.56\ m^3/t$)散货时,应校核其局部强度;

②当承运高密度散货而无船舶强度资料时,建议货物重量分配不应与正常合理的杂货分配方案相差很大。

(2)要预防船舶航行中因稳性减小或丧失而导致倾覆。

①因平舱不当或货物重量分配不合理而造成货物向一舷移位。

具体预防措施包括:

a. 装货前,应实测散货静止角。静止角是指散装货物由空中缓缓自然散落至平面所形成的锥体斜面与水平面的夹角α,又称自然倾斜角。静止角是表示非黏性货物稳定性的指标。

b. 静止角较小货物未装满货舱时,应在舱内设置止移装置。

c. 按要求平舱。

②承运含水量过高的易流态化货物时,因散货呈流态化而滑向货舱一舷。

具体预防措施包括:

a. 装货前,要求托运人提供含水量等有效证明文件。

b. 装货前和装货中,应检验散货的含水量。当不满足要求时,应拒绝装货或起航。

2. **预防某些散货因发生化学危险而造成事故的具体措施**

(1)选择合理的载货舱位;

(2)不同类货物间应按要求隔离(见表2-6);

表 2-6 固体散货与固体散货的隔离要求

固体散货		固体散货								
		4.1	4.2	4.3	5.1	6.1	7	8	9	MHB
易燃固体	4.1	×								
易自燃物质	4.2	2	×							
遇水放出易燃气体的物质	4.3	3	3	×						
氧化剂	5.1	3	3	3	×					
有毒物质	6.1	×	×	×	2	×				
放射性物质	7	2	2	2	2	2	×			
腐蚀品	8	2	2	2	2	×	2	×		
杂类危险货物与物品	9	×	×	×	×	×	2	×	×	
仅在散装时才具有危险性的物质	MHB	×	×	×	×	×	2	×	×	×

(3)装货期间,应防止粉尘进入船员居住处所;

(4)对装运中有可燃气体进入的舱室及相邻封闭舱室应予以有效连续通风;

(5)当需进入可能缺氧或有毒气货舱或其相邻舱室时,应按相关规定/要求检查合格后方可进入。

3. 合理确定各舱装卸顺序

通常先选船中部货舱,然后选艏、艉部货舱交替进行装卸,同时在邻近压载水舱以相近的速度排出或打入压载水。

4. 散装固体货物的平舱

(1)定义

①静止角:非黏性颗粒状物质的最大斜坡角,即斜面与水平面的夹角。

②平舱:在货舱内对部分货物或全部货物进行平整。

③谷物平舱:对船舶装运的谷物所采取的将其自由表面整平或接近水平,以使其在舱内的移动造成的影响降至最低的措施。

(2)平舱要求

①平舱的一般规定

a. 应对货物合理平舱,以减少货物移动的可能性并最大限度减少空气进入货物。

b. 货物处所应尽量装满并合理地散布到货物处所的边界,以防止固体散装货物的移动,但不得超过底舱的强度。

②谷物平舱要求

a. 散装谷物满载舱平舱之后,必须使甲板下方及舱口盖下方的一切空间最大可能地填满。

b. 散装谷物部分装载舱的情况下,完成装载后,应对“部分装载舱”内的谷物进行必要和合理的平舱,使谷物自由表面变成水平,并用袋装谷物在其上紧密堆装,高度不应小于谷物自由表面 1.2 m 或最大宽度的 1/16,取大者;或用至少应具有相等压力的其他适宜货物代替堆装,见图 2-26。

(3)非黏性散装货物的特殊平舱要求

①静止角小于或等于 30°时,应在货物处所内设置防移板或防移箱,或在货物处所两侧和两端的放装货物上方装载控装货物或其他合适的货物。船舶离港前,应将货物的自由表面整

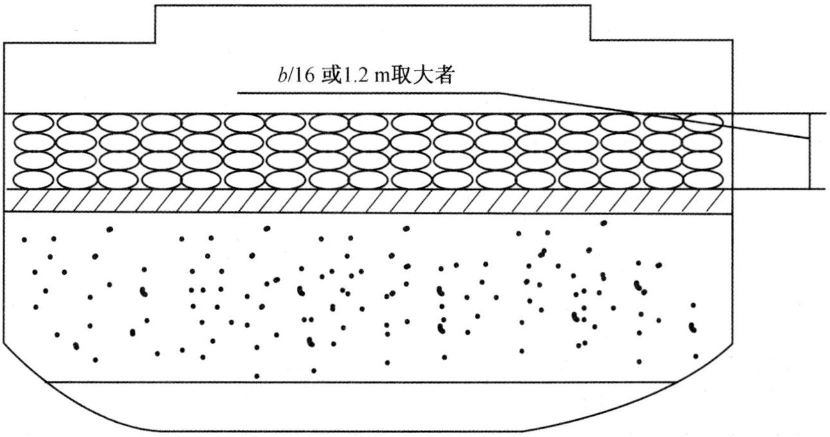

图 2-26　压包法

成水平。

②静止角大于 30°但小于或等于 35°时，货物表面最高点与最低点的垂直距高不应超过船宽的 1/10，且最大允许值为 1.5 m。

③静止角大于 35°时，货物表面最高点与最低点的垂直距离不应超过船宽的 1/10，且最大允许值为 2 m。

（三）散装液体货物积载

水路运输的散装液体货物主要包括石油及其产品、液体散装化学品、液化气体等，一般用专用液体散货船运输。

1. 自由液面对稳性的影响

（1）自由液面的产生

散装液体货物在未装满或航行中有部分消耗，当船舶发生倾斜时，舱内的液体跟着倾斜，使液面保持水平状态，这种可以自由流动的液面就是自由液面。

（2）自由液面对稳性的影响

自由液面因船舶倾斜流动后，其重心也向倾斜的一侧移动，产生倾斜力矩，使船舶稳性下降。自由液面对船舶的主要影响是横稳性，自由液面越大，横向倾斜力矩也越大，横稳性越差，严重时可能导致船舶倾覆。

（3）船舶装载散装液体货物稳性不足时的应对措施

①船舶装载散装液体货物稳性不足时，可以通过调整装载，尽量使部分液舱灌满（根据液体货物的特性、液舱温度和承压安全系数，留足膨胀余位）；或尽量使部分液舱抽空，减少自由液面的影响。

②在有富余干舷的情况下，增加压载水，降低船舶的整体重心，提高船舶的稳性。

③在引航操作中，应避免使用快车或操急舵或操大舵角转向或掉头，防止引起船舶过渡横倾，甚至倾覆。

④在液舱设置水密纵舱壁将舱容纵向分隔，减少自由液面的影响。当将液舱分为 n 等分时，其自由液面影响将减小为原来的 n^2。

2. 石油类货物的积载

(1)石油类货物的主要特性

石油类货物具有易燃性、爆炸性、挥发性、毒害性、易生静电性、黏结性、胀缩性和腐蚀性等特性。

(2)油船的积载

①确定航次货运量

油船需要根据货源是否充足来确定航次货运量。

②满足油船的稳性和纵强度要求

a. 稳性。除艏、艉少数舱外,其余舱要装则装满,否则留作空舱,并保持船舶无初始横倾角。

b. 纵强度。空船压载时,为减少中拱弯矩,可在漂心前第一个压载舱及其前、后相邻舱依次安排打入压载水;满载时,为减少中垂弯矩,应在近船中处留出空舱;为减小船体横剖面上切力,油船在横向所留空舱舱位应适当隔开。

③合理确定液舱的膨胀余量。膨胀余量与油舱舱容、航线上最高和最低气温之间的温差、石油体积温度系数等因素有关。

④合理确定各油舱的装卸顺序

装油时,先侧重装中部油舱,以减缓中拱变形;然后,适当侧重装前部货舱以减少艉倾;最后,前、中和后部均衡装载。

卸油时,先侧重卸中部油舱,以减缓中垂变形;然后,侧重卸前部油舱,使船体呈少量艉倾,以便于清舱;最后,前、中和后部均衡卸载。

⑤保证货油的运输质量

保证油舱及其设备满足油品运输要求,防止不同油品掺混;做好货油的质量交接工作。

3. 散装液体化学品的积载

液体化学品:在温度为37.8 ℃时,其蒸气绝对压力不超过0.28 MPa的液体,包括硫酸、硝酸、盐酸、苯、煤焦石脑油、甲醇、甲醛、醋酸等。

(1)散装液体化学品的主要特性

散装液体化学品具有易燃性、毒害性、污染性、腐蚀性和反应性等特性。

(2)散装液体化学品船装运注意事项

①承运前,应获取货主完整散液化资料。

②装货前按规则要求对货舱进行环境控制。

③装卸货前,船、岸双方应逐项填写“船/岸安全检查项目表”,并共同商定装卸流速、流量,以及停止作业信号。

④装卸开始时应低速(1 m/s以下)进行,待检查确认作业正常后才能按正常流速(常控制在3 m/s以下)进行。

⑤装卸货中,正确进行货物质和量的交接工作。

⑥做好各项安全和应急防范工作:备妥应急拖缆,显示危险作业标志,与他船保持30 m以上距离,禁止一切明火和无关作业。当风速超过15 m/s、浪高超过1.5 m时,应停止靠泊或装卸作业。

4. **液化气体的积载**

(1)液化气分类

液化气：温度为37.8 ℃时，蒸气压力超过0.28 MPa的液体，以及理化性质和与其相近的其他货品。

液化气按成分不同分为以下几类：

①液化天然气(LNG)：无色、无味、无毒和无腐蚀性。其主要成分为甲烷CH_4(70%～95%)，临界温度为-82.3 ℃，临界压力为4.49 MPa，大气压下沸点为-157～-163 ℃，大气压及沸点温度下LNG的密度为0.47～0.53 t/m^3，其蒸气在温度高于-110 ℃时轻于空气，液化后体积压缩比为1/625，不溶于水但与水相容。

②液化石油气(LPG)：无色、无味、无毒和无腐蚀性。主要成分是丙烷和丁烷，两者的临界温度分别为96.8 ℃、153 ℃，临界压力分别为4.26 MPa、3.81 MPa，大气压下沸点分别为-42.3 ℃、-0.5 ℃，常温下液态密度为0.5～0.58 t/m^3，气态密度比空气重1.5～2.1倍，液化后体积压缩比为1/250～1/300，不溶于水但与水相容。

③液化化学气(LCG)：包括无水氨、乙烯、丙烯等。

(2)液化气的主要特性

①易燃易爆。多数液化气沸点低，自燃温度低，爆炸的下限小，最小点燃能量小，易于蒸发，多数液化气的蒸气比空气重等。

②毒害、腐蚀及窒息危险。

③化学反应性。

④高压与低温危险。

⑤LNG船舱内液货“翻滚”。向已经装有LNG低温贮槽内冲注新LNG，贮槽内的液体会发生分层，分层后的各层液体在贮槽周壁漏热的加热下，形成各自的自然对流循环。该循环使各层液体的密度不断发生变化，当相邻两层液体的密度近似相等时，两液层就会发生强烈混合，从而引起贮槽内过热的液化气大量蒸发。

(3)液化气船装运注意事项

①液化气船在装运新货品时，必须查明“适装证书”上是否列有该种货物，否则不容许装载。要向货主索取完整的货物资料。要了解新装货与原装货是否有相容性。

②装货前必须做好下列特殊作业：

a. 干燥。清除液货舱和管路等的湿气，防止生成水合物或结冰堵塞设备和管道。

b. 惰化。降低货物系统中含氧量至安全程度，防止在装货中形成可燃气体环境或货物与氧发生危险反应。

c. 除气(又称驱气)。用待装的货物蒸气把液货舱中的惰性气体排挤出去。

d. 预冷。降低液货舱温度使之接近装货温度，以便尽量减少热应力和过热蒸发。

如需进液舱修理，则低温式液化气船需经下列过程：

排除剩余液货提高舱温→惰性气体置换货物气体→空气置换惰性气体→进入液舱修理→干燥→惰化→货物气体置换惰性气体→预冷→装货

③填妥“船/岸安全检查表”，注意检查关键设备状况。

④装卸货中应控制货物冷却和监视液货舱中的液位及舱壁空间压力的变化。装货开始时应缓慢(1 m/s以下)装入，确认正常时，再逐渐提高到装货的正常速度(3 m/s以下)。

⑤操作中人员要接近有关设备时，应按要求戴手套和穿防护服。

⑥各舱装载量一般不超过 95% ~ 98%，LNG 船满载时，各舱应装至 90% ~ 98%，不得低于 80%。

⑦做好各项安全和应急防范工作（同散化船）。

三、重、大件货的积载与系固

长江、黑龙江干流规定，重量超过 3 t 或长度超过 10 m 的货物称为重、大件货物。这种货物在装卸和运输中有特殊的要求。

（一）重、大件货物的积载和装运要求

利用船舶装运重、大件货物，应根据货载特点选择适宜的船舶。“适宜”就是利用该船载运时能保证船、货安全，同时能较好地发挥该船的载货能力。

1. 重、大件货物积载计划的编制

编制船舶积载计划前，应掌握本船的技术性能、载货条件，了解本航次航道情况，包括水位、水深、港口设备、码头情况，以及货物种类、数量等。积载计划的编制步骤如下：

（1）确定航次货运量，合理利用舱容；

（2）制订积载方案，绘制积载计划草图；

（3）调整船舶重心位置及吃水差；

（4）绘制正式积载图，注明有关事项。

2. 制订重、大件货物积载计划要点

（1）根据起重能力和舱位将货物按重量和尺寸归类。

（2）正确选择货位：

①当配装于舱内时，应选择于大舱口或有重吊的货舱；

②当配于甲板时，需注意舱口下横梁的突出部位对货件高度的影响；

③当配于甲板时，应选择甲板承载能力较大，且不影响甲板上工作和驾驶员瞭望视线的场所。

（3）具体标出位置和尺寸。

（4）装载前应校核拟装部位局部强度，进行有效的铺垫并使之满足要求。

（5）计算装卸过程中船舶的横倾角（一般小于 10°）；若使用船吊装载，则应校核装卸重、大件货物时对船舶稳性的影响，并保证船舶最大的横倾角不超过 12°。

（6）考虑重、大件货物必要的系固工作。

（7）航行中应避免船舶产生过大的横倾角。

3. 重、大件货物积载要求

（1）以先整件、后散件为装船原则，先散件、后整件为卸船原则。

（2）尽量装在货舱里。

（3）装在舱底或甲板中轴线附近，并以横梁和龙骨为支撑点。

（4）装好后货舱底部或甲板应受力均衡，并为卸载提供足够的方便。

（5）重、大件货物之间要留足系固位置。

(6)重、大件货物之间要留足装卸作业工具的活动空间。

(7)重、大件货物之间不得随意重叠。可重叠的,应充分考虑船舶局部强度的承受负荷和超长、超高、超宽对船舶航行操纵的影响。

(8)积载中,应在舱底或层间铺设衬垫。不能直接堆载在船体结构上,也不得直接与船体构件接触。

(9)积载处所应干净、干燥,并且没有油脂。

4. 重、大件货物装卸前的准备工作

(1)横倾角的调整(如压载水);

(2)对装卸工具进行检查、试吊;

(3)清理障碍物,做好铺垫或增设支柱;

(4)船体保持正浮,降低船舶重心,减小船岸高度差等。

5. 重、大件货物装卸操作注意事项

(1)装卸作业应安排在白天进行;

(2)当船舶横向有较大倾斜或遇有大风浪时应停止作业;

(3)严禁将重、大件货物从船体的上层建筑上越过;

(4)正确起吊,严禁起重机快速作业和突然停顿;

(5)及时加固、绑扎、铺盖。

6. 重、大件货物装船时船舶强度的保障措施

(1)重、大件货配于甲板时,应选择甲板承载能力较大、以横梁为支撑点的中轴线附近,且不影响甲板上工作和驾驶员瞭望视线的场所。

(2)若配置于舱底,则尽量选择以龙骨为支撑点的中轴线附近。

(3)装载前应校核拟装部位局部强度,清理障碍物并进行有效的铺垫,使之满足中国船级社《钢质内河船舶建造规范》(2019)对船舶强度的要求。

(4)不能直接堆载在船体结构上,也不得直接与船体构件接触。

(5)为保证甲板或舱内强度,必要时增设支柱。

(6)做好铺垫、加固、绑扎、铺盖等工作。

(7)使用枕木时,枕木的长度应超过重、大件货物底部尺度,货舱或甲板底部使用枕木支撑垫底,加大了受载面积,减少了压强,增加了摩擦力(钢与木材的静态摩擦系数是0.5)。

(8)装好后货舱底部或甲板应受力均衡,并为卸载提供足够的方便。

7. 航行中重、大件货物的管理

(1)运输船舶在每次开航之前都要请船级社对船舶及其装载状况进行检查,出具内河运输的适航证明后才能起航;如果条件允许,建议加派经验丰富、技术水平高超的高级船长或者指导船长,对驾驶人员进行航行指导。

(2)运输船舶在每次开航之前,应使船舶无初始横倾状态,并应核算船舶稳性及船体强度,使之满足相关要求;开航前应采取相关措施尽量降低船舶的重心高度,同时应注意对船上相关物体的固定,尽量避免船上物体的移动;开航前及航行过程中应充分考虑自由液面对船舶稳性的影响。

(3)航行途中,船舶应积极主动向沿线海事主管机关报告船舶及航行的相关信息,并密切注意收听各种航行安全信息,根据实际情况及时调整航行计划;运输钢桁梁的船舶应禁止在夜间航行。船舶遇大雾,在能见度小于 1 km 的情况下应禁止航行。考虑到船舶载运货物的特殊性,船舶在遭遇五级及以上大风或浪较大时应禁止航行。

(4)船舶驾驶员应运用良好船艺,避免用大舵角操舵或急操舵,严格控制船舶横摇幅度,尤其在船舶通过急弯航道时更应谨慎操纵;及时掌握过往船舶的类型、大小及航速情况,防止高速航行船舶的船行波对本船的影响。

(5)船方应保持锚设备的正常工作,遇有紧急情况(如临时抛锚、遇雷雨大风或雾等)船舶无法开航时,应就近选择合适锚地抛锚,并严格按照要求进行值锚更,严防走锚;当船舶在航行中遇到控制河段需等待时,应选择适当锚地抛锚,并服从海事主管机关的指挥。

(二)重、大件货物的系固

1. 系固的目的

防止倾覆,防止水平移动。

2. 重、大件货物的系固和加固方法

(1)柔性系固和刚性系固

①柔性系固

柔性系固是采用钢丝绳、铁链以及各种紧固索具将货物固定在船上。这种方法一般适用于单件货重不超过 40 t,长度不超过 12 m 的重、大件货物。

②刚性系固

刚性系固是将货物固定在特别设计的支架(支座)上,然后将货物和支架(支座)一起固定于船的承载部位,与船的承载甲板联结成体,这样可以确保货物在运输中不会因船的摇荡运动而发生滑移或倾翻。刚性系固更加适用于超长、超宽、超重的特重、大件货物,如工业成套设备、机车头等。

(2)加固方法八字加固法/下压法

重、大件货物装船落位后,根据设备本身加固点进行加固。选择设备纵向两端上 4~6 个拉力固定点,将船舶配置的钢丝绳一端固定在船舶设置的地环上,用卸扣卡紧,另一端穿过设备的固定点,再与另一个地环相连;如此重复操作,然后用花篮螺栓逐渐收紧。同时,设备每边底部各选择 2 个点(共 8 个点),用工字钢或钢板制作的止移板进行焊接,起固定限制作用,防止设备移位。最后经安全技术人员检查确认后,方可开航。

3. 重、大件货物系固件

(1)重、大件货物系固件

重、大件货物的系固件有枕木、三角木、木板、钢丝绳、铁链、花篮螺栓、卸扣、钢丝绳夹、草垫、导链、手动紧固器等。

①枕木的使用

枕木的长度应超过重、大件货物底部尺度,货舱或甲板底部使用枕木支撑垫底,加大了受载面积,减少了压强,增加了摩擦力(钢与木材的静态摩擦系数是 0.5)。

②钢丝绳和铁链的使用

钢丝绳和铁链要经常检测,尽量不要混用。一次最好不要全部用新钢丝绳或铁链。因为新上的钢丝绳或铁链没有经过船上实际检测，如果有缺陷，有时会大批量地出现问题，在船上会非常被动。所以，新、旧钢丝绳或铁链最好混用在一个系固件上。

(2)重、大件货物系固件的准备

①装货前，计算系固方案，统计系固材料，并一次性做好准备。

②按统计数据多留出 5%~10%的系固材料，留在船上做备件应急。

③主要系固材料要有证书或合格证，船方应该安善保管。

(三)重件货的系固注意事项

(1)除货件底部为木支架或橡胶胎等材料外，应在积载处所表面与货件装置底部使用木材衬垫。

(2)如图 2-27 所示，保持最佳系固角防滑时为 25°，防倾倒时为 45°~60°。

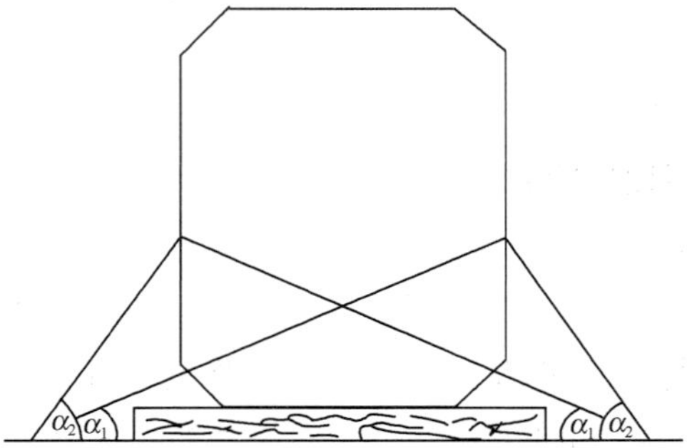

图 2-27　重件货的系固

α_1—防滑动的有利角度；α_2—防倾倒的有利角度

(3)若重件是在加了润滑油的滑板上或以降低摩擦力的其他方法拖到相应位置上，则防滑系索数量应相应增加。

(4)因条件所限，仅可用大系固角系固时，则必须用木支柱、焊接配件或其他可行方法防止滑动。任何焊接应按规定的热加工程序进行。

(5)伸出舷外的重货件应另加系索作用于纵向和垂向方向上。

(6)货物上的系固点应有适当的强度和明显的标志。

(7)无合适系固点的系固原理同可移动罐柜和容器。

(8)受力估算分析：在进行重件货物系固前需要进行受力估算分析，主要考虑的因素包括货物本身重量、船舶摇摆对货物的惯性力、波浪运动对货物的离心力、风压力等。

(9)系索道数估算：传统方法通常是横向一侧系固破断强度之和取货重的 120%。

(10)正确使用钢丝绳、夹具(见图 2-28)。

正确使用钢丝绳、夹具的注意事项如下：

①绳夹与钢丝绳直径匹配；

②钢丝绳每端接头所用绳夹不少于 4 个，其间距不小于 15 cm；

③绳夹的鞍座部分应装在动载段，U 形螺栓应装在静载段或缩短端段；

④绳夹应先上紧至明显卡进钢丝绳中，待系索受力后再上紧。

图 2-28 钢丝绳、夹具的使用

第五节 货物标志识别实操训练

一、货物标志识别实操训练方案(见表 2-7)

表 2-7 货物标志识别实操训练方案一览表

<table>
<tr><td colspan="2">教学项目</td><td>货物标志识别</td><td>教学形式</td><td>实操训练</td><td>教学学时</td><td>1 学时</td></tr>
<tr><td colspan="2">教学目标</td><td colspan="5">能正确识别货物标志</td></tr>
<tr><td colspan="2">教学内容</td><td colspan="5">1. 运输标志
2. 指示标志
3. 危险货物标志
4. 商品标志</td></tr>
<tr><td colspan="2">教学重点和难点</td><td colspan="5">重点:运输标志和危险货物标志
难点:危险货物标志的识读</td></tr>
<tr><td colspan="2">教具准备</td><td colspan="5">1. 货物标志的图片
2.《水路危险货物运输规则》
3.《包装储运图示标志》(GB/T 191—2008)</td></tr>
<tr><td colspan="2">教学场所</td><td colspan="5">多媒体教室或者货物标志陈列室</td></tr>
<tr><td>时间/min</td><td>教学过程</td><td colspan="4">教学内容</td><td>教学方法</td></tr>
<tr><td>5</td><td>引言</td><td colspan="4">1. 本实训课的教学目标、内容等</td><td>讲授</td></tr>
<tr><td rowspan="2">5</td><td rowspan="2">示范讲解</td><td colspan="4">1. 货物标志的识读方法</td><td rowspan="2">示范</td></tr>
<tr><td colspan="4">2. 货物标志的作用</td></tr>
<tr><td>15</td><td>学员练习
教练员
督促指导</td><td colspan="4">1. 学员进行识读练习
2. 教练员通过观察和指导,纠正学员识读的错误</td><td>练习</td></tr>
<tr><td>15</td><td>巩固练习</td><td colspan="4">学员根据实操教师的指导,反复对错误率高的标志进行识读练习,直至能够准确识读</td><td>训练与复习</td></tr>
<tr><td>5</td><td>总结讲评</td><td colspan="4">对学员的训练情况进行讲评,指出识读错误率高的标志,讲解识读和记忆方法</td><td>讲授</td></tr>
</table>

二、货物标志识别实操训练指导书

（一）实训目的

通过本项目的实训，使学员具备各类水上运输货物标志的正确识读能力，并能根据各类不同货物标志，掌握正确的货物作业方式，了解正确的货物管理方法。

（二）实训要求

（1）具备各种水上运输标志、指示标志、危险货物标志、商品标志的正确识读能力；

（2）掌握正确的货物作业方式，以便保障船员、货物和船舶的安全；

（3）了解正确的货物管理方法，为运输中的货物提供安全保障。

（三）实训器材

本实验所使用的各类实验器材如下：

（1）《水路危险货物运输规则》；

（2）《包装储运图示标志》；

（3）各类货物标志如下：

①运输标志；

②指示标志；

③危险货物标志；

④集装箱标志；

⑤商品标志。

（四）实训场地

（1）多媒体教室 1 间；或

（2）货物标志陈列室 1 间。

（五）实训内容

1. 运输标志的识读

运输标志（见图 2-29）是为方便货物收发、交接和运输而制作的标志，可分为主标志和副标志。

2. 指示标志的识读

指示标志又称保护标志，根据货物特性提醒有关人员在装卸、保管、开启等过程中应注意的事项，以确保货物质量完整。

具体标志的识读参见本章第二节货物包装和标志的图 2-1 指示标志。

3. 危险货物标志的识读

危险货物标志是指按《国际危规》或《水路危规》的规定，以特定的图案、文字和符号表示危险货物类别和性质的专门标志，由危险货物标记和图案标志组成。

具体标志的识读参见本章第二节货物包装和标志的图 2-2 危险货物标志。

4. 集装箱标志的识读

为了便于识别和简化交接手续，国际标准化组织对国际集装箱的标志项目和位置均做了

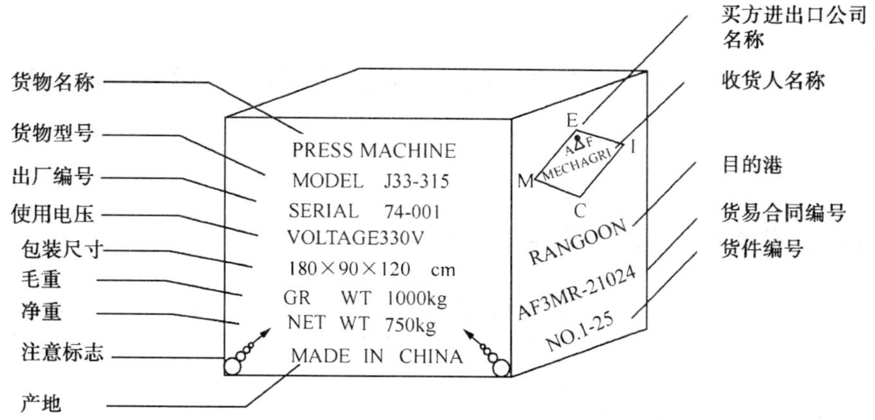

图 2-29 运输标志

统一规定。集装箱标志项目应分别印刷在箱门、端壁、侧壁和箱顶的规定位置，如图 2-30 所示。

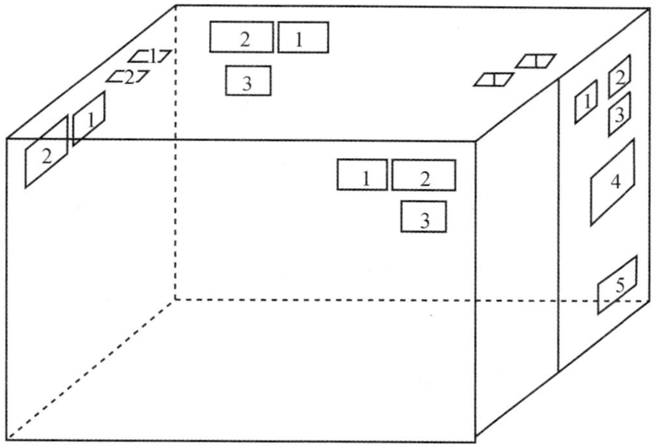

图 2-30 集装箱标记代号的位置

1—箱主代号；2—箱号或顺序号、核对数字；3—集装箱尺寸及类型代号；4—集装箱总重、自重和容积；5—集装箱制造厂名及出厂日期

详见本章第四节货物积载与系固的集装箱的标志。

5. 商品标志的识读

商品标志是由生产单位在商品上制作的标志，如印在外包装上面的商品品名、规格、数量、制造厂等，可供理货人员参考。

第六节 集装箱配积载作业实操训练

一、集装箱配积载作业实操训练方案(见表 2-8)

表 2-8 集装箱配积载作业实操训练方案一览表

<table>
<tr><td colspan="2">教学项目</td><td>集装箱配积载作业</td><td>教学形式</td><td>实操训练</td><td>教学学时</td><td>3 学时</td></tr>
<tr><td colspan="2">教学目标</td><td colspan="5">能正确进行集装箱配积载作业</td></tr>
<tr><td colspan="2">教学内容</td><td colspan="5">集装箱配积载作业</td></tr>
<tr><td colspan="2">教学重点和难点</td><td colspan="5">重点:集装箱配载图的编制
难点:集装箱船稳性和强度的校核</td></tr>
<tr><td colspan="2">教具准备</td><td colspan="5">1. 集装箱配积载实验室
2. 集装箱配积载教学资料
3. 积载教学模型(内河集装箱船模型、各类集装箱模型若干)(如有)</td></tr>
<tr><td colspan="2">教学场所</td><td colspan="5">集装箱配积载实验室(也可以上船培训)</td></tr>
<tr><td>时间/min</td><td>教学过程</td><td colspan="4">教学内容</td><td>教学方法</td></tr>
<tr><td>5</td><td>引言</td><td colspan="4">1. 本实训课的教学目标、内容等</td><td>讲授</td></tr>
<tr><td>30</td><td>示范讲解</td><td colspan="4">1. 集装箱配载图的编制
2. 集装箱船稳性和强度的校核</td><td>示范</td></tr>
<tr><td>45</td><td>学员练习
教练员
督促指导</td><td colspan="4">1. 学员进行配载图的编制练习
2. 学员对稳性和强度的校核
3. 教练员通过现场指导,纠正学员配积载的错误</td><td>练习</td></tr>
<tr><td>45</td><td>巩固练习</td><td colspan="4">学员根据教练员下达的教学任务进行操作,反复练习各种配积载任务,直至能够熟练、准确和独立地完成</td><td>训练与复习</td></tr>
<tr><td>10</td><td>总结讲评</td><td colspan="4">对学员的训练情况进行讲评,指出容易出现的配积载错误,现场讲解正确的方法</td><td>讲授</td></tr>
</table>

二、集装箱配积载作业实操训练指导书

(一)实训目的

通过对本项目的实操训练,使学员能够熟悉内河集装箱船舶装卸和运输的特点,掌握各类集装箱的配积载要求,具备能够进行正确的集装箱配积载作业的能力。

(二)实训要求

(1)熟悉内河集装箱船舶装卸和运输的特点,了解集装箱在积载和运输中的危险性,知晓在装卸作业和运输途中如何采取措施来保障人员、船舶、货物以及环境的安全。

(2)掌握各类集装箱的配积载要求,保障装卸作业的安全,保障船舶具有适度的稳性、强度和吃水差,防止横倾、货损、倒箱等情况的发生。

(3)具备能够进行正确的集装箱配积载作业的能力,提高集装箱船装载和运输的能力,能够安全、高效地完成集装箱装卸货作业。

(三)实训设备

(1)集装箱配积载实验室;

(2)集装箱配积载教学资料(船舶资料,油水储备,航次计划,订舱箱的种类、数量,航线挂港,配载图等);

(3)集装箱积载教学模型(内河集装箱船模型、各类集装箱模型等)。

(四)实训内容和注意事项

(1)根据订舱单进行集装箱预配图的编制。编制预配图的原则(配载原则)如下:

①保证船舶具有适度的稳性;

②保证船舶具有良好的纵向强度;

③保持船舶具有适当的吃水和吃水差;

④保持船舶左右平衡;

⑤充分利用集装箱船的箱位;

⑥尽量避免中途港倒箱;

⑦在平衡舱时,消灭"重点舱";

⑧注意特殊箱的配载;

⑨保证船舶驾驶员具有良好的视线;

⑩注意 20 ft 柜和 40 ft 柜能否兼容;

⑪保障中途港装卸后的强度、稳性和吃水差。

(2)集装箱实配图的审查。

(3)按实配图结合实际装船情况编制最终积载图。

(五)积载图的实际编制过程

(1)由船公司的集装箱配载中心或船上的大副,根据代理公司整理的订舱单,编制本航次集装箱预配图。

(2)航次集装箱预配图由船公司直接寄送给港口的集装箱装卸公司,或通过船舶代理用电报、电传、E-mail 或传真形式传给港口集装箱装卸公司。

(3)港口装卸公司收到预配图后,由码头船长或码头集装箱配载员,根据预配图和码头实际进箱情况,编制集装箱实配图。由于实配图由码头制作,因此它又叫码头配载图。

(4)待集装箱船舶靠泊后,码头配载员持实配图上船,交由大副审查,经船方同意后由船方签字认可。

(5)码头按大副签字认可的实配图装船。

(6)集装箱装船完毕后,由理货公司的理货员按船舶实际装箱情况编制最终积载图。

(六)装载步骤(积载步骤)

1. 传统配积载作业

因内河航道季节性水位变化较大,航道水深会经常限制船舶的最大载货能力,船舶会结合实际情况调整船舶的配载情况,因此,人工配载仍然是目前最主要的配载方式。步骤如下:

(1)按集装箱卸货港序的倒序装载；

(2)特殊箱位优先装载(如冷藏箱必须优先考虑插电位置)；

(3)重箱在下,轻箱(或空箱)在上；

(4)左、右均衡装载,不产生横倾；

(5)前、中、后均衡装载,保证中拱、中垂值在合理的范围；

(6)20TEU 在下,40TEU 在上；

(7)预留约 10%的集装箱,用于调节横倾和吃水差；

(8)预留中途港加载的箱位；

(9)保证船舶驾驶员具有良好的视线；

(10)校核稳性和强度是否满足要求；

(11)集装箱装船完毕后,校核完成并且满足要求,电脑中输入船舶实际装箱情况,或者手工填写,编制最终积载图。空白积载图如图 2-31 所示。

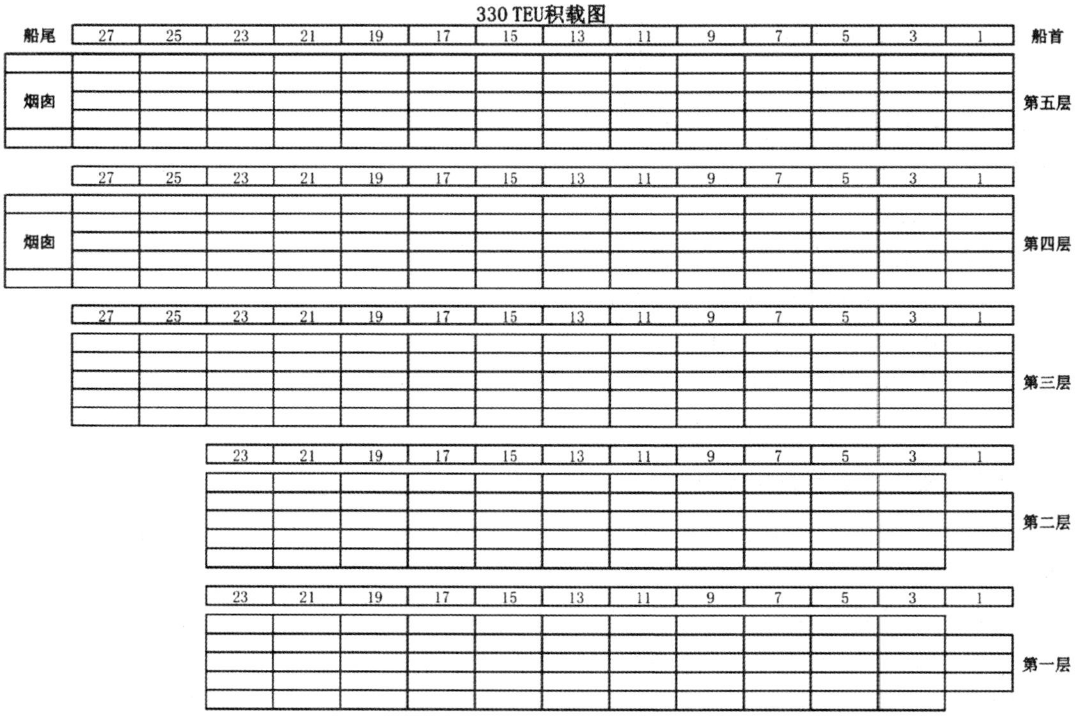

图 2-31　内河 330TEU 积载图

2. 计算机配载作业

珠江航道水深等较长江航道变化小,船舶的最大载货能力较为稳定,可以采用计算机配载的方式,极大地提高了配积载的效率,进而对船舶能够进行更好的稳性和强度校核,保障船舶的安全。2017 年,广东省航运科学研究所针对广东省珠三角和港澳地区的内河小型集装箱船装载仪系统进行了研发。有关内河船舶计算机集装箱配载的介绍如下：

(1)配载系统的主要功能

①文件的存储、调用和打印

文件功能包括:“新文件”“打开”“保存”“保存为”“打印”等功能。装配信息输入完成后,在主菜单中单击“保存”按钮，在确认正确后即可以完成信息的保存；文件的调用就是提取以前已经保存的配载信息，在主菜单中单击“打开”按钮，就进入信息界面，显示其配载信息；而通过“打印”按钮及其下拉菜单，可以打印目前装载工况的相关信息。

②信息输入和货物类型选择

在信息输入界面，用户可以完成对航次信息和装卸港信息的键入。航次信息主要包括使用人信息、航次、装载情况说明和日期等；装卸港信息主要包括出发港和到港序列的信息，以配合货物的装卸管理。在货物类型选择界面，供选择的货物类型分为集装箱和散装/干杂货物两种。软件接下来的功能和界面，会根据不同货物类型进行相应的调整。

③装载信息的输入

在配载界面，可以完成固定重量、淡水舱、燃油舱、滑油舱、压载舱和污油水舱等的装卸。根据货物类型的选择，进入“散装/干杂货物”界面或“集装箱”界面进行货物的装卸。其中，“集装箱”界面包含了集装箱、配载、装卸管理等信息，对于这些装卸信息的输入，程序主界面响应的船舱和箱位会进行显示。

④浮性计算显示

系统会根据配载情况，计入已装各舱货物的重量，计算并显示船舶的排水量、货物信息、集装箱信息、各舱信息、艏吃水、艉吃水、平均吃水等结果，并在程序主界面上显示各舱的装载和船舶首、尾吃水情况。

⑤稳性计算显示

根据配载情况以及浮态计算，计算并显示出船舶的稳性计算值，主要包括初稳性高度、自由液面修正后初稳性高度、横摇周期、横摇角、稳性力臂及其对应横倾角、最小倾覆力臂和风压力臂，进行稳性衡准计算，判断稳性是否不足，是否需要报警，并可在相应界面中绘制出稳性曲线图。

⑥提醒和报警

系统中有很多人机对话的提醒和配载不良的警告。配载不合理时会出现提示窗口；稳性不合适时会出现对应数据表格标示以及系统的报警声等，提示操作人员需要重新配载。

(2)配载系统简介

用户可以根据货物类型和配载方案，通过菜单栏中的装载菜单，完成对固定重量、货物、淡水舱、燃油舱、滑油舱、压载舱、污油水舱和集装箱(或货舱)等的装载。不同载货类型配载图如图 2-32 所示。

当货物类型为集装箱时，用户可激活集装箱配载系统，供用户进行集装箱的装载，如图 2-33 所示。

在图 2-33 中，左边为集装箱装载的图示区域，用于图示集装箱的位置和装卸过程；右边为集装箱装卸、管理的操作区域，从上到下依次可输入集装箱参数信息、集装箱运输信息、集装箱装卸操作、集装箱位置 BAY 图、选择信息修改与否等。

在实际操作过程中，用户可根据集装箱配载方案，点击右下角的 BAY 位树状图和图示区域的 BAY 位图，定位所装载集装箱的位置(行号、层号和列号)。BAY 位编号有奇、偶数之分，分别对应 20 ft、40 ft 的标准集装箱，每一个偶数 BAY 位代表了一个由相邻两个 20 ft 奇数 BAY 位组合而成的 40 ft BAY 位。

用户可根据各集装箱情况，输入包括集装箱尺寸、重量、到港顺序号、装货港和到货港等信

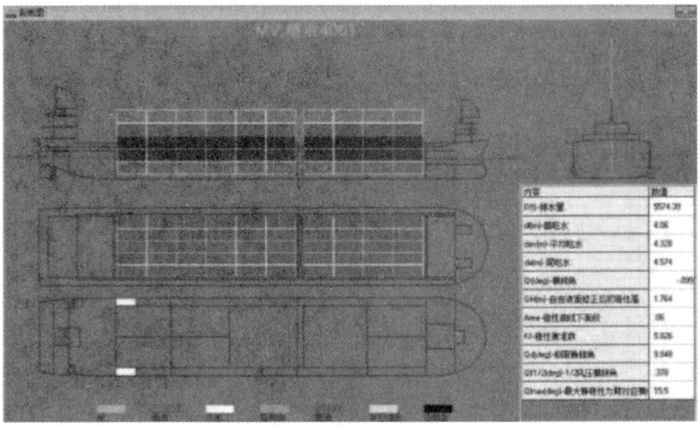

(a)集装箱载货类型

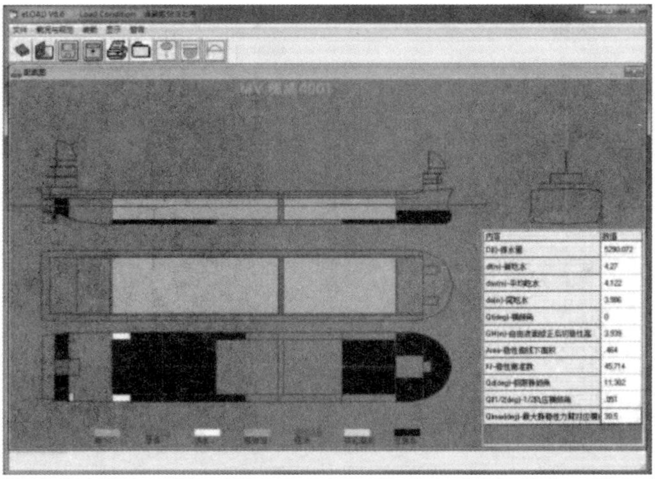

(b)散装/干杂货物载货类型

图 2-32　不同载货类型配载图

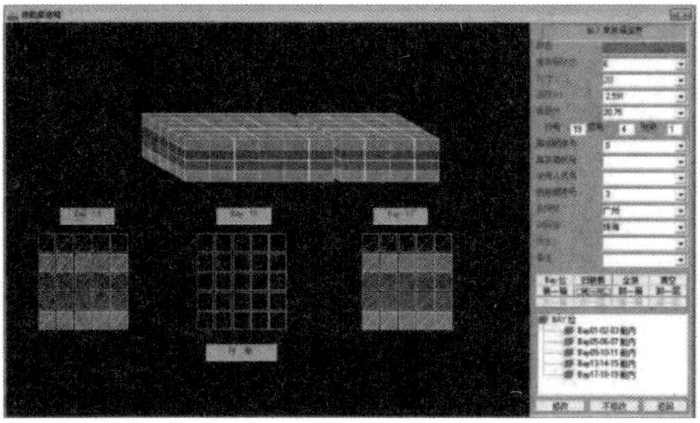

图 2-33　集装箱配载系统

息。除了集装箱的尺寸信息是根据用户 BAY 位选择之外，其他集装箱参数用户都可以通过下拉式菜单选择的方式或者直接填入的方式输入。

完成参数输入以后，单击相应界面上的按钮，系统可完成对集装箱的一系列相关配载操作。对于这些装卸信息的输入，程序主界面响应的船舱和箱位也会进行显示。

(3)软件计算流程

装载仪的计算流程如图 2-34 所示，包括船舶装载、浮态计算、集装箱装卸管理、完整稳性计算等功能模块。

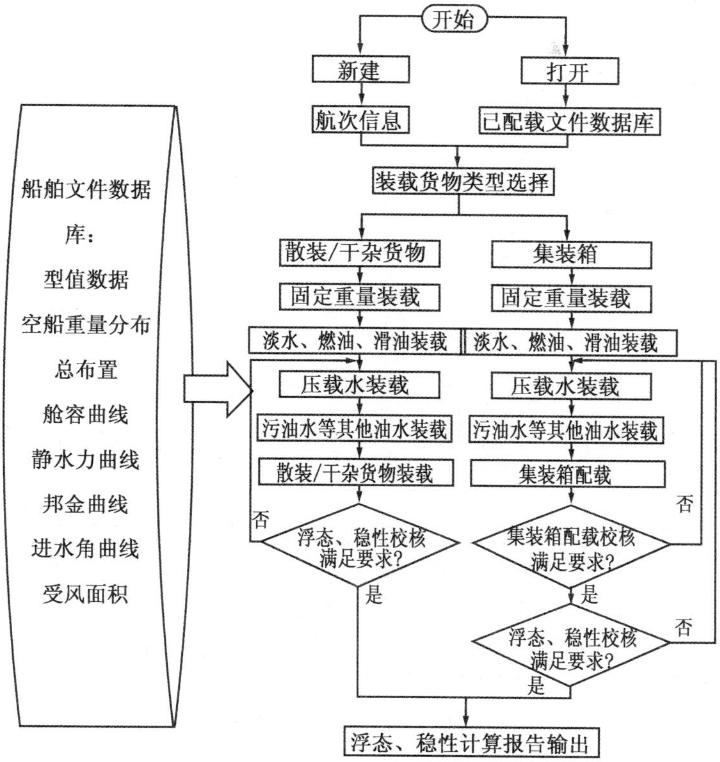

图 2-34　装载仪计算流程图

(4)装载仪操作步骤如下：

①双击配载仪图标打开配载软件；

②在软件界面点击“新建”；

③航次信息输入；

④装载货物类型选择“集装箱”；

⑤选择固定重量装载；

⑥淡水、燃油、压载水(若有)等信息输入；

⑦开始集装箱配载；

⑧集装箱配载校核(若校核不满足，可以重新调整集装箱输入或调整压载水)；

⑨浮态稳性校核(若校核不满足，可以重新调整集装箱输入或调整压载水)；

⑩浮态稳性计算报告输出；

⑪集装箱配载图打印。

(5)配载实例

本文选取“HG”轮作为教学船舶，并选取满载集装箱均箱出港作为条件，其详细参数及具体布置见表 2-9 和图 2-35。

表 2-9 “HG”轮基本参数

总长/m	L	92.28
垂线间长/m	L_p	88.8
型宽/m	B	16
型深/m	D	5.7
设计吃水/m	T	4.33
满载排水量/t	Δ	5 574.39
航区	A 级航区	
装载状态	满载集装箱均箱出港	
货舱内装载 200 只均箱，共重 4 150 t(20.75 t×200 箱)		
适用规范	《内河船舶法定检验技术规则》(2011)	

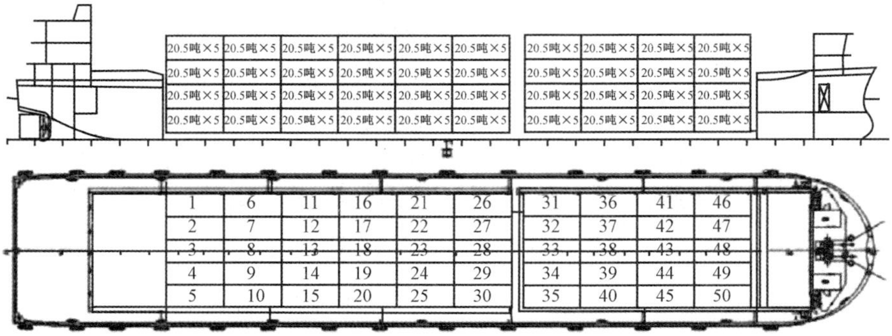

图 2-35 集装箱分布图

用本装载仪系统对教学船舶配载后进行稳性计算，其计算结果见表 2-10。

表 2-10 稳性衡准计算结果

序号	项目	单位	本装载仪软件系统计算结果
1	D——排水量	t	5 574.39
2	d_f——艏吃水	m	4.082
3	d_{av}——平均吃水	m	4.33
4	d_a——艉吃水	m	4.557
5	G_{MO}——初稳性高	m	1.794
6	G_M——自由液面修正后初稳性高	m	1.793
7	T_Q——横摇周期	s	9.661
8	Q_1——横摇角	DEG	6.281
9	*Area*——稳性曲线下面积	m · rad	0.068 9
10	*Warea*——受风面积	m^2	780.548
11	*Wvc*——面积形心距基线	m	9.046

续表

序号	项目	单位	本装载仪软件系统计算结果
12	P——受风压力	Pa	335.133
13	L_f——风压横倾力臂	m	0.022 6
14	L_q——最小倾覆力臂	m	0.148 5
15	K_f——稳性衡准数		6.58
16	Q_f——进水角	DEG	16.123
17	Q_d——极限静倾角	DEG	10.029
18	$Q_{1_{f1/2}}$——风压横倾角	DEG	0.394
19	$Q_{l_{max}}$——最大静稳性力臂对应横倾角	DEG	16.201
20	l_{max}——最大静稳性力臂	m	0.412 8

最后，可以输出相关数据，完成集装箱配载图的打印。

第七节 集装箱系固方法和绑扎件的使用实操训练

一、集装箱系固方法和绑扎件的使用实操训练方案(见表 2-11)

表 2-11　集装箱系固方法和绑扎件的使用实操训练方案一览表

<table>
<tr><td colspan="2">教学项目</td><td>集装箱系固方法和绑扎件的使用</td><td>教学形式</td><td>实操训练</td><td>教学学时</td><td>3 学时</td></tr>
<tr><td colspan="2">教学目标</td><td colspan="5">掌握各类集装箱的系固方法，具备能够正确使用各种集装箱绑扎件的能力</td></tr>
<tr><td colspan="2">教学内容</td><td colspan="5">1. 掌握各类集装箱的系固方法；
2. 具备能够正确使用各种集装箱绑扎件的能力</td></tr>
<tr><td colspan="2">教学重点和难点</td><td colspan="5">重点：正确使用各种集装箱绑扎件
难点：各类集装箱的系固方案</td></tr>
<tr><td colspan="2">教具准备</td><td colspan="5">1. 集装箱绑扎与系固 PPT；
2. 集装箱绑扎与系固视频；
3. 各种集装箱系固和绑扎件图片或实物(如有)；
4.《内河集装箱系固手册编制指南》</td></tr>
<tr><td colspan="2">教学场所</td><td colspan="5">多媒体教室或集装箱现场(如有)</td></tr>
<tr><td>时间/min</td><td>教学过程</td><td colspan="4">教学内容</td><td>教学方法</td></tr>
<tr><td>5</td><td>引言</td><td colspan="4">本实训课的教学目标、内容等</td><td>讲授</td></tr>
<tr><td rowspan="2">45</td><td rowspan="2">多媒体示范</td><td colspan="4">1. 教练员讲解集装箱绑扎与系固 PPT</td><td rowspan="2">多媒体教学</td></tr>
<tr><td colspan="4">2. 观看集装箱系固和绑扎的教学视频</td></tr>
</table>

30	学员练习,教练员督促指导	1. 学员分组进行绑扎件的识读和作用讲述 2. 教练员通过现场指导答疑	练习
45	拓展练习	设定多种教学任务,参考《内河集装箱系固手册编制指南》,学员分组讨论并设计系固方案,教练员通过现场指导答疑	分组讨论法
10	总结讲评	对学员的讨论结果进行讲评,指出系固方案的错误和不足,讲解正确的系固方法	讲授

二、集装箱系固方法和绑扎件的使用实操训练指导书

(一)实训目的

通过对本项目的实操训练,学员能够根据内河集装箱船舶装卸和运输的特点,掌握各类集装箱的系固方法,具备能够正确使用各种集装箱绑扎件的能力。

(二)实训要求

(1)根据各类集装箱的性质和特点,掌握各类集装箱的正确系固方法;

(2)选择正确的系固设备,具备能够正确使用各种集装箱绑扎件的能力。

(三)实训器材

(1)《内河集装箱系固手册编制指南》;

(2)集装箱绑扎与系固 PPT;

(3)集装箱系固和绑扎的教学视频;

(4)各种集装箱系固和绑扎件图片或实物。

(四)教学场地

多媒体教室或集装箱现场。

(五)实训内容与步骤

(1)各种集装箱系固和绑扎件的正确识读,各种集装箱系固件和绑扎件参考本章第四节货物积载与系固中的图 2-6 至图 2-17;

(2)各种集装箱系固和绑扎件的功能和作用的讲述;

(3)各种集装箱系固和绑扎件操作使用说明或者演示;

(4)《内河集装箱系固手册编制指南》中常用系固方案的查阅;

(5)结合实训任务设计合理的系固方案;

(6)不稳定的系固方案的讲述。

第三章 安全与环保意识

船员是船舶的操纵者及管理者，要保证船舶航行安全，减少水上交通事故的关键因素是船员。航运技术的现代化，船舶的自动化和智能化发展，对船员的素质提出了更高的要求，也决定了现代船员是既懂技术又懂管理的复合型人才。加强船员安全教育，是提高船员安全与环保意识的重要手段。作为一名船员，了解在船上工作的一些基本安全常识，掌握船上高风险作业安全方面的相关知识是十分必要的。

第一节 船舶工作安全常识

一、个人安全防护装备

船员个人安全防护装备（见表3-1）是指船员在船工作中为防护其安全和健康所应配备的物品。

表3-1 船员个人防护装备一览表

种类	装备
头部防护	安全帽*、防撞头盔
听觉防护	耳罩*、耳塞

续表

种类	装备
面部及眼部防护	护目镜*、面罩*
呼吸防护	防尘面罩*、空气过滤器*、呼吸器*
手部防护	绝缘手套*、耐酸碱手套*、耐油手套*、焊工手套*、防静电手套*、普通手套
足部防护	安全鞋、安全靴
身体防护	普通工作服、防寒工作服*、防水工作服*、防化工作服*、防静电工作服*
坠落防护	安全带*
溺水防护	救生衣*、救生圈*

表 3-1 中带“*”的装备为特种防护装备,应获得特种劳动防护用品安全标识和质量认证标识(见图 3-1)。另外,船员在使用时,务必确认以下事项:船员在工作前,应严格按照作业特点,需要根据自身情况选择合适的防护装备,并保证装备的完整、有效,同时要熟练掌握装备的操作要求。

图 3-1　安全防护标识

二、头部防护

头部防护装备主要有安全帽和防撞头盔,其作用是保护头部免受冲击、刺穿、挤压等伤害。

(一)使用场合

头部防护装备一般用于作业场所。

(二)安全注意事项

(1)应调节头箍大小,使之贴合头部。

(2)注意头盔前、后方向,不可反戴。

(3)要系紧帽带,确保工作时不会脱落。

（三）常见的不安全行为（见图 3-2 至图 3-4）

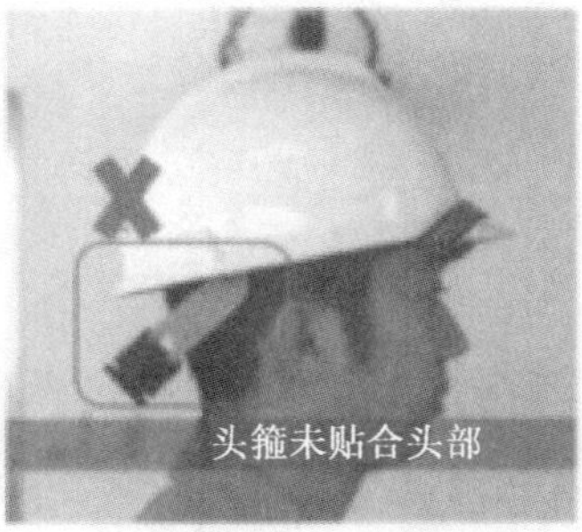

图 3-2　头箍未贴合头部

图 3-3　安全帽反戴

图 3-4　帽带未系或过松

三、听觉防护

听觉防护装备主要有耳罩、耳塞，其作用是保护听力免受噪声损害。与耳罩相比，耳塞结构简单，但是减噪能力有限，工作时应根据噪声大小选择合适的装备。

（一）使用场合

听觉防护装备一般用于机舱等高噪声场所或从事易产生高噪声的作业。

（二）安全注意事项

（1）使用耳罩，应调节好头带，使之贴合头部，并将耳朵完全包藏。

（2）使用耳塞时，应注意清洁，塞到适合位置。

（3）耳罩尽可能专人专用，耳塞应专人专用。

（三）常见的不安全行为（见图 3-5、图 3-6）

图 3-5　头带未贴合头部

图 3-6　杯罩未将耳朵完全包藏

四、眼部和面部防护

眼部和面部防护装备分别为护目镜和面罩，其作用是保护眼部和面部免受强光、化学物品和其他外来物的伤害。护目镜和面罩种类繁多，工作时应根据作业要求选择合适的装备。

（一）使用场合

护目镜一般用于甲板、舱壁油漆敲铲和打磨作业；面罩一般用于在船上进行气割、电焊等热工作业。

（二）安全注意事项

（1）使用时，应检查镜面是否完好。

（2）使用护目镜时，应调整位置，使之贴合眼部。

（3）使用面罩时，应将整个面部遮蔽。

（三）常见的不安全行为（见图3-7、图3-8）

图3-7　未使用符合要求的护目镜

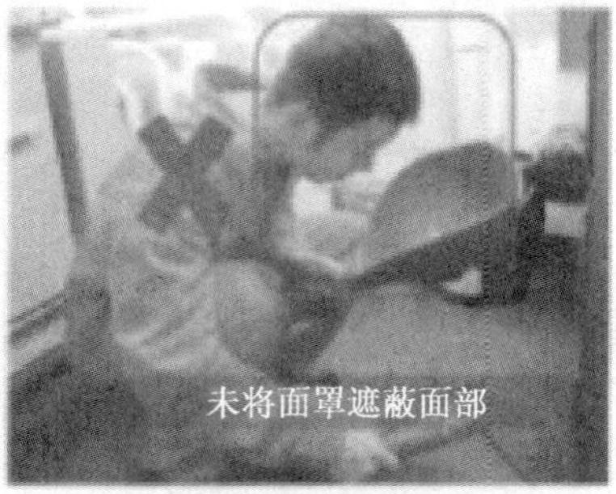

图3-8　未将面罩遮蔽面部

五、呼吸防护

呼吸防护装备主要有防尘面罩、空气过滤器和呼吸器，其作用是防止作业人员缺氧或吸入有毒有害物质。

（一）使用场合

呼吸防护装备一般用于扫舱、油漆、敲锈、锅炉通灰等作业或进入有毒有害气体或缺氧的场所。

（二）安全注意事项

（1）使用呼吸防护装备前，检查装备是否能有效工作，呼吸器还应检查气瓶压力、低压报警、管路气密性等，并熟悉所使用呼吸器的操作方法。

（2）使用呼吸防护装备时，应正确戴妥，并贴合脸部，避免漏气或吸入有毒有害气体。

（3）戴眼镜的人员佩戴时，一般应摘除眼镜（除非是特别设计成这种用途）。

（三）常见的不安全行为（见图3-9至图3-11）

六、手部防护

手部防护装备主要有绝缘手套、耐酸碱手套、耐油手套、焊工手套、防静电手套及普通手套等，其作用是保护手部免受伤害或避免通过手部造成触电等其他人身伤害。

（一）使用场合

手部防护装备一般用于电工、热工、靠离泊等作业。工作时，应根据作业性质或环境选择

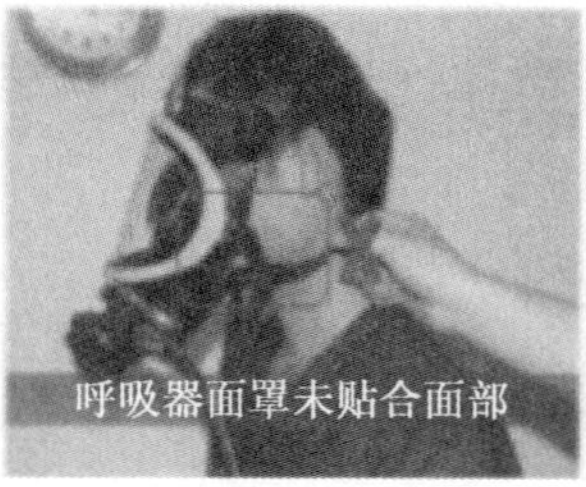

图 3-9 呼吸器面罩未贴合面部

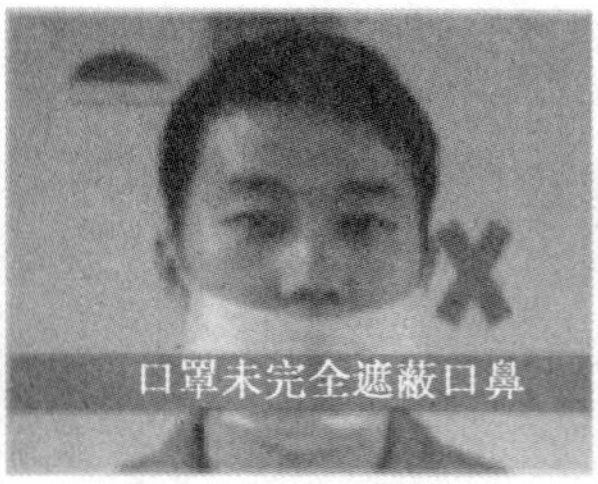

图 3-10 口罩未完全遮蔽口鼻

图 3-11 气瓶压力不足

合适的装备。

(二)安全注意事项

(1)使用时,应检查手套是否存在破损、油滑或湿滑等情况。

(2)在操作车床、钻台等高速旋转设备时,不应戴手套。

(3)作业时,应尽可能将衣服袖口塞入手套内或系扣好。

(三)常见的不安全行为(见图 3-12 至图 3-14)

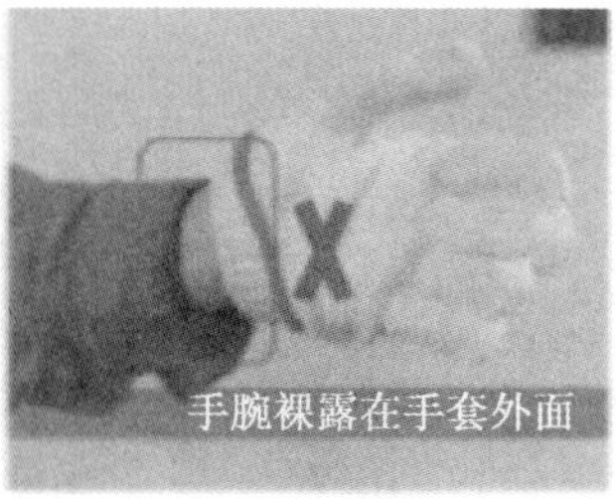

图 3-12 手腕裸露在手套外面

图 3-13 不宜戴手套场合使用手套

图 3-14 未选择合适的手套

七、足部防护

足部防护装备主要有安全鞋、安全靴等,其作用是保护足部免受砸伤、磕伤、腐蚀等伤害,以及避免人员滑倒、触电等人身伤害。

(一)使用场合

足部防护装备一般用于作业场所。

(二)安全注意事项

(1)在带电或有化学腐蚀物质的场所作业时,应注意鞋子的完好性。

(2)穿安全鞋(靴)时,应避免鞋带松弛或过长。

(3)不应使用鞋底过度磨损的鞋子。

（三）常见的不安全行为（见图 3-15）

图 3-15　鞋跟未穿上

八、坠落防护

坠落防护装备主要指安全带，其作用是避免作业人员在舷外、高空等作业中发生坠落造成人身伤亡。

（一）使用场合

坠落防护装备一般用于舷外、高空等作业场所。

（二）安全注意事项

（1）使用前，应检查安全带是否完好。
（2）应调整好安全带松紧以免人员滑脱。
（3）应选择合适的悬挂点，做到高挂低用，悬挂点有足够高度。
（4）挂好安全带快扣后，应锁死防脱装置。
（5）绳子富余长度不宜过长，以不影响工作为宜。

（三）常见的不安全行为（见图 3-16、图 3-17）

图 3-16　悬挂点选择过低

图 3-17　快扣装置未能锁死

九、身体防护

身体防护装备主要有普通工作服、防寒工作报、防水工作服、防化工作服、防静电工作服等，其作用是避免身体受到伤害或保证作业安全。

（一）使用场合

身体防护装备一般用于作业场所。工作时，应根据作业性质或环境选择合适的服装。

（二）安全注意事项

（1）应穿着完好的工作服，纽扣、拉链整齐完整，并扣好纽扣或拉上拉链。

（2）工作服应经常换洗、保持整洁。

十、溺水防护

溺水防护装备主要有工作救生衣、普通救生衣、救生圈，其作用是防止落水人员溺水。

（一）使用场合

工作救生衣一般在甲板、船边或小艇上工作时穿，普通救生衣一般在应急时穿，带绳索的救生圈一般备放在工作场所。

（二）安全注意事项

（1）使用前，应检查救生衣是否有效，附件是否完备。

（2）工作救生衣与普通救生衣应避免混穿。

（3）应按要求规范穿救生衣。

（4）工作场所应备有带有绳索的救生圈。

十一、登离船和通行

船上的通行与陆地上有着本质的区别，船舶晃动、湿滑的甲板、陡峭的楼梯、突出的管道、门槛等，给人员的登离船和通行带来风险，易造成摔伤、扭伤、割伤、骨折等事故，因此应引起广大船员的足够重视。

（一）登离船的安全注意事项

内河船舶船员登离船必须使用舷梯、跳板等设施，应避免在没有安全防护的情况下或以不安全（如跨挡等）的方式登离船舶，同时应注意以下事项：

（1）登离船前应确认舷梯、跳板是否搭设妥当，是否系好安全网。

（2）夜间在舷梯、跳板处是否有足够灯光照明。

（3）严禁超负荷使用舷梯、跳板，尽量避免多人同时使用。

（4）舷梯、跳板上方有货物吊装作业时，应尽量避免使用。

（5）遇风浪舷梯、跳板晃动幅度较大时，应暂停登离船舶。

（6）多人同时通过舷梯、跳板时，应保持前、后足够的安全距离，防止产生共振。

（7）严禁在舷梯、跳板上打闹、追逐。

常见不安全行为见图 3-18、图 3-19。

（二）船上通行的安全注意事项

在船上通行，应根据通行环境的不同，预估存在的风险，并做好相应的防护措施，同时应注

图 3-18　舷梯上方有货物吊装作业时使用舷梯

图 3-19　多人同时使用舷梯(超负荷)

意以下事项：

(1)非紧急情况下,应尽量避免奔跑或从高处直接跳下。

(2)注意禁入区、作业区、狭窄区、低矮区等各类警示区域及影响通行安全的障碍物。

(3)注意舱口、梯类、跳板、甲板的道门口和临时开口等易发生坠落风险的区域。

(4)上下楼梯时,尤其是船舶摇晃颠簸较大的情况下,应抓紧栏杆、扶手。

(5)不得超载使用电梯;逃生、火灾等紧急情况下或船舶摇晃颠簸较大时,禁用电梯。

(6)通过有门区域时,避免因门的晃动造成身体伤害。

(7)使用垂直通道时,要抓紧踩实,不得单手或多人同进攀爬;随身物品应妥善携带。

(8)有管道、缆绳等障碍物时,不得踩踏管道、跨越缆绳通过。

(9)在通过货物吊装区等危险区域时,应择机快速通过,禁止从吊装物体下方通过。

(10)大风浪天从下甲板通行,需经许可,尽可能 2 人伴行,并穿救生衣,选择下风侧,携带通信设备,紧握扶手绳,必要时使用安全带。

(11)在积雪、结冰区域通行时,注意防滑、谨慎行走。

常见不安全行为见图 3-20 至图 3-23。

图 3-20　上下楼梯未抓扶手栏杆

图 3-21　手脚无法保持 3 点同时受力

十二、生活安全

船舶是船员生活休闲的主要载体,船员在生活区内的状态舒适、随意、放松,船员在潜意识中对生活区内的活动安全不够重视,伤害事件时有发生。正是由于这种思想误区的存在,船员更需重视在船生活安全。

图 3-22 多人同时使用垂直通道

图 3-23 从高处直接跳下

(一)饮食安全注意事项

(1)应注意食物合格、干净、卫生且符合安全标准。不食用过期或变质食物。

(2)食物应分类储存,并保证食物储存空室的卫生清洁,适当控制通风、湿度和温度等储存条件。

(3)不认知或可能受污染的食物不得食用。被污染过的食物,应做销毁处理,并及时消除污染源。

(4)避免食用河豚等有毒的水生物。

(5)应控制对含酒精饮料的饮用,严禁酗酒。

(6)有个人过敏史及饮食禁忌的,应及时申明。

(7)尽可能不在疫区采购食物。

(二)个人物品摆放的安全注意事项

(1)个人物品摆放应充分考虑其在风浪中的移动会给人员带来伤害,应尽可能固定有专用位置。抽屉、橱门、冰箱等活动部件打开后应及时归位、上扣或上锁。

(2)个人物品的摆放不得影响应急物品的即刻可用。

(3)打火机等易燃易爆品应按防火规定妥善存放。

(4)电器设备的摆放要防止移动后所带来的漏电或火灾。

(5)刀具应收纳好锋面,妥善存放。

(6)易滚动的物品掉落地上应及时拾起。

常见不安全行为见图 3-24 至图 3-27。

图 3-24 水杯、水壶未固定

图 3-25 抽屉打开后未及时归位锁住

图 3-26　应急物品存放处放置有其他物品

图 3-27　打火机存放于高温处

(三)药品控制的安全注意事项

(1)不得吸食毒品和滥用含有麻黄碱等易致瘾的药物,严格控制麻醉剂、镇痛剂等受控药品。

(2)服用药品前,应详细阅读药品使用说明,尤其是禁忌事项。

(3)值班或作业前,慎用易造成嗜睡的药物。

(4)个人遗传病史、过敏史及特殊药物要求应及时向船上的医护负责人申明。

(5)药品应按要求妥善保存,药品及医疗器具应定期检查,及时补充、更换;过期的,应妥善处置。

杀虫剂、稀释剂、锅炉水处理剂、灭火剂、医疗废弃物等,使用时应注意以下事项:

(1)应仔细阅读化学制剂说明书,了解其储存、使用、处置等注意事项。

(2)化学制剂应安全储存,做好标签和登记。

(3)应避免吸入或皮肤直接接触有害物质。

①裸露的石棉应及时加以敷盖。

②使用易挥发的制剂应做好呼吸防护。

③在可能受到污染的范围内,禁止饮食、吸烟。

④当沾染制剂时,应严格按照说明书进行处置。

(4)应尽量减少或避免造成二次污染,尤其注意可能对食物和衣物造成污染的风险。

(5)有害物质应使用有封口的容器,并做好标签,按规定处置。

常见不安全行为见图 3-28、图 3-29。

十三、防火

船上空间相对狭小,易燃易爆物品多,当船舶发生火灾时,主要靠其自身的力量来施救,给船舶和船员的安全带来极大的风险。根据多年来船舶火灾的案例分析,船上发生火灾的起因通常是:

(1)电器发生短路、断路故障,电路负荷过重;

(2)随地抛弃烟头;

(3)肮脏废物或碎布自燃;

图 3-28　直接与有害物质接触

图 3-29　无防护下喷射杀虫剂

(4)机器漏油或溢油；

(5)烹饪进油过热引起厨房火灾；

(6)手持式熨斗操作不当；

(7)干衣机使用不当等。

因此，船员应小心注意各类火灾风险，定期检查和维修电路和电器，尽量降低火灾风险。

(一)吸烟人员的安全注意事项

(1)吸烟时，人应处于清醒状态。

(2)应注意吸烟场所，尽量到专用的吸烟室吸烟，不得在禁烟场所或油气可能聚集的危险区域吸烟。

(3)应使用专用安全烟灰缸或装水容器。

(4)不得随意乱扔火柴和烟头。

(5)不得躺在床上吸烟。

(6)不得边走边吸烟，以防烟火飘散。

常见不安全行为见图 3-30 至图 3-33。

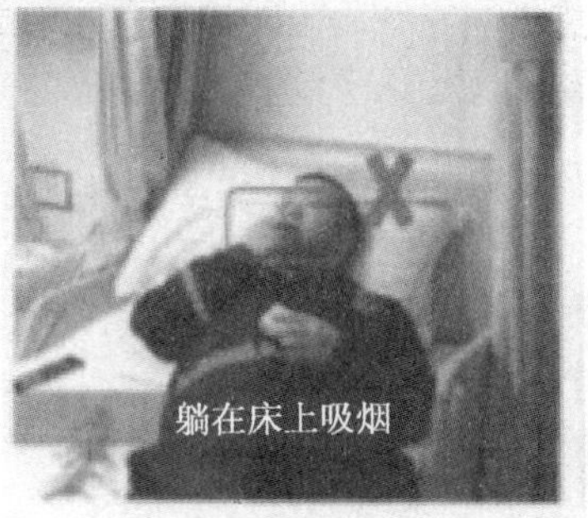

图 3-30　躺在床上吸烟

图 3-31　处于不清醒状态时吸烟

(二)电器设备防火的安全注意事项

(1)故障灯应尽快更换。

(2)不得私拉乱接电线，使用大功率电器设备需接专线。

(3)移动式插线板和电器设备应做好防水、防漏电保护。

(4)使用移动式电器设备前，应确认电路不超负荷，使用完毕后或长时间离开房间时应关

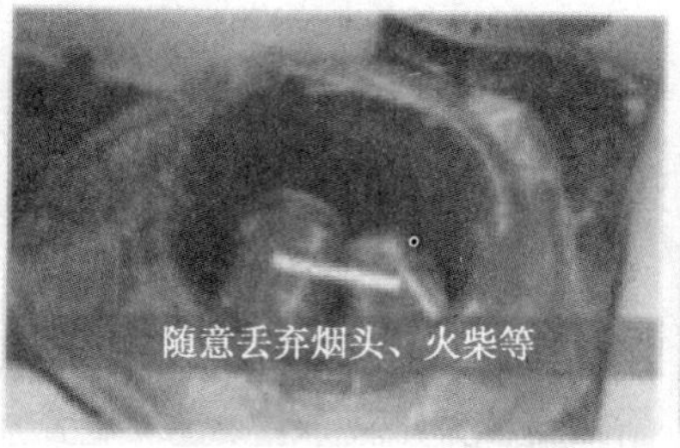

图 3-32　随意丢弃烟头、火柴等

图 3-33　火柴或烟头随意抛出舷外

闭电源。

(5)在使用充电器等易发热的便携电器设备时不得被衣物等覆盖,使用完毕后应及时断开电源。

(6)不得用纸、布或其他可燃材料制作灯罩,灯泡与可燃物应保持一定的距离。

(7)应尽量少用移动式加热器,如使用,应配备适当的防护装置,不能靠近家具或船上其他易燃部位。

(8)不得使用加热器烘干衣物。使用干衣柜或类似装置时,应避免放入过多衣物阻碍通风。

常见不安全行为见图 3-34 至图 3-36。

图 3-34　超负荷使用插座充电

图 3-35　私拉乱接电线

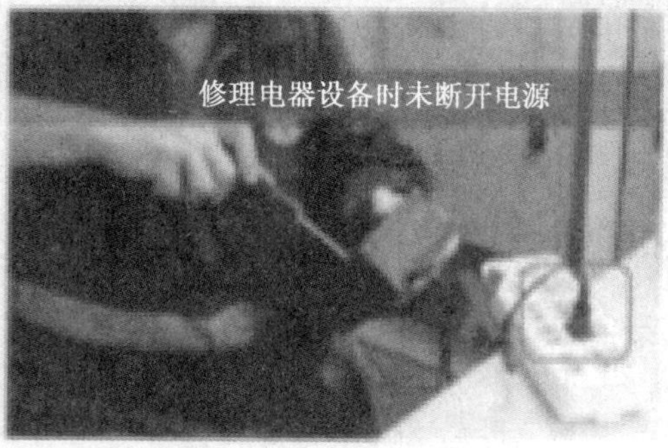

图 3-36　修理电器设备时未断开电源

第二节 船上高风险作业安全

一、舷外作业

(一)风险提示

舷外作业是指在水面以上的船体外进行的工作,作业时受风浪影响较大,其作业风险主要体现在作业人员容易发生坠落、淹溺等事故。

(二)安全注意事项

(1)作业人员应穿好工作救生衣、系好安全带并装备好必要的防护用品。

(2)作业前,应确认工作环境符合作业条件,不得在航行时或在强风、涌浪使船舶明显摇晃时作业。

(3)作业设备应齐全,并处于良好状况;现场应安排专人协助,并放置带有可浮救生索的救生圈。

(4)脚手架的布置应安全可靠,与船体间的间隙尽量不超过 0.3 m。

(5)作业前,应关闭作业处所舷边排水孔;在船首部位进行舷外作业,应保证锚已刹牢,并设置警示标志。

(6)对于作业工具,应采取安全方式携带或传递,不得上下投递;对于笨重物件,应采用运输工具进行运送,不得随身携带。

(7)浮具(包括工作艇)作业时,大船应显示慢车信号;协助人员应注意过往船舶掀起的波浪,及时提醒工作人员。

(三)常见的不安全行为(见图 3-37)

图 3-37 舷外作业人员未穿救生衣和系安全带

二、高空作业

（一）风险提示

高空作业通常是指在距坠落高度基准面 2 m 以上的高空处所进行的作业。其作业风险主要体现在作业人员容易发生坠落、摔伤、砸伤、踏空等事故，而且作业工具等的掉落容易伤害其他人员。

（二）安全注意事项

（1）作业人员应穿好防滑鞋、系好安全带等，必要时需铺设安全网。

（2）作业前，应确认工作环境符合作业条件，不得在风浪中、船舶明显摇晃时作业。

（3）作业人员应具有一定的高空作业经验，或在有经验的船员指导或陪同下进行作业；应有人员协助，不得单人作业，不得安排恐高人员作业。

（4）上下梯子时，不得多人同时攀爬，随身作业物品应妥善携带或吊运，不准抛掷工具或把工具插在腰间或装在口袋内，防止伤人。

（5）在烟囱附近作业时，应通知轮机员，尽可能减少蒸汽、有害气体及烟雾的排放量，防止因突然跑气、浓烟（吹灰）等伤害作业人员。

（6）在汽笛、雷达天线和无线电天线附近作业时，应在相应设备操作处放置禁用告示。

（三）常见的不安全行为（见图 3-38 至图 3-43）

图 3-38　高空作业未系安全带

图 3-39　高空作业人员穿戴不规范防护装备

三、油漆作业

（一）风险提示

油漆作业通常较为频繁，受油漆及溶剂本身理化性质和作业特点等的影响，其风险主要有：油漆、溶剂挥发的刺激性气体和易燃、易爆气体可能引起作业人员中毒、窒息或引发火灾等事故；在机器处所或对带电设备进行油漆作业时，会面临被突然转动的机器所伤或发生触电等危险。

图 3-40　手持工具攀爬垂直通道

图 3-41　两人同时攀爬垂直通道

图 3-42　高空传递工具时，下方人员未远离工具坠落区

图 3-43　在雷达天线区域作业，雷达操作处应放置禁用告示

(二)安全注意事项

(1)作业人员应根据油漆特性及作业特点穿戴适当的防护装备，必要时戴上适当的防毒面具或呼吸器。

(2)作业前应做好预防措施：

①封闭处所，应提前做好通风。

②机器处所，应设置机器禁用告示。

③电器设备，应切断电源，设置禁用告示。

(3)油漆作业时及油漆干透前，室内及封闭场所应保持有效通风，不得吸烟或使用明火。

(4)油漆过程中，应随时关注机器设备、地板、头顶等周边环境，防止跌伤、碰伤。

(5)在舷外、高空进行油漆作业时，应遵守舷外及高空作业要求。

(6)喷漆作业时，应按照喷漆设备的使用说明及喷射设备使用的安全注意事项进行操作。

(7)沾染油漆的衣服、鞋、帽等应及时清理干净；无法清理干净的，应妥善放置，防止自燃。

（三）常见的不安全行为（见图 3-44、图 3-45）

图 3-44　天花板油漆作业时未戴防护眼镜

图 3-45　油漆作业时吸烟

四、进入密闭空间

（一）风险提示

船上密闭空间很多，有双层底、压载舱、货舱、泵舱、隔离空舱、锚链舱、二氧化碳间等处所，因其空间长期处于密闭状态，往往氧气含量不足或存在有毒有害气体。进入密闭空间的风险主要体现在易导致进入人员缺氧、中毒。

（二）安全注意事项

（1）日常情况下，通向密闭空间的门和舱口应保持锁闭，防止人员误入。

（2）进入密闭空间应取得船长或指定人员同意，并安排专人在处所外值守，保持与进入人员的联系。

（3）进入密闭空间，应提前打开密闭空间所有的门或舱盖进行通风；在入口处设置障碍和禁入告示，防止人员意外进入。

（4）人员每次进入前，都应按照规定程序（如检测时停止通风）对密闭空间含氧量和毒性进行检测；检测合格后方可进入，并保持定期检测；检测不合格且必须进入的，进入人员必须戴好空气呼吸器。

（5）进入人员应携带必要的有效通信和照明设备，并注意无线电盲区，必要时携带榔头等作为联系器材。

（6）发生紧急情况时，只有训练有素且装备完善的人员，经许可后，才可进入封闭处所进行救援。

(三)常见的不安全行为(见图 3-46、图 3-47)

图 3-46 进入密闭舱室前未进行有效通风

图 3-47 密闭舱室入口处未安排专人值守

五、起重作业

(一)风险提示

起重作业是船舶生产、维修养护中常见的一项作业,其风险主要体现在起吊物体(包括起重机械)的快速下落、倾斜、脱落、摇晃、超负荷等对作业人员造成撞击、挤压等严重伤害。

(二)安全注意事项

(1)起重作业前,操作人员应戴好安全帽和防护手套,穿好工作服和安全鞋等防护装备,并确认:

①起重物件的重量应不超过起重设备的安全工作负荷。

②起重重、大件货物应考虑对船舶稳性的影响。

③吊钩、滑轮、钢索、网兜、刹车等应完好、适用,并进行试操作。

④操作人员和指挥人员应熟悉起重设备的性能和操作要领,相互间确定停止、起吊、上升、下降、旋转等联络信号。

⑤船舶摇晃、较大横倾、恶劣天气等对作业有较大影响时,必要时停止作业。

(2)作业中,应注意:

①起吊时,确认吊钩挂妥,并受力。

②控制好起吊速度及摆动影响。

③禁止拖关、甩关、锁关。

拖关:被起重物体不在吊钩的重力下方,导致起吊时吊杆的受力增大的情形。

甩关:被起重物体需要放置的位置无法到达,利用物体在起吊中的惯性,将物体甩到其位置的情形。

④单吊时,吊杆角度控制在 25°~75°。双杆或多杆联吊时,使吊杆、稳索处于受力许可范围内。

⑤负重时,避免长时间悬停。

⑥人员不得进入吊杆或重物下方区域。

(3)作业结束后,吊杆复位,吊钩收紧。

（三）常见的不安全行为（见图 3-48、图 3-49）

图 3-48　人员站在吊起的重物下方

图 3-49　拖关

六、锚泊/系缆作业

（一）风险提示

锚泊和系缆作业经常由于操作不当或不够注意，引起缆绳绷断、缆绳反弹、缆绳抽动、锚链上泥沙和锈屑飞溅等造成人员伤亡。

（二）安全注意事项

（1）作业人员应当穿着合适的工作服和安全鞋，戴好安全帽，必要时戴好护目镜。

（2）锚泊/系缆应由适任人员操作。夜间作业，应有足够照明。

（3）作业区域应注意防滑，视情采取撒黄沙、铺上固定踏面等防滑措施。

（4）作业前，应：

①提前制订系缆计划，明确绑缆顺序。

②同一缆绳避免形成窄小夹角。

③缆索和钢索不得穿过同一导缆孔或缆桩。

④确认锚泊/系缆设备、缆绳、通信设备等正常、可用，引缆或止缆索满足受力要求。

（5）作业中，人员应安全站位：

①不得站在绳圈、缆绳绷断"反弹"区（见图 3-50）。

②尽量避开缆绳或止缆索受力方向的区域。

③尽量避开锚链可能带出的泥沙、锈屑的飞溅区。

（6）作业中，应安全操作：

①控制好锚链、缆绳松出或收进速度，防止瞬间受力过大。

②时刻关注锚链、缆绳的受力方向，估计受力大小，防止受力过大造成缆绳断裂。

③驾驶台与作业现场应保持及时有效沟通。

④使用滚筒人工绞缆，注意缆绳上绕滚筒的圈数，并根据受力情况适时调整。

⑤人工撇缆时，要注意撇缆头伤人；使用撇缆枪时，枪口不得对人。

图 3-50 缆绳危险区域

⑥锚链、缆绳需要调整或松出，因受力过紧而不能松出时，不得完全松开制动器，或全部解开挽在缆桩上的缆绳，也不可通过摇晃锚链和缆绳来进行。

(7)作业完成后，锚链应用止链器固定，缆绳保持均匀受力。

(三)常见的不安全行为(见图 3-51 至图 3-54)

图 3-51 操作人员未穿戴防护装备

图 3-52 人员未处于安全位置

图 3-53 用脚去踩住滑出的缆绳

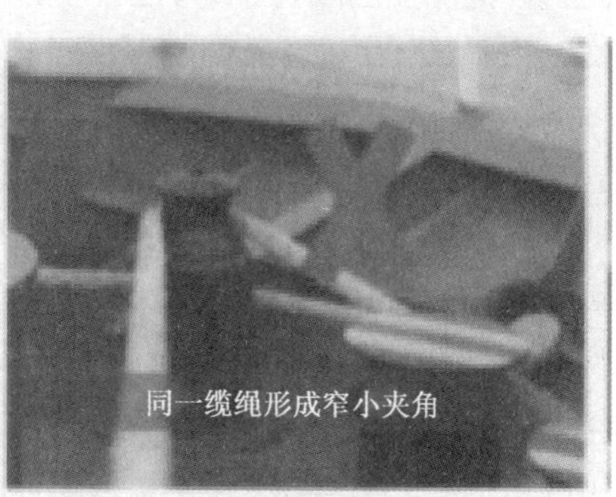

图 3-54 同一缆绳形成窄小夹角

第三节 船员安全教育

对内河船员进行安全教育，是一项为提高其安全技术水平和防范事故能力而进行的教育培训活动，是有计划地向船员进行安全思想、安全知识、安全技能的教育和训练，也是航运企业和海事管理机构的一项基础性工作。开展安全教育既可提高运输效率，又能减少事故的发生，促进航运业的可持续发展。因此，对内河船员进行安全教育是航运安全工作的务本之举。

一、内河船员的现状

根据《2018 年中国船员发展报告》，截至 2018 年年底，我国共有注册船员 1 575 234 人，其中注册海船船员 737 657 人，注册内河船舶船员 837 577 人。纵观我国目前内河船员现状，主要存在以下问题。

（一）内河船员的供给主体从专业学校毕业生演变成农民工

20 年前，计划经济占主导地位，内河航运企业为国营或集体性质，职工由政府按产业工人要求统一指令安排，企业按行业管理要求经营和运转，各方面都较为规范有序。内河船员的供给来源主要由专业学校毕业生、部队转业人员、船员世家及社会公开招聘人员等组成，其中专业人才占比较大。后来，随着国家经济体制的改革，航运企业普遍改制。如今，多种所有制并存，内河船员的来源不一，加之水上工作条件艰苦、内河运输效益不高等客观因素的影响，很难吸引专业人才。因此，农民工逐步成为内河船员的主角。

（二）航运企业内部安全管理偏软、偏弱

随着经济体制改革的深化，我国内河航运企业的私有制和承包制经营模式日益凸现。多数航运企业名不副实，航运公司再也不是从前意义上的经济实体了。它们已成为搞船舶挂靠的松散型组织，公司主要负责收取船舶挂靠管理费，生产和经营全部交由船员负责，以包代管、重效益轻安全的现象较普遍。

（三）内河船员的成长环境明显不利

尽管我国专门从事培养航运专业技术人才的院校已初具规模，但国民教育序列中本科院校已经没有内河航运专业，我国传统的几所培训内河航运人才学校在 2000 年左右先后退出内河航运专业教育，转向航海教育，导致内河船员得不到正规化、系统化的培训教育，队伍的专业素质得不到保障。此外，现有的船员市场不规范，船员流动无序，无法形成稳定的船员队伍，使许多船员无法满足证书升级所需服务年限的资历积累，难以实现船员职务的正常晋升。这些因素明显不利于专业化船员队伍的形成。

（四）船员的安全教育处于边缘化状态

船员是水上运输安全系统中最活跃、最能动的要素。科学技术的飞速发展，船舶设备的更新换代，自动化程度的升级提高，不断对船员的安全素质提出新的、更高的要求。强化水上安全管理，维护水上安全形势稳定的关键是培养安全意识强、操作技能高的船员群体，保证其具

有与从事职业相适应的能力和素质。现实是对他们进行系统性、针对性、实效性的安全培训教育长效机制尚未建立，管理部门教育少抓手、航运企业教育缺阵地、船员自我教育无能力，安全教育工作常常处于边缘化状态。

二、内河船员安全教育的基本特点

（一）长期性和艰巨性

事实表明，只要人类生产活动存在，安全就是生产的主题之一，安全与生产始终是结伴而行的。近年来，我国内河运输人员伤亡、沉船、撞桥和危化品泄漏污染等事故时有发生。解决安全运输问题所涉及的物质条件、人员素质以及社会环境还不尽如人意。在企业，过度追求经济利益，有令不行、有禁不止、违章指挥、违章作业、违反劳动纪律的现象还相当普遍，安全生产基础薄弱，事故隐患普遍存在；在行业监管上，"安全第一，以人为本"的理念还不牢固，该管不管、管不到位、有法不依、执法不严的情形还比较严重；在社会环境上，关爱生命、关注安全、自我保护的社会氛围尚未真正形成。这些都表明了安全教育的长期性和艰巨性，安全宣传教育必须贯穿于航运生产的全过程。

（二）全员性和实践性

航运生产安全牵涉到人事使用、航线航路、船舶种类、设备维修、货物理化特性、装卸作业等多个环节，哪个方面出点问题，安全生产都难以保证，而这些环节涉及管理人员、普通职工和专业技术人员。因此，企业中任何一个人都有发生事故的可能性，这就需要对企业中的所有人进行安全教育。同时，进行安全教育的目的在于应用，效果只有通过生产实践才能检验。即使学会了本行业的安全生产知识，如果工作中不能实际运用，各种安全教育培训也只能是毫无意义的形式主义。

（三）专业性和科学性

安全教育有自己基本的理论、独特的内容和区别于其他教育的方式方法。安全教育涉及自然科学、社会科学、管理科学等学科，必须结合本行业特性，遵循安全工作的内在规律，进行科学施教。要强化教育师资队伍和培训基地建设，大力培养航运专业高级人才。要将航运生产中具有倾向性、节点性、高危性的安全问题列入评估重点，建立预警机制，实施超前防范，落实跟踪监控，有效增强安全管理的科学性。

（四）新颖性和针对性

安全教育的内容和形式只有富有新意才能激发船员的学习兴趣，才能使他们主动参与各种培训教育，并持长久的热情和耐心。提高船员安全教育的针对性应从航运的季节特征、船舶的不同运输种类、船舶的不同航行区域、船员的不同专业构成等方面区别对待，合理组织实施，这样才会收到事半功倍的效果。

三、内河船员安全教育的组织实施

我国的安全生产管理体制是"企业负责，行业管理，国家监察，群众监督"。当前，抓好内河船员的安全教育，航运企业自身和行业管理部门责无旁贷。航运企业必须履行制订职工教育计划、筹措教育经费、抓好组织实施等主体职责。行业管理部门在充分履行安全监管职能的同时，应当主动为企业当好参谋和助手，积极协调培训基地、培训师资、培训教材等社会资源，为推动培训教育常态化并不断取得实效发挥示范引领作用。

（一）合理安排内河船员安全教育的内容

1. 安全知识教育

安全知识教育主要是让船员了解船舶结构、性能、设备，货物的理化特性，以及水文、气象、消防救生等常识，知道所操作设备的哪些部位有危险、易出事故，哪些部位有安全装置且都处于什么状态，发生紧急情况时应采取哪些措施等。通过安全知识教育，船员初步了解利用机械能进行运输生产的船舶和设备哪些部分在操作时危险性大，即在感觉上能预知其危险性的化学能、电能和放射能等，进而无须亲历事故也能知道其危险性。船员的安全知识教育包括对新船员的基本知识教育和对老船员的知识更新教育。一般来说，对新船员先是普及安全知识教育，随后可针对不同工种进行不同的专门知识教育，在此基础上再进行相关训练，帮助他们活用知识，并将知识转化为技能。对老船员除了进行基本知识教育外，还要有针对性地进行新的安全经验和新技术的知识教育，从而避免其犯经验主义错误。

2. 安全技能培训

对船员进行安全技能培训，重在开展实际操作训练，以不断提高其动手解决问题的能力。首先是正确操作方法的练习和巩固。驾驶部船员，诸如从日常操舵、撇缆、带缆、操作锚机、货物积载、危险品装卸等基本项目操练，到大风、水流等特殊气象条件时船舶靠离码头的较高技术要求操作等，练就其人性、船性、水性有机配合的能力。轮机部船员，诸如独立完成最基本的抽污油、污水、压载排压、主副机启动与检查清洁、电水的配置与加注、各种过滤器的清洁与拆装等，严格监督执行各种安全操作规程，培养其严谨规范的动作要领。其次是错误动作的纠正与克服。根据每期培训内容对应抽取数名学员进行实地操作演练，并由指导老师当场点评，从而达到检验培训效果和以点带面纠正错误动作的目的。经过集中学习、反复训练，船员获取的安全技能在航运实践中一定会由量变到质变。

3. 安全法规教育

法规及规章制度是对人们在一定活动范围内特定行为的约束与规范，是长期以来所积累的安全经验的总结与提炼，它规定着个人或集体行为以及行动的方向、目的。针对航行过程中船员往往违背客观规律，不按照法规及企业规章制度办事，明知危险却采取冒险行动，从而引发事故的实际，迫切需要贯彻执行国家行政法规和行政措施以及企业规章制度，需要采取各种手段纠正违章行为，确保安全生产。开展安全法规教育，主要围绕《安全生产法》《劳动法》《工会法》《内河交通安全管理条例》《危险化学品安全管理条例》以及航运公司规章制度等进行。通过开展有针对性的教育，力求使船员增强学法、守法、用法的法律意识，培养船员敬畏法律、规范操作的自律意识，真正把法律法规和企业的规章制度自觉贯彻到实际工作之中，进而达到努力规范运输行为、不断消除各类安全隐患的目的。

4. 安全态度教育

安全态度是指从业者受到外界的某种刺激，为了对此做出反应而考虑和判断应如何动作的心理准备状态。它并非人的天生本能，而是后天逐渐形成的，需要长期灌输安全理念才能达到预期的效果。违反客观规律就会导致事故发生。许多船员总是用血的代价才能改变其安全态度。安全态度教育追求的是从“要我安全”向“我要安全”“我会安全”“我管安全”的转化,使其实际行为不断趋于理性。对这种教育,要区别对待,实行个性化教育。属主观认识正确、接受教育但经常粗心大意的人,可对其工作伙伴进行培训,常加提醒;属知识技能差、达不到正常要求的人,要督促其多学习多操练;属情绪问题的人,要多劝慰、多沟通;属抄近路、怕麻烦的人,多用血的事实展开警示教育。从事安全态度教育的管理者必须具备较高的安全知识和技能水平以及较强的安全意识,不仅要善于发现各类问题和安全隐患,还应能够掌握船员的心理特征和工作习惯,有针对性地开展帮教和指导,促使船员养成应有的安全习惯,实现安全态度教育的最终目标。

5. 安全管理体系教育

对于实行安全管理体系管理的企业,加强船员安全管理体系教育十分必要,应定期组织船员进行体系文件的学习。培训内容主要包括安全管理手册、程序文件、操作须知与指南、船舶关键性操作等培训。

6. 应急演练教育

重大事故和险情的发生具有不确定性,往往因遭遇的概率不大而使许多人心存侥幸,放松警惕。而一旦险情突发,人们往往惊慌失措,应对失当,导致悲剧发生。因此,应急演练不失为安全教育的重要内容。对船员进行应急演练教育,主要应结合内河航运实际,突出火灾、油污染、防毒气、水上救助、船舶堵漏、逃生技巧、特殊设备使用等科目内容。通过组织内容丰富、场景逼真的应急演练,既能检验管理部门相关应急预案的可行性和组织指挥能力,又能培养和锻炼船员在遭遇特殊紧急情况时自我保护和应急处置反应能力,最大限度地避免人员伤亡和财产损失。演练应突出“创新、真实、安全”主题。“创新”就是在演练的立意、内容、形式、装备上有所创新,在参演队伍构成、演练时机选择、整体工作强度等方面不断突破;“真实”就是从实际出发,按应急预案的程序实地、实兵、实装、实操地真实演练;“安全”就是对所有演练环节认真分析其可能存在的危险性,采取有效措施,杜绝演练过程中各类事故的发生。

(二)选择合适的内河船员安全教育的方式、方法

结合上述不同的安全教育内容,可灵活运用多种培训方式,以增强培训教育的针对性、互动性、实效性和趣味性。

1. 安全经验报告会

精选多年安全无事故的船长、轮机长,通过专题会议让他们现身说法,用身边的人和事教育大家。这种形式灵活、生动,有较强的吸引力,同时,还有较强的启发性和感染力,是对船员进行普遍安全教育的好形式。组织这类报告会应选择与接受培训者有较强类比性的典型案例,来增强报告的说服力。

2. 课堂式教育

课堂式教育主要是海事管理机构对一些政策性、公约性、理论性比较强的课题或重大的时事问题,进行深入、系统的讲解培训。采用这种教育方式的关键是针对接受培训者的文化、知识结构选择教学内容。教学内容要容易理解、容易记忆,贴近船员的知识结构和实际水平。

3. 座谈式教育

请专业人员或者经验丰富的一线船员，选择一些船员关心的话题，面对面进行互动式交流研讨，分享经验，消化吸收安全知识，增强安全意识。这种教育方式人数不能太多，一般 20 人以内为宜。

4. 解答式教育

采用“答记者问”的安全教育方式，培训者与接受培训的船员之间双向、互动提问释疑。这种边提问、边宣传的教育，培训者能及时了解对方理解的程度，激起对方的思维，接受培训者能把自己平时遇到的难题反映出来，彼此间还可从别人的解答中受到启发，针对性、启发性较强。这种方式需要注意的是，提问应该简洁、明了，考虑成人教育的特点，合理控制难度，避免造成尴尬僵局。

5. 实例式培训

对一些操作性比较强的课题，可以采取实例讲解和模拟演习的方式，让船员根据实例的发生、发展，增强分析问题、处理问题、解决问题的实际能力。

6. 个别解决问题式教育

针对工作中暴露出的问题，及时采取官教兵、兵教兵、能者为师的一对一单个式教育，帮助船员纠正错误行为，提高安全自觉性。实施个别教育，要结合船员的个性特点，找准突破点，耐心疏导，动之以情、晓之以理、授之以法，切实转变船员的安全态度，提高其实际能力。

第四节 船员职业素养

一、职业道德

（一）职业道德的基本要求

职业道德是劳动者在长期的劳动实践中反复积累、逐步形成的，是社会对劳动者在劳动中必须遵守的基本行为准则的概括和提炼；源于劳动者的道德生活实践，又高于道德生活实践，因而对劳动者的道德行为有着巨大的调控和导向作用。

1. 诚实劳动，忠于职守

劳动者要忠于自己所从事的职业，安心工作、热爱工作，以自己的良心和责任感来对待劳动，履行职业劳动的义务和责任。

2. 和睦相处，互相协作

在劳动过程中，劳动者应当互相尊重、平等待人、乐于助人、恪守信用、相互支持。坚决反对相互歧视、以强凌弱、互相拆台、尔虞我诈、损人利己的行为。

3. 虚心学习，精益求精

劳动技能是有效地从事劳动、创造劳动价值和造福人类的基本能力，具有重要的道德意义。劳动者应本着虚心学习、学无止境的精神坚持学习和训练，精益求精，不断增长自己的知识和提高业务技能。

4. **我为人人，弘扬奉献**

树立高尚的为社会公众服务的精神是重要的社会主义道德准则，也是人类社会进步的价值取向。应满腔热情地为大家提供力所能及的服务，为他人排忧解难，摒弃那些唯利是图、只为金钱的私欲主义行为。

5. **勤俭节约，艰苦创业**

中国人的传统美德是勤俭持家、勤俭治国。中国还处于发展中国家阶段，生产力还没有得到高度发展，综合国力更是有待提高，因而，以艰苦创业发展国家、以勤俭节约办一切事业，不仅是一个国家的政策体现，也是劳动者的道德规范。

（二）船员职业道德的特殊要求

船员职业道德是船员从事水上运输劳动过程中始终必须遵循的各种行为规范。它是从船员的职业劳动中引申出来的。它的职能是调节水上运输过程中船员之间、船员与运输过程中的有关人员（如旅客、货主、码头工作人员、驳船人员）之间的关系。

船员职业道德是社会道德的一种，是社会经济发展的产物。广大船员在长期的航行生活实践中，逐步认识了人与社会之间、人与人之间的道德关系，逐步形成了与航行生活紧密联系的道德观念、心理习惯和行为准则，逐步形成船员的职业道德。船员的职业道德不同于法律和带有强制性的船舶规章制度，它依靠社会舆论的力量、船员的信念和心理习惯、传统和教育的力量来发挥作用。船员的职业道德基本内容主要包括：

1. **敬业爱岗，遵章守纪**

敬业爱岗是船员职业道德的核心。当今社会竞争激烈，人们深知“今天不努力工作，明天就努力找工作”的道理，为求得生存和发展，多数人有敬业处事的心态，进而有爱岗的行动。船员职业特点决定了船员敬业爱岗不是口头上的，而是要落实到具体工作岗位中。要立足本职岗位，做好自己应该做的事，在保保障人命、财产和水域环境安全方面，善尽责任和义务。遵章守纪就是要自觉遵守水上交通安全和防治船舶污染的规定，遵守船舶安全操作规程，遵守船上的管理制度和值班规定，按照各项法规性、技术性的规则操纵、控制和管理船舶；无论身处何地，都要严格要求自己，注重自我约束，自觉养成遵章守纪、令行禁止、雷厉风行的办事风格。

2. **优质服务，安全运输**

优质与安全是相辅相成的统一体，没有安全的运输，就谈不上优质的服务。要确保航行与作业的安全，消灭各种事故的隐患和苗子，严格执行各种规章制度，保证良好的工作程序。要确保货物运输的质量，严格遵守货物装载、积载、搬移、运输、保管、照料、卸载等操作规程。要在优质服务上下功夫，运输服务不仅要求热情、周到，而且要求方便、高效。

3. **团结互助，同舟共济**

船舶驾驶人员、机舱管理人员及其他为船舶服务的在船人员应互相合作、互相监督、互相提醒、互相支持、互相关心，尊重他人的生命就像尊重自己的生命一样。当船舶发生应急事件或有危难时，船员应冷静沉着、顾全大局、从容应对，只有把自己同全体船员的命运联系在一起，坚守岗位、严守职责，依靠全体船员的力量和智慧，才能渡过危难。当发现他船或他人在水上遇险时，要发扬人道主义精神，尽力抢救。

二、法治观念

（一）法治的概念

“法制”与“法治”都是法律文化中的重要内容，都是人类文明发展到一定阶段的产物。其中，“法制”是法律制度的简称，“法治”则是一种与“人治”相对应的治理社会的理论、原则、理念和方法。简而言之，法制是一种社会制度，属于法律文化中的器物层面；法治是一种社会意识，属于法律文化中的观念层面。与乡规民约、民俗风情、伦理道德等非正式的社会规范相比，法制是一种正式的、相对稳定的、制度化的社会规范。法治与人治则是相对立的两种法律文化，前者的核心是强调社会治理规则（主要是法律形式的规则）的普适性、稳定性和权威性；后者的核心是强调社会治理主体的自觉性、能动性和权变性。虽然法律也是由人来制定的，法治也不排斥人的能动性，但从法律的制定、执行到修改都必须按照法律本身制定的规则，人的能动性只能在法律规定的范围内发挥作用，而不能超越法律，这正是法治内在的本质要求。

“法治”是指一种治国方略或社会调控方式，在这个意义上，法治与人治、德治是相对立的。法治与人治的分界线是：当法律与当权者个人意志发生冲突时，是法律高于个人意志，还是个人意志高于法律；法治与德治作用的不同之处在于：现代社会，法律作用是不可缺少的，它较道德调整机制必然起主导作用；但法律有固有的局限和特点需要由道德辅助和补充。

（二）法治观念

法治观念是指人们对法律的性质、地位、作用等问题的认识和看法，也就是依靠法律管理国家、管理经济和治理社会的观念。

党的十八届四中全会指出，“法律的权威源自人民的内心拥护和真诚信仰。人民权益要靠法律保障，法律权威要靠人民维护。必须弘扬社会主义法治精神，建设社会主义法治文化，增强全社会厉行法治的积极性和主动性”。深入贯彻落实十八届四中全会精神，要从增强全民法治观念入手，全力推动法治社会建设，让法律成为全民信仰，才能最终建成法治社会。

（三）船员增强法治观念的途径和方法

法律意识是公民理解、尊重、执行和维护社会主义法律规范的重要保证，公民的遵纪守法行为不会自然产生，而是在一定法治观念、法律意识的指导下实现的，具备了社会主义法律意识，就会做到不仅不犯法，而且能积极维护法律的尊严。船员树立法律意识，是现代化法制建设的要求，也是成为一名合格船员的要求。

1. 船员要增强法治观念，增强法律意识

首先要学法、知法和懂法。我国是一个法治国家，各行业工作者都必须学法、知法和懂法。船员作为水路交通运输行业的从业者，不仅要在适任培训时加强法律、法规和规章的学习，而且应该自觉地学习以增强法治观念，增强法律意识，以便能够清醒地认识到哪些事能够做，哪些事应坚决不做，哪些事能够促进船舶安全，哪些事会危害船舶安全、损害他人和社会的利益。目前，我国已形成相对完善的内河水运法规体系，其内容和要求基本涵盖了港口法规体系、航道法规体系、航运法规体系、船舶法规体系、船员法规体系、水上交通安全管理法规体系和船舶防污染法规体系。这些法规体系对维护船员权益、保障水上交通安全和环境提供了法理和政策依据，也推动了内河水运业的健康快速发展。表 3-2 列出了目前与船员相关的法律、法规、规章。

表 3-2 与船员相关的法律、法规、规章一览表

序号	类别	法律、法规、规章名称
1	综合类	中华人民共和国行政许可法
2		中华人民共和国行政处罚法
3		中华人民共和国行政强制法
4		中华人民共和国行政复议法
5		中华人民共和国行政诉讼法
6		中华人民共和国国家赔偿法
7		交通行政处罚程序规定
8		交通行政复议规定
9	水路行政执法类	国内水路运输管理条例
10		中华人民共和国航道法
11		中华人民共和国港口法
12		老旧运输船舶管理规定
13		内河运输船舶标准化管理规定
14		水路危险货物运输规则(第一部分)水路包装危险货物运输规则
15	海事行政执法类	中华人民共和国水污染防治法
16		中华人民共和国大气污染防治法
17		中华人民共和国船员条例
18		中华人民共和国船舶登记条例
19		中华人民共和国航标条例
20		中华人民共和国内河海事行政处罚规定
21		中华人民共和国内河交通安全管理条例
22		中华人民共和国高速客船安全管理规则
23		中华人民共和国船舶最低安全配员规则
24		中华人民共和国船舶安全监督规则
25		中华人民共和国船舶和海上设施检验条例
26		中华人民共和国防止拆船污染环境管理条例
27		中华人民共和国防治船舶污染内河水域环境管理规定
28		中华人民共和国船舶载运危险货物安全监督管理规定
29		内河航标管理办法
30		中华人民共和国水上水下活动通航安全管理规定

2. 船员要学会自觉守法

首先,船员作为一名中国公民,必须无条件地服从和遵守国家的宪法和法律,做一名遵纪守法的中国公民;其次,船员作为一名水上交通运输行业的从业者,必须自觉遵守水上交通安全和防治船舶污染的规定,遵守船舶安全操作规程,遵守船上的管理制度和值班规定,按照各

项法规性、技术性的规章操纵、控制和管理船舶，确保船舶航行、停泊、作业的安全。

3. 船员要学会用法律保护自己

法律最主要的精神就是强调权利与义务的统一性。船员要正确对待权利与义务的关系，在享有个人所拥有的权利时，不忘记尊重和承认他人的合法权益，不忘履行对国家、对社会、对他人的义务；船员要学会用法律维护自己的切身利益，以社会主义法律为武器，捍卫自己的正当权利。

三、安全责任

（一）对责任与责任意识的理解

责任通常有两个含义：一是指分内应做的事，如职责、岗位责任等；二是指没有做好自己工作，而应承担的不利后果或强制性义务。责任就是对自己可能并不喜欢的工作，毫无怨言地承担，并认认真真地做好。责任有不同的范畴，如家庭责任、职业责任、社会责任、领导责任等。这些不同范畴的责任，有普遍性的要求也有特殊性的要求。责任只有轻重之分，而无有无之别。

责任意识是一种自觉意识。责任意识就是清楚明了地知道什么是责任，并自觉、认真地履行社会职责和参加社会活动过程中的责任，把责任转化到行动中去的心理特征。有责任意识，再危险的工作也能减少风险；没有责任意识，再安全的岗位也会出现险情。责任意识强，再大的困难也可以克服；责任意识差，很小的问题也可能酿成大祸。有责任意识的人受人尊敬，让人放心。

有的人认为讲责任太沉重，担责任太劳累，不轻松、不潇洒。作为社会人，不可能脱离责任而生存。你不扛枪我不扛枪，谁来保卫国家；你不劳动我不劳动，谁来创造财富；你不担责我不担责，谁来推动社会进步。责任重于泰山！

（二）对船员安全责任的理解

船员的安全责任包括两方面的含义：一是指船员按我国相关法律、法规的规定，以及所在船公司的规定，根据其担任的职责而应履行的岗位责任；二是指在履行岗位职责过程中，产生违法行为，而应承担的相应法律责任。

1. 船员安全责任的履行

船员的安全责任是一种职业责任，具有较强的职业特点。在内河一、二类船舶上，与船舶航行、停泊和作业安全密切相关联的部门是驾驶部和轮机部，驾驶部负责船舶驾驶、引航等工作，轮机部负责船舶主机、辅机、锅炉包括发电机在内的各种辅助机械及其管系的管、用、养等工作。船员只有充分了解自己在船上应承担的责任和应尽的义务，明确船上各部门和各自岗位职责，才能最大限度地发挥其工作潜能，确保船舶航行、停泊和作业安全。目前，我国航运企业、船舶船员管理公司、船东在建立船舶安全管理体系时，将船员职务职责、操作规程以文件形式加以明确规范。

交通安全要求交通行为者、参与者必须具有较强的安全意识、责任心。现代科技的发展为航运带来了便利和信息化，船舶驾驶操作更方便，劳动强度有了明显降低。近年来，内河航道通过梯级渠化、航道整治等手段，使航道水深明显增大，水流变缓，航行条件有了较大改善，船舶操纵难度降低。此时，船员的安全意识和安全责任心就显得特别重要。

船员的安全意识就是船员在工作的每时每刻对安全要做到"有反应、有感觉、有思维、有应对"，让安全驻足于船员的意识中，始终在船员的大脑里跟随。这种能力不是天生的，需要在学习和实践中获得，需要从严格制度保障、严格管理中获得。船员安全意识的增强，可以促使船员自觉遵守各项安全规章制度，减少违章操作行为；可以提高船员对安全隐患的排查、排除能力；可以消除操作的盲目性、盲从性，凡事都会考虑这样做是否会安全，有没有危险；可以提高船员工作的主动性和积极性，防范安全事故的发生。

安全与事故之间只隔着一个责任心，责任心是安全之魂，多一份责任心就多一分安全。回顾过去所发生的海损事故案例，是什么让不应该成了应该、不可能成了可能，"操作不当"不完全是技术层面的问题，恐怕还是责任心出了问题。责任心不是万能的，不能代替制度约束，但没有责任心是万万不能的。一般情况下，船舶碰撞事故的发生，绝大多数是由船长或船员在管理船舶、驾驶船舶过程中的疏忽或过失造成的。

2. 船员因违法行为应当承担的法律责任

根据我国相关法律、法规的规定，船员在履行职责的过程中的违法行为应当承担的法律责任主要是行政责任，即接受行政处罚。只有当船员的违法行为构成民事侵权和刑事犯罪要件时，才会追究当事人的民事责任和刑事责任。

（1）行政责任

自 2015 年 7 月 1 日起施行的《中华人民共和国内河海事行政处罚规定》（以下简称"本规定"），对内河海事违法行为和行政处罚做出较详尽的规定。本规定有关船员违法行为应承担的法律责任条款主要有第 10 条、第 11 条、第 17 条、第 18 条、第 19 条、第 23 条、第 31 条、第 32 条、第 33 条和第 34 条，共 10 条。行政处罚种类主要包括：罚款；扣留船员服务簿、船员适任证书；吊销船员服务簿、船员适任证书。违法行为主要包括：违反内河船员管理秩序；违反航行、停泊和作业管理秩序；违反危险货物载运安全监督管理秩序；违反船舶、浮动设施遇险救助管理秩序；违反内河交通事故调查处理秩序，等等。

（2）刑事责任

①过失犯罪

我国刑法第 15 条规定："应当预见自己的行为可能发生危害社会的结果，因为疏忽大意而没有预见，或者已经预见而轻信能够避免，以致发生这种结果的，是过失犯罪。"

从罪过内容上看，犯罪过失具有两方面特征：在意识因素上，行为人应当预见自己的行为可能发生危害社会的结果，但是因疏忽大意而没有预见，或者已经预见但是轻信能够避免；在意志因素上，行为人对危害结果的发生是持根本否定态度的。交通肇事罪是过失犯罪，且要求必须要造成严重后果。

②交通肇事罪

我国刑法第 133 条规定，违反交通运输管理法规，因而发生重大事故，致人重伤、死亡或者使公私财产遭受重大损失的，处三年以下有期徒刑或者拘役；交通运输肇事后逃逸或者有其他特别恶劣情节的，处三年以上七年以下有期徒刑；因逃逸致人死亡的，处七年以上有期徒刑。交通肇事罪与非罪的界限，一是要看行为人主观上是否有过失。如果行为人主观上有过失，可以构成交通肇事罪；如果行为人由于不能预见的原因引起交通事故，则不存在罪过，因而不能认定是犯罪。二是要看行为人有无交通违法行为，造成了多大的危害后果。行为人必须因交通肇事造成一定的后果，且对该后果负责的条件下，才能构成交通肇事犯罪。比如，行为人的行为虽然在客观上造成了某种危害结果，但既没有违法交通管理法规，主观上也不具有过失，则应当属于交通事故中的意外事件。

四、应急处置

船舶所处的环境复杂多变，随时可能发生各种危及船舶和人命安全的紧急事件。船舶一旦进入临近事故状态或事故状态，船长（驾长）应尽最大努力采取自救行动。因此，船舶在发生危险的紧急情况下，船上人员应竭尽全力应急，在尚未严重危及人身安全时，必须采取一切有效行动保全船舶。当确认无法避免船舶的沉没或灭失时，船长（驾长）应果断下令撤离船舶或弃船求生，以保证旅客、船员的安全。

（一）船员在紧张状态下表现出的心理特征

船舶在航行中一旦发生碰撞、搁浅、触礁等水上交通事故或遭遇其他突发事件，现场气氛表现出的紧张、激烈、残酷、危险和凄惨的场面，撕心的呼救，可使船员瞬间感到紧张，因紧张程度、船员个体差异不同，有的可能表现出轻度的功能障碍甚至精神崩溃等特征。因此，船员在意志力、自我适应调节能力和自我控制能力等方面的素质高低，直接影响船员在紧张状态下的行为能力。

船长是船舶遇险救助的总指挥，船长的心理素质不仅关系着他所从事的工作的效率，也感染着船员的情感和意志。良好的心理素质对船长来说是一种无形的又是经常起作用的宝贵财富。惊慌失措、盲目自满、麻痹松懈、侥幸和虚荣等都是船长心理素质不健康的表现。不良的心理素质往往又是导致事故发生或事故扩大、事故损失增大的主要原因。心理素质差的船长往往在遇到失火、破损及有人落水等紧急关头时，经受不住突发险恶事件的刺激和考验，也就不可能冷静地面对现实并集中全部的智慧和精力去应付意外的情况。在危急关头，力挽狂澜，带领大家化险为夷的船长一定是一名心理素质、操作技能、指挥能力等都很优秀的船长。

（二）船舶应急处置的关键步骤及要求

船舶吨位和种类不同，船上最低安全配员不同，船上配备的应急设施设备差异也较大，为了保证船舶在发生海损事故或遭遇自然灾害时能最大限度地实施救助，尽可能地减少损失，按规定要求每一艘船舶均须根据本船的人员、设施设备等情况合理编制船舶应急应变部署。对于建有安全体系的船公司，有关船舶应急处置的相关规定和要求是体系文件中非常重要的内容，要求公司所属船舶在应急处置时必须严格执行体系文件的规定和要求。

无论是编制船舶应急应变部署，还是编制体系文件的程序文件、应急操作手册，均应对船舶可能发生的应急处置的关键步骤及要求进行详尽描述。

1. 按规定要求及时报警

《中华人民共和国内河交通安全管理条例》第 46 条第三款规定："船舶、浮动设施遇险，必须迅速将遇险的时间、地点、遇险状况、遇险原因、救助要求，向遇险地海事管理机构以及船舶、浮动设施所有人、经营人报告。"船舶发生事故后，应及时报警，首先是现场发现者要正确、及时报警，以便本船采取及时、有效的措施进行自救；其次是船长要按规定及时向当地海事主管机关和船公司报告。

(1)船舶发生火灾的报警

①现场发现者

大声呼喊“××处失火”,并启动(按下)附近报警器。

②船长

a. 船长应指令驾驶员或轮机员查明火势,确认后向全船发出警报,组织施救;

b. 立即向当地海事部门和船公司报告;

c. 港区内发生火灾,应及时拨打“119”报警。

(2)发现有人落水的报警

①现场发现者

大声呼喊“有人从××舷落水”,并用手势指明哪一舷落水或用哨子报警。

②船长

a. 获知有人落水后,及时发出“人落水”警报,组织施救;

b. 立即使用高频电话向附近船舶通报;

c. 立即向当地海事部门和船公司报告。

③向当地海事部门和船公司的报警

船舶发生事故后,船长应尽可能全面地向当地海事部门和船公司报告事故有关情况,报告内容主要包括:

a. 船名;

b. 事故发生的时间、地点(船位);

c. 人员伤亡情况、船舶受损情况;

d. 事发地点气象及水文情况;

e. 已采取的措施;

f. 事发时前、后吃水;

g. 油水存量及载货情况;

h. 船舶是否具有自航能力;

i. 船舶是否溢油;

j. 是否需要外援等。

2. 对事故险情做出快速、正确的分析和判断

船舶一旦发生事故险情,船长进入驾驶台后应迅速指派大副(或驾驶员、轮机长等人员)到现场查勘,了解事故险情并做出初步判断,现场人员应及时向船长反馈相关信息,为船长快速、正确分析事故险情,采取正确应对措施提供帮助。这里有两点很重要:一是事故现场信息了解;二是船长的分析判断。不同事故类型,现场信息不同。对于火灾事故,主要查勘火灾发生的部位、火灾种类、火势大小等情况;对于碰撞事故,主要查勘人员伤亡情况、船体受损情况等内容;对于船舶发生搁浅、触礁事故,主要查勘船体破损情况、船舱是否进水、船体四周水深情况等内容。

3. 正确制订施救方案,及时采取应急行动

《中华人民共和国内河交通安全管理条例》第46条第一款、第二款规定:“船舶、浮动设施遇险,应当采取一切有效措施自救。船舶、浮动设施发生碰撞事故,任何一方应当在不危及自身安全的情况下，积极救助遇险的他方，不得逃逸。"当事故已经发生，船长、船员必须保持镇静，认真分析事故险情，全面考虑人命、船舶和环境的安全，在措施上必须做到不延误时机、不顾此失彼，在行动上要避免惊慌失措。船长在确定施救方案、采取行动时，要果敢、坚定，首先考虑的是自救，按应变部署要求组织集合船员进行自救，在实施自救的同时考虑是否需要外援。当船舶处于沉没、倾覆、爆炸等严重危险时，船长应当机立断——弃船。

4. 服从海事管理机构的统一调度和指挥

《中华人民共和国内河交通安全管理条例》第 47 条规定："船员、浮动设施上的工作人员或其他人员发现其他船舶、浮动设施遇险，或者收到求救信号后，必须尽力救助遇险人员，并将有关情况及时向遇险地海事管理机构报告。"第 49 条规定："船舶、浮动设施遇险时，有关部门和人员必须积极协助海事管理机构做好救助工作。遇险现场和附近的船舶、人员必须服从海事管理机构的统一调度和指挥。"

5. 将灾情及救助情况填入日志

按航行日志记载要求，船舶发生事故后应将事故发生的时间、地点、经过等信息记入航行日志。

（三）提高船员应急处置能力的途径和方法

应急处置的成败直接关系着人命、财产损失和环境危害的程度，所以应急处置必须是迅速和有效的。成功的应急处置依赖于训练有素的人员，完备的应急设施和器材，高效率的应急预案，正确的指挥和良好的群体协同。

（1）船舶应变部署表的编制要科学、合理：船舶所处的环境复杂多变，随时可能发生各种危及船舶和人命安全的紧急事件。为了避免严重后果，把损失减到最低程度，每一船舶都应根据人员状况、本船设备和具体情况，编制应变部署表，明确规定每个人在紧急情况下应到达的岗位及执行的任务，关键部位、关键动作派得力人员，可以一职多人或一人多职，人员编排应最有利于应急任务的完成。

（2）认真进行各种训练和应变演习：定期进行各种训练和应变演习的目的在于提高船员的应急行动能力，培养船员的团队意识、服从意识和应急中的自我保护意识，确保船舶在真正发生意外时做到临危不乱。应变部署所规定的各项任务，如消防、进水抢险、人落水营救、救生等，应在船舶定期举行的演习中做出具体安排。每个船员，特别是船上的高级船员，尤其是船长、轮机长和大副必须清楚地认识到，船舶定期举行应变演习是船舶、旅客、船员安全的重要保证，是贯彻船舶安全管理规定、提高管理水平的一项重要工作内容，是检验船员应变意识强弱、应变实际能力高低、应变组织工作是否合理以及安全管理工作好坏的重要标准。

（3）船舶必须按规定数量配置应变器材设备，并按有关规定进行养护和定期检查，使之随时处于良好状态。

通过定期进行各种训练和应变演习，一方面检验船上各种应急设备的配备是否到位，是否处于正常、有效使用状态；另一方面检验船员能否正确熟练地使用各种应急设备。

五、权益保护

（一）内河船员基本权益

《中华人民共和国船员条例》是我国关于船员权益保障、实施船员相关制度的一系列最权威的法律、法规和规章制度。《船员条例》第四章的第21条至第30条，共10条，对船员职业保障做了较明确的规定，船员享有的基本权利主要包括：

1. 享有社会保险待遇

《船员条例》第21条规定："船员用人单位和船员应当按照国家有关规定参加工伤保险、医疗保险、养老保险、失业保险以及其他社会保险，并依法按时足额缴纳各项保险费用。船员用人单位应当为在驶往或者驶经战区、疫区或者运输有毒、有害物质的船舶上工作的船员，办理专门的人身、健康保险，并提供相应的防护措施。"任何单位和个人都不能以任何理由拒绝履行社会保险缴纳义务，任何单位和个人都不能以任何形式减免社会保险费，禁止任何形式的协议性缴费。因船员职业特点遇到缴费方面的操作性困难时，应在依法按时足额缴纳的原则下，与社会保险主管机关或经办机构协商解决。

2. 享有劳动保护的权利

《船员条例》第22条第一款规定："船舶上船员生活和工作的场所，应当符合国家船舶检验规范中有关船员生活环境、作业安全和防护的要求。"

船舶检验规范对船员的生活和工作场所提出的硬件设施技术要求主要包括：在生活环境方面，对卧室，餐厅，休息处所与办公处所，卫生设备，照明设备，医务处所（包括船用药箱中药品、器具、敷料、一般医疗设备等的种类和数量），取暖、通风设备与噪声，舱室、通道和出入口的布置与结构，饮用水和淡水系统等的设置和技术指标提出了要求；在作业安全与防护方面，对船舶栏杆、舷墙、安全索、通道、甲板下的走道、水密设施、工作区域的照明、灭火剂容器及压力容器的安全检验校验设备、报警系统、脱险通道、救生艇、升降机等的设置和技术指标提出了要求。

3. 享有职业健康防治的权利

《船员条例》第22条第二款、第三款规定："船员用人单位应当为船员提供必要的生活用品、防护用品、医疗用品，建立船员健康档案，并为船员定期进行健康检查，防治职业疾病。船员在船工作期间患病或者受伤的，船员用人单位应当及时给予救治；船员失踪或者死亡的，船员用人单位应当及时做好相应的善后工作。"船员用人单位需要在物质上为船员提供必要的食品、饮用水、膳食、日用品等生活用品，根据船舶生产实际需要提供必要的劳动保护用品，提供迅速诊断和治疗所必需的药品、医疗设备设施等医疗用品。船员用人单位需要在管理上关心船员健康，为船员定期进行健康检查并建立健康档案，坚持预防为主、防治结合的方针防治职业疾病。船员用人单位应以人为本，发扬人道主义精神，采取能够做到的一切措施，积极救治在船工作期间患病、受伤的船员，使其能够及时得到必要的船上和岸上医疗。

《船员条例》第39条第二款规定："船员服务机构为船员用人单位提供的船员失踪或者死亡的，船员服务机构应当配合船员用人单位做好善后工作。"

4. 享有船员工会组织维权的权利

《船员条例》第 23 条、第 24 条规定，“船员用人单位应当依照有关劳动合同的法律、法规和中华人民共和国缔结或者加入的有关船员劳动与社会保障国际条约的规定，与船员订立劳动合同”；“船员工会组织应当加强对船员合法权益的保护，指导、帮助船员与船员用人单位订立劳动合同”。劳动合同是具有法律约束力的劳动者与用人单位确立劳动关系、明确双方权利和义务的协议，是工会组织有效维护劳动者合法权益的重要依据。在船员难以全面、深入了解各方面规定、要求、做法以及船员用人单位背景的情况下，船员工会组织作为船员权益的代表者和维护者，应充分发挥自身优势，指导、帮助船员签订劳动合同，为船员权益的有效维护打下良好的基础。船员工会组织在劳动合同签订过程中的指导、帮助作用主要体现在三个方面：一是向船员提供劳动合同示范文本和船员劳动报酬、劳动条件的参考标准；二是通过平等协商，签订集体合同；三是向船员提供船员用人单位信息及咨询。

5. 享有获得劳动报酬的权利

《船员条例》第 25 条规定：“船员用人单位应当根据船员职业的风险性、艰苦性、流动性等因素，向船员支付合理的工资，并按时足额发放给船员。任何单位和个人不得克扣船员的工资。船员用人单位应当向在劳动合同有效期内的待派船员，支付不低于船员用人单位所在地人民政府公布的最低工资。”船员用人单位应充分考虑船员职业的风险性、艰苦性、流动性等因素，参考国内外本行业同类船员工资报酬水平，通过与船员的沟通与协商，合理确定船员工资报酬结构和水平，并按时足额地发放给船员。船员用人单位应按照劳动合同规定的标准支付给船员全部劳动报酬，涉及船员工资发放所有环节的单位和个人均不得克扣。有下列情况之一的，船员用人单位可以代扣船员工资：

（1）船员用人单位代扣代缴的个人所得税；

（2）船员用人单位代扣代缴的应由船员个人负担的各项社会保险费用；

（3）法院判决、裁定中要求代扣的抚养费、赡养费；

（4）法律、法规规定可以从劳动者工资中扣除的其他费用。

船员工资应以货币形式支付，不得以实物及有价证券替代货币支付。船员用人单位应将工资支付给船员本人，本人不能领取工资时，可由其亲属或委托他人代领。船员用人单位必须书面记录支付船员工资的数额、时间、领取者的姓名以及签字，并保存两年以上备查。船员在劳动合同有效期内的待派期间，船员用人单位应当支付不低于船员用人单位所在地人民政府公布的最低工资，以保障船员在待派期间能够获得基本的经济收入，保障其基本生活，维护船员利益。

6. 享有休息休假的权利

《船员条例》第 26 条规定：“船员在船工作时间应当符合国务院交通主管部门规定的标准，不得疲劳值班。船员除享有国家法定节假日的假期外，还享有在船舶上每工作 2 个月不少于 5 日的年休假。船员用人单位应当在船员年休假期间，向其支付不低于该船员在船工作期间平均工资的报酬。”休息时间不足会导致人体的各方面机能下降，如判断能力、决策能力和记忆能力的下降，以及反应迟缓、精力不集中、注意力分散、精神恍惚等，给操作性和警觉性带来不利影响。船员过度疲劳是造成船舶航行及生产事故重要的诱因之一，保障船员正常休息、避免疲劳航行非常必要。我国《内河船舶船员值班规则》要求船长根据情况合理安排值班船员，并保证值班船员得到充分休息，防止疲劳值班。

由于船员职业特点，船员往往需要集中工作、集中休息，在集中工作期间遇到法定节假日仍须继续工作，否则可能危及船舶航行安全。因此，船员在船工作期间遇到法定节假日应正常工作，船员用人单位应按规定对船员给予补偿。

7. 享有遣返的权利

船员遣返是确保船员能够返家，是船员的基本权利，对船舶所有人具有强制性。《船员条例》第 27 条至第 30 条对此做了明确规定。

《船员条例》第 27 条规定，船员在船工作期间，有下列情形之一的，船员可以要求遣返：

（1）船员的劳动合同终止或者依法解除的。

（2）船员不具备履行船上岗位职责能力的，即船员的身体条件、业务能力等不具备履职要求时，要求或被要求离岗或离船时。对船员履职能力的认定由船员所在船舶的船长做出。

（3）船舶灭失的，即船舶因拆解、沉没、损坏后无法修复等原因在实体或功能上消灭时，船员失去工作的对象，无法付出劳动时。

（4）未经船员同意，船舶驶往战区、疫区的。

（5）由于破产、变卖船舶、改变船舶登记或者其他原因，船员用人单位、船舶所有人不能继续履行对船员的法定或者约定义务的。

《船员条例》第 28 条规定，船员可以从下列地点中选择遣返地点：

（1）船员接受招用的地点或者上船任职的地点；

（2）船员的居住地、户籍所在地或者船籍登记国；

（3）船员与船员用人单位或者船舶所有人约定的地点。

《船员条例》第 29 条规定，船员的遣返费用由船员用人单位支付。遣返费用包括船员乘坐交通工具的费用、旅途中合理的食宿及医疗费用和 30 kg 行李的运输费用。

《船员条例》第 30 条规定，船员的遣返权利受到侵害的，船员当时所在地民政部门应当向船员提供援助；必要时，可以直接安排船员遣返。民政部门为船员遣返所垫付的费用，船员用人单位应当及时返还。

（二）我国内河船员权益保障

内河船员权益保障的目的是根据法律规定可以使其工资报酬、合法权益、社会地位、工作环境等方面得以实现。关于内河船员权益保障等方面的规定，各国立法有所不同：有的国家规定为工资报酬、合法权益、社会地位、工作环境等方面的所有权益，有的国家规定为工资报酬、合法权益、社会地位、工作环境等方面的部分权益。相对而言，内河船员的权益保障比海员的权益保障的范围更为广泛，保护力度更强，甚至可以牺牲第三人的利益来保障内河船员的合法权益。

1. 船员权益保障的法律依据

早在 2006 年，国际劳工组织就一致通过了《2006 国际海事劳工公约》，这对我国船员权益保障起到了很好的督促和引导作用。《中华人民共和国船员条例》《中华人民共和国劳动法》《中华人民共和国劳动合同法》等法律是船员权益保障最基本的法律依据，尤其是《船员条例》的实施对保护船员的权益起到了至关重要的作用。《船员注册管理办法》《船员考试发证规则》等相关规则的实施，对船员最基本权益保障方面做出了具体规定，最大限度地保障了船员的权益。

2. 船员权益保障的途径和方法

(1)船员在工资报酬、合法权益、社会地位、工作环境等方面权益受到损害,申诉维权的主体对象是船员用人单位(船公司、船东、船员管理公司等)。船员与船员用人单位订立劳动合同的,根据我国法律相关规定,船员维权的主要途径和方法有:

①向劳动监察部门举报;

②向劳动仲裁机构申请仲裁;

③向人民法院提起诉讼(对仲裁不服的)。

船员与船员用人单位未订立劳动合同的劳务纠纷可直接向海事法院提起海事诉讼。

(2)船员对主管机关做出的行政处罚决定不服的,在规定期限内,可以采取向做出处罚决定的上一级行政管理机构申请行政复议或向人民法院提起行政诉讼等维权途径。

第五节 船舶防污染管理

保护内河水域环境是国家法律规定赋予船员的法律义务。为防治船舶及其作业活动污染内河水域环境,国家发布了《中华人民共和国环境保护法》《中华人民共和国水污染防治法》等法律法规,违法者必将受到法律的制裁,并追究其行政责任、民事责任甚至刑事责任。

一、船舶含油污水排放控制

船舶运营中产生的含有原油、燃油、润滑油和其他各种石油产品及其残余物的污水,包括机器处所油污水和含货油残余物的油污水。为预防、控制和减少内河船舶含油污水的排放,《中华人民共和国水污染防治法》《中华人民共和国防止船舶污染内河水域环境管理规定》等法律法规对内河船舶防止船舶油污染均做了明确规定。海事管理机构对船舶油污染水域的防治实施监督管理。

(一)船舶污油水排放要求和排放标准

1. 船舶污油水的排放要求

船舶排放含油污水应当符合船舶污染物排放标准。船舶的残油、废油应当回收,禁止排入水体。船舶装载运输油类或者有毒货物,应当采取防止溢流和渗漏的措施,防止货物落水造成水污染。

2. 船舶污油水的排放控制标准

根据《中华人民共和国环境保护法》《中华人民共和国水污染防治法》《船舶污染物排放控制标准》的要求,船舶在内河水域的污油水排放标准为:船舶含油污水(油船压舱水、洗舱水及船舶舱底污水)的含油量,最高允许排放浓度为 15 mg/L,详见表 3-3。

表 3-3　船舶含油污水排放控制要求

污水类别	水域类别	船舶类别	排放控制要求
机器处所油污水	内河	2021 年 1 月 1 日之前建造的船舶	自 2018 年 7 月 1 日起，按本标准 4.2 执行或收集并排入接收设施
		2021 年 1 月 1 日及以后建造的船舶	收集并排入接收设施
含货油残余物的油污水	内河	全部油船	自 2018 年 7 月 1 日起，收集并排入接收设施

（二）船舶防油污染设备配置要求

1. 持有效证件

船舶应当按照国家有关规定配置相应的防油污设备和器材，并持有合法有效的防止油污的证书与文书。

船舶进行涉及污染物排放的作业，应当严格遵守操作规程，并在相应的记录簿上如实记载。

2. 具有水污染防治能力

港口、码头、装卸站和船舶修造厂应当备有足够的船舶污染物、废弃物的接收设施。从事船舶污染物、废弃物接收作业，或者从事装载油类、污染危害性货物船舱清洗作业的单位，应当具备与其运营规模相适应的接收处理能力。

《中华人民共和国水污染防治法实施细则》第十九条规定："在内河航行的船舶，其防污设备应当符合国家船舶防污结构与设备规范的规定，持有船舶检验部门签发的合格证书。""船舶无防污设备或者防污设备不符合国家船舶防污结构与设备规范规定的，应当限期达到规定的标准。"为此，中华人民共和国船舶检验局于 1987 年公布了《内河船舶防污染结构与设备规范（防止油类污染部分）》，该规范规定在我国内河水域航行的民用船舶，其防止油污结构和设备应符合相关要求，并经船检部门检验，取得船检部门颁发的防止油污证书。

3. 装设油水分离设备和排放控制系统（如图 3-55 所示）

图 3-55　油水分离器

（1）船舶主柴油机总功率等于或大于 440 kW 的船舶，建造时至少应装设一套油水分离设备；船舶主柴油机总功率等于或大于 220 kW 但小于 440 kW 的新船，应于船舶建造时，至少装设一套额定处理量为 0.10~0.25 m^3/h 的小船油水分离设备。

（2）安装在船上的油水分离设备，应有船检部门颁发的型式检验证书或船用产品证书。

（3）油水分离设备应能在船舶长期处于横倾 10°、纵倾 5°的状况下正常工作。其处理水的排放应能手动控制。

（4）油水分离设备的安装位置应尽可能远离振源，应留出足够的通道和空间。

（5）若船舶装有油分报警装置，则该装置应保证在处理水的含油量超过 15 mg/L 的排放控制规定时，能发出报警。对未设油分报警装置的船舶，应加强处理水的取样化验。

（6）装有油水分离设备的船舶，应设置污油舱（柜），用于贮存污油。

4. 装设污油水舱（柜）

（1）船舶主柴油机总功率小于 220 kW 的船舶，若未装设油水分离设备，则应设有污油水舱（柜）用于贮存含油舱底水，定期排放至接收设备，禁止将污油水直接排放舷外。

（2）船舶主柴油机总功率小于 22 kW 的船舶，经船检部门同意，可采取其他简易、有效设施贮存含油舱底水。

（3）污油水舱（柜）和污油舱（柜）的结构应满足规范的有关规定。

5. 泵、管路和排放接口的布置

（1）船舶应设有排放管路用于排放含油舱底水或污油至接收设备（或简易、有效设施），该管路不得兼作他用。

（2）排放管路的连接管应设有标准排放接口。

（3）泵、管路的布置应符合相应的要求。

6. 油船的附加要求

（1）油船不应在货油舱中装载压舱水，特殊情况下装载于货油舱的压舱水，应排放到接收设备，严禁排往水域。

（2）油船的洗舱水应排放到接收设备，严禁排往水域。

（3）油船洗舱时，如洗舱水不能立即排到接收设备，则应设有足够容积的污油水舱或指定一个货油舱作为污油水舱，以便留存所有洗舱水。

7. 其他要求

（1）为保证油水分离设备长期有效使用，严禁机舱舱底水中混入洗涤剂、清洗剂等物质。必要时，海事机构可取样化验。

（2）船舶甲板动力机械应设置油盘，防止泄漏的残油污染水域。

（3）舵机舱、轴隧及动力机械泄漏的残油应引入污油水舱（柜）或污油舱（柜）中，禁止排往舷外。

（4）废机油和机器清洗油应妥善处理，禁止排往舷外；油水分离设备的滤芯等油污物，应妥善保存于船上或用合适的方法予以处理，严禁抛入水域。

（三）船舶进行可能发生污染的作业要求

船舶进行下列活动，应当编制作业方案，采取有效的安全和防污染措施，并报作业地海事管理机构批准：

（1）进行残油、含油污水、污染危害性货物残留物的接收作业，或者进行装载油类、污染危害性货物船舱的清洗作业；

（2）进行散装液体污染危害性货物的过驳作业；

（3）进行船舶水上拆解、打捞或者其他水上、水下船舶施工作业。

在渔港水域进行渔业船舶水上拆解活动，应当报作业地渔业主管部门批准。

二、船舶生活污水排放控制

船舶上主要由人员生活产生的污水包括：任何形式便器的排出物和其他废物；医务室（药房、病房等）的洗手池、洗澡盆，以及这些处所排水孔的排出物；装有活的动物处所的排出物；混有上述排出物或废物的其他污水。依据《船舶水污染物排放控制标准》（GB 3552—2018），船舶生活污水排放控制要求如下：

自 2018 年 7 月 1 日起，400 总吨及以上的船舶，以及 400 总吨以下且经核定许可载运 15 人及以上的内河船舶生活污水应采用下列方式之一进行处理，不得直接排入环境水体：

（1）利用船载收集装置收集，排入接收设施；

（2）利用船载生活污水处理装置处理，达到规定要求后在航行中排放。

在 2012 年 1 月 1 日以前安装（含更换）生活污水处理装置的船舶，向环境水体排放生活污水，其污染物排放控制按表 3-4 的规定执行。

表 3-4 船舶生活污水污染物排放限值

序号	污染物项目	限值	污染物排放监控位置
1	五日生化需氧量（BOD_5）/（mg/L）	50	生活污水处理装置出水口
2	悬浮物（SS）/（mg/L）	150	
3	耐热大肠菌群数（个/升）	2 500	

在 2012 年 1 月 1 日及以后安装（含更换）生活污水处理装置的船舶，向环境水体排放生活污水，其污染物排放控制按表 3-5 的规定执行。

表 3-5 船舶生活污水污染物排放限值

序号	污染物项目	限值	污染物排放监控位置
1	五日生化需氧量（BOD_5）/（mg/L）	25	生活污水处理装置出水口
2	悬浮物（SS）/（mg/L）	35	
3	耐热大肠菌群数（个/升）	1 000	
4	化学需氧量（COD_{Cr}）/（mg/L）	125	
5	pH 值（无量纲）	6.0~8.5	
6	总氯（总余氯）/（mg/L）	<0.5	

在 2021 年 1 月 1 日及以后安装（含更换）生活污水处理装置的客运船舶，向内河排放生活污水，其污染物排放控制按表 3-6 的规定执行。

表 3-6　船舶生活污水污染物排放限值

序号	污染物项目	限值	污染物排放监控位置
1	五日生化需氧量(BOD_5)/(mg/L)	20	生活污水处理装置出水口
2	悬浮物(SS)/(mg/L)	20	
3	耐热大肠菌群数(个/升)	1 000	
4	化学需氧量(COD_{Cr})/(mg/L)	60	
5	pH 值(无量纲)	6.0~8.5	
6	总氯(总余氯)/(mg/L)	<0.5	
7	总氮/(mg/L)	20	
8	氨氮/(mg/L)	15	
9	总磷/(mg/L)	1	

在饮用水水源保护区内，不得排放生活污水，并按规定对控制措施进行记录。

三、船舶垃圾管理

船舶垃圾是指产生于船舶正常营运期间，需要连续或定期处理的废弃物，包括各种塑料废弃物、食品废弃物、生活废弃物、废弃食用油、操作废弃物、货物残留物、动物尸体、废弃渔具和电子垃圾以及废弃物焚烧炉灰渣(见表 3-7)。

表 3-7　船舶垃圾分类说明一览表

种类		说明
A	塑料废弃物	含有或包括任何形式塑料的固体废物，其中包括合成缆绳、合成纤维渔网、塑料垃圾袋和塑料制品的焚烧炉灰
B	食品废弃物	船上产生的变质或未变质的食料，包括水果、蔬菜、奶制品、家禽、肉类产品和食物残渣
C	生活废弃物	船上起居处所产生的各类废弃物，不包括生活污水和灰水(洗碟水、淋浴水、洗衣水、洗澡水以及洗脸水等)
D	废弃食用油	废弃的任何用于或准备用于食物烹制或烹调的可食用油品或动物油脂，但不包括使用上述油进行烹制的食物
E	操作废弃物	船舶正常保养或操作期间在船上收集的或用于储存和装卸货物的固态废弃物(包括泥浆)，包括货舱洗舱水和外部清洗水中所含的清洗剂和添加剂，不包括灰水、舱底水或船舶操作所必需的其他类似排放物
F	货物残留物	货物装卸后在甲板上或舱内留下的货物残余，包括装卸过量或溢出物，不管其是在潮湿还是干燥的状态下，或是夹杂在洗涤水中。货物残留物不包括清洗后甲板上残留的货物粉尘或船舶外表面的灰尘
G	动物尸体	作为货物被船舶载运并在航行中死亡的动物尸体
H	废弃渔具	放弃使用的渔具，含布设于水面、水中或海底用于捕捉水生生物的食物，设备或其部分部件组合
I	电子垃圾	废弃的电子卡片、小型电器、电子设备、电脑、打印机墨盒等

(1)船长 12 m 及以上的船舶应当设置符合格式要求的垃圾告示牌，告知船员和旅客关于垃圾管理的要求。

(2)100 总吨及以上的船舶以及经核准载运 15 名及以上人员且单次航程超过 2 km 或者航行时间超过 15 min 的船舶,应当持有《船舶垃圾管理计划》和海事管理机构签注的“船舶垃圾记录簿”,并将有关垃圾收集处理情况如实、规范地记录于“船舶垃圾记录簿”中。“船舶垃圾记录簿”应当随时可供检查,使用完毕后在船上保留 2 年。

(3)上述规定以外的船舶应当将有关垃圾收集处理情况记录于“航行日志”中。

(4)禁止向内河水域排放船舶垃圾。船舶应当配备有盖、不渗漏、不外溢的垃圾储存容器或者实行袋装,按照“船舶垃圾管理计划”对所产生的垃圾进行分类、收集、存放。

(5)船舶将含有有毒有害物质或者其他危险成分的垃圾排入港口接收设施或者委托船舶污染物接收单位接收的,应当提前向对方提供此类垃圾所含物质的名称、性质和数量等信息。

四、船舶“油类记录簿”记载要求

150 总吨及以上的油船和 400 总吨及以上的非油船,应备有油类记录簿第Ⅰ部分(机器处所的作业);150 总吨及以上的油船还应备有油类记录簿第Ⅱ部分(货油和压载的作业)。“油类记录簿”有中华人民共和国海事局监制的格式,每当船舶进行下列任何一项作业时均应逐舱填写“油类记录簿”。

(一)机器处所的作业记载项目及要求

1. 燃油舱的压载或清洗

(1)压载舱的编号。

(2)自上次装油后是否曾清洗过,若没有,以前所装油的种类。

(3)清洗程序:

①清洗起始和结束的船位和时间;

②列明曾采用某种方法清洗[冲洗、蒸汽清洗、化学品清洗(所用化学品的种类和用量,以立方米计)]的液舱;

③列明驳入洗舱水的舱号和水量,以立方米计。

(4)压载:

①压载开始和结束的舱位和时间;

②如果舱没有清洗,压载水数量(以立方米计)。

2. 燃油舱中排放污压载水或洗舱水

(1)燃油舱编号。

(2)排放开始时的船位。

(3)排放结束时的船位。

(4)排放期间的航速。

(5)排放方式:

①通过 15ppm 设备;

②排放到接收设施。

(6)排放量,以立方米计。

3. 残油(渣油)的收集

(1)舱柜编号;

（2）舱柜容积；
（3）留存总量；
（4）人工收的残油数量。

4. 机器处所积存的舱底水非自动向舷外排放、转移或其他处理

（1）排放、转移或处理的数量，以立方米计。
（2）排放、转移或处理的时间（开始和结束）。
（3）排放、转移或处理的方式：
①通过 15ppm 设备（注明起始和结束的船位）；
②排放到接收设施（注明港口）；
③转移到污油舱或污水舱或其他液舱（注明舱号，说明留在舱里的数量，以立方米计）。
（4）系统被设置为通过 15ppm 设备向舷外排放的自动操作模式的时间和船位。
（5）系统被设置成将舱底水转移到污水舱的自动模式的时间（注明污水舱）。
（6）系统被设置成手动操作的时间。

5. 滤油设备的状态

（1）系统故障的时间；
（2）系统恢复运行的时间；
（3）故障原因。

6. 意外或其他例外排放

（1）发生的时间；
（2）发生的地点或船位；
（3）油的大概数量和种类；
（4）排放或泄漏的情况、原因和一般性说明。

7. 加装燃油或散装润滑油

（1）加油地点；
（2）加油时间；
（3）燃油的类型、数量和舱号；
（4）润滑油的类型、数量和舱号。

（二）货油、压载作业记载项目及要求

1. 货油的装载

（1）装油的地点；
（2）货油的种类和油舱编号；
（3）装油的总量［注明装油量（15 ℃，单位是 m^3）和油舱的总存量（单位是 m^3）］。

2. 航行中货油在船内的转驳

（1）油舱的编号；
（2）所述油舱是否驳空。［如没有驳空，则注明舱内剩余的油量（单位是 m^3）。］

3. 货油的卸载

（1）卸载的地点；

(2)已卸油舱的编号;

(3)油舱是否卸空。[如没有卸空,则注明舱内剩余的油量(单位是 m^3)。]

4. 原油洗舱(仅适合采用原油洗舱的油船)

(1)进行原油洗舱的港口中,如在两个卸货港之间进行洗舱,则写明船位;

(2)被洗油舱的编号;

(3)使用洗舱机的数目;

(4)开始洗舱的时间;

(5)采取的洗舱方式;

(6)洗舱管路的压力;

(7)洗舱完毕或中止的时间;

(8)说明确认油舱卸空的方法;

(9)备注。

5. 货油舱的压载

(1)压载开始和终止时的船位。

(2)压载作业:

①压载油舱的编号;

②开始和结束的时间;

③接纳的压载水数量,注明作业中每个舱柜的压载水的总量(单位是 m^3)。

6. 清洁压载舱的压载(仅适用采用清洁压载舱的油船)

(1)压载舱的编号;

(2)用于冲洗的水或到港压载水装入清洁压载舱时的船位;

(3)泵及管路中的留存物冲洗至污油水舱时的船位;

(4)冲洗管路所产生的含油污水驳至污油水舱或操作污油水舱的货油舱(货油舱编号)的数量(注明总量,单位是 m^3)。

(5)补充压载水装入清洁压载舱时的船位;

(6)关闭分隔清洁压载舱与货油及扫舱管路阀门的时间和船位;

(7)船上所装清洁压载水的数量(单位是 m^3)。

7. 货油舱的清洗

(1)被洗油舱的编号。

(2)港口或船位。

(3)清洗所用的时间。

(4)清洗的方法。

(5)洗舱水驳至:

①接收设备(注明港口和数量);

②污油水舱或指定作为污油水舱的货油舱(注明舱柜,说明转驳数量和总量)。

8. 污压载水的排放

(1)油舱的编号。

(2)开始和结束排放的船位。
(3)排放的数量(单位是 m^3)。
(4)排放时的船速。
(5)排放时排油监控系统是否运转。
(6)对排出物和排放地点的水面是否保持经常检查。
(7)驳入污油水舱的含油污水数量(注明污油水舱编号、总量)。
(8)排入岸上接收设备(注明港口和数量)。

9. 排放污油水舱的水

(1)污油水舱的编号。
(2)自上次驳入残余物后沉淀的时间。
(3)自上次排放沉淀的时间。
(4)开始排放的时间和船位。
(5)开始排放时总存量的空档值。
(6)开始排放时油水界面的空档值。
(7)逐次排放的数量和排放率。
(8)最终排放的数量。
(9)结束排放的时间和船位。
(10)排放时排油监控系统是否运转。
(11)结束排放时油水界面的空档值。
(12)排放时的船速。
(13)对排出水和排放地点的水面是否保持经常检查。
(14)确认污油水舱排放完毕时,船舶管路系统所使用的阀门均已关闭。

10. 残油和其他未经处理的油性混合物的处理

(1)舱柜的编号。
(2)每一舱处理的数量(注明剩余的数量)。
(3)处理的方法:
①排入接收设备(注明港口和处理量);
②与货油混合(注明数量);
③驳入(另一)其他舱柜(注明舱柜、转驳数量和舱柜内总存量);
④其他方法(予以说明):注明处理的数量。

11. 货油舱内清洁压载水的排放

(1)开始排放的船位。
(2)排放舱的编号。
(3)该舱内是否排空。
(4)排放完毕时的船位。
(5)对排出水和排放地点的水面是否保持经常检查。

12. 清洁压载舱的排放(仅适合采用清洁压载舱的油船)

(1)排放舱的编号。

(2)开始排放的时间和船位。
(3)排放完毕时的时间和船位。
(4)排放的数量。
(5)排放前或排放中,压载水有无任何油污现象。
(6)排放时是否用油份计进行监测。
(7)压载水排放完毕,关闭分隔清洁压载舱与货油及扫舱管路阀门的时间和船位。

13. 排油监控系统的状况

(1)系统故障的时间;
(2)系统恢复运转的时间;
(3)故障的原因。

14. 意外或其他异常的排油

(1)发生的时间;
(2)发生时的港口或船位;
(3)油的大概数量;
(4)排放或泄漏的情况、原因和一般性说明。

(三)"油类记录簿"的管理与检查

上述任何一项作业应由高级船员或有关作业负责人记入"油类记录簿"并签字,每记完一页由船长签字。"油类记录簿"应存放在船上备查,在记录完最后一页后保留3年。

五、"船舶垃圾记录簿"记载要求

"船舶垃圾记录簿"作为船舶实施垃圾管理计划的实施记录,是船舶严格按照《中华人民共和国环境保护法》《中华人民共和国水污染防治法》《中华人民共和国防治船舶污染内河水域环境管理规定》《船舶水污染物排放控制标准》等法律法规和标准要求的法定记录文件。有关船舶垃圾的作业情况应按照要求记入"船舶垃圾记录簿"。

发生下列情况时,须在"垃圾记录簿"上记录:

1. 当垃圾被排放至岸上接收设施或其他船舶时(见表3-8):

(1)排放的日期和时间;
(2)港口、设施或其他船舶名称;
(3)排放的垃圾的种类;
(4)各类垃圾的排放估算量(以立方米计);
(5)船长或负责人员签名。

2. 当根据《船舶水污染物排放控制标准》第7条将垃圾排放入水域时(见表3-8):

(1)排放的日期和时间;
(2)船舶位置(经纬度);
(3)排放的垃圾的种类;
(4)各类垃圾的排放估算量(以立方米计);
(5)船长或负责人员签名。

表 3-8 垃圾排放记录

日期/时间	船位（经纬度）或垃圾接收港口、码头或垃圾接收船舶名称	垃圾种类	排放估算量		排入水域的开始和结束位置	船长或负责船员证明/签字
			排入水域/m^3	排放到接收设施或其他船舶/m^3		

注：内河水域禁止排放船舶垃圾。

船长签名：　　　　　　日期：

注：船舶污染物接收单位在垃圾接收作业完毕后，应当向船舶出具污染物接收处理单证。船舶应当将船舶污染物接收单证与“垃圾记录簿”一并保存。

3. 垃圾因意外而排放或落失于水域的情形（见表 3-9）：

（1）发生的日期和时间；

（2）发生时船舶所在港口或位置（经纬度、水深，如知道）；

（3）排放或落失的垃圾的种类；

（4）各类垃圾的估算量（以立方米计）；

（5）排放或落失原因及一般说明。

表 3-9 因意外而排放或落失于水域时的记录

日期/时间	港口、码头或船位（经纬度和已知水深）	垃圾种类	估算的排放或意外落失量/m^3	垃圾排放或落失的原因申明和一般说明（例如防止或尽量减少垃圾排放或意外损失的预防措施）	船长或负责船员证明/签字
船长签名：　　　　日期：					

垃圾意外排放或落失适用以下情形：

（1）船上排放垃圾，是为保障船舶及船上人员安全或救护水上人命；

（2）垃圾留存船上会明显对船上人员产生即刻的健康风险；

（3）渔具从船上意外落失，且已采取了一切合理的预防措施。

六、船舶污染事故

（一）船舶污染事故应急处置

（1）船舶发生污染事故，应当立即就近向海事管理机构如实报告，同时启动污染事故应急计划或者程序，采取相应措施控制和消除污染。在初始报告以后，船舶还应当根据污染事故的进展情况做出补充报告。

海事管理机构接到报告后应当立即核实有关情况，按规定向上级海事管理机构和县级以上地方人民政府报告。海事管理机构和有关单位应当在地方人民政府的统一领导和指挥下，按照职责分工，开展相应的应急处置工作。

(2)发生船舶污染事故的船舶，应当在事故发生后 24 h 内向事故发生地的海事管理机构提交“船舶污染事故报告书”。因特殊情况不能在规定时间内提交“船舶污染事故报告书”的，经海事管理机构同意可以适当延迟，但最长不得超过 48 h。

“船舶污染事故报告书”应当至少包括以下内容：

①船舶的名称、国籍、呼号或者编号；

②船舶所有人、经营人或者管理人的名称、地址；

③发生事故的时间、地点以及相关气象和水文情况；

④事故原因或者事故原因的初步判断；

⑤船上污染物的种类、数量、装载位置等概况；

⑥事故污染情况；

⑦应急处置情况；

⑧船舶污染损害责任保险情况。

(3)船舶有沉没危险或者船员弃船的，应当尽可能地关闭所有液货舱或者油舱(柜)管系的阀门，堵塞相关通气孔，防止溢漏，并向海事管理机构报告船舶燃油、污染危害性货物以及其他污染物的性质、数量、种类、装载位置等情况。

(4)船舶发生事故，造成或者可能造成内河水域污染的，船舶所有人或者经营人应当及时消除污染影响。不能及时消除污染影响的，海事管理机构可以采取清除、打捞、拖航、引航、过驳等必要措施，发生的费用由责任者承担。

依法应当承担前款规定费用的船舶及其所有人或者经营人，应当在开航前缴清相关费用或者提供相应的财务担保。

(二)船舶污染事故调查处理

(1)船舶污染事故调查处理依照下列规定组织实施：

①重大以上船舶污染事故由交通运输部组织调查处理；

②重大船舶污染事故由国家海事管理机构组织调查处理；

③较大船舶污染事故由直属海事管理机构或者省级地方海事管理机构负责调查处理；

④一般等级及以下船舶污染事故由事故发生地海事管理机构负责调查处理。

较大及以下等级的船舶污染事故发生地不明的，由事故发现地海事管理机构负责调查处理。事故发生地或者事故发现地跨管辖区域或者相关海事管理机构对管辖权有争议的，由共同的上级海事管理机构确定调查处理机构。

(2)事故调查机构应当及时、客观、公正地开展事故调查，勘验事故现场，检查相关船舶，询问相关人员，收集证据，查明事故原因，认定事故责任。

船舶污染事故调查应当由至少两名调查人员实施。

(3)证据可能灭失或者以后难以取得的情况下，事故调查机构可以依法先行登记保存相应的证书、文书、资料。

(4)船舶污染事故调查的证据种类包括:

①书证、物证、视听资料、电子数据;

②证人证言;

③当事人陈述;

④鉴定意见;

⑤勘验笔录、调查笔录、现场笔录;

⑥其他可以证明事实的证据。

(5)船舶造成内河水域污染的,应当主动配合事故调查机构的调查。船舶污染事故的当事人和其他有关人员应当如实反映情况和提供资料,不得伪造、隐匿、毁灭证据或者以其他方式妨碍调查取证。

船舶污染事故的当事人和其他有关人员提供的书证、物证、视听资料应当是原件原物,不能提供原件原物而提供抄录件、复印件、照片等非原件原物的,应当签字确认;拒绝确认的,事故调查人员应当注明有关情况。

(6)有下列情形的,事故调查机构可以按照规定程序组织各级海事管理机构和相关部门开展船舶污染事故协查:

①污染事故肇事船舶逃逸的;

②污染事故嫌疑船舶已经开航离港的;

③辖区发生污染事故但暂时无法确认污染来源,经分析过往船舶有事故嫌疑的。

(7)事故调查处理需要委托有关机构进行技术鉴定或者检验、检测的,事故调查机构应当委托具备国家规定资质要求的机构进行。

(8)事故调查机构应当自事故调查结案之日起 20 个工作日内制作“船舶污染事故认定书”,并送达当事人。

“船舶污染事故认定书”应当载明事故基本情况、事故原因和事故责任。

自海事管理机构接到“船舶污染事故报告”或者发现船舶污染事故之日起 6 个月内无法查明污染源或者无法找到造成污染的船舶的,经船舶污染事故调查处理机构负责人批准可以终止事故调查,并在“船舶污染事故认定书”中注明终止调查的原因。

第四章 遵守船舶法定要求

本章主要介绍《中华人民共和国内河交通安全管理条例》《船舶安全营运和防止污染管理规则(NSM)》《中华人民共和国船舶最低安全配员规则》《中华人民共和国船舶安全监督规则》《中华人民共和国船舶交通管理系统安全监督管理规则》《中华人民共和国内河交通事故调查处理规定》等内河行政法规。

第一节 中华人民共和国内河交通安全管理条例

国务院于1986年12月16日颁布了第一部《中华人民共和国内河交通安全管理条例》(以下简称"原条例")。原条例是在中华人民共和国成立后三十多年内河交通安全实践的基础上,综合吸取了各种有效管理办法,结合改革开放政策下的内河交通运输生产和安全管理实际以及我国国情而制定的。

原条例实施十多年来,对我国内河航行秩序、航行环境的维护和改善,水上交通事故的减少,水上运输生产的正常进行等起到了重要作用。随着我国市场经济体制的建立、水上交通安全管理体制的改革,对原条例部分内容的修改和完善是必要的,也是符合当前内河航运发展需要的。对照原条例,2002年8月1日开始实施的《中华人民共和国内河交通安全管理条例》(以下简称"本条例"),从内容、结构上都做了较大的修改和调整。2011年1月8日,《国务院关于废止和修改部分行政法规的决定》对本条例做了第一次修订, 2017年3月1日,《国务院关于修改和废止部分行政法规的决定》对本条例做了第二次修订。

本条例的主要内容包括:总则;船舶、浮动设施和船员;航行、停泊和作业;危险货物监管;

渡口管理;通航保障;救助;事故调查处理;监督检查;法律责任和附则,共十一章九十五条。

一、船舶和船员

1. 船舶的概念

船舶是指各类排水或者非排水的船、艇、筏、水上飞行器、潜水器、移动式平台以及其他水上移动装置。

2. 船舶航行必须具备的条件

(1)经海事管理机构认可的船舶检验机构依法检验并持有合格的船舶检验证书

中华人民共和国船舶检验局是执行船舶法定检验的机构。1993 年 2 月 14 日,国务院第 109 号令发布的《中华人民共和国船舶和海上设施检验条例》第四条规定,中国船级社(CCS)经中国船检局授权,可以代行法定检验。2004 年 5 月 10 日,中国海事局委托中国船级社代行船舶法定检验协议签署。这体现着中华人民共和国政府将悬挂中国国旗的国内航行船舶的法定检验权,正式以法律的形式委托给中国船级社。同时,中国海事局向 CCS 颁发了 A 类"中华人民共和国船舶检验机构资质认可证书""中华人民共和国船舶检验机构法定检验质量管理体系证书"。

持有合格的船舶检验证书是船舶航行必须具备的首要条件,未持有合格的检验证书,属违法行为,具体包括下列情形:

①未持有检验证书;

②检验证书过期或失效;

③检验证书损毁、遗失但不按规定补办;

④检验证书所载内容与船舶实际状况不相符。

(2)经海事管理机构依法登记并持有船舶登记证书

持有合格船舶登记证书是船舶航行必须具备的条件之一,未持有合格的登记证书,属违法行为,具体包括下列情形:

①未持有登记证书;

②登记证书过期或失效;

③登记证书损毁、遗失但不按规定补办。

(3)配备符合国务院交通主管部门规定的船员

安全配员是船舶航行必须具备的重要条件,船舶未按照国务院交通主管部门的规定配备船员擅自航行,属违法行为,具体包括下列情形:

①未按照"船舶最低安全配员证书"的规定配备合格的船员;

②未按照"船舶最低安全配员证书"的规定配备足数的船员;

③未持有"船舶最低安全配员证书";

④未持有有效的"船舶最低安全配员证书";

⑤所配备的船员未携带有效船员职务证书;

⑥未按照船员值班规定安排船员值班或者实施值班;

⑦所配备的船员在船值班期间,饮酒影响安全值班;

⑧所配备的船员在船值班期间,服食违禁药物影响安全操作;

⑨船舶未按照国务院交通主管部门的规定配备船员擅自航行的其他情形。

(4)配备必要的航行资料

配备必要的航行资料是船舶航行必须具备的条件,未配备必要的航行资料,属违法行为,具体包括下列情形:

①未取得有效船舶所有人、经营人安全营运与防污染管理体系符合证明和船舶安全管理证书;

②船舶所有人、经营人隐瞒事实或者提供虚假证据性资料的,或者以其他不正当手段骗取船舶安全管理证书;

③伪造、变造船舶所有人、经营人安全营运与防污染管理体系审核的符合证明或者船舶安全管理证书;

④转让、买卖、租借、冒用船舶所有人、经营人安全营运与防污染管理体系审核的符合证明或者船舶安全管理证书;

⑤使用伪造、变造的船舶所有人、经营人安全营运与防污染管理体系符合证明或者船舶安全管理证书;

⑥未按照规定申请审核安全营运与防污染管理体系符合证明或者船舶安全管理证书。

3. 船舶的义务

船舶除应具备上述条件外,按《中华人民共和国内河交通安全管理条例》规定还应当:

(1)保持适于安全航行、停泊或者从事有关活动的状态。

(2)船舶、浮动设施的配载和系固符合国家安全技术规范。

4. 船员的任职条件和义务

(1)船员经水上交通安全专业培训,其中客船和载运危险货物船舶的船员还应当经相应的特殊培训,并经海事管理机构考试合格,取得相应的适任证书或者其他适任证件,方可担任船员职务。

(2)严禁未取得适任证书或者其他适任证件的船员上岗。

(3)船员应当遵守职业道德,提高业务素质,严格依法履行职责。

(4)未经考试合格并取得适任证书或者其他适任证件,属违法行为,具体包括下列情形:

①未经水上交通安全专业培训并取得相应合格证明;

②未持有船员适任证书或者其他适任证件;

③持有的船员适任证书或者其他适任证件与其服务的船舶种类、航区、等级、职务不相符;

④持有的船员适任证书或者其他适任证件失效;

⑤在客船(客货船、客渡船、客滚船、高速客船)和载运危险货物船舶等特殊种类船舶上任职,未经相应的特殊培训并取得合格证明;

⑥未按照规定持有船员服务簿;

⑦以考试舞弊、欺骗、贿赂等不正当手段取得船员适任证书或者其他适任证件。

5. 船舶证书、船员证书或者其他适任证件的管理

禁止伪造、变造、买卖、租借、冒用船舶检验证书、船舶登记证书、船员适任证书或者其他适任证件。

二、船舶航行应遵守的规定

（1）船舶在内河航行，应当悬挂国旗，标明船名、船籍港、载重线。

经海事管理机构依法进行船舶所有权登记，即取得船舶国籍后，船舶从日出到日落应当悬挂国旗。船名、船籍港、载重线是船舶的重要标志，应在船舶的规定位置标明，尤其是船名标志，应标明在船舶的显著位置，并应保证昼夜 24 h 正常显示。

（2）按国家规定应当报废的船舶，不得航行。

按国家规定应当报废的船舶，已经不具备适航条件，无法保证船舶航行安全。

（3）船舶在内河航行，应当加强瞭望，注意观察，并采用安全航速航行。船舶在限制航速的区域和汛期高水位期间，应当按照海事管理机构规定的航速航行。

（4）船舶在内河航行时，应按避碰规则有关规定进行航路的选择。

（5）船舶在内河航行时，应当谨慎驾驶，保障安全；对来船动态不明、声号不统一或者遇有紧迫情况时，应当减速、停车或者倒车，防止碰撞。严格按避碰规则的规定进行避让。

（6）船舶进出内河港口，应当向海事管理机构办理船舶进出港签证手续。

（7）船舶进出港口和通过交通管制区、通航密集区或者航行条件受限制的区域，应当遵守海事管理机构发布的有关通航规定。任何船舶不得擅自进入或者穿越海事管理机构公布的禁航区。

船舶进出港口应当遵守的有关通航规定，是指为生产和安全的需要而制定颁布的综合性管理的“港口管理规定”或某一方面的专项规定，如长江干线上的《武汉港码头靠泊暂行规定》。

交通管制区是主管机关根据某一段内的航道及水文气象条件、航行环境等因素，对船舶航行、停泊和作业等行为从法律上加以规范，其主要内容有：船舶动态报告；航速控制；上、下行船舶或不同等级船舶的航路指定；横驶区、等候区、掉头区、锚地或停泊区的划定；特殊信号的显示规定等。划定交通管制区是为了改善航行秩序，减少水上交通事故，提高航道的通过能力。随着安全管理手段的改善与进步，我国内河的部分地区，如长江干线的南京至浏河口，建立了以港口雷达监视手段和现代化通信为主要硬件的船舶交通管理系统（VTS）。在建立了船舶交通管制（管理）系统的地区，其交通管制（管理）区的规定纳入“系统”的软件，成为其法规子系统。由于“系统”监测手段的先进和完善，交通管制（管理）区的规定得到更好地贯彻执行。

内河条件受限制的水域，一般有弯曲、浅窄的航段及有跨河建筑物的水域等。当航道因弯曲、浅窄而不能满足双向通航的要求时，实施单向通航的规定。对跨河建筑物，根据其形式、特点及其所在水域的环境，制定相应的安全管理规定。例如在桥梁水域内，对上、下行通航桥孔，船舶的通过尺度，下行时控制能力，上行时的航速，桥梁水域的避让行动，通过时的流速（或水位）及风向、风力限制，通过桥梁船舶的安全准备工作等方面做出规定，以保障船舶和桥梁的安全。

禁航区是指在通航水域内，由于水下存在对船舶可能造成损害的障碍物等，或因军队、国家安全需要等而划定的禁止船舶驶入的水域。

（8）从事货物或者旅客运输的船舶，必须符合船舶强度、稳性、吃水、消防和救生等安全技术要求和国务院交通主管部门规定的载货或者载客条件；任何船舶不得超载运输货物或者旅客。

船舶不具备安全技术条件从事货物、旅客运输,属违法行为,具体包括以下情形:

①不遵守船舶、设施的配载和系固安全技术规范;

②遇有不符合安全开航条件的情况而冒险开航;

③超过核定航区航行;

④未按照规定拖带或者非拖船从事拖带作业;

⑤未经核准从事大型设施或者移动式平台的水上拖带;

⑥未持有"乘客定额证书";

⑦未按照规定保障人员上、下船舶、设施的安全;

⑧未按照"船舶安全检查通知书"的处理意见纠正缺陷;

⑨船舶不具备安全技术条件从事货物、旅客运输的其他情形。

超载运输货物、超定额运输旅客,属违法行为,具体包括以下情形:

①超核定载重线载运货物;

②集装箱船装载超过核定箱数;

③滚装船装载超出检验证书核定的车辆数量;

④未经核准乘客定额载客航行;

⑤超乘客定额载运旅客。

(9)船舶在内河通航水域载运或者拖带超重、超长、超高、超宽、半潜的物体,必须在装船或者拖带前 24 h 报海事管理机构核定拟航行的航路、时间,并采取必要的安全措施,保障船舶载运或者拖带安全。船舶需要护航的,应当向海事管理机构申请护航。

三、船舶停泊应遵守的规定

(1)船舶应当在码头、泊位或者依法公布的锚地、停泊区、作业区停泊;遇有紧急情况,需要在其他水域停泊的,应当向海事管理机构报告。

(2)船舶停泊,应当按照规定显示信号,不得妨碍或者危及其他船舶航行、停泊或者作业的安全。

(3)船舶停泊,应当留有足以保证船舶安全的船员值班。

船舶在内河航行、停泊或者作业,不遵守航行、避让和信号显示规则,属违法行为,具体包括以下情形:

①未采用安全航速航行;

②未按照规定的航路或者航行规则航行;

③未按照规定倒车、掉头、追越;

④未按照规定显示号灯、号型或者鸣放声号;

⑤未按照规定擅自夜航;

⑥在规定必须报告船位的地点,未报告船位;

⑦在禁止横穿航道的航段,穿越航道;

⑧在限制航速的区域和汛期高水位期间未按照海事管理机构规定的航速航行;

⑨不遵守海事管理机构发布的在能见度不良时航行的规定;

⑩不遵守海事管理机构发布的有关航行、避让和信号规则的规定；

⑪不遵守海事管理机构发布的航行通告、航行警告规定；

⑫船舶装卸、载运危险货物或者空舱内有可燃气体时，未按规定悬挂或者显示信号；

⑬未在规定的甚高频通信频道上守听；

⑭未按照规定进行无线电遇险设备测试；

⑮船舶停泊未按照规定留足值班人员；

⑯不遵守航行、避让和信号显示规则的其他情形。

四、通航保障

1. 航道及助航标志管理

任何单位和个人发现下列情况，应当迅速向海事管理机构报告：

(1)航道变迁，航道水深、宽度发生变化；

(2)妨碍通航安全的物体；

(3)航标发生位移、损坏、灭失；

(4)妨碍通航安全的其他情况。

海事管理机构接到报告后，应当根据情况发布航行通告或者航行警告，并通知航道、航标主管部门。

2. 航行通告（航行警告）

航行通告是指海事管理机构以书面形式（文书或登报）或无线电通信方式向船舶驾驶人员提供有关航行安全的紧急或临时性重要信息的一种公告形式。通常情况下，以无线电形式发布的称为航行警告，以书面形式发布的称为航行通告。

海事管理机构在发布的航行通告（航行警告）中，一般要告知有关施工作业或活动的时间、内容等，还会对船舶提出具体要求。如对水上、水下施工作业区，要求过往船舶与施工船舶保持一定距离或减速或在指定时间或按现场监督人员的指挥通过。航行船舶应按时收听航行警告，并遵守其要求和规定。

五、救助

关于救助，我国《海上交通安全法》、《海商法》及有关国际公约均称为海难救助，习惯上，在我国内河也称其为海难救助（或称水上救助）。海难在内河是指船舶、浮动设施发生碰撞（包括触损或浪损）、触礁或搁浅、火灾或爆炸、风灾、沉没等事故造成人命、财产损害或使其处于危险状态中。如发生事故的船舶、浮动设施等自身的力量不足以制止人命、财产损害的扩大或解除不了危险状态，需要外部力量予以解救，此即为海难救助。已经发生人命、财产损害的，具有救助的紧迫性；对于处在危险虽不一定具有紧迫性，但如不解救则可能或必然发生人命、财产的损害，故仍需进行救助。

1. 遇险船舶、浮动设施的义务责任

(1)船舶、浮动设施遇险，应当采取一切措施自救。

对船舶、浮动设施所发生的险情进行自救，是船员的职责和义务，《内河船舶船员职务规则》规定了船员在人命、船舶、货物受到危险威胁时负有制止与救助的责任。此外，规定对内河船舶常易发生的几种险情，即起火、人落水、船体破损进水制定应变部署，并进行演习，以提高应变能力，这是为船舶在一旦发生上述险情时，能迅速有序地进行自救。在船舶处于其他危险状态时，亦须积极自救，即使有不可抗力，也应采取紧急措施尽量减少人员伤亡和财产损失。

(2)船舶、浮动设施发生碰撞事故，任何一方应当在不危及自身安全的情况下，积极救助遇险的他方，不得逃逸。

按本条例的规定，对于碰撞事故，任何一方不论其受损情况如何，在不危及自身安全的情况下，积极救助遇险的他方，属强制性规定。不积极施救，属违法行为，具体包括下列情形：

①船舶、浮动设施遇险后，不积极采取一切有效措施进行自救；

②船舶、浮动设施发生碰撞等事故后，在不危及自身安全的情况下，不积极救助遇险他方；

③附近船舶、浮动设施遇险，或者收到求救信号后，船舶、浮动设施上的船员或者其他人员未尽力救助遇险人员。

(3)船舶、浮动设施遇险，必须迅速将遇险的时间、地点、遇险状况、遇险原因、救助要求，向遇险地海事管理机构以及船舶、浮动设施所有人、经营人报告。

本条例要求船舶、浮动设施遇险后，必须迅速报告。其目的是：能及时组织救助，避免或减少损失；及时进行调查处理，查明原因，分清责任，便于对事故进行分析以达到宏观控制和预防的目的。这是当事人的义务，是强制性的要求。

船舶遇险后未履行报告义务，属违法行为，具体包括下列情形：

①船舶、浮动设施遇险后，未按照规定迅速向遇险地海事管理机构以及船舶、浮动设施所有人、经营人报告；

②船舶、浮动设施遇险后，未按照规定报告遇险的时间、地点、遇险状况、遇险原因、救助要求；

③发现其他船舶、浮动设施遇险，或者收到求救信号，船舶、浮动设施上的船员或者其他人员未将有关情况及时向遇险地海事管理机构报告。

(4)必须服从海事管理机构的统一调度和指挥。

组织指挥海难救助是海事管理机构的职责和义务，《海上交通安全法》《中华人民共和国对外国籍船舶管理规则》中都有明确的规定。

2. 遇险现场和附近的其他船舶、有关单位及人员的义务责任

(1)船员、浮动设施上的工作人员或者其他人员发现其他船舶、浮动设施，或者收到求救信号后，必须尽力救助遇险人员，并将有关情况及时向遇险地海事管理机构报告。

对遇险船舶、浮动设施的人员救助，是遇险现场和附近的其他船舶、有关单位及人员应尽的基本义务。关于人命救助，我国已加入的《1974年国际海上人命安全公约》《联合国海洋法公约》等国际公约，均规定了船长对遇险人员进行救助的义务。本条例是内河交通安全管理的基本法规，对内河的人命救助也做出了相应的规定，明确了内河船舶对人命救助的义务。这不仅符合国际的通常做法和要求，也符合我国社会主义的道德规范要求。

(2)遇险地县级以上地方人民政府收到海事管理机构的报告后，应当对救助工作进行领导和协调，动员各方力量积极参与救助。

海难救助是我国政府应尽的国际主义和人道主义义务，是一项需搜救部门快速反应的政府行为。实施海难救助需迅速动员社会各方面力量，除了充分发挥专业救助力量的作用外，更重要的是搜救部门要加强与当地政府的联系，在实施搜救的过程中要依靠当地政府，协调社会各方力量，快速、有效地对遇险人员、遇险船舶实施救助。

（3）船舶、浮动设施遇险时，有关部门和人员必须积极协助海事管理机构做好救助工作。遇险现场和附近的船舶、人员，必须服从海事管理机构的统一调度和指挥。

六、事故调查处理

水上交通事故的调查处理是海事管理机构的一项重要职责，本条例仅做了原则性规定。依据本条例的规定要求，我国制定了具体的事故调查处理法规《中华人民共和国内河交通事故调查处理规定》，该规则对内河交通事故调查处理的适用范围、调查处理的内容及程序等做了详细的规定。

1. 船舶的义务

（1）船舶、浮动设施发生交通事故，其所有人或者经营人必须立即向交通事故发生地海事管理机构报告，并做好现场保护工作。

（2）接受海事管理机构调查、取证的有关人员，应当如实提供有关情况和证据，不得谎报或者隐匿、毁灭证据。

阻碍、妨碍内河交通事故调查取证，属违法行为，具体包括下列情形：

①未按照规定立即报告事故，影响调查工作进行；

②事故报告内容不真实，不符合规定要求，影响调查工作进行；

③事故发生后，未做好现场保护，影响事故调查进行；

④在未出现危及船舶安全的情况下，未经海事管理机构的同意擅自驶离指定地点；

⑤未按照海事管理机构的要求驶往指定地点影响事故调查工作；

⑥拒绝接受事故调查或者阻碍、妨碍事故调查取证；

⑦因水上交通事故致使船舶、设施发生损害，未按照规定进行检验或者鉴定，或者不向海事管理机构提交检验或者鉴定报告副本，影响事故调查；

⑧其他阻碍、妨碍内河交通事故调查取证的情形。

（3）谎报、匿报、毁灭证据，属违法行为，具体包括下列情形：

①隐瞒事实或者提供虚假证明、证词；

②故意涂改航行日志等法定文书、文件；

③其他谎报、匿报、毁灭证据的情形。

2. 其他

（1）地方人民政府应当依照国家有关规定积极做好内河交通事故的善后工作。

（2）特大内河交通事故的报告、调查和处理，按照国务院有关规定执行。

七、相关术语解释

（1）内河通航水域是指由海事管理机构认定的可供船舶航行的江、河、湖泊、水库、运河等水域。

（2）船舶是指各类排水或者非排水的船、艇、筏、水上飞行器、潜水器、移动式平台以及其他水上移动装置。

(3)浮动设施是指采用缆绳或者锚链等非刚性固定方式系固并漂浮或者潜于水中的建筑、装置。

(4)交通事故是指船舶、浮动设施在内河通航水域发生的碰撞、触碰、触礁、浪损、搁浅、火灾、爆炸、沉没等引起人身伤亡和财产损失的事件。

第二节 中华人民共和国船舶安全营运和防止污染管理规则

为了保障水上交通安全,保护水域环境,应用 ISM 规则的原理,结合我国实际情况,交通部(现交通运输部)于 2001 年 7 月颁布了《中华人民共和国船舶安全营运和防止污染管理规则(NSM)》(以下简称"NSM 规则"),为国内航行船舶提供了安全营运和防止污染的管理标准。(自 2003 年 1 月 1 日起对国内跨省航行载客定额 50 人及以上的客滚船、旅游船、高速客船,150 总吨及以上的气体运输船和散装化学品船生效;2004 年 7 月 1 日起对国内载客定额 50 人及所有跨省航行的客船和 500 总吨及以上的油船生效;2007 年 7 月 1 日起对 500 总吨及以上的沿海跨省航行的散货船和其他货船生效。)

一、总则

1. 适用范围

本规则适用于国内航行船舶及其公司。

2. 主管机关

中华人民共和国海事管理机构是实施 NSM 规则的监督机关。

二、NSM 规则主要内容

1. 有关定义

(1)安全管理体系

安全管理体系是指能使公司人员有效执行公司安全和环境保护方针的结构化和文件化的体系。

(2)符合证明

符合证明是指签发给公司,表明该公司符合本规则要求的证明文件。

(3)安全管理证书

安全管理证书是指签发给船舶,表明其公司和船上管理已按照认可的安全管理体系运作的证明文件。

(4)周年日

周年日是指对应于有关证明文件有效截止日期的每年的该月该日。

2. 目标

（1）NSM 规则的目标是保障水上交通安全，防止人员伤亡，避免对环境，特别是水域环境造成危害以及造成财产损失。

（2）公司的安全管理目标应包括：提供船舶营运的安全做法和安全工作环境；针对已认定的所有风险制定防范措施；不断提高船、岸人员的安全管理技能以及安全与环境保护应急反应能力。

（3）公司的安全管理体系应保证：符合强制性规定和标准；充分考虑国际海事组织、主管机关、船舶检验机构和行业组织所建议的规则、指南和标准。

（4）安全管理体系的功能要求

公司应建立、实施并保持包括以下功能要求的安全管理体系：

①安全和环境保护方针；

②保证船舶的安全和防污染操作符合有关规定和标准的工作程序和须知；

③船、岸人员的职责、权限和相互间的联系渠道；

④事故和不符合规定情况的报告程序；

⑤对紧急情况的准备和反应程序；

⑥内部审核、有效性评价和管理复查程序。

3. 安全和环境保护方针

（1）公司应制定安全和环境保护方针。

（2）公司应当采取措施，确保船、岸各级机构均能始终贯彻执行此方针。

4. 公司的责任和权力

（1）如果负责船舶安全和防污染管理责任的实体不是船舶所有人，则船舶所有人与该实体必须签订符合以下规定的船舶管理协议，并将双方的详细情况报告主管机关：

①当船舶安全和防污染与生产、经营、效益发生矛盾时，应当坚持安全第一和保护环境的原则；

②船舶管理公司同意承担本规则所规定的所有责任和义务；

③在不妨碍船长履行其职责并独立行使其权力的前提下，船舶管理公司对处理涉及船舶安全和防污染的事务具有最终决定权。

（2）对管理、执行以及审核监控安全和防污染工作的所有人员，公司应当用文件形式明确规定其责任、权力及相互关系。

（3）为使指定人员能够履行职责，公司有责任对其提供足够的资源和岸基支持。

5. 指定人员

（1）公司应当任命指定人员，以直接同最高管理层联系，提供公司与船舶的联系渠道。

（2）公司应当以文件形式明确规定指定人员的责任和权力。指定人员的责任和权力应包括：对公司船、岸的安全和防污染工作进行监控；确保公司向船舶提供足够的资源和岸基支持。

6. 船长的责任和权力

（1）公司应当以文件形式明确规定船长的下列责任：

①执行公司的安全和环境保护方针；

②激励船员遵守该方针；

③以简明方式发布相应的指令；

④核查具体要求的遵守情况；

⑤复查安全管理体系并向公司岸上管理部门报告其存在的缺陷。

(2)公司应当保证在安全管理体系中包含一个强调船长权力的明确声明，确立船长的绝对权力和责任，以便船长能够就安全和防污染事务做出决定，并在必要时要求公司给予协助。

7. 人力资源

(1)公司应当确保船长：具有适当的指挥资格；完全熟悉公司的安全管理体系；得到必要的支持，以便可靠地履行其职责。

(2)公司应当保证按照有关规定为每艘船舶配备合格并健康的船员。

(3)公司应当建立有关程序，以便保证涉及安全和环境保护工作的新聘和转岗人员熟悉其职责，凡需在开航前发出的重要指令均应当标明并以书面形式下达。

(4)公司应当保证安全管理体系内的所有人员充分地理解有关规定、标准和相关指南。

(5)公司应当建立有关程序，以标识为支持安全管理体系可能需要的任何培训，并保证向所有相关人员提供这种培训。

(6)公司应当建立有关程序，确保船员能够及时获得有关安全管理体系的信息。

(7)公司应当保证船员在履行其涉及安全管理体系的职责时能够有效地交流。

8. 船上操作方案的制定

对涉及船舶安全和防止污染的关键性的船上操作，公司应当建立制定有关方案和须知(包括需要的检查清单)的程序。与之相关的各项工作，应明确规定由适任人员承担。

9. 应急准备

(1)公司应当建立程序，以标识、描述船上可能出现的紧急情况，并明确对这些紧急情况如何做出反应。

(2)公司应当制订应急行动的训练和演习计划。

(3)安全管理体系应提供措施，确保公司能在任何时候对其船舶所面临的危险、紧急情况和事故做出反应。

10. 不符合规定的情况、事故和险情的报告和分析

(1)公司应当建立程序，确保将不符合规定的情况、事故和险情及时报告公司，并保证进行调查和分析，以便改进安全和防污染工作。

(2)公司应当建立实施纠正措施的程序。

11. 船舶和设备的维护

(1)公司应当制定程序，保证船舶及设备按照有关规定和标准以及公司可能制订的任何附加要求进行维护。

(2)为满足这些要求，公司应当保证：按照适当的间隔期进行检查；任何不符合规定的情况及可能的原因得到报告；采取适当的纠正措施；保存这些活动的记录。

(3)公司应当制订有关程序，以便标识那些会因突发性运行故障而导致险情的设备和技术系统，并提供具体措施，以提高这些设备和系统的可靠性。这些措施应当包括对备用装置及设备或非连续使用的技术系统的定期测试。

12. 文件

（1）公司应当建立有关程序，对与安全管理体系有关的所有文件和资料进行控制。

（2）公司应当保证：在所有相关场所均能够获得有效的文件；文件的更改应由经授权的人审查批准；被废止的文件应及时清除。

（3）用于阐述和实施安全管理体系的文件可称为“安全管理手册”。公司应以最有效的方式保存文件。每艘船均应配备与之有关的全部文件。

13. 内部审核、有效性评价和管理复查

（1）公司应当定期开展内部审核，以核查安全与防污染活动是否符合安全管理体系的要求。除非由于公司的规模和性质不可能做到，实施内部审核的人员应当不从属于被审核的部门。

（2）公司应当定期评价安全管理体系的有效性，必要时还应当对安全管理体系进行管理复查。

（3）内部审核及管理复查的结果应当告知所有负有责任的人员，以提请他们注意。

（4）负有责任的管理人员应当对所发现的缺陷及时采取纠正措施。

（5）内部审核、有效性评价、管理复查及可能采取的纠正措施应当按文件规定的程序进行。

14. 发证和定期审核

（1）船舶应当由已取得与该船相关的“符合证明”或符合要求的“临时符合证明”的公司营运。

（2）对于符合本规则要求的公司，主管机关将签发有效期不超过 5 年的“符合证明”。该证明作为公司符合本规则要求的证据。

（3）“符合证明”只对适用的船舶种类有效。船舶种类以初次审核确定的为准。“符合证明”新增船种，必须通过审核并证实公司的管理能力满足本规则关于该船种的要求。

（4）“符合证明”的有效性服从于由主管机关在周年日前、后三个月内进行的年度审核。

（5）如果公司没有申请“符合证明”所要求的年度审核，或者有客观证据表明存在重大不符合规定情况的，主管机关将收回“符合证明”。

（6）船上应当保存一份“符合证明”副本，以便船长在接受主管机关查验时出示。

（7）经审核，船上的管理及操作符合经认可的公司安全管理体系要求的，主管机关或主管机关认可的机构将向船舶签发有效期不超过 5 年的“安全管理证书”。该证书作为船舶符合本规则有关要求的证据。

（8）“安全管理证书”的有效性服从于由主管机关或主管机关认可的机构进行的至少一次的中间审核。如果只进行一次中间审核，且“安全管理证书”的有效期为 5 年，中间审核须在证书的第二个和第三个周年日之间进行。

（9）公司应当在“符合证明”“安全管理证书”有效期届满前申请换证审核。当换证审核在所持“符合证明”“安全管理证书”有效期届满之前三个月内完成时，新签发的“符合证明”“安全管理证书”自完成换证审核之日起有效，且有效期自原证书有效期届满之日起不超过 5 年。

15. 临时发证

（1）新成立的公司或对“符合证明”增加船种的公司，主管机关在审核公司安全管理体系满足本规则目标要求后，向其签发有效期不超过12个月的“临时符合证明”，但该公司必须做出在“临时符合证明”有效期内实施满足本规则全部要求的安全管理体系的计划。“临时符合证明”的一份副本应当保存在船上，以便船长在接受主管机关查验时出示。

（2）新造船舶交付使用或公司新承担对某一船舶的安全和防污染管理责任的，经主管机关或主管机关认可的机构审核确认满足下述要求后，向船舶签发有效期不超过6个月的“临时安全管理证书”。

（3）特殊情况下，主管机关可以对“临时安全管理证书”的有效期做出不超过6个月的展期。

16. 审核管理与证书

（1）有关安全管理体系审核发证的规则及程序，由中华人民共和国海事局制定。

（2）“符合证明”“安全管理证书”“临时符合证明”“临时安全管理证书”由中华人民共和国海事局确定格式并统一制作。

第三节 中华人民共和国船舶最低安全配员规则

随着我国经济的发展，内河船舶的技术装备水平正在不断提高，内河运输船舶正朝着现代化、大型化、专业化的方向发展，为确保船舶航行、停泊和作业的安全，防止船舶污染水域环境，交通部（现交通运输部）于1998年5月1日颁布实施了第一部《中华人民共和国船舶最低安全配员规则》。该规则实施几年来，由于最低安全配员与船舶类型、通航环境等因素有较大的关系，随着影响因素的变化，交通运输部充分考虑该规则的适用性和可操作性，进行了部分条款的多次修订。最新修订的《中华人民共和国船舶最低安全配员规则》（以下简称“本规则”）于2018年7月1日起生效。中华人民共和国海事局2010年12月29日发布的《关于修改内河船舶最低安全配员表的通知》（海船舶〔2010〕663号）、2012年7月10日发布的《关于调整部分内河水域集装箱船舶最低安全配员标准的通知》（海船舶〔2012〕469号）和2014年12月2日发布的《关于修订内河1 000总吨以下干散货船舶最低安全配员标准的通知》（海船员〔2014〕773号）同时废止。

本规则的主要内容包括：总则；最低安全配员原则；最低安全配员管理；监督检查和附则，共五章二十八条。

一、最低安全配员原则

（1）确定船舶最低安全配员标准应综合考虑船舶的种类、吨位、技术状况、主推进动力装置功率、航区、航程、航行时间、通航环境和船员值班、休息制度等因素。

（2）船舶在航行期间，应配备不低于按本规则附录一、附录二、附录三所确定的船员构成及数量。高速客船的船员最低安全配备应符合交通部（现交通运输部）颁布的《高速客船安全管理规则》(交通部令1996年第13号)的要求。

(3)本规则附录一、附录二、附录三列明的减免规定是根据各类船舶在一般情况下制定的,海事管理机构在核定具体船舶的最低安全配员数额时,如认为配员减免后无法保证船舶安全时,可不予减免或者不予足额减免。

(4)船舶所有人可以根据需要增配船员,但船上总人数不得超过经中华人民共和国海事局认可的船舶检验机构核定的救生设备定员标准。

下面列举一般船舶最低安全配员标准和客船类、液货船类船舶最低安全配员标准,具体见表4-1、表4-2。

表4-1　一般船舶最低安全配员标准

船长和甲板部						
总吨位	总吨位3 000及以上	总吨位1 000及以上至未满总吨位3 000	总吨位600及以上至未满总吨位1 000	总吨位300及以上至未满总吨位600	总吨位100及以上至未满总吨位300	总吨位100以下
一般规定	船长1人、大副1人、二副或三副1人、普通船员1人	船长1人、大副或二副1人、普通船员1人	船长1人、驾驶员1人	船长或驾驶员1人(集装箱船、多用途船舶须为船长1人、普通船员1人)	船长或驾驶员1人(集装箱船、多用途船舶须为船长1人)	驾驶员1人
附加规定	连续航行作业时间超过16 h,须增加二副或三副1人、普通船员1人	连续航行作业时间超过16 h,须增加三副1人	连续航行作业时间超过16 h,须增加驾驶员1人;连续航行作业时间不超过10 h或定线航行航程不超过100 km的船舶可减免驾驶员1人	连续航行作业时间超过10 h,须增加驾驶员1人	连续航行作业时间超过10 h,须增加驾驶员1人	连续航行作业时间超过10 h,须增加驾驶员1人

表 4-2　客船类、液货船类船舶最低安全配员标准

船长和甲板部							
	总吨位	总吨位 2 000 及以上	总吨位 1 000 及以上至未满总吨位 2 000	总吨位 600 及以上至未满总吨位 1 000	总吨位 300 及以上至未满总吨位 600	总吨位 100 及以上至未满总吨位 300	总吨位 100 以下
客船类	一般规定	船长 1 人、大副 1 人、二副 1 人、普通船员 2 人	船长 1 人、大副 1 人、普通船员 2 人	船长 1 人、驾驶员 1 人、普通船员 2 人	船长 1 人、驾驶员 1 人、普通船员 1 人	船长 1 人、普通船员 1 人	驾驶员 1 人
客船类	附加规定	连续航行作业时间不超过 4 h,可减免二副 1 人;连续航行作业时间超过 10 h,须增加二副 1 人、普通船员 1 人	连续航行作业时间超过 10 h,须增加二副 1 人;连续航行作业时间超过 16 h,须再增加二副 1 人、普通船员 1 人	连续航行作业时间超过 10 h,须增加驾驶员 1 人	连续航行作业时间超过 10 h,须增加驾驶员 1 人	连续航行作业时间超过 10 h,须增加驾驶员 1 人	连续航行作业时间超过 10 h,须增加驾驶员 1 人
液货船类	一般规定	船长 1 人、大副 1 人、二副或三副 1 人、普通船员 2 人	船长 1 人、大副 1 人、普通船员 2 人	船长 1 人、驾驶员 1 人、普通船员 2 人	船长 1 人、普通船员 1 人	船长 1 人	驾驶员 1 人
液货船类	附加规定	连续航行作业时间超过 16 h,须增加二副或三副 1 人、普通船员 1 人	连续航行作业时间超过 16 h,须增加三副 1 人	连续航行作业时间超过 16 h,须增加驾驶员 1 人	连续航行作业时间超过 10 h,须增加驾驶员 1 人	连续航行作业时间超过 10 h,须增加驾驶员 1 人	连续航行作业时间超过 10 h,须增加驾驶员 1 人

二、最低安全配员管理

(1)中国籍船舶配备外国籍船员应当符合以下规定:

①在中国籍船舶上工作的外国籍船员,应当依照法律、行政法规和国家其他有关规定取得就业许可;

②外国籍船员持有合格的船员证书,且所持船员证书的签发国与我国签订了船员证书认可协议;

③雇用外国籍船员的航运公司已承诺承担船员权益维护的责任。

(2)中国籍船舶应当按照本规则的规定,持有海事管理机构颁发的《船舶最低安全配员证书》。

(3)船舶所有人应当在申请船舶国籍登记时，按照本规则的规定，对其船舶的最低安全配员如何适用本规则附录相应标准予以陈述，并可以包括对减免配员的特殊说明。

海事管理机构应当在依法对船舶国籍登记进行审核时，核定船舶的最低安全配员，并在核发船舶国籍证书时，向当事船舶配发“船舶最低安全配员证书”。

(4)在境外建造或者购买并交接的船舶，船舶所有人应持船舶买卖合同或者建造合同及交接文件、船舶技术和其他相关资料的副本(复印件)到所辖的海事管理机构办理“船舶最低安全配员证书”。

(5)海事管理机构核定船舶最低安全配员时，除查验有关船舶证书、文书外，可以就本规则第六条所述的要素对船舶的实际状况进行现场核查。

(6)船舶在航行、停泊、作业时，必须将“船舶最低安全配员证书”妥善存放在船备查。

船舶不得使用涂改、伪造以及采用非法途径或者舞弊手段取得的“船舶最低安全配员证书”。

(7)船舶所有人应当按照本规则的规定和“船舶最低安全配员证书”载明的船员配备要求，为船舶配备合格的船员。

(8)船舶所有人应当在“船舶最低安全配员证书”有效期截止前1年以内，或者在船舶国籍证书重新核发或者相关内容发生变化时，凭原证书到船籍港的海事管理机构办理换发证书手续。

(9)证书污损不能辨认的，视为无效，船舶所有人应当向所辖的海事管理机构申请换发。证书遗失的，船舶所有人应当书面说明理由，附具有关证明文件，到船籍港的海事管理机构办理补发证书手续。

换发或者补发的“船舶最低安全配员证书”的有效期，不超过原发的“船舶最低安全配员证书”的有效期。

(10)船舶状况发生变化需改变证书所载内容时，船舶所有人应当到船籍港的海事管理机构重新办理“船舶最低安全配员证书”。

(11)在特殊情况下，船舶需要在船籍港以外换发或者补发“船舶最低安全配员证书”，经船籍港海事管理机构同意，船舶当时所在港口的海事管理机构可以按照本规则以办理并通报船籍港海事管理机构。

三、监督检查

(1)中国籍、外国籍船舶在办理进、出港口或者口岸手续时，应当交验“船舶最低安全配员证书”。

(2)中国籍、外国籍船舶在停泊期间，均应配备足够的掌握相应安全知识并具有熟练操作能力能够保持对船舶及设备进行安全操纵的船员。无论何时，600总吨及以上(或者441 kW及以上)内河船舶的船长和大副，轮机长和大管轮不得同时离船。

(3)船舶未持有“船舶最低安全配员证书”或者实际配员低于“船舶最低安全配员证书”要求的，对中国籍船舶，海事管理机构应当禁止其离港直至船舶满足本规则要求；对外国籍船舶，海事管理机构应当禁止其离港，直至船舶按照“船舶最低安全配员证书”的要求配齐人员，或者向海事管理机构提交由其船旗国主管当局对其实际配员做出的书面认可。

(4)对违反本规则的船舶和人员,依法应当给予行政处罚的,由海事管理机构依据有关法律、行政法规和规章的规定给予相应的处罚。

第四节 中华人民共和国船舶安全监督规则

为了保障水上人命、财产安全,防止船舶造成水域污染,规范船舶安全监督工作,根据中国《海上交通安全法》《海洋环境保护法》《港口法》《内河交通安全管理条例》《船员条例》等法律法规和我国缔结或者加入的有关国际公约的规定,制定《中华人民共和国船舶安全监督规则》(以下简称"本规则")。《交通运输部关于修改〈中华人民共和国船舶安全监督规则〉的决定》已于2020年3月12日经第8次部务会议通过,自2020年6月1日起施行。2009年11月30日以交通运输部令2009年第15号公布的《中华人民共和国船舶安全检查规则》同时废止。

本规则的主要内容包括:总则;船舶进出港报告;船舶综合质量管理;船舶安全监督;船舶安全责任;法律责任和附则。共七章六十条。

一、总则

(1)适用范围:本规则适用于对中国籍船舶和水上设施以及航行、停泊、作业于我国管辖水域的外国籍船舶实施的安全监督工作。本规则不适用于军事船舶、渔业船舶和体育运动船艇。

(2)主管机关:交通运输部主管全国船舶安全监督工作。国家海事管理机构统一负责全国船舶安全监督工作。各级海事管理机构按照职责和授权开展船舶安全监督工作。

(3)船舶安全监督:本规则所称船舶安全监督,是指海事管理机构依法对船舶及其从事的相关活动是否符合法律、法规、规章以及有关国际公约和港口国监督区域性合作组织的规定而实施的安全监督管理活动。船舶安全监督分为船舶现场监督和船舶安全检查。

①船舶现场监督是指海事管理机构对船舶实施的日常安全监督抽查活动。

②船舶安全检查是指海事管理机构按照一定的时间间隔对船舶的安全和防污染技术状况、船员配备及适任状况、海事劳工条件实施的安全监督检查活动,包括船旗国监督检查(FSC)和港口国监督检查(PSC)。

(4)从事船舶安全检查的海事行政执法人员应当取得相应等级的资格证书,并不断更新知识。

(5)海事管理机构应当建立对船舶安全状况的社会监督机制,公布举报、投诉渠道,完善举报和投诉处理机制,并为举报人、投诉人保守秘密。

(6)船舶安全监督管理遵循依法、公正、诚信、便民的原则。

二、船舶进出港报告

(1)中国籍船舶在我国管辖水域内航行应当按照规定实施船舶进出港报告。

(2)船舶应当在预计离港或者抵港4 h前向将要离泊或者抵达港口的海事管理机构报告

进出港信息。航程不足 4 h 的，在驶离上一港口时报告。

（3）船舶在固定航线航行且单次航程不超过 2 h 的，可以每天至少报告一次进出港信息。船舶应当对报告的完整性和真实性负责。

（4）船舶报告的进出港信息应当包括航次动态、在船人员信息、客货载运信息、拟抵离时间和地点等。

（5）船舶可以通过互联网、传真、短信等方式报告船舶进出港信息，并在船舶航海日志内做相应的记载。

（6）海事管理机构与水路运输管理部门应当建立信息平台，共享船舶进出港信息。

三、船舶综合质量管理

（1）海事管理机构应当建立统一的船舶综合质量管理信息平台，收集、处理船舶相关信息，建立船舶综合质量档案。

（2）船舶综合质量管理信息平台应当包括下列信息：

①船舶基本信息；

②船舶安全与防污染管理相关规定落实情况；

③水上交通事故情况和污染事故情况；

④水上交通安全违法行为被海事管理机构行政处罚情况；

⑤船舶接受安全监督的情况；

⑥航运公司和船舶的安全诚信情况；

⑦船舶进出港报告或者办理进出港手续情况；

⑧按照相关规定缴纳相关费税情况；

⑨船舶检验技术状况。

（3）海事管理机构应当按照船舶报告信息开展船舶综合质量评定，综合质量评定结果应当向社会公开。

四、船舶安全监督

1. 安全监督目标船舶的选择

（1）海事管理机构对船舶实施安全监督，应当减少对船舶正常生产作业造成的不必要影响。

（2）国家海事管理机构应当制定安全监督目标船舶选择标准。

海事管理机构应当结合辖区实际情况，按照全面覆盖、重点突出、公开便利的原则，依据我国加入的港口国监督区域性合作组织和国家海事管理机构规定的目标船舶选择标准，综合考虑船舶类型、船龄、以往接受船舶安全监督的缺陷、航运公司安全管理情况等，按照规定的时间间隔，选择船舶实施船舶安全监督。

（3）按照目标船舶选择标准未列入选船目标的船舶，海事管理机构原则上不登船实施船舶安全监督，但按照第二十一条规定开展专项检查的除外。

（4）国家重要节假日、重大活动期间，或者针对特定水域、特定安全事项、特定船舶需要进行检查的,海事管理机构可以综合运用船舶安全检查和船舶现场监督等形式,开展专项检查。

2. 船舶安全监督的内容

(1)船舶现场监督的内容包括:

①中国籍船舶自查情况;

②法定证书文书配备及记录情况;

③船员配备情况;

④客货载运及货物系固绑扎情况;

⑤船舶防污染措施落实情况;

⑥船舶航行、停泊、作业情况;

⑦船舶进出港报告或者办理进出港手续情况;

⑧按照相关规定缴纳相关费税情况。

(2)船舶安全检查的内容包括:

①船舶配员情况;

②船舶、船员配备和持有有关法定证书文书及相关资料情况;

③船舶结构、设施和设备情况;

④客货载运及货物系固绑扎情况;

⑤船舶保安相关情况;

⑥船员履行其岗位职责的情况,包括对其岗位职责相关的设施、设备的维护保养和实际操作能力等;

⑦海事劳工条件;

⑧船舶安全管理体系运行情况;

⑨法律、法规、规章以及我国缔结、加入的有关国际公约要求的其他检查内容。

(3)海事管理机构应当按照船舶安全监督的内容,制定相应的工作程序,规范船舶安全监督活动。

(4)海事管理机构完成船舶安全监督后应当签发相应的"船舶现场监督报告""船旗国监督检查报告""港口国监督检查报告",由船长或者履行船长职责的船员签名。

"船舶现场监督报告""船旗国监督检查报告""港口国监督检查报告"一式两份,一份由海事管理机构存档,一份留船备查。

(5)船舶现场监督中发现船舶存在危及航行安全、船员健康、水域环境的缺陷或者水上交通安全违法行为的,应当按照规定进行处置。

(6)发现存在需要进一步进行安全检查的船舶安全缺陷的,应当启动船舶安全检查程序。

3. 船舶安全缺陷处理

(1)海事行政执法人员在船舶安全监督过程中发现船舶存在缺陷的,应当按照相关法律、法规、规章和公约的规定,提出下列处理意见:

①警示教育;

②开航前纠正缺陷;

③在开航后限定的期限内纠正缺陷;

④滞留;

⑤禁止船舶进港；

⑥限制船舶操作；

⑦责令船舶驶向指定区域；

⑧责令船舶离港。

(2)安全检查发现的船舶缺陷不能在检查港纠正时，海事管理机构可以允许该船驶往最近的可以修理的港口，并及时通知修理港口的海事管理机构。

(3)修理港口超出本港海事管理机构管辖范围的，本港海事管理机构应当通知修理港口海事管理机构进行跟踪检查。

(4)修理港口海事管理机构在收到跟踪检查通知后，应当对船舶缺陷的纠正情况进行验证，并及时将验证结果反馈至发出通知的海事管理机构。

(5)海事管理机构将采取相应措施的情况及时通知中国籍船舶的船籍港海事管理机构，或者外国籍船舶的船旗国政府。

(6)由于存在缺陷，被采取相应处理措施的船舶，应当在相应的缺陷纠正后向海事管理机构申请复查。被采取其他措施的船舶，可以在相应缺陷纠正后向海事管理机构申请复查，不申请复查的，在下次船舶安全检查时由海事管理机构进行复查。

(7)海事管理机构收到复查申请后，决定不予本港复查的，应当及时通知申请人在下次船舶安全检查时接受复查。

(8)复查合格的，海事管理机构应当及时解除相应的处理措施。

(9)船舶有权对海事行政执法人员提出的缺陷和处理意见进行陈述和申辩。船舶对缺陷和处理意见有异议的，海事行政执法人员应当告知船舶申诉的途径和程序。

(10)海事管理机构在实施船舶安全监督中，发现航运公司安全管理存在问题的，应当要求航运公司改正，并将相关情况通报航运公司注册地海事管理机构。

(11)海事管理机构应当将影响安全的重大船舶缺陷以及导致船舶被滞留的缺陷，通知航运公司、相关船舶检验机构或者组织。

(12)船舶及相关人员应当按照海事管理机构签发的“船舶现场监督报告”“船旗国监督检查报告”“港口国监督检查报告”等的要求，对存在的缺陷进行纠正。

(13)航运公司应当督促船舶按时纠正缺陷，并将纠正情况及时反馈给实施检查的海事管理机构。

(14)船舶检验机构应当核实有关缺陷纠正情况，需要进行临时检验的，应当将检验报告及时反馈给实施检查的海事管理机构。

(15)中国籍船舶的船长应当对缺陷纠正情况进行检查，并在航行或者航海日志中进行记录。

(16)“船舶现场监督报告”“船旗国监督检查报告”“港口国监督检查报告”的格式由国家海事管理机构统一制定；任何单位和个人，不得擅自涂改、故意损毁、伪造、变造、租借、骗取和冒用；除海事管理机构外，任何单位和个人不得扣留、收缴，或者在上述报告中进行签注；船舶应当妥善保管，在船上保存至少2年。

(17)中国籍船舶在境外发生水上交通事故，或者被滞留、禁止进港、禁止入境、驱逐出港(境)的，航运公司应当及时将相关情况向船籍港海事管理机构报告，海事管理机构应当做好相应的沟通协调和给予必要的协助。

五、船舶安全责任

（1）航运公司应当履行安全管理与防止污染的主体责任，建立、健全船舶安全与防污染制度，对船舶及其设备进行有效维护和保养，确保船舶处于良好状态，保障船舶安全，防止船舶污染环境，为船舶配备满足最低安全配员要求的适任船员。

（2）中国籍船舶应当建立开航前自查制度。船舶在离泊前应当对船舶安全技术状况和货物装载情况进行自查，按照国家海事管理机构规定的格式填写“船舶开航前安全自查清单”，开航前由船长签字确认，清单在船上保存至少 2 年。

船舶在固定航线航行且单次航程不超过 2 h 的，无须每次开航前均进行自查，但一天内应当至少自查一次。

（3）船长应当妥善安排船舶值班，遵守船舶航行、停泊、作业的安全规定。

（4）船舶应当遵守港口所在地有关管理机构关于恶劣天气限制开航的规定。

（5）船舶检验机构应当确保检验的全面性、客观性、准确性和有效性，保证检验合格的船舶具备安全航行、安全作业的技术条件，并对出具的检验证书负责。

（6）配备自动识别系统等通信、导助航设备的船舶应当始终保持相关设备处于正常工作状态，准确完整显示本船信息，并及时更新抵、离港名称和时间等相关信息。相关设备发生故障的，应当及时向抵达港海事管理机构报告。

（7）任何单位和个人不得阻挠、妨碍海事行政执法人员对船舶进行船舶安全监督。

（8）拟交付船舶国际运输的载货集装箱，其托运人应当在交付船舶运输前，采取整体称重法或者累加计算法对集装箱的重量进行验证，确保集装箱的验证重量不超过其标称的最大营运总质量，与实际重量的误差不超过 5% 且最大误差不超过 1 t，并在运输单据上注明验证重量、验证方法和验证声明等验证信息，提供给承运人、港口经营人。

（9）海事管理机构应当加强对船舶国际运输集装箱托运人、承运人的监督检查，发现存在违反本规则情形的，应当责令改正。

（10）海事行政执法人员在开展船舶安全监督时，船长应当指派人员配合。指派的配合人员应当如实回答询问，并按照要求测试和操纵船舶设施、设备。

（11）海事管理机构通过抽查实施船舶安全监督，不能代替或者免除航运公司、船舶、船员、船舶检验机构及其他相关单位和个人在船舶安全、防污染、海事劳工条件和保安等方面应当履行的法律责任和义务。

第五节 中华人民共和国船舶交通管理系统安全监督管理规则

《中华人民共和国船舶交通管理系统安全监督管理规则》（以下简称“本规则”）于 1997 年 9 月 15 日以交通部令 1997 年第 8 号发布，自 1998 年 1 月 1 日起施行。本规则内容共六章二十八条。

一、交通管理系统安全监督管理规则

（一）船舶报告

（1）船舶在 VTS 区域内航行、停泊和作业时，必须按主管机关颁发的“VTS 用户指南”所明确的报告程序和内容，通过甚高频无线电话或其他有效手段向 VTS 中心进行船舶动态报告。

（2）船舶在 VTS 区域内发生交通事故、污染事故或其他紧急情况时，应通过甚高频无线电话或其他一切有效手段立即向 VTS 中心报告。

（3）船舶发现助航标志异常、有碍航行安全的障碍物及漂流物或其他妨碍航行安全的异常情况时，应迅速向 VTS 中心报告。

（4）船舶与 VTS 中心在甚高频无线电话中所使用的语言应为汉语普通话或英语。

（二）船舶交通管理

（1）在 VTS 区域内航行的船舶除应遵守《1972 年国际海上避碰规则》《中华人民共和国内河避碰规则》外，还应遵守交通部（现交通运输部）和主管机关颁布的有关航行、避让的特别规定。

（2）船舶在 VTS 区域内航行时，应用安全航速行驶，并应遵守交通部和主管机关的限速规定。

（3）船舶在 VTS 区域内应按规定锚泊，并应遵守锚泊秩序。

（4）任何船舶不得在航道、港池和其他禁锚区锚泊，紧急情况下锚泊必须立即报告 VTS 中心。

（5）船舶在锚地并靠或过驳必须符合交通部和主管机关的有关规定，并应及时通报 VTS 中心。

（6）VTS 中心根据交通流量和通航环境情况及港口船舶动态计划实施交通组织。VTS 中心有权根据交通组织的实际情况对航行计划予以调整、变更。

（7）船舶在 VTS 区域内航行、停泊和作业时，应在规定的甚高频通信频道上正常守听，并应接受 VTS 中心的询问。

（8）在 VTS 区域内航行的船舶和船队的队形及尺度等技术参数均应符合交通部和主管机关的有关规定。

（三）船舶交通服务

（1）各 VTS 中心根据其现有功能应为船舶提供相应服务。

（2）应船舶请求，VTS 中心可向其提供他船动态、助航标志、水文气象、航行警（通）告和其他有关信息服务。

VTS 中心可在固定的时间或其他时间播发上款规定的信息。

（3）应船舶请求，VTS 中心可为船舶在航行困难或气象恶劣环境下，或船舶一旦出现了故障或损坏时，提供助航服务。

船舶不再需要助航时，应及时报告 VTS 中心。

（4）为避免紧迫局面的发生，VTS 中心可向船舶提出建议、劝告或发出警告。

（5）VTS 中心认为必要的时候或应船舶或其所有人、经营人、代理人的请求，可为其传递打捞或清除污染等信息和协调救助行动。

(6)应船舶或其所有人、经营人、代理人的请求,有条件的 VTS 中心还可为其提供本规则第四章规定以外的服务。

(四)法律责任

(1)对违反本规则的,主管机关依据有关法律、法规和交通部颁布的有关规章给予处罚。

(2)本规则的实施,在任何情况下都不免除船长对本船安全航行的责任,也不妨碍引航员和船长之间的职责关系。

(3)为避免危及人命财产或环境安全的紧急情况发生,船长和引航员在背离本规则有关条款时,应立即报告 VTS 中心。

二、船舶向交管指挥中心(VTS)报告的程序和内容

现代 VTS 融合了现代电子计算机技术、通信技术、雷达技术、信息传输技术和低照度电视等无线电技术以及其他传感技术。现代 VTS 系统一般由 VHF 通信子系统、雷达监控系统、船舶数据处理系统、AIS 系统、CCTV 监视系统、水文气象系统等六部分组成。

VTS 对区域内船舶进行交通管理时,主要关心的是船舶的动态信息,要求船舶按照“VTS 用户指南”所明确的报告程序和内容,通过无线电话或其他有效手段向 VTS 中心进行报告。

(一)VTS 报告的程序

内河船舶与 VTS 中心在 VHF 无线电话中所使用的语言应为汉语普通话。报告应简洁、明了并仅包含实质性的信息,以避免给双方造成过度的负担。当必须交换详细、广泛的信息,而这些信息与其他船舶无关时,VTS 操作员可以决定另换频道继续通信。

(二)VTS 船舶报告内容

船舶在进入一个 VTS 水域前,应首先查阅该“VTS 用户指南”,了解 VTS 通信及通信规则的具体要求和注意事项。鉴于各地通航环境的特殊性、航行规则的地方性等特点,各地 VTS 的报告制度也有所区别。一般来说,各地内河的 VTS 报告制度大致可分为常规报告(动态报告)和特殊报告两种情况。

1. 常规报告(动态报告)

常规报告是船舶进入 VTS 区域时和进入后的动态报告,具体情况如表 4-3 所示。

表 4-3 常规报告情况一览表

报告类别	报告时间	报告内容(各地 VTS 有所区别)
驶入报告	船舶经 VTS 报告线进入 VTS 区域时	船名(呼号)、国籍、船籍港、船长、总吨、吃水、载货情况,始发港或上一港、下一港以及 VTS 需要了解的其他信息。配备船舶自动识别系统(AIS)的船舶,在保证该设备正常运行和输入数据及时、准确的情况下,可仅报告船名(呼号)、国籍
抵达报告	船舶抵达目的地(码头、系泊浮筒、锚地等)时	船名或呼号;抵达的泊位或锚位;靠泊或锚泊时间
移泊报告	移泊前	船名、预抵泊位或锚地
起航预报	离泊或起锚或离浮筒前	船名或呼号;现在位置;预离时间;离泊吃水;动态
离港报告	船舶将要离泊或起锚前	船名或呼号;现在位置;开航申请
驶出报告	经 VTS 报告线离开 VTS 区域时	船名或呼号;现在位置;出口离港申请;下一港

以上报告手段:VHF 无线电话。

2. **特殊报告**

特殊报告是指船舶发生或发现交通事故、污染事故、保安事件、异常事件等非常规事件时向 VTS 所做的报告,具体情况如表 4-4 所示。

表 4-4 特殊报告一览表

报告类别	报告时间	报告内容
事故报告	船舶发生或发现水上交通事故、污染事故、机损事故或人员意外等紧急情况时,应立即向 VTS 中心报告	船名或呼号;船旗国;事故发生的时间、地点;受损情况;救助要求;事故原因以及 VTS 中心要求的其他信息
保安事件报告	船舶发生或发现保安事件时,应立即向 VTS 中心报告	船名或呼号;船旗国;现在位置;船舶种类;船上人员和货物情况;受到的保安威胁
异常情况报告	发现助航标志或导航设施异常,有碍航行安全的碍航物、漂浮物及其他妨碍航行安全的异常情况	船名或呼号;位置;异常情况以及 VTS 中心要求的其他信息
背离规则报告	船舶驾驶人员为避免危及人命财产或环境安全的紧急情况发生而背离有关航行规则时要进行背离情况报告	船名或呼号;位置;原因
单向控制航段报告	船舶进出单向控制航段前后要进行的报告	船名或呼号;位置及 VTS 中心要求的其他信息
穿越航路报告	穿越深水航路、推荐航路的船舶	船名、位置、目的港及 VTS 中心要求的其他信息

以上报告除事故报告、保安事件报告用一切有效手段进行报告外,其他报告用 VHF 无线电话进行报告。

第六节 中华人民共和国内河交通事故调查处理规定

水上交通事故的调查处理是海事管理机构的一项重要职责,《内安条例》仅做了原则性规定。依据《内安条例》的规定要求,我国制定了具体的事故调查处理法规《中华人民共和国内河交通事故调查处理规定》,该规则对内河交通事故调查处理的适用范围、内容及程序等做了详细的规定。

《中华人民共和国内河交通事故调查处理规定》于2013年12月16日经交通运输部第13次部务会议通过,自2013年12月24日起施行。

(一)船舶的义务

(1)船舶、浮动设施发生交通事故,其所有人或者经营人必须立即向交通事故发生地海事管理机构报告,并做好现场保护工作。

(2)接受海事管理机构调查、取证的有关人员,应当如实提供有关情况和证据,不得谎报或者隐匿、毁灭证据。

(3)阻碍、妨碍内河交通事故调查取证,属违法行为,包括下列情形:

①未按照规定立即报告事故,影响调查工作进行;

②事故报告内容不真实,不符合规定要求,影响调查工作进行;

③事故发生后,未做好现场保护,影响事故调查进行;

④在未出现危及船舶安全的情况下,未经海事管理机构的同意擅自驶离指定地点;

⑤未按照海事管理机构的要求驶往指定地点影响事故调查工作;

⑥拒绝接受事故调查或者阻碍、妨碍进行事故调查取证;

⑦因水上交通事故致使船舶、设施发生损害,未按照规定进行检验或者鉴定,或者不向海事管理机构提交检验或者鉴定报告副本,影响事故调查;

⑧其他阻碍、妨碍内河交通事故调查取证的情形。

(4)谎报、匿报、毁灭证据,属违法行为,包括下列情形:

①隐瞒事实或者提供虚假证明、证词;

②故意涂改航海日志等法定文书、文件;

③其他谎报、匿报、毁灭证据的情形。

(二)其他

(1)地方人民政府应当依照国家有关规定积极做好内河交通事故的善后工作。

(2)特大内河交通事故的报告、调查和处理,按照国务院有关规定执行。

第七节 船舶安全生产规章

一、船舶日常防火守则

1. **防火原则**

船舶消防工作应坚持“防消结合,以防为主”的原则,并从船舶日常工作和日常防火抓起,有效控制大灾发生的源头,减少和杜绝重大火灾事故的发生。

2. **防火规定**

(1)船上应建立防火巡视、检查制度,制定防火巡视路线图并在驾驶台张贴。每班至少按规定的防火巡视路线巡视检查一次,检查情况记入航海日志。

(2)船舶应在货舱、机舱油漆间、氧气间、乙炔间、电瓶间以及甲板上等禁烟场所设立明显的禁烟标志,禁止在上述场所吸烟和进行未经许可的明火作业。

(3)禁止躺在床上吸烟,烟头必须放在注水烟缸里,禁止向舷外乱丢烟蒂。禁止在船上燃放烟花爆竹,禁止玩弄、施放过期救生信号。

(4)废弃的面纱头、破布必须放在指定的金属容器内,不得乱丢乱放。潮湿或油污的棉毛织品应及时处理,不能放在闷热的地方。船上使用的垃圾桶应不燃、有盖、可封闭,桶内需注水。船员不得私自存放易燃、易爆物品,船用油漆等易燃、易爆液体应存放在油漆间或专门处所。

(5)人员离开居住舱室、工作场所要随手关灯。禁止使用任何物品遮盖照明装置或取暖装置,禁止在电热器具上烘烤衣物。不准任意接、拆、移船舶电器线路,不得擅自拉线装灯或乱拉收音机天线。

(6)电水壶、电暖瓶、电磁炉等加热装置使用时不得离人,严禁使用明火电炉(封闭式电炉仅限工作使用),禁止船员携带电热杯等电热器具上船使用。严禁私自拉接电源线,各类电源线头必须进行绝缘包扎,不得暴露,防止漏电或短路。

(7)室外各类照明灯具应保持水密,防止因上浪、下雨致使电线短路引发火灾,物料仓库照明灯具垂直下方不得放置易燃物。

(8)船舶进厂修船前,全船应进行一次防火安全教育。厂修期间甲板和机舱值班人员应按照规定进行安全巡视并做记录,每天收工后值班人员负责检查清理施工现场。

(9)明火作业应遵守船舶劳动作业安全操作规范和“明火作业审批表”的要求。船舶在港期间如需进行明火作业,必须向主管机关申报,得到批准后方可进行。

二、驾驶台规则

1. **驾驶台范围**

驾驶台是船舶航行的指挥中心,属保安限制区域,其范围包括操舵室、海图室、GMDSS 设备室、两翼甲板和标准罗经甲板等处所。航行中,除当值人员外,其他人员非工作需要,不得进入。

2. 驾驶台管理

(1)驾驶台必须保持内外整洁。航行中,每天0400—0800班的值班水手负责驾驶台内、外清洁。离港前1 h,值班驾驶员应通知值班水手进行全面的清洁和整理。

(2)航行中,驾驶台的门窗任何时候不可全部关闭,尤其在能见度不良时,瞭望人员应在两翼甲板值守。夜间航行时,严禁有碍正常航行和瞭望的灯光外露。锚泊中,值班人员应根据船长指示,保持VHF无线电话24 h值守。

(3)驾驶台各种仪器、仪表、设备、航海图书资料、来往报文等,无关人员不得擅动。未经船长许可,不得任意销毁或更改航海图书资料或携带资料出驾驶台。

(4)操舵装置和标准罗经附近,不可放置铁质或磁性物件。

(5)驾驶台无人值守时,二副应将可携带的贵重仪器和重要物品收藏柜内并加锁,驾驶台所有门窗均应闭锁。未经船长批准,驾驶台不准外人参观。倘有外人参观、检修、检查时,应派有关人员专门陪同。

(6)值班驾驶员有责任维持驾驶台秩序,保持驾驶台的整洁,严格执行驾驶台规则。

3. 驾驶台常规命令

航行期间,以下驾驶台常规命令中对值班驾驶员的要求,应视为驾驶台规则的一部分。

(1)经常检查和确认号灯、号型以及其他航行设备、操舵装置、标准罗经和陀螺罗经、GMDSS设备、AIS设备等的工作状况和误差情况。

(2)始终遵守海上避碰规则、港口规章及特殊水域的特别规定,严格执行船长的常规命令和特殊指示,确保船舶航行安全。

(3)保证对在值班期间获悉或发生的所有与船舶航行安全有关的每一信息进行处置。

三、船长夜航命令簿规则

为了保证船舶夜间航行以及锚泊期间的安全,正确地执行航次计划,设船长夜航命令簿(目前有部分船公司设船长命令簿,其作用与船长夜航命令簿相似)。船长夜航命令簿用完后由船长或二副负责保存,保存期为1年。

1. 命令的发布

(1)在夜间航行、锚泊或其他必要时,船长应在就寝前将有关航行、锚泊要求及注意事项详细而明确地写入船长夜航命令簿中,并放在海图室内规定的地点。

(2)当船长夜航命令簿中出现错字或错误内容时,应按航海日志要求改正,内容不得随意涂改。

(3)船长临时增改命令内容时,应通知值班驾驶员,并在更改处签字。

2. 命令的执行

(1)值班驾驶员接班时必须阅读并充分理解船长夜航命令簿内各项指示,阅读后用钢笔签字,并严格执行。

(2)值班驾驶员对船长夜航命令有任何疑问时,应立即请示船长。

(3)值班驾驶员在执行船长夜航命令簿内指示时,如遇情况变化,执行有困难时,应及时报告船长,以便船长修改命令。

第五章 遵守船员法定要求

据统计，内河交通事故80%以上是由人为因素而导致的，船员的安全意识薄弱、责任心不强、执行力不够仍是造成事故和险情的主要原因，提高船员的安全意识、培养船员的安全操作行为和习惯就显得至关重要，人作为可控而又不好控制的因素，必须通过法律法规规范其安全操作行为，本章内容主要介绍了有关船员管理方面的法律法规。

第一节 中华人民共和国船员条例

《中华人民共和国船员条例》（以下简称"本条例"）于2007年3月28日国务院第172次常务会议通过，以国务院令第494号发布，自2007年9月1日起施行。该条例自施行以来，已先后进行若干次修订，国务院令第638号公布的本条例第一次修正案自2013年7月18日起施行，国务院令第645号公布的第二次修正案自2013年12月7日起施行，国务院令第653号公布的第三次修正案自2014年7月29日起施行，国务院令第676号公布的第四次修正案自2017年3月1日起施行，国务院令第709号公布的第五次修正案自2019年3月2日起施行，国务院令第726号公布的第六次修正案自2020年3月27日起施行。

一、船员注册和任职资格

（一）有关定义

本条例所称船员是指依照本条例的规定取得船员适任证书的人员，包括船长、高级船员、普通船员。

本条例所称船长是指依照本条例的规定取得船长任职资格，负责管理和指挥船舶的人员。

本条例所称高级船员是指依照本条例的规定取得相应任职资格的大副、二副、三副、轮机长、大管轮、二管轮、三管轮、通信人员以及其他在船舶上任职的高级技术或者管理人员。

本条例所称普通船员是指除船长、高级船员外的其他船员。

（二）申请船员适任证书应具备的条件

申请船员适任证书，应当具备下列条件：

（1）年满 18 周岁（在船实习、见习人员年满 16 周岁）且初次申请不超过 60 周岁；

（2）符合船员任职岗位健康要求；

（3）经过船员基本安全培训。

（三）船员服务簿

船员服务簿是船员的职业身份证件，应当载明船员的姓名、住所、联系人、联系方式、履职情况以及其他有关事项。

船员服务簿记载的事项发生变更的，船员应当向海事管理机构办理变更手续。

（四）任职规定

（1）参加航行和轮机值班的船员还应当经过相应的船员适任培训、特殊培训，具备相应的船员任职资历，并且任职表现和安全记录良好。

（2）申请船员适任证书，可以向任何有相应船员适任证书签发权限的海事管理机构提出书面申请，并附送申请人符合本条例第五条规定条件的证明材料。对符合规定条件并通过国家海事管理机构组织的船员任职考试的，海事管理机构应当发给相应的船员适任证书及船员服务簿。

（3）船员适任证书应当注明船员适任的航区（线）、船舶类别和等级、职务以及有效期限等事项。

（4）参加航行和轮机值班的船员适任证书的有效期不超过 5 年。

（5）中国籍船舶的船长应当由中国籍船员担任；确需外国籍船员担任高级船员的，应当报国家海事管理机构批准。

（6）中国籍船舶在境外遇有不可抗力或者其他特殊情况，无法满足船舶最低安全配员要求，需要由本船下一级船员临时担任上一级职务时，应当向海事管理机构提出申请。海事管理机构根据拟担任上一级船员职务船员的任职资历、任职表现和安全记录，出具相应的证明文件。

（7）曾经在军用船舶、渔业船舶上工作的人员，或者持有其他国家、地区船员适任证书的船员，依照本条例的规定申请船员适任证书的，海事管理机构可以免除船员培训和考试的相应内容。具体办法由国务院交通主管部门另行规定。

二、船员职责

(1)船员在船工作期间,应当符合下列要求:

①携带本条例规定的有效证件;

②掌握船舶的适航状况和航线的通航保障情况,以及有关航区气象、海况等必要的信息;

③遵守船舶的管理制度和值班规定,按照水上交通安全和防治船舶污染的操作规则操纵、控制和管理船舶,如实填写有关船舶法定文书,不得隐匿、篡改或者销毁有关船舶法定证书、文书;

④参加船舶应急训练、演习,按照船舶应急部署的要求,落实各项应急预防措施;

⑤遵守船舶报告制度,发现或者发生险情、事故、保安事件或者影响航行安全的情况,应当及时报告;

⑥在不严重危及自身安全的情况下,尽力救助遇险人员;

⑦不得利用船舶私载旅客、货物,不得携带违禁物品。

(2)船长在其职权范围内发布的命令,船舶上所有人员必须执行。

高级船员应当组织下属船员执行船长命令,督促下属船员履行职责。

(3)船长管理和指挥船舶时,应当符合下列要求:

①保证船舶和船员携带符合法定要求的证书、文书以及有关航行资料;

②制订船舶应急计划并保证其有效实施;

③保证船舶和船员在开航时处于适航、适任状态,按照规定保障船舶的最低安全配员,保证船舶的正常值班;

④执行海事管理机构有关水上交通安全和防治船舶污染的指令,船舶发生水上交通事故或者污染事故的,向海事管理机构提交事故报告;

⑤对本船船员进行日常训练和考核,在本船船员的船员服务簿内如实记载船员的履职情况;

⑥船舶进港、出港、靠泊、离泊,通过交通密集区、危险航区等区域,或者遇有恶劣天气和海况,或者发生水上交通事故、船舶污染事故、船舶保安事件以及其他紧急情况时,应当在驾驶台值班,必要时应当直接指挥船舶;

⑦保障船舶上人员和临时上船人员的安全;

⑧船舶发生事故,危及船舶上人员和财产安全时,应当组织船员和船舶上其他人员尽力施救;

⑨弃船时,应当采取一切措施,首先组织旅客安全离船,然后安排船员离船,船长应当最后离船。在离船前,船长应当指挥船员尽力抢救航海日志、机舱日志、油类记录簿、无线电台日志、本航次使用过的航行图和文件,以及贵重物品、邮件和现金。

(4)船长、高级船员在航次中,不得擅自辞职、离职或者中止职务。

(5)船长在保障水上人身与财产安全、船舶保安、防治船舶污染水域方面,具有独立决定权,并负有最终责任。

船长为履行职责,可以行使下列权力:

①决定船舶的航次计划,对不具备船舶安全航行条件的,可以拒绝开航或者续航;

②对船员用人单位或者船舶所有人下达的违法指令，或者可能危及有关人员、财产和船舶安全或者可能造成水域环境污染的指令，可以拒绝执行；

③发现引航员的操纵指令可能对船舶航行安全构成威胁或者可能造成水域环境污染时，应当及时纠正、制止，必要时可以要求更换引航员；

④当船舶遇险并严重危及船舶上人员的生命安全时，船长可以决定撤离船舶；

⑤在船舶的沉没、毁灭不可避免的情况下，船长可以决定弃船，但是，除紧急情况外，应当报经船舶所有人同意；

⑥对不称职的船员，可以责令其离岗。

三、船员培训和船员服务

申请在船舶上工作的船员，应当按照国务院交通主管部门的规定，完成相应的船员基本安全培训、船员适任培训。

在危险品船、客船等特殊船舶上工作的船员，还应当完成相应的特殊培训。

四、附则

（1）申请参加船员适任证书考试，应当按照国家有关规定缴纳考试费用。

（2）引航员的培训依照本条例有关船员培训的规定执行。引航员管理的具体办法由国务院交通主管部门制定。

（3）除本条例对船员用人单位及船员的劳动和社会保障有特别规定外，船员用人单位及船员应当执行有关劳动和社会保障的法律、行政法规以及国家有关规定。

（4）船员专业技术职称的取得和专业技术职务的聘任工作，按照国家有关规定实施。

第二节 中华人民共和国内河船舶船员考试和发证规则

《中华人民共和国内河船舶船员适任考试和发证规则》（以下简称“本规则”）于 2015 年 11 月 3 日经第 20 次部务会议通过，以交通运输部令 2015 年第 21 号发布，自 2016 年 5 月 1 日起施行。

一、总则

（1）内河船舶船员适任考试和发证应当遵循公平、公正、公开、便民的原则。

（2）考试机构和发证机构应当建立健全适任考试、发证的各项制度，并及时向社会发布相关信息，为船员参加适任考试和办理“适任证书”提供便利。

二、“适任证书”申请、签发

参加航行和轮机值班的船长和高级船员应当取得与任职船舶吨位、主机功率、航区(线)和职务要求相对应的“适任证书”。

持证人任职不得高于“适任证书”所记载的类别和职务资格,也不得超出“适任证书”所载的航区(线)。

(1)“适任证书”包含的内容

“适任证书”应包含以下基本内容:

①持证人姓名、性别、出生日期;

②证书类别、编号;

③持证人职务资格、适任的航区(线);

④证书签发日期和有效期截止日期;

⑤发证机构;

⑥其他需要规定的内容。

“适任证书”由国家海事管理机构统一印制。

(2)“适任证书”的分类

在内河船舶担任船长和驾驶部职务船员的“适任证书”分类如下:

①一类“适任证书”:1 000 总吨及以上的内河船舶以及 500 kW 及以上的内河拖船;

②二类“适任证书”:300 总吨及以上至 1 000 总吨的内河船舶以及 150 kW 及以上至 500 kW 的内河拖船;

③三类“适任证书”:300 总吨以下的内河船舶以及 150 kW 以下的内河拖船。

(3)船员职务的设置

①一类“适任证书”:船长、大副、二副、三副;轮机长、大管轮、二管轮、三管轮。

③二类和三类“适任证书”:船长、驾驶员;轮机长、轮机员。

(4)内河船员“适任证书”类别的确定

①在内河船舶担任船长和驾驶部职务船员的“适任证书”类别按照船舶总吨位确定,其中在拖船担任船长和驾驶部职务船员的“适任证书”类别按照拖船的主推进动力装置总功率确定。

②担任轮机部职务船员的“适任证书”按照船舶主推进动力装置总功率确定。

(5)取得“适任证书”,应当具备的条件

取得“适任证书”,应当具备下列条件:

①已经取得船员服务簿;

②符合国家海事管理机构规定的内河船舶船员适任岗位健康标准;

③经过与所申请“适任证书”类别、职务资格相对应的内河船舶船员适任培训;

④通过国家海事管理机构规定相应科目的内河船舶船员适任考试;

⑤具备本规则附件规定的内河船舶船员有效水上服务资历(见表 5-1),并且任职表现和安全记录良好。

表 5-1　内河船舶船员水上服务资历要求（船长和驾驶部职务）

类别＼职务	船长	大副	二副	三副	驾驶员	驾驶类毕业生申请初级职务证书
一类	持有一类大副或者二类船长“适任证书”并实际担任职务不少于24个月	持有一类二副“适任证书”并实际担任职务不少于12个月，或者持有二类驾驶员“适任证书”并实际担任职务不少于36个月	持有一类三副“适任证书”并实际担任职务不少于12个月，或者持有二类驾驶员“适任证书”并实际担任职务不少于24个月	在1 000总吨及以上内河船舶或500 kW及以上内河拖船上的水上服务资历不少于24个月，或者持有二类驾驶员“适任证书”并实际担任职务不少于12个月	—	在1 000总吨及以上内河船舶或500 kW及以上内河拖船上的水上服务资历不少于6个月
二类	持有二类驾驶员“适任证书”并实际担任职务不少于36个月。或者持有三类船长“适任证书”并实际担任职务不少于48个月	—	—	—	在300总吨及以上内河船舶或150 kW及以上内河拖船上的水上服务资历不少于12个月，或者持有三类驾驶员“适任证书”并实际担任职务不少于6个月	在300总吨及以上内河船舶或150 kW及以上内河拖船上的水上服务资历不少于6个月
三类	持有三类驾驶员“适任证书”并实际担任职务不少于12个月	—	—	—	在任意内河船上的水上服务资历不少于6个月	在任意内河船上的水上服务资历不少于6个月

注：(1)内河船舶船员水上服务资历，包括内河船舶船员在内河船舶实际任职时间和参加适任培训、特殊培训的时间，但参加适任培训和特殊培训的时间最多不超过3个月。

(2)内河船舶船员水上服务资历应在申请相应职务的实际操作考试前取得。

(3)内河船舶船员安全记录不良者，其水上服务资历从其负有主要责任的较大及以上等级事故发生之日起算。

（6）曾经在海船、军事船舶或者渔业船舶上任职的人员具备下列条件的，可以申请相应的“适任证书”：

①符合国家海事管理机构规定的内河船舶船员适任岗位健康标准；

②在海船、军事船舶或者渔业船舶上的水上服务资历能够与本规则规定的水上服务资历

相对应，且任职表现和安全记录良好；

③通过国家海事管理机构规定科目的内河船舶船员适任考试。

(7)在内河危险品船、客船等特殊船舶上任职的船员，除应当具备“适任证书”规定的条件外，还应当完成相应的特殊培训并取得培训合格证明。

(8)在1 000总吨及以上至3 000总吨内河船舶任职的船长、驾驶部职务船员，满足以下条件后，才能在3 000总吨及以上内河船舶上任职：

①在1 000总吨及以上至3 000总吨内河船舶实际担任相应职务不少于12个月；

②通过相应的实际操作考试。

(9)已经取得“适任证书”，申请延伸航区(线)的，应当通过所申请航区(线)的适任考试。

(10)“适任证书”的有效期。

“适任证书”的有效期不超过5年。

持证人在“适任证书”有效期届满前1年内向具有原“适任证书”发证权限的发证机构申请“适任证书”重新签发的，除应当符合内河船舶船员适任岗位健康标准且任职表现和安全记录良好外，在“适任证书”有效期内的水上服务资历还应当符合下列情形之一：

①任职与其“适任证书”所载类别、职务资格相对应，累计不少于12个月；

②任职与其“适任证书”所载类别、职务资格相对应，自申请之日起向前计算6个月内累计不少于3个月；

③“适任证书”持证人的任职与其“适任证书”所载类别相对应，但职务低一级，或者与其“适任证书”所载职务资格相对应，但类别低一级，累计不少于12个月。

(11)特殊情形下“适任证书”的重新签发

有下列情形之一，持证人向具有原“适任证书”发证权限的发证机构申请“适任证书”重新签发的，除应当符合内河船舶船员适任岗位健康标准外，还应当通过国家海事管理机构规定的同类别同职务资格的内河船舶船员实际操作考试：

①持证人在“适任证书”有效期届满后5年内申请重新签发；

②持证人在“适任证书”有效期届满前1年内申请重新签发，但不具有规定的水上服务资历。

持证人在“适任证书”有效期届满5年后向具有原“适任证书”发证权限的发证机构申请“适任证书”重新签发，除应当符合内河船舶船员适任岗位健康标准外，还应当通过国家海事管理机构规定的同类别同职务资格的内河船舶船员适任考试。

(12)“适任证书”的补发

“适任证书”损坏、遗失需补发的，持证人应当向原发证机构申请；“适任证书”被依法扣留期间，持证人不得申请补发“适任证书”。

(13)“适任证书”的申请

初次申请“适任证书”或者申请改变“适任证书”所载类别、职务资格的，可以向具有相应发证权限的发证机构提出申请，并提交下列材料：

①内河船舶船员适任证书申请表；

②申请人身份证明；

③船员服务簿；

④最近2年内的符合内河船舶船员适任岗位健康标准的体检证明；

⑤符合要求规格和数量的照片；

⑥内河船舶船员适任培训证明；

⑦内河船舶船员适任考试成绩证明。

按照本规则第十二条规定申请“适任证书”的，即曾经在海船、军事船舶或者渔业船舶上任职的人员申请“适任证书”的，可以向任何有相应类别“适任证书”发证权限的发证机构提交上述①、②、③、④、⑤、⑦项规定的材料，以及其在海船、军事船舶或者渔业船舶上的服务资历、任职表现和安全记录证明。

申请适任航区（线）扩大或者延伸的，应当向负责相应航区（线）发证工作的发证机构提交上述①、②、⑦项规定的材料。

申请“适任证书”重新签发的，应当提交上述①、②、③、④、⑤项规定的材料；需要通过内河船舶船员适任考试的，还应当提交相应的考试成绩证明。

申请“适任证书”补发的，应当向原发证机构提交下列材料：

①内河船舶船员适任证书申请表；

②申请人身份证明；

③“适任证书”遗失申请补发的，应提交“适任证书”遗失情况说明；

④“适任证书”损坏申请补发的，应提交“适任证书”原件。

（14）隐瞒有关情况或者提供虚假材料申请“适任证书”的，发证机构不予受理或者不予签发“适任证书”，并给予警告，申请人在1年内不得再次申请与前次申请类别、职务资格相同的“适任证书”。

（15）被海事管理机构依法吊销“适任证书”的，自被吊销之日起2年内，不得申请“适任证书”。

三、适任考试

（1）内河船舶船员的适任考试分为理论考试和实际操作考试。

理论考试应当以理论知识为主要考试内容，重点对内河船舶船员专业知识的掌握和理解程度进行测试。实际操作考试应当通过对相应船舶、模拟器或者其他设备的操作等方式，对内河船舶船员专业知识综合运用、操作及应急等能力进行技能测评。

（2）适任考试大纲、考试科目和考场规则由国家海事管理机构组织制定并公布。

（3）申请参加适任考试的人员应当向具有相应考试权限的考试机构提交下列材料：

①适任考试报名表，主要包括考生基本情况、报考“适任证书”类别、职务资格、航区（线）、任职资历等内容；

②申请人身份证明；

③船员服务簿；

④符合要求规格和数量的照片。

（4）考试机构应当于适任考试开始5日前向报名参加适任考试的人员发放考试通知书，告知考试的时间、地点以及查询考试成绩的途径等事项。

（5）适任考试任一科目不合格的，可以自初次适任考试通知书签发之日起3年内申请补考；逾期不能通过全部科目理论考试和实际操作考试的，所有科目理论考试和实际操作考试成绩失效。

(6)考试机构应当在理论考试或者实际操作考试结束后30日内公布考试成绩。合格的适任考试成绩自初次适任考试通知书签发之日起5年内有效。

四、附则

(1)本规则下列用语的含义:

①"内河船舶"是指符合内河船舶建造规范,仅在内河通航水域航行的各类船舶,但不包括军事船舶、渔业船舶和体育运动船舶;

②"考试机构"是具体负责内河船舶船员适任考试的各级海事管理机构;

③"发证机构"是具体负责内河船舶船员适任证书签发的各级海事管理机构;

④"驾驶员"是指《中华人民共和国船员条例》第四条第三款规定的驾驶部高级船员;

⑤"轮机员"是指《中华人民共和国船员条例》第四条第三款规定的轮机部高级船员;

⑥"任职表现和安全记录良好"是指自申请之日起向前计算5年内未发生负有主要责任的较大及以上等级事故。

(2)具有船员培训资质,且教学内容满足内河船舶船员适任考试大纲要求的全日制中等职业及以上的教育机构,其船舶驾驶类和轮机类专业毕业考试可以替代相应的内河船舶船员理论考试。符合上述规定的教育机构的船舶驾驶类和轮机类毕业生符合船员适任岗位健康标准,且具备本规则附件所规定相应的船舶水上服务资历,持有船员服务簿,并通过实际操作考试的,可以直接申请一类三副"适任证书"或者二、三类驾驶员"适任证书"以及一类三管轮"适任证书"或者二、三类轮机员"适任证书"。

第三节 中华人民共和国船员违法记分办法

《中华人民共和国船员违法记分办法》(以下简称"本办法"),由中华人民共和国海事局于2015年10月20日发布,自2016年1月1日起施行。

一、周期和分值

(1)船员累计记分周期(即记分周期)为1个公历年,满分15分,自每年1月1日始至12月31日止。

(2)根据船员违法行为的严重程度,一次船员违法记分的分值为:15分、8分、4分、2分、1分五种。

内河船舶船员水上交通安全类和防治船舶污染类具体违法行为记分标准分别见表5-2、表5-3。

二、实施

（1）船员违法记分由船员违法行为发生地的海事管理机构管辖。船员违法行为发生地包括船员违法行为的结果发现地、初始发生地和过程经过地。

海事管理机构对船员违法记分管辖发生争议的，报请共同的上一级海事管理机构指定管辖。海事管理机构对不属其管辖的船员违法记分案件，应当移送有管辖权的海事管理机构；受移送的海事管理机构如果认为移送不当，应当报请共同的上一级海事管理机构指定管辖。

（2）海事管理机构发现船员存在依法应当实施船员违法记分行为的，应当进行调查，并听取当事人的陈述申辩。

船员违法行为事实清楚、证据确凿的，具有管辖权的海事管理机构应按照本办法对其实施船员违法记分，并予以相应记载。

（3）船员一次存在两种以上违法行为的，应当分别计算，累计记分分值。

对存在共同违法行为的船员，应当分别实施船员违法记分。

对船员的同一违法行为，不得给予两次及以上船员违法记分。

（4）船员在一个记分周期内累计记分达到 15 分的，最后实施船员违法记分的海事管理机构应当扣留其船员适任证书，责令其参加为期 5 日的水上交通安全、防治船舶污染等有关法律、行政法规的培训（以下简称“法规培训”）并进行相应的考试。

船员在一个记分周期内累计记分未达到 15 分的，记分分值重新起算。

（5）船员在一个记分周期内累计记分两次及以上达到 15 分，或在连续 2 个记分周期内分别达到 15 分，或连续 2 个记分周期内累计记分达到 40 分的，最后实施船员违法记分的海事管理机构应当扣留其船员适任证书，责令其参加法规培训和考试。考试内容除理论部分外，还包括船员适任能力考核。

三、培训和考试

（1）船员需参加法规培训的，可向最后被实施船员违法记分地、船员注册地或船员适任证书签发地的海事管理机构报名。海事管理机构收到船员的报名后，对符合上款规定的应在 15 个工作日内组织培训。

（2）法规培训应包括水上交通安全和防治船舶污染等管理法规、安全知识的教育和海事案例等内容。

（3）被扣留船员适任证书的船员经相应考试合格后，海事管理机构应发还其船员适任证书，记分分值重新起算。

（4）被扣留船员适任证书的船员未经考试合格的，不得在船舶上继续服务。

表 5-2 内河船舶船员水上交通安全类违法记分分值标准

代码	行为名称	对象	分值	法律依据
21001	在船在岗期间饮酒，体内酒精含量超过规定标准的；在船在岗期间，服用国家管制的麻醉药品或者精神药品的	饮酒者、食药者	15	《船员条例》第二十条
21002	船长在弃船或者撤离船舶时未最后离船的	船长	15	《船员条例》第二十二条第（九）项
21003	由他人代替参加考试或者代替他人参加考试的	当事船员	15	《内河交通安全管理条例》第九条
21004	船舶、浮动设施发生水上交通事故后逃逸的	船长	15	《内河交通安全管理条例》第四十六条第二款
21005	转让、买卖或租借船员适任证书的	当事船员	15	《内河交通安全管理条例》第十三条
21006	发现或者发生险情、事故、保安事件或者影响航行安全的情况未及时报告的	船长	8	《船员条例》第二十条
21007	在遇险现场和附近的船舶、船员不服从海事管理机构的统一调度和指挥的	船长及值班驾驶员	8	《内河交通安全管理条例》第四十九条第二款
21008	船舶、浮动设施未持有检验证书，擅自航行或者作业的	船长	8	《内河交通安全管理条例》第六条第（一）项、第七条第（一）项
21009	滚装船装载超出检验证书核定的车辆数量的	大副或责任驾驶员	8	《内河交通安全管理条例》第二十一条第二款
21010	超乘客定额载运旅客的	船长	8	《内河交通安全管理条例》第二十一条第二款
21011	船舶遇有不符合安全开航条件的情况而冒险开航的	船长	8	《内河交通安全管理条例》第八条第一款
21012	船舶超过核定航区航行的	值班驾驶员	8	《内河交通安全管理条例》第八条第一款
21013	船舶未按照规定拖带或者非拖船从事拖带作业的	船长	8	《内河交通安全管理条例》第八条第一款
21014	引航员在引领船舶时，未持有相应的引航员适任证书的	当值引航员	8	《船员条例》第九条第一款
21015	船舶无正当理由进入或者穿越禁航区的	船长	8	《内河交通安全管理条例》第二十条第二款
21016	船员未遵守值班规定，擅自离开工作岗位的	当事船员	8	《船员条例》第二十条
21017	船员考试作弊的	作弊船员	8	《内河交通安全管理条例》第九条
21018	超核定载重线载运货物的；不遵守船舶、设施的配载和系固安全技术规范的	大副或责任驾驶员	4	《内河交通安全管理条例》第八条、第二十一条
21019	未按照规定擅自夜航的	船长	4	《内河交通安全管理条例》第十七条第四款
21020	引航员未按照水上交通安全和防治船舶污染操作规则引领船舶的	当值引航员	4	《船员条例》第二十条第（三）项
21021	船员利用船舶私载旅客、货物或者携带违禁物品的	责任船员	4	《船员条例》第二十条第（七）项
21022	未按照规定保障船舶的最低安全配员的	船长	4	《船员条例》第二十二条第三项
21023	船舶进出港口和通过交通管制区、通航密集区或者航行条件受限制区域，未遵守海事管理机构发布的有关规定的	船长	4	《内河交通安全管理条例》第二十条第一款

续表

代码	行为名称	对象	分值	法律依据
21024	不遵守海事管理机构发布的在能见度不良时航行规定的	值班驾驶员	4	《内河交通安全管理条例》第十七条第四款
21025	未按照规定申请引航的	船长	4	《内河交通安全管理条例》第十九条、《危险化学品安全管理条例》第六十一条第二款
21026	未按照规定悬挂国旗，标明船名、船籍港、载重线，或者遮挡船名、船籍港、载重线的	船长	4	《内河交通安全管理条例》第十四条第一款
21027	在内河通航水域，未按照规定进行试车、试航，并进行备案的	船长	4	《内河交通安全管理条例》第二十八条第（四）项
21028	船长、高级船员在航次中，擅自辞职、离职或者中止职务的	当事船员	4	《船员条例》第二十三条
21029	未如实填写或者记载有关船舶法定文书的，或者隐匿、篡改、销毁有关船舶法定证书、文书的	当事船员	4	《船员条例》第二十条
21030	船舶烧焊或者明火作业，不按照规定备案的	船长	2	《内河交通安全管理条例》第二十八条第（四）项
21031	船员在船工作期间未携带规定的有效证件的	未带证船员	2	《船员条例》第二十条第（一）项
21032	游艇操作人员操作游艇时未携带合格的适任证书的	操艇员	2	《游艇安全管理规定》第十五条第三款
21033	未采用安全航速航行的	值班驾驶员	2	《内河交通安全管理条例》第十五条第一款
21034	未按照规定的航路或者航行规则航行的	值班驾驶员	2	《内河交通安全管理条例》第十六、十七条
21035	载运或者拖带超重、超长、超高、半潜的物体，未申请或者未按照核定的航路、时间航行的	值班驾驶员	2	《内河交通安全管理条例》第二十二条
21036	未按照规定倒车、掉头、追越的	值班驾驶员	2	《内河交通安全管理条例》第十七条第四款
21037	船舶在内河航行、停泊或者作业，不遵守海事管理机构发布的有关航行、避让和信号规则规定的	值班驾驶员	2	《内河交通安全管理条例》第十七条第四款
21038	船舶在内河航行、停泊或者作业，不遵守海事管理机构发布的航行通告、航行警告规定的	值班驾驶员	2	《内河交通安全管理条例》第十七条第四款
21039	不按照规定保持船舶自动识别系统处于正常工作状态，或者不按照规定在船舶自动识别设备中输入准确信息，或者船舶自动识别系统发生故障未及时向海事机构报告的	值班驾驶员	2	《内河交通安全管理条例》第十七条第四款
21040	游艇的航行水域超出检验证书所确定的适航范围	操艇员	2	《游艇安全管理规定》第十七条第一款
21041	船舶在内河航行、停泊或者作业，未在规定的甚高频通信频道上守听的	值班驾驶员	2	《内河交通安全管理条例》第十七条第四款

续表

代码	行为名称	对象	分值	法律依据
21042	在内河通航水域，在非锚地、非停泊区进行编、解队作业，不按照规定备案的	船长	2	《内河交通安全管理条例》第二十八条第(四)项
21043	应申请许可证而未取得，擅自进行水上水下活动的	船长	2	《内河交通安全管理条例》第二十五条第一款
21044	在内河通航水域检修影响船舶适航性能设备，不按照规定备案的	船长	2	《内河交通安全管理条例》第二十八条第(四)项
21045	在内河通航水域或者岸线上进行有关作业或者活动未经批准或者备案，或者未设置标志、显示信号的	值班驾驶员	2	《内河交通安全管理条例》第二十五条、第二十八条和第二十九条
21046	在内河通航水域检修通信设备和消防、救生设备，不按照规定备案的	船长	1	《内河交通安全管理条例》第二十八条第(四)项
21047	游艇未在海事管理机构公布的专用停泊水域或者停泊点停泊，或者临时停泊的水域不符合《游艇安全管理规定》的要求的	操艇员	1	《游艇安全管理规定》第二十条

表 5-3　内河船舶船员防治船舶污染类违法记分分值标准

代码	行为名称	对象	分值	法律依据
22001	船舶发生污染水域事故，未按照污染事故应急计划的程序和要求，采取相应措施的	船长	15	《水污染防治法》第六十八条 《防治船舶污染内河水域环境管理规定》第四十五条
22002	向水体倾倒船舶垃圾或者排放船舶的残油、废油的	大副或轮机长，以及责任船员	15	《水污染防治法》第五十二条
22003	船舶发生污染水域事故，未立即向最近海事管理机构如实报告的	船长	8	《水污染防治法》第六十八条 《防治船舶污染内河水域环境管理规定》第四十五条
22004	船舶排放含油污水、生活污水，不符合船舶污染物排放标准的	船长、大副或轮机长，以及责任船员	8	《水污染防治法》第五十二条第一款
22005	船舶未持有有效的防污证书、防污文书，或者不按照规定记录操作情况的	船长、轮机长，以及责任船员	4	《水污染防治法》第五十三条
22006	载运危险化学品的船舶在内河航行、装卸或者停泊，未悬挂专用的警示标志，或者未按照规定显示专用信号的	值班驾驶员	4	《内河交通安全管理条例》第三十三条、《危险化学品安全管理条例》第六十一条
22007	船舶载运危险化学品进出内河港口，未将有关事项事先报告海事管理机构并经其同意的	船长	4	《内河交通安全管理条例》第三十二条、《危险化学品安全管理条例》第六十条第一款

续表

代码	行为名称	对象	分值	法律依据
22008	未经作业地海事管理机构批准，船舶进行残油、含油污水、污染危害性货物残留物的接收作业，或者进行装载油类、污染危害性货物船舱的清洗作业的	船长	4	《水污染防治法》第五十五条第一款第（一）项
22009	未经作业地海事管理机构批准，船舶进行散装液体污染危害性货物过驳作业的	船长	4	《水污染防治法》第五十五条第一款第（二）项

注：船舶未配备某一职务船员或该职务船员的职责与通常职责不符的，对实际履行该职务职责的船员实施记分。船员在船职务职责未明确的，对船长实施记分。

第四节 中华人民共和国内河船员值班规则

一、船员值班规则

《中华人民共和国内河船舶船员值班规则》（以下简称“本规则”）于 2015 年 11 月 3 日经第 20 次部务会议通过，以交通运输部令第 20 号发布，自 2016 年 5 月 1 日起施行。本规则的主要内容包括：总则；一般要求；驾驶值班；轮机值班；驾驶、轮机联系制度；法律责任和附则，共九十三条。

（一）总则

（1）船舶所有人、船舶经营人、船舶管理人和船长应当按照船舶安全配员的相关规定配备合格船员，确保指派到船上任职的船员熟悉船上相关设备、船舶特性，熟知本人职责和值班要求，有效履行安全、防污染等职责。

（2）船长及全体船员在值班时，应当遵守有关船舶航行安全和防治船舶污染水域的相关规定和标准规范。

（二）一般要求

（1）船舶所有人、船舶经营人、船舶管理人和船长应当编制船舶值班制度，公示在船舶的显著位置，并要求全体船员遵守执行。

船长应当安排合格船员值班，明确值班船员职责。值班安排应当符合保证船舶、货物、人员安全及保护水域环境的要求，考虑值班船员资格和经验，根据情况合理安排值班船员，并保证值班船员得到充分休息，防止疲劳值班。

（2）内河货船在航行中的驾驶值班安排应当符合以下要求：

①3 000 总吨及以上内河货船，驾驶值班每班至少 2 人，其中至少 1 人是船长或者是大副、二副、三副。

②1 000 总吨至 3 000 总吨内河货船，驾驶值班每班 1 人须是船长或者是大副、二副、三副。夜间及能见度不良时，需增配 1 名普通船员。

③未满 1 000 总吨内河货船，驾驶值班每班至少 1 名船长或者驾驶员。

内河货船在航行中的轮机值班安排应当符合以下要求：

①500 kW 及以上内河货船，轮机值班每班至少 1 人须是轮机长或者大管轮、二管轮、三管轮；

②未满 500 kW 内河货船，轮机值班每班至少 1 名值班船员。

（3）内河客、渡船在航行中的驾驶值班安排应当符合以下要求：

①1 000 总吨及以上内河客、渡船，驾驶值班每班至少 2 人，其中至少 1 人是船长或者是大副、二副、三副；

②300 总吨至 1 000 总吨内河客、渡船，驾驶值班每班至少 1 名船长或者驾驶员，夜间及能见度不良时，需增配 1 名普通船员；

③未满 300 总吨内河客、渡船，驾驶值班每班至少 1 名船长或者驾驶员。

内河客、渡船在航行中的轮机值班安排应当符合以下要求：

①500 kW 及以上内河客、渡船，轮机值班每班至少 1 人须是轮机长或者大管轮、二管轮、三管轮；

②未满 500 kW 内河客、渡船，轮机值班每班至少 1 名轮机长或者轮机员。

（4）船舶停泊时应当留有足以保证船舶安全的船员值班，确保满足应对可能发生的紧急情况的需要。其中，1 000 总吨及以上货船和 300 总吨及以上客船停泊时应当留有一个航行班的驾驶和轮机人员值班。

（5）值班船员对船舶安全负责，但不免除船长的安全责任。

船员在值班期间不得安排影响其值班的其他工作。

（6）值班船员应当遵守下列驾驶台和机舱资源管理要求：

①值班船员应当正确接收和处置气象、水文、周围船舶动态等与航行安全有关的信息；

②值班船员应当保持通信沟通联络有效畅通；

③值班船员对值班安全产生怀疑时，应当立即告知船长、轮机长、负责值班的高级船员；

④值班船员应当按照要求记录值班期间发生的重要事项。

（7）船长应当根据航次任务做好开航准备工作，包括备好本航次所需的燃料、备品等。

3 000 总吨及以上内河货船和 300 总吨及以上内河客船应当制订航行计划。航行计划至少应当包括和考虑出发港、目的港、航程、连续航行时间限制、航经水道、重要桥梁、交通管制区、天气情况等事项和要素。

（8）船长应当对值班情况进行监督检查，及时发现并纠正船员的不良操作行为。

在遇到能见度不良、恶劣天气、航行条件复杂等可能影响船舶安全的情形时，船长应当亲自操纵船舶或者监督航行。

（9）值班船员应当按规定升降国旗，正确显示号灯、号型和旗号，不得擅离岗位，不得从事与值班无关的事项。

值班船员应当按规定记载航行日志、轮机日志等法定文书。船长、轮机长应当按规定进行审核并签名。

船舶航行和作业期间，舱面人员进行临水作业时应当规范穿着救生衣。

（10）严禁船员酗酒，值班船员在值班前 4 h 内及值班期间禁止饮酒，且值班期间血液中的酒精浓度不得超过 0.05%或者呼吸中酒精浓度不高于 0.25 mg/L。

严禁值班船员服用可能导致不能安全值班的药物。严禁船员有吸毒行为。

(11)危险货物运输船舶值班船员，除执行本规则外，还应当遵守危险货物运输的有关规定。

(三)驾驶值班

1. 值班安排

(1)驾驶值班安排应当适应船舶所处状态、环境、条件。

(2)船长在确定值班船员组成时，应当考虑下列因素：

①24 h 有人值守；

②天气、能见度情况、白天及夜间的驾驶要求差异；

③船舶特性、船舶操纵性能、船舶尺度、驾驶台结构和指挥位置的视野、航经特殊水域和临近航行危险等可能引起的额外工作量；

④雷达、电子定位仪、船舶自动识别系统(AIS)等助航仪器、操纵装置、报警系统等影响船舶安全航行的设备的使用和工作状态；

⑤驾驶台内的机舱控制装置、警报和指示器及其使用程序和局限性；

⑥值班船员对船舶设备、装置的熟悉程度及操作能力；

⑦值班船员的适任能力及经验；

⑧必要时召唤待命人员立即到驾驶台协助的可能性；

⑨所载货物的性质和状况、旅客的数量和位置；

⑩特殊的操作环境对航行值班的特别要求。

2. 瞭望

(1)驾驶值班船员应当充分利用视觉、听觉及其他一切有效手段始终保持正规瞭望，同时在规定的频道上守听甚高频(VHF)电话，必要时做好记录，掌握来往船舶动态和周围环境情况，以便对局面和碰撞危险做出充分的估计。

夜间、能见度不良及其他特殊情况下应当加强瞭望。

(2)驾驶值班船员应当掌握船舶自动识别系统(AIS)的安全使用方法，保持该设备处于常开工作状态并及时更新信息。

3. 航行值班

(1)值班驾驶人员应当使用安全航速。

值班驾驶人员应当充分掌握在任何吃水情况下本船的冲程等操纵特性，并考虑船舶可能具有的其他不同操纵特性。

(2)值班驾驶人员应当结合本船操纵性能，正确使用操纵设备和助航仪器，并掌握发生紧急情况时的应急措施。必要时，应当果断使用车、舵、锚以及声光信号装置。

(3)值班驾驶人员应当熟练使用雷达等助航仪器，并符合以下要求：

①遇到或者预料到能见度不良或者在通航密集水域航行时，应当使用雷达，并注意其特性、效率和局限性。

②使用雷达时，应当选择合适的量程，仔细观察显示器，确保及早进行系统的分析。

③应当确保所使用的雷达量程以足够频繁的时间间隔进行转换，以便及早地发现物标。应当考虑微弱或者反射力差的物标可能被漏掉。

④熟练使用其他助航仪器判断局面和航行危险。

(4)值班驾驶人员应经常检查操纵设备、助航仪器是否处于正常状态,号灯、号型和旗号是否正确显示,发现异常,及时采取措施。

(5)值班驾驶人员在值班期间,应当随时掌握船位和航速,确保本船行驶在正确的航线上,并注意在适当的时候使用测深仪器和设备。

值班驾驶人员应当给其他值班船员适当的指令和信息,并监督操作指令是否正确执行。

(6)船长在驾驶台但未声明亲自操纵时,值班驾驶人员应当正常履行值班职责。船长接替操纵后,值班驾驶人员仍负有协助的责任。

(7)夜间航行时,如有必要,船长应当签署夜航命令,值班驾驶人员应当认真执行。

(8)遇下列情况时,值班驾驶人员应当及时采取措施,并立即报告船长:

①能见度不良;

②对通航条件有疑虑;

③对船长指令有疑问;

④遇恶劣天气威胁航行安全;

⑤发现遇险信号或者危及航行安全的可疑物;

⑥主机、舵机或者其他主要的操纵设备和助航仪器发生故障;

⑦发生碰撞、触礁、搁浅、火警、人员落水、环境污染、船舶进水等紧急情况;

⑧出现危及航行安全的其他情况。

出现第⑤至第⑧项情形的,还应当及时报告事发地海事管理机构。

(9)值班的普通船员应当正确执行船长、值班驾驶人员下达的操作指令,对指令有疑问或者出现不能执行指令的情况时应当立即报告。

4. 停泊(系泊、锚泊)值班

(1)驾驶值班船员应当认真执行有关安全规章制度,掌握在船人员动态和值班任务执行情况,经常巡视船舶,了解周围情况,维持船上的正常秩序。

(2)值班驾驶人员负责与港口联系,了解货物装卸,旅客上下和燃料、水补给进度,并掌握船舶吃水、浮态、强度和稳性等情况。

(3)驾驶值班船员应当经常检查舷梯、锚链、跳板以及安全网,及时调整系缆。

(4)系泊中,驾驶值班船员应当注意系缆受力和他船靠离情况,了解风、流、水位等情况,发现异常,及时采取措施。

(5)锚泊中,驾驶值班船员应当了解潮汐、水流、水深、底质、气象及周围环境等情况;并应当保持正规瞭望,注意下列情况,以便及时采取措施:

①是否走锚;

②周围锚泊船及附近航行船舶的动态;

③风、浪、流、水位及潮汐的变化情况;

④本船货物和旅客的状态;

⑤并靠船舶的系缆及其他安全设施的状况。

(6)本船或者他船走锚,或者过往船舶距离本船过近出现危险局面时,值班船员应当果断采取有效措施,并立即报告船长或者值班驾驶人员。

(7)船舶修理时,值班船员应当督促从事高空、舷外、临水、明火作业以及封闭舱室内工作人员严格执行相关安全制度。

（8）发现火情、人员落水、环境污染、船舶碰撞等紧急情况时，值班船员应当立即发出警报信号，报告船长，按应变部署全力施救。必要时请求救助。

5. 作业值班

（1）船舶所有人、船舶经营人、船舶管理人和船长应当制定保证货物作业和旅客安全的制度。

负责计划和实施装卸货物、上下旅客作业的值班船员应当识别和控制特定风险，确保作业的安全实施。

（2）船舶载运危险货物、污染危害性货物或者旅客时，船长应当做出保持货物、旅客和环境安全的值班安排。

（3）作业期间、船舶开航前和航行中，值班驾驶人员应当亲自或者安排其他人员对旅客情况、货物积载及系固状况、船舶强度和稳性进行检查和判断，并采取必要的措施保障旅客、货物和船舶安全。

6. 交接班

（1）接班船员应当提前 15 min 到达值班岗位，熟悉情况，做好接班前的准备工作。

（2）航行中值班驾驶人员交接班时应当交接清楚下列事项：

①航道、船位、航向、航速、水位、水流、潮汐、气象等情况；

②号灯、号型、旗号、声响设备及助航仪器状况；

③过往船舶动态；

④助航仪器获取的重要信息和无线电话联系情况及双方已明确的会让意图；

⑤本船（或船队）吃水及操纵性能；

⑥航行信息、通电、通告及船长指示；

⑦客、货船的中途上下旅客及货物装卸情况；

⑧船队在中途加拖、解拖及变更队形的情况；

⑨旅客、货物状态检查和全船巡视情况；

⑩本班内发生的重要事项及下一班需要继续完成的事项；

⑪有关航行安全的其他情况。

（3）停泊中驾驶值班船员交接班时应当交接清楚下列事项：

①气象、水位、水流、潮汐、系缆、本船周围情况；

②船位、锚位、出链长度、受力及偏荡情况，走锚的情况及采取的措施；

③货物装卸作业、旅客上下、船舶吃水、强度和稳性等情况及港方要求；

④有关防风、防火、防盗、防洪、防污染、防冻、防流冰等安全措施；

⑤检修工作的进度及问题处理；

⑥本船显示的号灯、号型及有关信号；

⑦发生的事故及需要注意的事项；

⑧船长指示；

⑨在船人员动态和值班任务执行情况；

⑩其他注意事项和措施。

(4)发生下列情形时,暂不进行交接:

①正在避让或者处理紧急事项;

②航行时正在通过桥区水域、危险航道、进出船闸或者正在转向;

③接班船员对交接事项不明或者有疑虑;

④交接班时间已到但无人接班;

⑤交班船员认为接班船员状态不适合接班。

出现第④、⑤项情形的,交班船员应当报告船长。

(5)交接班过程中的安全责任由交班船员负责,交接清楚后双方在航行日志上签字。交接过程如有争议,由船长协调解决。

(四)驾驶、轮机联系制度

1. 开航前

(1)船长应当提前将预计开航时间通知轮机长,轮机长应当向船长报告主要机电设备情况、燃润油料存量。

(2)开航前,值班驾驶人员应当会同轮机值班船员核对船钟、车钟、舵等,并将核对情况记入航行日志、轮机日志。

(3)主机冲车、试车前,轮机值班船员应当征得值班驾驶人员同意。主机备妥后,机舱应当及时通知驾驶台。

2. 航行中

(1)驾驶台和机舱应当每日定时校对时钟并互换船舶位置、存油存水量等信息。

(2)船舶需要备车航行时,驾驶台应当提前通知机舱准备。如遇恶劣天气等突发情况,轮机值班船员接到通知后应当尽快备妥。

(3)因机电设备故障不能执行航行命令的,轮机值班船员应当立即通知驾驶台,轮机长应当立即报告船长,并组织抢修。

故障发生和排除情况应当记入航行日志和轮机日志。

(4)轮机值班如需调换发电机、并电等需要暂时停电的,应当事先征得驾驶台同意。

(5)轮机值班船员应当立即执行驾驶台发出的紧急指令。

(6)抵港前,轮机长应当将本船存油情况报告船长。

3. 停泊中

(1)抵港后,船长应当告知轮机长本船的预计动态,动态如有变化应当及时通知。机舱检修影响动车的设备,轮机长应当事先将工作内容和所需时间报告船长,取得同意后方可进行。

(2)值班驾驶人员应当将装卸货情况适时通报轮机值班船员。在装卸重大件、包装危险品或者使用重吊之前,值班驾驶人员应当通知轮机长派人检查起货机等设备,必要时还应当派人值守。

(3)因装卸作业造成船舶过度倾斜,影响机舱设备正常运行的,轮机值班船员应当通知值班驾驶人员采取措施予以纠正。

(4)对船舶压载的调整以及可能涉及水域污染的任何操作,驾驶部和轮机部之间应当建立起有效的联系制度,包括书面通知和相应的记录。

(5)加装燃油前,轮机长应当将本船的存油情况和加装计划告知值班驾驶人员,以便计算稳性、水尺和调整吃水差。

(五)法律责任

(1)船员有下列行为之一的,依据《中华人民共和国船员条例》第五十七条,由海事管理机构处以 1 000 元以上 1 万元以下罚款;情节严重的,并给予暂扣船员服务簿、船员适任证书 6 个月以上 24 个月以下直至吊销船员服务簿、船员适任证书的处罚:

①未保持正规瞭望;

②未正确履行值班职责;

③未按照要求值班交接;

④不采用安全航速;

⑤不按照规定守听航行通信;

⑥不按照规定测试、检修船舶设备;

⑦发现或者发生险情、事故、保安事件或者影响航行安全的情况未及时报告;

⑧未按照规定填写或者记载有关船舶法定文书。

(2)船长有下列情形之一的,依据《中华人民共和国船员条例》第五十八条,由海事管理机构处以 2 000 元以上 2 万元以下罚款;情节严重的,并给予暂扣船员适任证书 6 个月以上 24 个月以下直至吊销船员适任证书的处罚:

①航行条件复杂和情况紧急时未亲自操纵船舶或者监航;

②未根据航次任务落实好开航前的各项准备工作;

③未按规定保障船员充分休息;

④安排船员值班期间承担影响其值班的其他工作。

二、航行日志记载要求

航行日志是船舶运行全过程的原始记录,是船舶法定文件之一,它真实记载了船舶航次任务、气象、水位、潮汐情况,航行中的各种情况,停泊时、修理时的详细事项,为分析各种事故原因提供可靠的原始依据,也为编制航次总结,总结航行经验、教训提供资料。因此,为统一规范内河船舶“航行日志”格式及其记载内容,加强内河船舶管理,交通部(现交通运输部)于 1992 年 8 月 31 日发布了《内河船舶航行日志记载规则》(以下本部分简称“本规则”)。本规则主要内容包括:总则;记载规定;记载内容和附则,共四章二十一条。

(一)记载规定

(1)航行日志应依时间顺序连续记载,不得间断,内容应当明确反映出船舶航行、停泊、作业或修理的基本情节。交接班时,应当在紧接本班记载内容的后面签字。

(2)航行日志使用不褪色的蓝色或黑色墨水填写,字体端正清楚,语句简明,不得涂抹、撕毁、添页,不留空行、空页;如记事栏填写满格,可翻页继续填写。

如果记错,应当对错写字句标以括号并划一横线(被删字句仍应清晰可见)。然后在括号后面或上方重写,并签字。

若有漏记,应当在漏写字句的相应位置补写,并签字。

(3)计量单位一律采用国家法定计量单位。

(4)驾驶员必须亲自指导水手(或舵工)做好航行日志的记载工作,并对记载内容负责。交班时,应当在紧接本班记载内容的后面签字。

(5)船长对航行日志的记载全面负责,并应当经常检查、指导航行日志记载。每个航次结束后或停泊时的每旬末,要进行审阅,并签字。

(二)记载内容

1. 航次任务应记载的内容、事项

(1)航次序号,是指船舶年度实际完成的从始发港到达终点港运行全过程的顺序编号。从始发港到终点港为一个航次,再从终点港返回为另一个航次。第一个航次记为"1次"。

(2)起止港口,是指船舶完成航次任务的始发港口和终点港口。在记载时,为记载快速方便,如果有港口城市简称的,可用城市简称,但不能随意使用。譬如,始发港是重庆,到达港是上海,可记为"渝申"或"渝—申"。

(3)一般运输或特殊任务。一般运输系指根据船舶本身用途所担任的载客或载货等任务。特殊任务一般系指担任军运、施救、抢险、救灾、抢修助航设施等任务。

2. 气象、水位、潮汐应记载的内容、事项

(1)气象,包括天气实况及能见度、气温、气压、风向、风力等内容。一般根据天气预报和实际观察的天气现象记载。

(2)水位,包括"水位公报",直接观读水尺以及浅槽水深。单位为米(m),准确到厘米(cm),并用箭头朝上表示涨(↑)、箭头朝下表示落(↓)、横线表示平(—)。

(3)潮汐,是指潮流河段的潮流情况。

3. 航行中应记载的内容、事项

(1)驾驶室与机舱对时的时间和校正数据。

(2)用车及变化情况以及主机转换变速的时间、事由。离泊时,从备车开始至正常行驶,包括"备车、回铃、第一次用车、正常行驶"的时间;靠泊时,包括"备车、回铃、第一减速、完车"的时间;减速防浪的记载应包括开始减速时间、实际减速时间、实际使用的车速及说明具体减速事由。

(3)到、离港的时间和港名。港名可用港口城市简称。

(4)船舶驶过重要地点(或标志)、桥梁、船闸的时间、名称、航向。对于船舶航行区域的经常行驶航线的重要地点(或标志)、桥梁、船闸的记载可进行预先确定。

(5)会让船名、时间、地点、何舷通过及会让情况;发现航标变异、碍航漂浮物和其他异状物的时间、名称、地点、采取的措施;感潮河段的潮流情况。船舶会让记录,是航行日志的一项重要记载,尤其是两船相遇有碰撞危险存在的时候,记载时,应使用简明、正确的文字按本规则要求将整个会让情况表达清楚。

(6)舱水测量情况。

(7)装运危险货物时,巡回安全检查的时间及检查的情况。

(8)雷达启动、关闭时间,无线电话重要通话内容、时间。

(9)避风、避雾、避洪峰、候潮和绞滩的时间、地点。

(10)罗经校正的时间、地点。

(11)应变演习的时间、地点、类别和实绩。

(12)发生事故隐患的时间、地点、种类和应急措施。

(13)发生水上交通事故的经过、措施、结果及有关情况。

(14)其他需要备查的事项。

上述第(7)至(14)项,是当该项事件发生时才记载,且必须记载。

4. 停泊时应记载的内容、事项

(1)停泊时间、泊位名称、移泊时间和事由;锚泊时的锚地名称、抛锚只数、出链长度、水深、底质、抛妥或起锚开始和完毕的时间,锚泊或起锚的事由。

(2)发现走锚的时间,采取的措施。

(3)他船靠离本船的时间,他船的船名、数量。

(4)清舱、洗舱、熏舱、验舱、测爆的舱名号、时间、地点、施工作业单位。

(5)排污、倾废的时间、地点、数量。

(6)被滞留的原因、时间、地点和执法机关。

(7)其他需要备查的事项。

5. 作业时应记载的内容、事项

(1)客、货载量情况及变化情况,燃料和清水的储备量,港名,上、下客和装、卸货的时间。上、下客和装、卸货应使用关联记载方法记载。

(2)危险、贵重、涉外货物装卸的时间、港名、安全措施。

(3)艏艉吃水、船体横倾度。吃水以米(m)为单位,精确到厘米(cm)。船体横倾度以驾驶室倾斜仪的读数为标准记载。

(4)被拖船名、载量、最大吃水、编组队形及其总长度和总宽度。对于船队的队形,可在航行日志上以示意图表示。

(5)编解队的时间和港(地)名。

三、车钟记录簿记载要求

车钟记录簿是船舶的重要法定文件之一,发生海事时,可供海事调查之用,见表 5-4。

表 5-4 车钟记载符号

符号	符号内容	符号	符号内容	符号	符号内容
⊙	校对时钟、车钟		微速前进	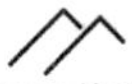	微速后退
⊗	备车		慢速前进		慢速后退
×	停车		半速前进		半速后退
○	完车		快速前进		快速后退
	定速				

1. 车钟记录簿记载的基本要求

(1)车钟记载符号应按记录簿首页规定的符号记录。

(2)每次备车前,驾驶台与机舱应准确对时,航行中,驾驶台应在正午时刻与机舱对时,以避免驾驶台与机舱车钟记录簿所记载的时间存在误差。

(3)记录车钟的时间,驾驶台以摇车钟令的时间为准,机舱以回车钟令的时间为准。时间应以船钟显示的时间为准,用时和分来表示,精确到1/4 min。

(4)在使用车钟记录簿时,不能留有空格,更不能随意涂改。若填写错误,应用笔清晰划掉,并重新更正后签名。每次车钟使用完毕后,值班驾驶员和值班轮机员应及时在各自的车钟记录簿上签名。

(5)凡有车钟自动记录设备的船舶,在使用该设备时,应对时间进行校准,以保持与船时一致,并认真检查自动记录设备工作是否正常。在驾驶台操纵主机时,有车钟自动记录设备的船舶,允许车钟记录簿上只记录对钟(包括对时钟和车钟)、备车(包括冲车和试车),以及完车或定速航行的时间,不必记录每一车钟令。车钟记录纸每卷用完后应进行整理,并妥善保存。

2. 车钟记录簿的管理要求

(1)每艘船舶应配备2本车钟记录簿,驾驶台和机舱各一本,同时启用和使用。

(2)启用新的车钟记录簿之前,应认真检查记录簿的页数,如有空白、缺页等,则不能使用。

(3)车钟记录簿启用前应在封面填上船名、部门名,并盖上船章。

(4)车钟记录簿用完后,由船长、轮机长负责保存,保存期为2年,如涉及海事,需保存至海事处理完毕。

第六章 船舶维护与保养

船舶日常维护保养工作是保证船舶及设备随时处于正常运行的一项重要工作，船上各部门的船员必须各司其职，切实履行船舶及设备的日常维护保养工作。甲板部（驾驶部）主要负责船体的保养、甲板设备保养、助导航设备保养、救生消防设备保养等；轮机部主要负责船上机电设备的日常维护保养；客船服务部（酒店）主要负责客舱、娱乐区等区域的日常清洁卫生。

第一节 船舶甲板设备日常维护保养

内河船舶的甲板设备主要有用于操纵和系泊的系缆设备、锚设备、舵设备，用于吊拖和顶推船队的拖曳设备和顶推设备。

一、船用缆绳

船用缆绳有缆、绳、索之分，习惯将粗大的绳索称为缆，缆是船舶系留、靠泊或编组船队时使用的直径较大的纤维绳、钢丝绳，如系泊用的首缆、尾缆、横缆、倒缆；短段的专用绳索叫作索，索是割截成一定长度作为船上某种专门用途的钢丝绳或纤维绳，如烟囱或桅杆上的支索，吊艇架的横张索、稳索等；绳是专指船舶作业中常用的细绳，如撇缆绳、测深绳等。

（一）纤维绳

纤维绳分为植物纤维绳和化学纤维绳。

1. **植物纤维绳使用、保养注意事项**

(1)不能超负荷使用。应根据各种缆绳的新旧等具体情况,决定其实际强度。

(2)避免磨损。纤维绳经过导缆孔等处发生摩擦的部分,最好用旧帆布或旧麻袋片等加以包扎。

(3)避免受潮,保持干净。纤维绳受潮后会变硬,弹性和强度都会减小,并且容易腐烂和收缩,不用时,应将它晒干,盘放在干燥、通风的地方。

(4)正确堆放,右搓绳应按顺时针方向盘绳。盘在甲板上的缆绳须垫以木板,并盖以帆布,天晴时将它揭开通风和晒干。若遇雨天,系在露天的绳索会因受潮而收缩,应适当放松,以免受力过大而拉断。

(5)防止腐蚀损坏。酸类、碱类等物质对植物纤维有腐蚀作用。

(6)植物纤维绳在缆桩(双桩)上至少挽 3 道。

(7)正确开启新绳。为了避免绳索发生扭结和纠缠,可将新绳捆吊起,然后拉外面的绳端,使绳捆转动顺序解开。小规格的绳捆也可将绳捆正面向上。从捆内一端抽出,以避免扭结。解开绳捆法如图 6-1 所示。

(a)抽放法　　(b)滚放法

图 6-1　解开绳捆法

2. **化学纤维绳使用、保养注意事项**

(1)化学纤维绳在受力被拉长后弹力很大,会发生急速振动,在滚筒上会突然跳动起来,操作时要小心,以防其弹跳打伤人。

(2)化学纤维绳表面比较光滑,为防止吃力后滑动,其在带缆桩上或滚筒上应比白棕绳多挽 1~2 道。

(3)防止受高温损坏。化学纤维绳不能与蒸汽管等发热器接触,烟头不能抛在缆绳上。

(4)防止摩擦产生高温损坏缆绳。绞缆时不能让缆绳在滚筒上产生滑动摩擦。

(5)使用时的实际拉力不能超过缆绳本身的使用强度,否则会造成缆绳变形或拉断。化学纤维绳破断时,弹力很大,要防止其回弹伤人。

(6)经常保持干燥清洁。堆放化学纤维绳的位置应垫以木板,右搓绳应顺时针盘放或往返盘放,编绞绳可不受盘绕方向限制。堆放在甲板上的化学纤维绳应盖上帆布,避免长期日晒造成化学纤维绳老化。

(7)化学纤维绳上桩时,应在双桩上绕 4~5 道,缆绳不可两头使用,不可交叉布置,更不能与钢丝绳交叉在一起。

(二)钢丝绳

钢丝绳是由若干整根镀锌钢丝制成的绳。先用若干钢丝扭绞成股,再将若干股拧绞成绳。钢丝绳比同样直径的纤维绳的强度大,体积小,经久耐用。但绳质硬,当受外力扭曲变形后容易发生绞缠,保养不当易锈蚀。

钢丝绳使用保养注意事项:

(1)避免扭结变形。不能让它过度弯曲,过度弯曲会使钢丝绳各股受力不均匀,造成变形或油麻芯外露等缺陷。钢丝绳不用时,应卷于缆索卷车上或盘于甲板上,并盖上帆布罩,右搓绳应按顺时针方向盘绳。在盘绳过程中,钢丝绳出现扭劲时,可顺着扭劲将自由端压于绳圈下继续盘。

(2)防锈蚀。船用钢丝绳虽为镀锌钢丝绳,但在使用过程中极易受摩擦而造成镀锌层脱落。钢丝绳应经常进行除锈涂油,保持其表面经常有油分,以防止锈蚀。对包扎部分也应定期拆开检查和除锈涂油。

(3)避免磨损。钢丝绳经常摩擦的位置应加以包扎保护。如拖缆与拖缆承梁摩擦的位置通常用竹片包扎。使用较久的钢丝绳可调头使用,以防其一头磨损过度,另一头长期不用而生锈腐蚀。当钢丝绳在 10 倍直径的长度内断丝超过钢丝总数的 5%或有明显损伤时,应将损伤的绳段切除,重新插接后再使用。

(4)防止散股。钢丝绳股坚硬,绳端极易散股,在切断钢丝绳前,应先在切断位置的两侧用小绳条或细铁丝扎紧。

(5)不能超过负荷使用。防止受突然拉力,使用时超过其安全强度。将它作为吊货索用时,其大小应与滑轮相配,吊货时不要急顿,防止受突然拉力而绷断。

(6)解开新绳捆时应防止扭结,可用转动或滚动方法解开。即将绳捆吊起旋转顺序拉出,或将绳捆放于甲板上滚动拉出。但后者比较费力,只限于解开较短的绳捆。滚动时,手应控制住绳捆,如图 6-2 所示。

图 6-2　钢丝绳捆开启法

二、锚设备

船舶锚设备由锚、锚链、锚链筒、制链器、锚机、锚链管、锚链舱和弃链器等组成,如图 6-3 所示。

锚设备的检查保养:

(1)航次检查保养。每航次都要检查锚机刹车是否灵活,检查刹车带的损伤腐蚀情况,对锚机的活动部分应润滑加油,检查制链器是否灵活有效、有无损伤变形。

(2)定期检查保养。每季度检查一次锚链舱的锈蚀损坏情况,并清除积水污泥;检查锚

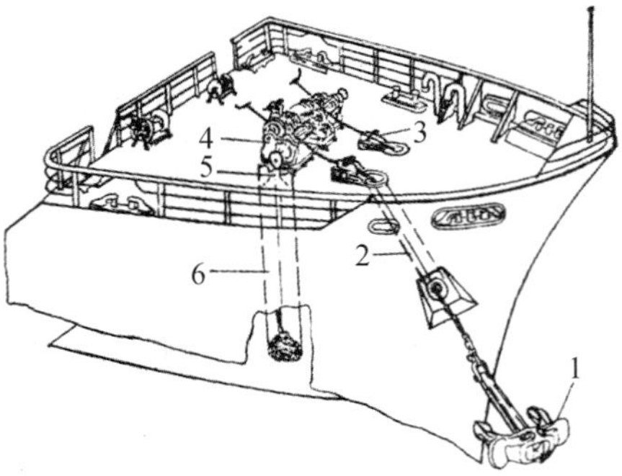

图 6-3　锚设备布置图

1—艄锚；2—锚链筒；3—制链器；4—锚机；5—锚链；6—锚链管

杆、锚爪有无损伤、变形、裂痕，销子腐蚀磨损及移动情况；检查锚链、卸扣、连接链环、转环等的损伤、变形、磨损及锈蚀等情况，链环直径不得小于原来直径的 85%，缺少横挡的链环不应超过原长的 5%；检查锚链标志是否清晰，必要时重做标志；检查锚链筒的损伤情况及冲水装置的正常使用情况；必要时锚链应掉头换节使用。

（3）平时应注意的事项。起锚时应将锚链上的泥沙冲洗干净；操作中避免不必要的猛然受力，锚泊时要使锚链吃力在制链器上；航行时要用链钩式制链器辅助将链固牢，锚链筒、管盖好，电动机及开关装置用帆布罩妥。

三、舵设备

舵设备的检查保养，由船舶驾驶部和轮机部的有关人员分工负责。机动舵的舵机和舵机室内设备（包括转舵装置）以及电操舵装置均由轮机部的电机人员进行检查保养；校正舵角以及液压操舵装置的检查保养工作由驾驶人员和轮机人员共同负责。下面介绍驾驶人员对舵设备的检查保养工作。

1. 舵角校正

在开航前，应对舵角进行校对。其方法是用电话与舵机室联系。首先，把驾驶室的操舵器（舵轮或手柄）放在正舵位置，看舵角指示器、舵机控制机构及舵柄三者是否一致，俗称“对三针”。其次，向左和向右每转 5°校对一次，看“三针”是否一致，若不一致，则应进行调整和校正。现以机械舵角指示器为例：若舵角指示器与后两者（舵机控制机构及舵柄）不吻合，则将舵扳在正舵，使舵柄舵角为 0°，再将机械舵角指示器的指针拨到 0°使三者一致；当舵柄位于正中位置时，舵机上和驾驶室的舵角指示器的偏差应不超过 1. 5°。如系电动舵角指示器，则不超过 1°。

2. 液压操舵装置的检查保养

液压操舵装置工作平稳，准确性高，内河船舶广泛采用。液压操舵装置在使用期间应做好以下检查保养工作。如发现故障，应通知轮机部进行检查和排除。

（1）开航前的准备

①将舵置于正舵位置。打开舵轮座上的旁通阀门及压力表阀门，查看两压力表的指针所指的压力是否一致，以判断管路是否有破裂漏油现象。

②关旁通阀，拉开舵轮座上的制动销，进行活舵。活舵应先慢后快。尤其在冬天，活舵时间应长一些，使液油反复巡回流动，在转动舵轮时，若过轻或过重，则可能有故障，应通知机舱检查。

③校对舵角。当舵叶位于正舵时，发送器活塞与受动器液缸均应位于中央位置。如不在正中位置，应打开旁通阀校正。

(2)停泊时的工作

①将舵放于正舵位置。

②插上舵轮座上的制动销，打开旁通阀门，以防有人转动舵轮时，不致带动舵机转动。

(3)舵机液油的补换

液压操舵装置的液压油(俗称舵机油)，可用甘油和水的混合液。冬季环境温度较低，应选用凝固点较低的液压油。每次加油或换油时，应注意把管路中的空气排干净，以免产生空舵现象。

3. 舵杆的损耗极限和修理要求

《内河船舶法定检验技术规则》对舵杆损耗极限和修理要求有以下规定：

(1)舵杆的最大蚀耗应不超过原直径尺寸的 7%，超过此极限时，允许堆焊并光车修理。但施焊前应预热，焊后做退火处理。

(2)舵杆弯曲挠度小于等于 1 mm/m 时，允许冷压校直；大于 1 mm/m 时，须加热校直，但加热温度应不超过 650 ℃。

(3)舵杆的扭转角大于 10°并有裂纹或扭转角大于 30°时应换新。小于上述损坏程度，可重开键槽修理。

(4)舵杆有横向裂纹时，应予以换新。

第二节 船舶助导航设备日常维护保养

内河船舶的助导航设备主要有雷达、回声测深仪、船舶自动识别系统(AIS)、甚高频无线(VHF)电话、全球卫星定位系统(GPS)以及磁罗经等。

一、船用雷达

船用雷达是一种通过发射无线电波和接收回波，对物标进行探测和测定其位置的设备。它用于发现江、河面(或海面)上的物标，并测定其物标在水平面上的方位和距离。它可帮助船员瞭望，防止船舶发生碰撞；可根据其测定物标的方位和距离来确定船舶的位置；还可通过对物标类型的识别和运动参数的分析、测定，引导船舶航行，是为保证船舶安全、可靠航行提供服务的重要的助航仪器。船用雷达的型号很多，但基本组成部分均可用图 6-4 所示的方框图来表示，包括天线、发射机、接收机、收发开关、显示器、定时电路和电源等。

船用雷达的日常维护保养和定期维护保养如下：

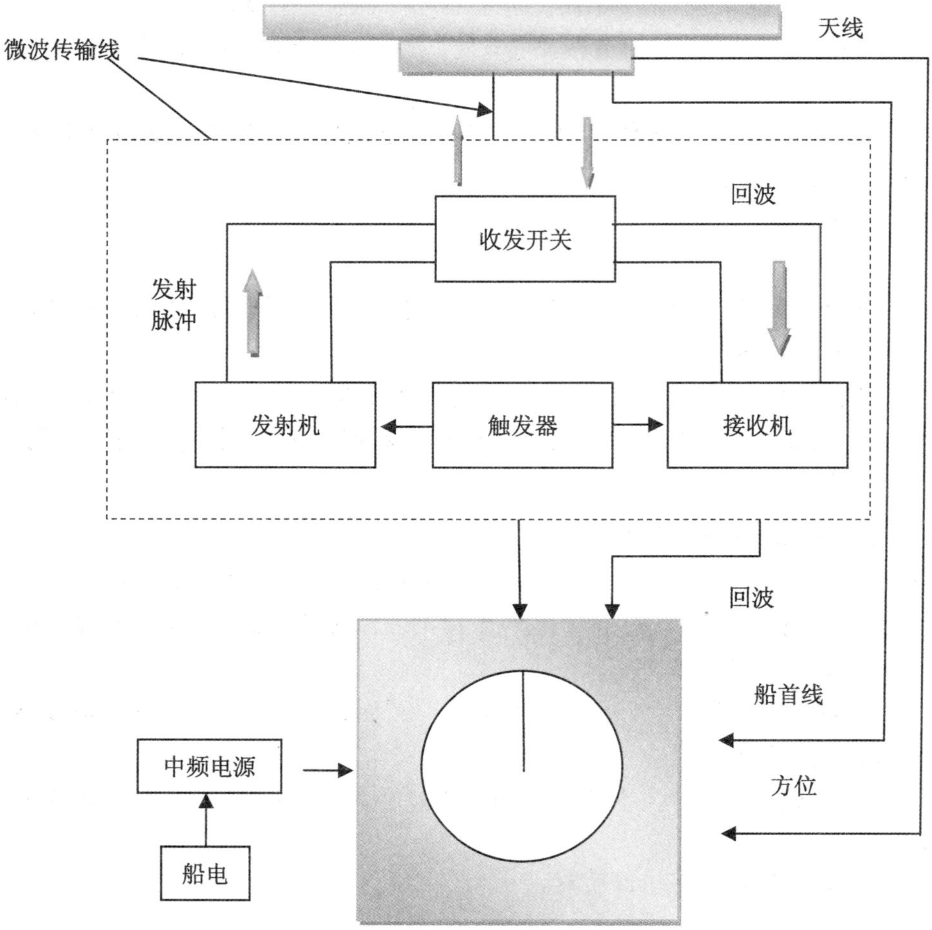

图 6-4　雷达基本组成

1. **雷达的日常维护、保养**

（1）严格遵守开、关机程序。根据雷达的型号不同，在通电 1~3 min 后，倒计时完毕或发射指示灯亮后，才能将雷达开关从“等待”转到“发射”位置。

（2）当湿度超过 80%，或温度低于−20 ℃时，在开机之前应先开“加热”开关，待升温干燥后再开机。

（3）保持收发机和显示器的清洁。高压导线和低压导线不应太近，以防发生打火和电晕。

（4）荧光屏要避免受阳光或灯光直接照射。平时不用时，应用罩子罩好。

（5）雷达的开机间隔时间不应超过一周。

2. **雷达的定期维护、保养**

在对雷达进行定期维护、保养工作时，应切断雷达的总电源，并且在雷达电源总开关处和显示器上挂警告牌禁止开机。在维护收发机和显示器时，应先将高压储能器件对地放电，防止高压触电。

（1）雷达天线的维护、保养工作

每月应用干净软布对雷达天线进行清洁，并不得在天线辐射窗上涂油漆。检查天线及波导系统特别是波导管接头处是否水密，并用厚白漆封固。天线电动机应保证水密并经常清洁直流电动机,应定期更换炭刷。波导管、天线外罩、机座等要定期涂漆。

(2)收发机的维护、保养工作

每三个月检查一次各种电缆接头和连接器是否牢固可靠。至少每三个月检查一次雷达的工作情况,每次测试应在雷达工作半小时后进行,让雷达各项指标在正常范围内。每半年用软毛刷清除一次收发机的灰尘。当更换磁控管后,应“预热”半小时以上再加高压,或按该磁控管的技术要求进行“老练”。

(3)显示器的维护、保养工作

每半年用软毛刷清除一次显示器内的灰尘。用干的软布轻轻抹去荧光屏表面的灰尘。检查各连接电缆和插头是否牢固可靠和接触良好。当发现显像管高压帽的周围打火时,应在对地充分放电后,再用蘸有无水酒精的软布清除高压帽周围的尘污。

(4)雷达电源(中频逆变器)的维护、保养工作

每三个月应检查一次各种电缆接头是否牢固可靠。定期用软毛刷去除逆变器内的尘灰。

二、船舶自动识别系统(AIS)

船舶自动识别系统(AIS)是一种自主防止船舶避碰,而不依赖雷达自动获取航行信息、发送船舶数据的一种新型的船用助航设备。国家海事局于 2010 年 4 月印发了《国内航行船舶船载电子海图系统和自动识别系统设备管理规定》,要求中国籍内河航行船舶应按表 6-1 规定的时间安装符合主管机关认可的 A 级或 B 级 AIS。

表 6-1 中国籍内河航行船舶配备 A 级或 B 级 AIS 设备时间表

配备时间	配备范围
不迟于 2010 年 10 月 1 日之后的第一次年度检验,最迟不晚于 2010 年 12 月 31 日	航行于长江干线、珠江干线、京杭运河及黄浦江的 3 000 总吨以上的客船
不迟于 2011 年 1 月 1 日之后的第一次年度检验,最迟不晚于 2011 年 3 月 31 日	航行于长江干线、珠江干线、京杭运河及黄浦江的 1 000~3 000 总吨的客船、1 000 总吨及以上的液货船
不迟于 2011 年 4 月 1 日之后的第一次年度检验	航行于长江干线、珠江干线、京杭运河及黄浦江的 500~1 000 总吨的客船、1 000 总吨以下的液货船,航行于长江干线、珠江干线、京杭运河及黄浦江的 1 000 总吨以上的所有船舶(不含液货船),航行于长江干线、珠江干线、京杭运河及黄浦江的所有集装箱船
不迟于 2011 年 7 月 1 日之后的第一次年度检验	航行于长江干线、珠江干线、京杭运河及黄浦江的 100~500 总吨的客船,航行于长江干线、珠江干线、京杭运河及黄浦江的 100~1 000 总吨的所有船舶(不含液货船)

航行于长江干线、珠江干线、京杭运河、黄浦江 100 总吨以下的船舶配备 A 级或 B 级 AIS 的安排和时间,由管辖该水域的直属海事局或省级地方海事局根据辖区情况和船舶营运特点确定,报备中国海事局后实施。

航行于其他水域的船舶安装 A 级或 B 级 AIS 的安排和时间,由管辖该水域的直属海事局

或省级地方海事局提出，报中国海事局批准后实施。

AIS 使用和注意事项如下：

1. 管理职责

（1）船长对船载自动识别系统的使用负有监督责任。值班驾驶员要关注 AIS 接收到的所有信息，并使用 VHF 与相关船舶和港口主管部门及时沟通。

（2）一般要求设有 AIS 的船舶要保持常开，如基于保护航行信息获得船长的授权关机，应将关机的原因和时间记录在相关的记录簿中。

（3）驾驶员交接班时，应将 AIS 设备是否正常、本船输入的信息是否正常等记录在相关记录簿中。

（4）在操作或使用设备时，应随时监视设备的电气性能是否符合指标，发现问题应立即通告代理商并详细记录故障情况。

（5）二副应妥善保管 AIS 系统的操作说明书、船检产品证书或产品型式认可证书、AIS 年度检测报告等。应将 AIS 设备操作程序张贴在设备旁。

2. 使用注意事项

一般 AIS 的操作方法均为菜单选择方式。其主要菜单有以下内容：目标数据、导航标绘功能、本船数据、短文编辑、初始设置、系统设置、自测试功能等。AIS 的使用必须注意以下规定：

（1）AIS 应始终保持开机工作状态，不论是航行、抛锚、靠码头。

（2）船舶应按规定申请 AIS 标识码（MMSI），并将静态和动态信息准确地输入 AIS。

（3）为保证对船舶 MMSI 码的连续跟踪，船舶 MMSI 码发生变化时，应报船籍港海事主管机关。

（4）不能随意改变已输入的船舶静态信息，每个新航次要及时输入新的航次数据。

（5）必须注意未装 AIS 的船，这类船的数据不会显示在 AIS 的信息中。

（6）经常通过附近船舶询问本船 AIS 设备是否正常工作，能收发才能确认 AIS 设备正常。

任何设备都有它的局限性，因此在使用 AIS 的同时，要经常配合雷达、VHF、电子海图以及其他可能的手段保证航行安全。

三、甚高频（VHF）无线电话

甚高频段（VHF）无线电波的频率为 30~300 MHz，国际上规定：甚高频水上移动业务电台的频率为 156~174 MHz。

甚高频（VHF）无线电话，是利用甚高频段的无线电波在空间中传播来进行语音通信的一种工具。

内河船用甚高频（VHF）无线电话主要用于船舶与沿航线港口的进出港联系，船舶与沿航线航标站的航道情况联系，船舶之间的航行联系，本船队之间的作业联系和其他通信联系（如应急、呼救等）。因此，它也是沟通船—船、船—岸、岸—船以及本船队之间近距离信息联系的一种助航仪器。

由于港岸噪声干扰较严重，所以，目前内河船舶使用抗干扰能力强、采用空间波传播（视距传播）的调频式甚高频无线电话来进行近距离的通信与助航联系，在保证船舶安全、可靠助航联系的同时，也为船舶的近距离的通信提供了便利。

1. 甚高频无线电话通信

(1)16 频道(156. 8 MHz)是无线电话国际遇险、安全和呼叫频道(单工频道),还可用于呼叫与回答。

在 16 频道上进行船舶遇险、安全通信。船舶发生重大危急事项,严重危及船舶安全,需立即援助时,在船长命令下可使用无线电话的 16 频道发送遇险呼叫和遇险报告。遇险呼叫较其他一切发送具有绝对优先权。所有听到这种呼叫的电台应立即中止可能干扰遇险通信的任何发送,应在遇险呼叫发射频率上继续守听和抄收遇险报告,并迅速报告船长或领导及转接有关单位。当确知遇险通信已顺利进行,在不干扰遇险通信的情况下,方可继续正常的通信业务。

在 16 频道上进行紧急通信。船舶发生紧急情况,或船上人员患有急病,或发生气象突变,经船长批准后方可发射此信号。除遇险外,紧急信号应比其他一切通信享有优先权。听到紧急信号的所有电台应注意,不要干扰随紧急信号后发送的紧急报告。

船舶与武汉、南京、重庆、宜昌等江岸话台联络时,可先在第 16 频道上呼叫,沟通后应在岸台指定的工作频道上工作,与其他江岸话台联络可在各岸台工作频道上呼叫和工作。

(2)06 频道(156. 3 MHz)是长江水系船舶间相互联系的专用频道,其他电台和业务不得使用。

(3)08 频道(156. 4 MHz)是船舶与长江航道信号台联系的专用频道,其他电台和业务不得使用。

(4)专用话台与船台之间的通信应在专用话台核定的工作频率上呼叫和工作。

(5)船舶进入港区与或近距离通话时应放在“小功率”1 W 位置,以避免对其他通信的影响。

2. 船舶航行时甚高频无线电话的使用注意事项

(1)船靠码头后不需使用时,可以关机(如需再用也可随时开机通话)。

(2)严禁在机上讲私话,通话要简明扼要,仅限于船舶安全、生产等业务,防止泄漏国家机密。

(3)使用船用甚高频无线电话,必须根据有关无线电话管理文件有关规定办理。

四、回声测深仪

回声测深仪是测量超声波信号自水中发射经水底反射至接收到超声波回声的时间间隔,用于确定水深的一种水声仪器。

在内河船舶中,回声测深仪主要用于:船舶在情况不明的水域或狭窄的水道航行时,测量水深确保船舶航行安全,通过对航行水域的水深进行测量,寻找锚地;在能见度不良或其他视线不清的情况下,通过测量水深来辨认船位;对水域的水深进行精密测量,提供确保船舶安全航行的水深资料。因此,回声测深仪是一种重要的助航仪器,得到普遍的应用。

回声测深仪主要由显示器、发射系统、换能器、接收系统及电源等部分组成,它们的关系如图 6-5 所示。

回声测深仪的使用与保养:

1. 回声测深仪的使用注意事项

(1)开机前应检查直流电源的正、负极,不可接反。

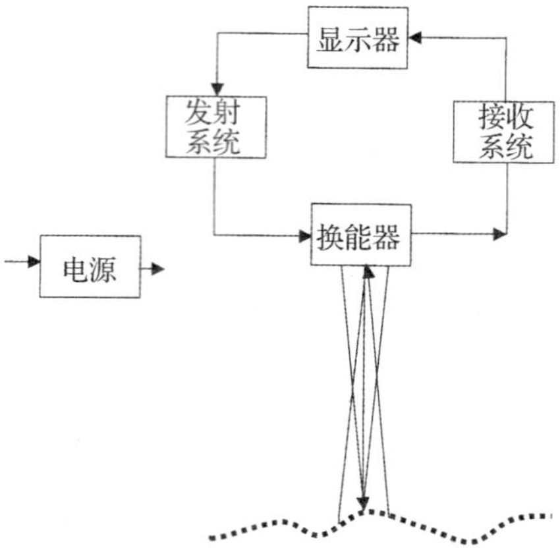

图 6-5　回声测深仪

(2)开机前应检查换能器是否接好,并检查换能器工作面是否浸入水下,切勿空载发射。

(3)开机后检查电压,不可过高或过低。过高会烧坏机内元件,过低机器不能正常工作。

(4)选择适当量程,不应随意乱拨。

(5)调节灵敏度和增益旋钮使测深深度清晰显示,准确读出水深。增益过大会出现杂波信号及多次反射波干扰,过小容易丢掉弱小的回波信号。

(6)测深仪读数。测深仪上实际读取的水深数据系指换能器至河底的垂直距离。换能器一般安装在距船首 1/3L 处,因此,测深仪所测得水深未必是船舶最低点至河底的实际水深,在船舶有艉纵倾的情况下通过浅区时,应充分考虑船尾的水深是否能满足安全通过浅区的要求。

2. 保养注意事项

(1)保持回声测深仪内、外清洁,并注意保持仪器的通风、干燥。

(2)每月应将仪器转动部分清洗加油一次(钟油或机油)。

(3)应防止仪器暴晒、雨淋,不用时应存放于干燥处。

(4)换能器工作面不能涂油漆,不能碰撞,不得染上油脂或其他脏物,以免影响发射和接收性能。船舶进坞修理时,应检查换能器工作面,及时清除其表面的附着物,并保持换能器工作面的清洁。

五、全球卫星导航系统

全球定位系统(Global Positioning System,GPS)是一种利用多颗高轨道卫星,测量其距离与距离变化率来精确测定用户位置(三维)、速度和时间等参数的现代卫星导航系统,对船舶导航、仪器使用、交通管制、大地测量以及精密授时均有重要意义。

GPS 设备使用注意事项:

(1)登录和注销。船只出航时必须向监控中心登录,归航时向监控中心注销。

(2)监控。当发生以下情况时,监控中心对船只实施监控。

①与规定的行驶路线误差超过了允许的范围;

②船只在行驶过程中停留时间超过了监控中心允许的时间;

③监控中心较长时间无法接收到船只的信号;

④监控中心收到求助信号。

(3)紧急报警功能。遇到紧急情况时,通过船载终端向监控中心报警。

(4)行驶记录功能。按照预定的时间间隔,定时记录船只运行情况,包括时间、经纬度、速度、方向、水位等。

(5)导航功能。配备了导航软件和电子地图的船载终端可以实现导航功能。

(6)数据管理:

①对用户信息数据的管理;

②对船舶信息数据的管理;

③对短消息或其他信息数据的管理。

中国北斗卫星导航系统(BeiDou Navigation Satellite System,BDS)是中国自行研制的全球卫星导航系统,是继美国全球定位系统(GPS)、俄罗斯格洛纳斯卫星导航系统(GLONASS)之后第三个成熟的卫星导航系统。北斗卫星导航系统(BDS)和美国 GPS、俄罗斯 GLONASS、欧盟 GALILEO,是联合国卫星导航委员会已认定的供应商。

北斗卫星导航系统由空间段、地面段和用户段三部分组成,可在全球范围内全天候、全天时为各类用户提供高精度、高可靠定位、导航、授时服务,并具短报文通信能力,已经初步具备区域导航、定位和授时能力,定位精度 10 m,测速精度 0.2 m/s,授时精度 10 ns。

2012 年 12 月 27 日,北斗系统空间信号接口控制文件正式版 1.0 正式公布,北斗导航业务正式对亚太地区提供无源定位、导航、授时服务。

2013 年 12 月 27 日,北斗卫星导航系统正式提供区域服务一周年新闻发布会在国务院新闻办公室新闻发布厅召开,正式发布了《北斗系统公开服务性能规范(1.0 版)》《北斗系统空间信号接口控制文件(2.0 版)》两个系统文件。

2014 年 11 月 23 日,国际海事组织海上安全委员会审议通过了对北斗卫星导航系统认可的航行安全通函,这标志着北斗卫星导航系统正式成为全球无线电导航系统的组成部分,取得面向海事应用的国际合法地位。

中国的卫星导航系统已获得国际海事组织的认可。

六、磁罗经

磁罗经有工作可靠、指向灵敏、不依赖电源、结构简单、价格低廉和管理维护方便等优点,它是根据在水平面内自由旋转的磁针因受地磁作用而具有稳定指示磁北方向的特性制成的。因为内河船舶对航向精度要求不高,而且船舶频繁转向,一般用磁罗经作为船舶的导航仪器。

磁罗经的检查、保养及注意事项:

1. 磁罗经的检查和维护

(1)检查罗经的灵敏度。可在船固定于码头,船上岸上机械不工作且自差不大的情况下检查。先观看基线所指的度数,然后用小铁块吸罗经卡偏转 2°~3°,等铁块拿开后,看罗经卡能否回到原处,如偏离超过 0.2°,则表示轴针或轴帽已磨损,应更换轴针或轴帽。

(2)检查浮室是否漏水。如罗经卡倾斜,多半是由浮室漏水引起的。检查时用手压罗经卡使之倾斜片刻,松手后如罗经卡仍倾斜在手压的方向,说明浮室漏水,可倒出浮室内的漏水后用焊锡修补。

(3)检查有无气泡。罗经盆内出现气泡会影响罗经指向及盆体平衡,必须消除。如罗经盆内产生大量气泡，大多是由橡皮垫圈失效造成的，应更换垫圈。少量气泡可通过注液孔灌注罗经液消泡。罗经液用45%的酒精及55%的蒸馏水调制成。

(4)检查罗经卡的轴心是否位于罗盆中心。旋转罗经盆时，若罗经卡边缘与罗经盆内壁间距不相等，则说明罗经卡轴心偏离罗经盆中心。若偏离过大以致罗经卡碰擦罗经盆，应修理轴针和轴帽。

(5)检查基线。罗经卡不能碰擦基线，如为四根基线，则相邻两根基线应准确相隔90°。

(6)检查校正磁棒是否生锈和失磁。在校正罗经时检查，若磁棒生锈和失磁应换新。

2. 磁罗经的保养及注意事项

(1)经常保持清洁。罗盆轴、常平环、减震系统等活动摩擦部分应经常加油保持润滑。

(2)防止受高温退磁。标准罗经应避免太阳曝晒，不用时除盖上罗经罩外，还应加盖帆布罩。

(3)防止震动退磁。不许敲击磁罗经，驾驶室内及附近也不能敲击和敲锈，避免磁罗经受震动。

(4)保持罗经指向准确。罗经校正后，不许移动磁棒、软铁球(片)及佛氏铁等校正器，罗经柜门应锁紧。不许带铁器进驾驶室，以免影响罗经的准确性。

(5)定期检查罗经是否有气泡、底脚钉是否松动等，冬季还应防冻，保持罗经技术状态良好。

(6)磁罗经应安装于观测方便之位置。操舵罗经根据需要可安装于纵中剖面上或其附近一侧。安装于纵中面上的罗经称为正装罗经，装于纵中面附近的罗经称为偏装罗经。罗经的指向基线应与纵中面重叠或平行，其误差应小于0.5°。

(7)磁罗经应保持正平、牢固。罗经柜的轴线应与船的水平剖面相垂直，罗经底座应用垫板和铜螺钉固牢。

(8)磁罗经周围经常移动的物体如门窗等，应避免用铁材。

(9)磁罗经与带磁性器件如扬声器、雷达、回声测深仪、电动操舵器、探照灯、栏杆、支柱等，均应保持一定距离。

(10)靠近磁罗经的电线应双线并列，避免电磁对罗经的影响。

第三节 车钟、报警装置的使用注意事项

船舶在航行中，为能及时掌握和了解船内部各舱室的情况，了解和监视机舱内各种装置和设备的工作状态；指挥船舶安全航行，协调各职能部门之间的工作；便于船员日常工作和生活事务联系，船内通信与信号报警装置是不可缺少的重要设备之一。这些装置包括：船舶电话通信系统、船舶操纵信号系统、船舶航行信号系统、船内报警系统和船用广播系统。

这里仅简述车钟和船内报警信号系统，其中车钟位于驾驶室与机舱集中控制室和机旁操作部位之间，用于传送改变主机工况(转速和转向)和回令装置的内容。

一、车钟使用注意事项

车钟是用来将各种车速命令，从驾驶台传达到机舱中，并接受机舱按照车速命令的执行情况，回报到驾驶台的一种设备，一般由驾驶台车钟、集控室车钟和机旁应急车钟组成。

根据所传递指令的不同性质，车钟可分为主车钟和副车钟两种。

1. 主车钟

主车钟用于传送停车、换向和转速设定等主机操纵命令，一般设有停车挡、前进挡和后退挡，分有级变速和无级变速两种。驾驶台车钟和集控室车钟一般采用手柄操作，而机旁应急车钟除早期采用手柄操作外，目前大多数船舶采用按键操作。

手柄式车钟一般设有两根指针，一根指示本地手柄的位置，另一根跟踪其他操作部位的手柄位置，也称为复示指针。按键式车钟则用指示灯代替指针。手柄式车钟的指针跟踪一般采用自整角机或由电路控制的伺服马达实现。

当驾驶台发出车令后，集控室和机旁的复示指针或指示灯将跟踪驾驶台车令，轮机员应在主机的当前操作部位进行回令，即将车钟手柄推到相应的位置，或按下按键式车钟相应的挡位按钮。回令之前，三地车钟均有声响提示，回令结束后，声响提示消失。

对于在驾驶台安装有自动遥控系统的船舶，车钟系统往往还兼有主机的控制功能，除了传送车令信息外，还能够向主机遥控系统发送主机的各种操作命令。目前，自动化程度较高的船舶所使用的车钟通常都是集传令车钟与遥控手柄于一体的指针跟踪式或指示灯跟踪式车钟。

在不同的操纵部位操纵主机时，主车钟的工作模式也不同。以定距船舶的低速主机为例，在驾驶台操纵时，驾驶台车钟直接对主机进行遥控操作，集控室车钟和机旁应急车钟只对驾驶台车令进行复示。在集控室或机旁操纵时，驾驶台车钟只用于传令操作，轮机员回复车令后，在集控室或机旁对主机进行手动操纵。集控室车钟手柄通常还兼有主机的换向控制功能，主机的启动、停车和转速则由主机操纵手柄进行控制。

2. 副车钟

副车钟用于传送与主机操纵有关的其他联络信息，如备车、完车等。假设当前操纵部位为集控室，则当需要进入备车状态时，首先由驾驶台按下“备车”按钮，发出主机备车指令，车铃声响，“备车”指示灯闪光。值班轮机员在集控室按“备车”按钮予以应答，车铃声响停止，“备车”指示灯变为平光，进入备车状态。冲车和试车完毕后，可将主机的操作部位转到“驾驶台”位置。当船舶停泊后不再需要操纵主机时，驾驶台按下“完车”按钮，集控室按“完车”按钮应答后，进入完车状态，“完车”指示灯平光指示。在副车钟操作过程中，备车、完车这两个状态之间是互锁的。

在机旁、集控室和驾驶台上均设有应急停车按钮，当出现异常情况需要应急停车时，在任一位置按下“应急停车”按钮，都将通过主机安全保护系统可靠切断主机的燃油供给，强迫主机停车。应急停车后，需在故障排除后，将车钟扳回到停车位置或按复位按钮进行复位后，主机才能再次启动运行。

车钟装置使用注意事项：

(1)船舶开航前应检查和试验舵机是否正常，尤其是驾驶台、集控室和机旁车钟上的指针是否相符。

（2）使用各种不同车速时，车钟上的指针必须放在准确的位置上。
（3）当机舱回报执行情况时，必须查看是否是所需要的车速。
（4）按照规定认真、如实地记载"车钟记录簿"。

二、报警装置

船舶自动化程度越高，要求报警的信号就越多。船上报警系统分为全船性报警系统和局部性报警系统。全船性报警系统通常连接火灾自动报警系统、烟雾探测自动报警系统、手动火警按钮和驾驶台警报器。局部报警系统主要有主机、舵机、供电、锅炉等的故障自动报警系统，用于通知机舱值班人员照料和修理；机舱施放二氧化碳前的自动报警系统，用于通知机舱人员的撤离。

感温式或感烟式火灾报警系统的探头遍布全船人员的生活和工作场所，通常装在舱室天花板上。

手动火警按钮用途广泛，除主要用于火灾报警外，当人员在遇到任何需要向全船报警的紧急情况时，能方便地使用就近的火警按钮及时发出警报。手动报警装置的手动报警按钮应遍及起居处所、服务处所和控制站。每一通道出口处应装有一个手动报警按钮；在每一层甲板的走廊内，手动报警按钮应位于便于到达处，并使走廊任何部位与手动报警按钮的距离不大于20 m。手动火警按钮均应封闭在墙壁上的玻璃盒罩内，紧邻布置有小型太平斧等敲击器具。需要时，应不拘方式果断地击碎玻璃盒罩，用手揿动火警按钮。

驾驶台警报器，用于按约定的警报信号召集船员。

除上述的声、光报警系统外，船上还使用汽笛和有线广播报警。必要时，船钟、雾锣、口哨等均可用于报警。

报警装置的使用注意事项：

（1）每一种报警装置应设有专人负责，确保报警装置工作正常，发现故障及时修复或报修。

（2）火灾自动报警系统探头上切勿故意损坏或悬挂衣物，以免本室失火时不能自动报警而危及人命，妨碍全船的及时施救。

（3）应对火灾报警系统定期进行功能试验，试验后应能恢复正常工作。

第四节 船舶消防、救生、堵漏设备的日常维护保养

一、船舶消防设备的日常维护保养

（一）消防员装备的检查与保养

（1）检查消防员装备的数量、位置、标志和防火控制图的一致性。
（2）检查消防员防护服各部件是否完整、完好。

(3)检查空气呼吸器装备是否完整、完好。

(4)检查备用空气瓶的数量、压力是否符合要求。

(5)检查防火绳、手提灯、太平斧是否完整、完好。

(6)对气压不符合要求的呼吸器空气瓶自行进行充气或送岸充气;对专用充气机进行清洁、检查、保养。

(二)消防泵、消火栓、消防水带、消防水枪的检查与保养

(1)消防泵的检查、维护保养

按船舶消防管理和检查技术要求的有关规定,船用消防泵在检查和维护保养时,应符合以下要求:

①船用消防泵应有清晰的标志,泵体、压力表等附件完好,能及时启动。

②船用消防泵工作时在最高位置的消火栓上应能维持两股射程不小于 12 m 的水柱。任何消火栓处的压力应达到规范要求。

③船用消防泵是水灭火系统的"心脏",因此,每月启动运转一次(柴油机驱动消防泵每星期启动运转一次),检查消防泵运行是否正常,出水压力是否达到设计规范值。

④每年应对水灭火系统进行一次模拟火警试验,以检验火灾发生时水灭火系统能否迅速开通投入灭火作业。主要试验如下:

a. 打开试验区域内自动喷火灭火管网一只喷头或以接近 1 L/s 的流量从末端试水装置处放水,该区域水流指示器动作并发出信号,该系统报警阀动作,压力开关发生信号,水力警铃发出铃声,自动喷水灭火系统消防泵应迅速投入正常运行。

b. 在试验区域内任一选定消火栓箱上的远距离启动消防泵的按钮,能直接启动消火栓给水,灭火系统消防泵投入正常运行。

对于船用应急消防泵,在检查、维护保养时还应做到以下几方面:

①外观检查

a. 检查其船用产品证书上的型号、建造日期是否与实际相符;

b. 应急消防泵所在位置与防火控制图是否一致;

c. 应急消防泵存放处是否有标识、是否张贴操作说明、是否设有防火防尘应急照明灯、是否配备手提式灭火器;

d. 燃油量、滑油量是否充足(供应柜所装的燃油应能使泵在全负荷下至少运行 3 h,同时在 A 类机器处所外应储备足够数量的燃油,能使该泵在全负荷下至少运行 15 h),燃油箱液位计是否符合要求;

e. 柴油机排烟管是否进行了有效的隔热保护,传动带是否有防护罩;

f. 需用压缩空气启动的,气瓶中是否有充足的气量,瓶头阀、放残阀等是否进行了有效的保养;

g. 需引水的,水箱中是否有充足的引水,相连管系的维护情况如何;

h. 安全阀、隔离阀(如设有)是否状况良好;

i. 冷却水管、真空管、排气管、齿轮箱及离心泵底座是否状况良好;

j. 贯穿机器处所的吸水管和排水管是否进行了有效隔离。

②操作性检查

a. 启动原动机，看能否随时启动并满足要求；

b. 设有遥控启动装置的，应做遥控启动试验，并检查其能否由应急电源供电；

c. 原动机是否运转正常，压力表、真空表等各种仪表是否处于良好状态；

d. 附带真空泵是否工作正常；

e. 进口阀、出口阀是否起作用；

f. 出口压力能否达到要求，固定式应急消防泵的出口压力一般维持在 0.392 MPa 以上；

g. 离心泵轴封处是否泄漏严重，其他消防管系是否有泄漏现象；

h. 能否立即出水，出水量是否符合要求；

i. 连接两根消防水带和水枪，观察水柱所达射程能否有效灭火。

(2)消防水带箱的铰链正常，每个水带箱均配备扳手，水带存放位置合适、数量符合防火控制图的要求，水带密封圈正常。

(3)消防水带箱附近有水枪，所有水枪处于工作状态，水枪数量足够，系两用水枪(喷雾/水柱)。

(4)有足够的消火栓和消防水带接头，开关正常。

(三)固定式探火和失火报警系统的检查与保养

(1)对探火和失火报警系统的主控面板进行外观清洁、检查。

(2)检查固定式探火和失火报警系统的电器控制部分。

(3)清洁探火和失火报警系统的控制面板，检查整体报警系统情况。

(4)用烟雾测试剂测试每个探测头。

(四)固定式气体灭火系统的检查与保养

(1)外观检查固定式气体灭火系统控制点，气瓶存放场所，传动机构的部件及其标志、操作说明等情况。

(2)外观检查灭火系统的输气管路及各释放口的情况。

(3)对警报系统进行手动测试。

(4)检查气瓶存放场所手电筒内的电池有效期及温度表的完好性。

(5)报警系统效用试验。

(6)对系统的活动部件进行加油活络。

(7)进行除锈、油漆，并做好操作说明等有关专用标志。

(8)对控制拉索的传动系统进行重点检查，并按情况进行必要的调正。

(9)对整个固定气体灭火系统进行全面检查，及时修复损坏部件。

(10)每 2 年对灭火气体钢瓶及气动钢瓶进行称重并做相关的检验证书，必要时补充气体。

(11)每 2 年对气体灭火系统管路进行畅通试验，并做相关的检验证书。

(12)气瓶使用 10 年后，每年应进行气瓶总数 10%数量的水压试验。

(五)通风系统，包括挡火闸和挡烟闸、风机及其控制装置通风系统的检查与保养

(1)外观检查机舱和泵间的门、天窗和通风管挡火闸/挡烟闸的开关装置。

(2)对机舱和泵间的门、天窗和通风管挡火闸/挡烟闸的开关装置进行加油活络，检查标

志的清晰程度。

(3)检查机舱和泵间的门、天窗和通风管挡火闸/挡烟闸的开关装置的密封性。

(4)进行效用试验,特别应对机舱天窗进行主动和手动两种方式的启闭试验。

(5)对机舱和泵间的门、天窗和通风管道挡火闸/挡烟闸除锈油漆,并重做通风管道的开关标志。

(6)对机舱天窗的主动启闭装置进行检查、保养,确保系统正常。

(7)检查机舱和泵间的通风马达,必要时拆检或换易损部件;检查控制箱、紧固接线柱;清洁继电接触器、检查过载继电器。

(六)手提式 CO_2 灭火器(包括备用的)的检查与保养

(1)检查手提式 CO_2 灭火器的数量、位置、标志和防火控制图的一致性及其外观情况。

(2)检查 CO_2 灭火器和检验证书的有效期。

(3)对 CO_2 灭火器进行称重,缺少灭火剂 10%时,甲板部应进行补充。

(4)检查安全插销、喷管和喷嘴等附件。

(5)每年一次请船级社认可的检验单位进行手提式 CO_2 灭火器的年度检验,包括补充灭火剂及每 5 年一次的灭火器钢瓶压力试验等项目,并出具检验证书(该证书包含全船所有手提式、手推式灭火器)。

(七)手提式清水泡沫灭火器(含手推式)(包括备用的)的检查与保养

(1)检查手提式清水泡沫灭火器的数量、位置、标志和防火控制图的一致性及其外观情况。

(2)检查清水泡沫灭火器和检验证书的有效期。

(3)检查灭火器动力气体压力情况,必要时充气或更换。

(4)检查安全插销、喷管和喷嘴等附件。

(5)每年一次请船级社认可的检验单位进行手提式清水泡沫灭火器的年度检验(每 2 年换新泡沫灭火剂、每 5 年对灭火器钢瓶进行压力试验等)并出具检验证书(该证书包含全船所有手提式、手推式灭火器)。

二、船舶救生设备的维护与保养

(一)救生艇的检查、保养

(1)每季度对全部属具详细检查一次,短缺补充,不合格者予以换新。

(2)艇内储备的淡水要经常更换,罐头食品每 6 个月要打开抽查有否变质。

(3)艇的帆布制品及绳索在天气良好时,要进行通风晾晒。

(4)吊艇索如为白棕绳,应隔 6 个月调头使用,每年视情况加以换新;如为钢丝绳,则要保持不锈和润滑。

(5)吊艇架上各活动部分不应涂油漆,要经常加润滑油,以保证转动灵活。

(6)如为木质艇,因日晒过久会爆裂漏水,故各艇应轮流下水浸泡,但艇内积水应及时排出。夏季每天早、晚要在艇壳外洒水,预防爆裂。

(7)救生艇的空气箱不得涂油漆,岁修时应试验其气密性。

(8)机动艇应每隔 3~4 天发动一次,运转几分钟(应注意试车时不可缺乏冷却用循环水)。

(二)救生舢板的检查、保养

(1)经常保持清洁,每次使用完毕后必须做好清洁工作,清除污垢,并用抹布擦干,吊回甲板上,待干燥后罩好帆布盖并系牢。

(2)定期检查保养,对长期没有使用过的舢板,在天气晴朗时,可揭开帆布罩取出艇内属具进行清洁和晒干,如涂料失效应重新涂刷。

(3)对吊艇架、吊艇索、滑车、触板及其属具应定期进行检查,如有损坏应及时修理或换新。木质舢板应经常轮流下水浸泡,夏天更应经常用水冲洗,以防干裂漏水。

(三)救生衣和救生圈的检查与保养

1. 救生衣的检查与保养

(1)每 3 个月进行一次检查,如包布、缚带等有霉烂、发脆、损坏,应立即修补、清洗、换新。

(2)每个人的救生衣放置位置地点及保管是否妥善。

(3)救生衣必须保持清洁干燥,每 1 个月应暴晒一次。

(4)修船时要全部整理晾晒,按规定补足缺损差额,以备应用。

2. 救生圈的检查与保养

(1)每 3 个月检查一次救生圈的外表有否腐蚀、标记是否清晰、把手绳是否牢固以及救生圈架子是否完好,发现不良立即检修。

(2)核对救生圈配备的数量及放置位置,如不符合规定应补充和调整。

(四)救生浮具的检查和保养

每 3 个月对救生浮具进行一次外部检视,看其外表有否损伤、标记是否清晰、绳网及木格板有否霉烂腐蚀、把手绳及浮子是否完好,并进行整理和整修。

三、船舶堵漏设备的日常维护保养

当船舶发生海损事故造成船体破损进水时,及时采取正确的抢险措施和进行堵漏,才能避免沉没。利用船舶专用器材堵塞破损漏洞的各种应急措施称为船舶堵漏。

内河船舶由于尺寸小、隔舱少,储备浮力不大,一旦破舱进水则来不及堵漏即将沉没。因此,根据内河航道的特点,多采取就近冲滩搁浅的原则,以挽救船舶完全沉没水中或倾覆,但仍需进行自救。船舶堵漏工作亦称进水抢险工作,进水抢险的任务主要由驾驶人员和轮机人员共同来承担。

船舶配备的堵漏器材必须妥善保管,即使“备而不用”也必须“常备不懈”。其保管要求如下:

(1)对堵漏器材的保管实行“三专”,即指定专人负责保管和保养各种堵漏器材;堵漏器材存放在专门规定的地点;任何堵漏器材专用于船舶堵漏,平时不准移作他用。

(2)对铁制堵漏器材,应经常保养,不致生锈,活动部分应经常加润滑油,以保持灵活。

(3)所有纤维材料,如堵漏毯、帆布、麻絮、棉絮、破布等要经常暴晒、通风,保持干燥,不致霉烂。

(4)木质器材,如木楔、木塞、木支柱等,不可存放在高温或潮湿的地方,以防烘脆和霉烂。

(5)水泥应放在空气畅通的干燥地方,以防受潮变质。每6个月检查一次,发现变质应立即更换。

(6)橡胶部分不可涂油。

第五节 船体保养

船体保养主要是指与船体、甲板、甲板设备和舱室等相关的清洁、除锈、涂漆、润滑加油等维护保养工作。船体保养是每个船员的一项重要工作,它对延长船舶的使用年限、保护船舶良好的技术状态和提高船舶的营运率,有着十分重要的意义。

一、铁锈的识别与除锈方法

(一)铁锈的识别

铁锈是由氢氧化铁、氧化铁、杂质、水分等组成的混合物,由里到外一般是由 $FeO \cdot nH_2O$ $[Fe(OH)_2]$、$Fe_2O_3 \cdot nH_2O$、Fe_3O_4 三层组成。“锈”是金属腐蚀的产物,其具有多孔性、吸水性并存在含水基团。由于铁锈与金属结合得不牢固,留存在表面时能促使金属在膜下继续被腐蚀;又因腐蚀产物的体积较大而发生膨胀,引起漆膜开裂而进一步加速金属的腐蚀。

由于腐蚀的原因不同、程度不同,钢铁产生的铁锈也不同。一般根据其腐蚀的程度把铁锈分为以下三种:

1. 薄锈

薄锈一般产生在甲板上和新钢材的表面,呈颗粒状的薄锈层,不仔细查看容易忽略。这种锈可用铲刀或钢丝刷进行清除。

2. 厚锈

厚锈生在不易拷铲或阴暗潮湿等地方,薄锈因长久未除或因钢铁接触腐蚀性物质,锈蚀愈来愈严重,成为块状或片状的厚锈。这种锈必须用榔头敲,把成片成块的厚锈层敲除,有时厚锈下面还有斑点锈,必须用榔头尖敲除,最后用钢丝刷把残锈刷净。

3. 斑点锈

斑点锈一般发生在两块钢板之间或油漆层里面,它往往是由于在涂漆前没有彻底除锈而留下,不易发现,所以锈蚀较深。这种锈呈点状深入钢板里层,必须先用榔头尖敲除,再用钢丝刷刷净残锈。

(二)常用手工除锈的工具及方法

随着技术革新运动的开展,在修造船厂对船体大面积除锈多采用效率较高的喷射除锈、高压水除锈等技术。但对小面积的局部除锈仍采用手工工具。

1. 常用的手工除锈工具

常用的手工除锈工具有:敲锈榔头、铲刀、刮刀、钢丝刷等,如图 6-6 所示。

(1)敲锈榔头:两端有互相垂直的刀口,可用于敲除厚锈。其中直刀口可用于敲直缝的锈,横刀口可用于敲横缝的锈。

(2)铲刀或刮刀:可用于铲除薄锈和旧漆。目前船员多采用锋钢刀口的铲刀,因其工作效率比普通铲刀高得多。

(3)钢丝刷:用于刷除薄锈和锈粉。

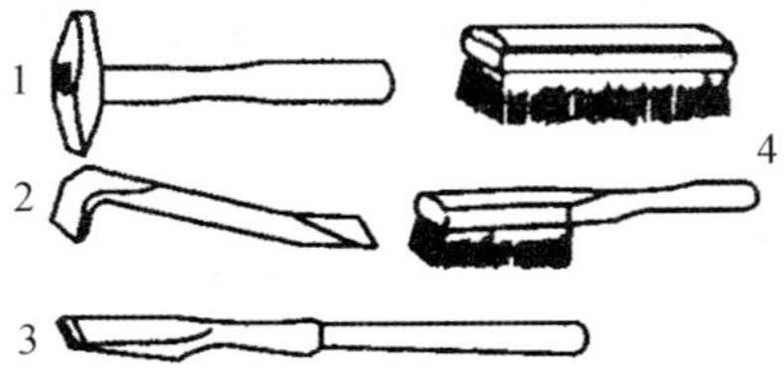

图 6-6　手工除锈工具

1—敲锈榔头;2—刮刀;3—铲刀;4—钢丝刷

2. 除锈方法

(1)手工敲铲除锈

用手工除锈工具敲击、铲刮、磨刷钢材表面,除去锈层、旧漆和污物的方法,适用于小面积、拐角以及不易使用各种机械除锈的金属面。

手工除锈应注意下列事项:

①准备好工具。铲刀要磨快,榔头把装紧,榔头两端的刀口不能太钝,也不能太锋利。

②敲锈用力要适当。既要把锈敲除,又不能损坏钢板和留下刀痕,尤其在敲水线下和焊缝等处的锈时要小心,避免敲出漏缝。

③注意安全。敲锈时人与人不要相距太近,不要面对面敲铲,敲锈时必须戴上防护眼镜和防护手套。

④从上到下、从里到外依次清除彻底,不要遗漏。

⑤除锈后应及时涂漆。如当天不能涂底漆,可先涂漆油,以防生新锈。

(2)机械除锈

机械除锈用机械冲击、磨刷、敲打金属面,除去锈层、旧漆和污物的方法。一般有两种方式:①借助电力或压缩空气带动不同工具敲打金属面,达到除锈的目的,如风动砂轮除锈、电动除锈机除锈等;②用压缩空气将固体颗粒或高压水流直接喷射金属表面,以冲击和磨刷方式达到除锈的目的,如喷丸(砂)除锈、抛丸除锈、高压水除锈。机械除锈的效率高,适用于大面积除锈,被船舶修造厂广泛应用。

(3)化学除锈

化学除锈习惯称为酸液除锈。金属的锈蚀产物主要是金属的氧化物,化学除锈就是利用酸液与这些金属氧化物发生化学反应,从而除掉金属表面的锈蚀产物。

二、船用涂料

涂料是涂施于物体表面能形成一层保护和装饰的高分子胶体化合物。涂料具有附着性、不渗透性、耐气候性、快干性、流平性、遮盖性和物理保护性，可阻止钢铁面生锈，并具有耐热、耐酸、耐碱、耐高温、防水、防污（防藻）等特性。涂料有各种不同的色彩和光泽，能起到一定的美化、装饰作用。

由于早期多采用天然树脂和动植物油脂作为主要原料，故称为"油漆"，油漆厂和船上仍习惯采用"漆"一词。

（一）船舶常用涂料的性能、用途

涂料的种类很多，国际上涂料的分类也很不统一。我国化工部门将涂料划分为 18 大类，船用涂料只是涂料品种的一小部分。现将船舶常用的几种涂料的性能和用途介绍如下：

1. 红丹防锈漆

红丹的主要成分是四氧化三铅（Pb_3O_4），涂于钢铁表面可生成铅酸铁类的薄膜，使钢铁表面钝化，不再发生锈蚀。由于红丹密度较大，调成的红丹漆存放过久容易沉淀和结块，船用红丹漆是由船员自己调配的。一般调配红丹的方法是用热水将红丹粉调成漆浆，使红丹粉充分发透。再加入漆油搅拌，把水排出，直至把水排完，再加入足够的漆油、溶剂和催干剂，调成红丹漆。由于红丹的电位比铁低，又比锌、铝等轻金属高，因此它只能用作钢铁的防锈漆，不能用作锌、铝等金属的防锈漆。船用防锈漆除红丹外，还有铁红、锌黄、锌灰等防锈漆，均有一定的化学抑锈作用。

2. 沥青漆

沥青为黑色发亮的固体或半固体物质，有天然沥青、石油沥青和煤焦沥青等，能溶于苯类及石油类溶剂中。沥青漆也称黑水罗松，用松香改性酚醛树脂、干性油、溶剂、催干剂等制成，漆膜坚韧光亮，耐水、耐酸碱，但不耐热、不耐光，在船上多用于涂刷货舱、锚、锚链、锚链舱等。

沥青与其他颜料可配制成多种漆。如铝粉沥青船底漆，也称 830 打底漆，是用煤焦沥青加铝粉等防锈颜料、体质颜料和 200 号煤焦溶剂等调制成的。又如 831 黑棕船底防锈漆，是用煤焦沥青加铁红等防锈颜料、体质颜料和 200 号煤焦溶剂等调制成的。这两种沥青基漆均有良好的耐水性和水下防锈能力，是船舶水线下部分的重要涂料。一般内河船舶的水线下部分可涂二度 830 打底漆，再涂二度 831 黑棕船底防锈漆即成。

3. 铝粉漆

铝粉漆又称银粉漆，用铝粉和清漆调制成。调好的铝粉漆放置时间过长，会使铝粉失去飘浮能力，铝粉遇油酸会起反应而失去光泽，因此，船用铝粉漆多由船员自己调，随调随用，调配的方法是用 30%的铝粉和 70%的清漆，再加入少量的稀释剂（松香水）即可。铝粉漆的漆膜光亮、耐热，有防锈作用，还能反射紫外线，防止日光对漆膜的破坏。它在船上多用于涂刷栏杆、暖气管和铝合金等。

4. 油性调和漆

油性调和漆是以干性油为主要基料，加入颜料、溶剂、催干剂等制成。有各种颜色的调合漆。其漆膜柔软，遮盖力较强，但干燥较慢，光泽较差。它多用于涂刷要求不高的舱室、墙板、天花板等，可用松香水或松节油稀释。

5. 酚醛磁漆

酚醛磁漆是用酚醛树脂、干性油、溶剂、颜料和催干剂调制成。其漆膜坚韧光亮，颜色鲜艳，附着力强、耐水性好，耐气候性较差。它在船上多用于涂刷舱室及室内用具等，可用松香水稀释。

6. 醇酸磁漆

醇酸磁漆是用醇酸树脂、干性油、溶剂、颜料和催干剂等调制成的。其漆膜干燥较快，坚韧光亮，附着力强，耐石油溶解性及耐气候性好，是很好的室外用漆。

7. 环氧树脂漆

环氧树脂漆是以环氧树脂为主要成分调制成的涂料，对钢铁有良好的附着力和耐化学腐蚀性，可作油舱涂料。对其稀释须用专用的环氧树脂稀释剂，但环氧树脂漆与其他类型漆的附着力较差，在涂环氧树脂底漆后，不适合再涂其他类型的面漆。

8. 广漆

广漆也称熟漆，是天然漆的改性涂料。生漆（天然漆）由于水分多、毒性大，造成施工不便，经过日晒或低温烤烘，脱去一部分水分后与熟桐油、亚麻仁油等混调，便成为半透明的广漆，减少了原来的毒性，施工方便。如加上各种透明或半透明的颜料，还可呈现各种鲜艳的色彩，用途广泛，但由于它不耐紫外线的照射，因此多作为室内木器用漆。广漆或天然漆如黏度过大，可用汽油稀释。

9. 改良广漆

改良广漆也称人造广漆或改良金漆，是用油溶性的透明或半透明颜料与油质清漆调制成的，可代替广漆用。其漆膜光亮、鲜艳，施工方便，且无毒性，可用于涂刷家具、门窗等木器。

10. 清漆

清漆又称假漆，是不含颜料的透明漆。其涂于物面上能显出物面原来的花纹。清漆根据所用原料不同可分为油质清漆和醇质清漆等。

（二）船用涂料施工

涂料的施工方法有刷涂、喷涂、浸涂、电泳涂等。船员施工主要采用手工刷涂。在施工时必须熟悉以下有关知识。

1. 涂漆面的处理

涂漆前对涂物的表面进行正确的处理，是保证涂料的附着力、使用寿命和美观的重要条件。涂物的表面经处理后应无油污、水分；无锈斑、黏附性的杂质及氧化物；无酸、碱等残留物。

（1）钢铁面的处理

①钢铁表面无锈，漆膜表面因长时间暴露、洗刷，已无光泽或已破损，需要涂漆。涂漆前应先将表面上的灰尘、脏物、油渍洗刷干净，待干燥后才能涂漆。

②钢铁表面的漆膜老化，底层漆膜已无防锈作用，应将漆膜全部铲除，俗称“出白”。如果钢铁表面已生锈，应先将锈除尽，然后用棉纱头擦干净。如果有油漆，可用棉纱头蘸煤油或松香水擦去，才可涂防锈漆二度、面漆二度。

③如果钢铁表面局部生锈，可将有锈的地方用敲锈榔头敲去，然后用铲刀将敲过的地方铲成方形或圆形，并把方形或圆形四周铲成斜坡状，最后用钢丝刷刷去粉状锈后，涂二度防锈漆和二度面漆。

④如果是新钢板，必须将其表面的氧化铁皮（俗称“蓝皮”）除净，方可涂刷防锈漆和面漆。

⑤所有电焊过的部位，都要用敲锈榔头和钢丝刷将电焊药皮、氧化皮、电焊渣除净后，才可涂刷防锈漆。

（2）木质面的处理

木质面在涂漆前必须干燥。木质面在涂漆前一般必须先刮灰、打磨，然后才能涂漆，也有先涂一度底漆以后再刮灰的。调油灰的方法很多，常用油灰是用石膏粉和熟桐油等调制而成的，称为桐油灰（也称桐油腻子）。调配比例是：石膏粉 3 kg、厚漆 2 kg、光油（熟桐油）1 kg、松香水或汽油 0.6 kg 调和后，最后加水调成。

一般对木质面的缝、眼、截面和粗糙面都应刮灰填平，要求较高的涂面还可以进行满刮，即全部刮一遍。当油灰全部干透后，必须用砂纸打磨，可用 1 号或 0 号砂纸包小木块顺木纹打磨。将物面磨光以后，才可以涂漆。

2. 刷涂施工的要领

刷涂施工是人工使用漆刷进行刷涂的一种作业。常用的漆刷有各种尺寸的扁刷、圆刷、笔刷、弯头刷及滚筒刷等。扁刷应用较普遍，用扁刷涂刷，漆膜刷纹整齐。滚筒刷多用于船壳和甲板等大面积的涂面，涂刷效率高，涂面刷纹差。圆刷目前使用较少，常用于绑在长杆上刷高处、远处。笔刷用来写水尺、载重线标志及船名等。弯头刷用来涂刷难涂的角落和缝隙。各种漆刷如图 6-7 所示。

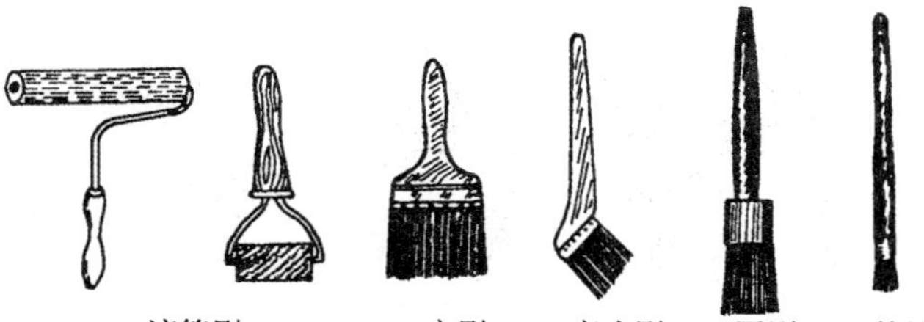

(a) 滚筒刷 (b) 扁刷 (c) 弯头刷 (d) 圆刷 (e) 笔刷

图 6-7 各种漆刷

刷涂施工方法要领：

（1）涂油漆时，漆刷蘸油漆不宜太多，只蘸刷毛的 1/3～1/2 即可，特别是涂刷仰面时更应少蘸。每蘸一次漆的涂刷面积要适当，一般应先将油漆在一定面积内涂布均匀，然后整顺刷纹。

（2）涂刷油漆的施工次序是：由上而下，由左向右，先里后外，先难后易。尤其是在室内、舱内施工时，要留有退路。

（3）涂刷油漆时，为使漆膜刷纹整齐，应做到三顺，即：一要顺水，如涂刷船壳外部采用左右横刷漆纹，这样可以减少船舶在航行中的阻力，如涂刷上层建筑则采用上下涂刷的垂直漆纹，这样在雨天或清洗油漆面时，水容易流下，平时也不易积聚灰尘；二要顺纹，如木质上的漆纹应顺着木纹涂刷；三要顺光，如舱室内天花板的漆纹，应按照光线的方向涂刷，纵向或横向要一致。

（4）若涂面上需要涂刷两种不同颜色的油漆，如船壳轻重载水线交接处，上层建筑的下部与甲板交接处等必须刷直。一般先刷上部的浅色漆，后刷下部的深色漆。

（5）施工表面要全部涂刷到，在洞眼、凹缝、凸出处，要用漆刷垂直旋涂，不使漏涂或积聚过多油漆而流挂、起皱。

（6）如用滚刷滚涂船体、甲板、围壁等大面积涂面时，应将滚刷在盛有油漆的桶内或带孔平盘上滚动蘸漆，再移至施工面上，以轻微压力滚动，使施工面构成一均匀涂层。要防止滚刷蘸漆过多，移刷时油漆滴落下来，污染水面和甲板，也要避免油漆未涂布开，堆积在小面积内使漆膜加厚而不干或形成流挂、起皱等缺陷。涂刷大面积涂面时，可两人或多人配合操作，以缩小同一环境的施工时间差异。

（7）刷第二道漆时必须在第一道漆干透后才能进行。一般油漆需 4 h 达到表面干燥，24 h 达到实际干燥。

（8）涂刷时注意随时摇动桶内的油漆，防止颜料沉淀。

（9）涂漆时应采用“多度薄涂”方法。度数愈多、每度愈薄，质量愈好。如果一度涂得太厚，会产生流挂、刷痕太重和龟裂现象。漆膜涂得太薄，则影响美观和效果。

3. 喷涂施工要领

喷涂法是利用空气压缩机产生的具有一定压力的气流，经喷枪的喷嘴喷出时，将喷液喷成雾状，均匀地涂盖在涂面上。其特点是施工效率高，适用于喷涂大面积的涂面。对于有缝隙或小孔、凹凸不平的涂面，都能得到均匀分布的涂层，且涂面光滑美观。喷涂工具如图 6-8 所示。

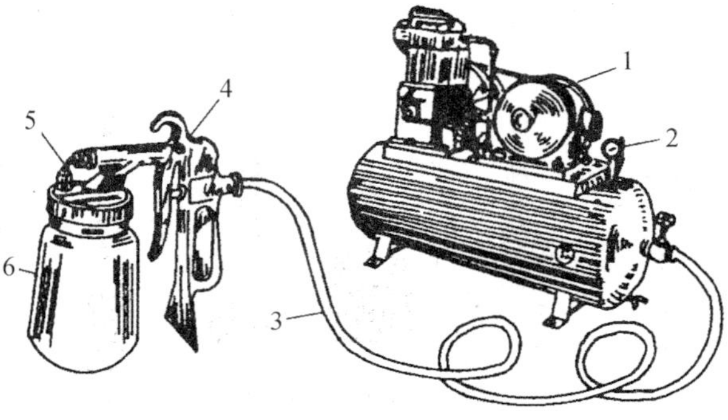

图 6-8　喷涂工具

1—空气压缩机；2—压力表；3—软管；4—喷枪；5—喷嘴；6—漆瓶

喷涂施工方法要领：

（1）喷涂最好用硝基漆，若使用油基漆，应多加些漆油和松香水稀释，使其具有 5.0%～7.5%的黏度。

（2）喷枪应与涂面保持 20 cm 左右的距离，压缩空气的压力应保持在 7.8×10^5～3.9×10^5 Pa。如距离太近，涂面会产生流挂现象；距离太远，会发生喷雾干结，使涂面产生漆粒的缺陷。

（3）喷涂前应试喷，若表面成橘皮状应减少压力，或再加一些稀释剂，待漆膜呈平整光滑时再向工作面上喷涂。

（4）喷涂时，应从上向下喷成一条带状直到下连缘为止，然后将喷枪向右移动，再自上而下喷成第二条漆带，以此类推。相邻喷头要重叠约三分之一，喷枪移动速度要均匀。

（5）喷涂完毕，应立即用稀释剂将喷枪中的残漆洗净；否则，油漆干燥后会使喷嘴堵塞，无法再次使用。

4. 涂料用量计算方法

各种涂料的黏度不同、密度不同、覆盖力不同和涂刷技术不同,因而单位面积的用量也不同。一般平滑钢板用刷涂,每千克油漆可涂盖 10 m^2 左右,旧钢板涂刷面积要小些,使用滚涂面积要小 6%~10%。各种涂料的单位面积用量可参阅涂料产品说明书。表 6-2 所列是几种常用漆的单位面积使用量。

表 6-2 几种涂料的使用量

涂料名称	使用量/(g/m^2)	涂料名称	使用量/(g/m^2)
红丹油性防锈漆	200~240	沥青磁漆	≤40
铁红油性防锈漆	80	铝粉沥青船底漆(830 打底漆)	≤55
各色油性船壳漆	80~100	沥青船底漆(黑棕船底防锈漆)	≤70
白色油性调和漆	80~100		
油性漆其他色漆	60~70	各色醇酸磁漆	50~80
酚醛清漆	40	铝粉醇酸耐热漆	40~60
各色酚醛内用磁漆	60~90	铁红醇酸底漆	≤150

为了估算涂料用量,必须计算船体各部分的面积。

(1)重载水线以下面积(A_1)

$$A_1 = 2.6\sqrt{D \cdot L} \quad (m^2)$$

式中:D——满载排水量(t);

L——船长(m)。

(2)轻、重载水线之间面积(A_2)

$$A_2 = 2.03L(T_a - T_b) \quad (m^2)$$

式中:L——船长(m);

T_a——满载吃水(m);

T_b——空载吃水(m)。

(3)船底面积(A_3)

$$A_3 = A_1 - A_2 \quad (m^2)$$

(4)重载水线以上面积(A_4)

$$A_4 = 0.6LB + 2Lh \quad (m^2)$$

式中:L——船长(m);

B——船宽(m);

h——重载水线至上甲板高度(m)。

(5)油漆涂刷工时的估算

油漆涂刷的效率与气候、涂面部位、油漆种类情况有关。一般每人每小时的涂刷面积可参照表 6-3 进行估算。

$$涂刷工时 = \frac{涂刷总面积}{每人每小时涂刷面积}$$

表 6-3　油漆施工估算表

施工方法部位	刷涂/[平方米/(小时·人)]	滚涂[平方米/(小时·人)]	喷涂/[平方米/(小时·人)]
船底	15~20	18~25	为刷涂的 4~6 倍
舷外	10~12	13~18	
舱内平滑部	14~16		

5. 涂料施工前准备工作

（1）检查被涂物面的清洁情况。涂漆前必须对涂物表面进行正确的处理。

（2）选择合适的涂漆环境。涂刷油漆的环境温度最好为 10~30 ℃，相对湿度在 70%以下。在烈日、雨雪、刮风等天气下不宜进行，所以大面积涂漆应选择在好天气进行。

（3）准备涂料。按被涂物件的保护和装饰要求选择合适的涂料品种。

6. 涂料施工注意事项

（1）防止中毒。尤其在舱内施工应注意通风，人员在舱内施工时间不能过长。

（2）防止失火。涂料和溶剂都是易燃品，在存放涂料和施工等场所，应禁止使用明火。

（3）注意安全。进行舷外高空作业应严格遵守操作规程，在甲板边缘工作时应面向舷外，防止失足落水。

（4）收工前应做好收尾工作，把剩漆集中在一个漆桶，以免几个漆桶的油漆都结皮；漆刷应浸于水中，以免干结。

（5）新漆刷在使用前，应先用热水浸透，以防刷毛脱落。

第七章
船舶修理与检验

船体和设备在营运过程中，经常受到各种外力的作用，加之人为因素的影响，都会有各种损耗，随着时间的推移会暴露出某些缺陷，发生或大或小的损坏，使船舶丧失正常的技术状态，长期或短期地失去了正常工作的能力。为了保证其能够继续安全使用，必须有计划地进行修理，以使船舶能保持正常的技术状态。同时，船舶修船工作的安排也是船舶按规定提交船舶年度检验或中间检验或换证检验的需要。

第一节 船舶修理

一、船舶修理的种类及范围

船舶的修理可分为航修、小修、中修、大修和事故修理等。

1. 航修

航修是船舶在营运期间，发生影响航行安全所进行的一般修理工程。航修通常是利用等泊位或在港装卸期间进行，其期限与范围视具体情况而定，必要时可聘请专业人员对航修给予指导，航修安排应尽可能不影响船舶营运生产。

2. 小修

小修是按规定周期有计划地结合年度检验的修理，其目的是消除在运营过程中产生的过度磨耗，保证船舶到下次计划修理期内的安全运行。钢质机动船每年进行一次小修。

小修工程主要是对船体、舵设备、锚设备及管系等主要装置进行重点检查和修理。一般只是对原有的设备进行研磨、调整、更换零部件。对于局部耗蚀过度的船壳板、甲板等,做合理的贴补或挖补。除航务工程船舶外,不得添装改建。

3. 中修

中修是按规定周期有计划地结合中间检验的修理,规定周期为 2~3 年。

4. 大修

大修是按规定周期有计划地结合特别检验或换证检验的修理,规定周期为 4~6 年。

中修、大修的目的是对船体、主机、辅机及其他设备进行全面检查,重点修复在小修时不能修复的较大的缺陷,以保持和恢复船舶强度和主要设备的安全运转性能。检修期间发现的问题,凡必须立即修复的均应修复。但对那些连带工程不大而又可以安全使用到下次检修解决的,可以做好记录,在下次检修时修复。

5. 事故修理

事故修理是指对船舶因发生事故而损坏的部分的修理。这类修理如果工程范围较大,航修难以胜任,则仍需安排修理计划。事故修理的项目、范围和期限,一般可由船舶检验部门的验船报告所载的实际损坏情况和修复要求来确定。事故修理在实施之前,仍需开具修理单交给承修的船厂。对于轻微的事故损坏,在不影响适航性能、无碍安全营运的前提下,可以做好记录,待到计划养护修理时修复。事故修理项目应集中编制修理单,并注明"事故修理",要求船厂对这部分修理费另开发票,并在发票上加盖"事故修理"字样的图章,作为索赔的凭证。

二、船舶修理单的编写

船舶修理文件是船舶和机务部门向船厂提出的修船工程的基本技术文件,是机务部门和船厂安排修船计划,船厂做好船舶进厂修理前施工准备工作的依据。船舶修理文件分为主要工程摘要单和修理单。

(一)船舶修理单

船舶修理单是船方和机务部门向船厂提出的修理文件,是机务部门和船厂安排季度和月度修船计划的依据,船厂凭此做好船舶进厂前的施工准备工作。

1. 船舶修理单的编写要求

(1)编写修理单要简单明了,可以三不写,即不写工艺方法、技术标准和附带工程。重大工程必须和工程摘要单相符,即机电设备、特殊材料和预制件不能随便更改。

(2)船员平时无法拆卸检查,不能确切决定修理内容的项目(即隐蔽工程),只写"拆卸检查后决定修理内容",但应估计出需修换的部件名称、规格、数量。船厂对隐蔽工程进行拆检后,应提出拆检报告,经机务部门或船员签认后,作为补充修理单。

(3)对可以预制的部件(包括毛坯),应在修理单上绘制草图,或由机务部门供应图纸,必要时注明请船厂派人上船测绘。

(4)船员自修的项目及需要的配件和材料,应另列清单,报机务部门,不能混写在厂修的修理单内。

(5)修理单由船员按坞修、甲板、轮机、电气工程、专用设备等部分编写,一式四份,按规定时间送机务部门审核。

船厂接到修理单后，必要时，应会同机务部门上船核对。核对后的修理单和拆检报告是编制施工单、估价单和签订合同的依据。

2. 修理单的内容

编写修理单时，对修理工程要分条编写。每项工程应包括以下几方面内容：

(1)名称和部位

如外板(船底板和舷侧列板)应按排列编号标明，甲板应注明甲板名称和部位；甲板设备应注明设备名称，并以甲板层次和左、右舷等注明其位置。

(2)损坏情况

应根据实际情况，写明属于何种损坏及损坏的范围、程度，如锈蚀、磨损、弯曲、变形、折断、裂缝等。

(3)修理要求

根据实际情况提出具体意见，包括检查、测量、修理要求，如局部割换、覆补、校正、换新、堆焊、磨光等。凡因修理或检查需要而进行的拆装工程也应明确写出。

(4)材料规格及数量

对要求修理、换新的构件、零件都应写明其规格和数量。对某些特殊的备件还应画出草图，注明尺寸，以估算材料数量。

(5)试验及验收

一些测试、试验工作，是决定工程或检验质量必不可少的内容，应在修理单的工程项目中填报，并注明“测试记录”“试验报告”“检验证书”要交船上，如钢板测厚、密性试验、锚链拉力试验等。

进厂后船舶的供电、供水、垃圾的清除等都应作为一个工程项目，专门列出，不能遗漏。

(二)常用修船符号

为了使修理单编写简单明了，常规定一些公认符号表示修理方法和要求，如表7-1所示。

表7-1 部分修船符号一览表

符号	含义	符号	含义
⊗	钢板、构件割下换新	×	拆掉
□	拆装校平或校直	△	现场校平或校直
$	割换	*W*	电焊
[ ] (外加方框)	加焊腹板	(5.5) (圆圈内)	测厚位置和厚度

三、修船前的检查

船体及设备是否需要进行修理是根据《钢质内河船舶入级与建造规范》《内河营运船舶检验规程》的有关规定以及船体和设备的实际技术状况来确定的。因此，在修船前应对船体结构及构件进行全面、仔细地检查，将各种构件的实际状况和船舶检修规范中所规定的允许标准做比较后，确定各种构件与材料是否需要修理或更换，以了解整个工程的实际范围与性质。如果船体缺陷超过了上述规范和规程所规定的允许值，则必须对相应的结构及构件进行修理。

（一）船体缺陷及船体构件的变形与变形极限

1. 船体缺陷的形式

船体缺陷一般分为三种形式：

（1）蚀耗：由于腐蚀、侵蚀、机械磨损造成的构件尺寸的减小；

（2）变形：船体构件的塑性变形，如凹陷、皱褶和初拱度等；

（3）破坏：由于各种外力作用而引起的船体构件完整性的破坏，如裂缝、折断、破洞等。

2. 船体构件变形的种类与变形测量

船体构件变形有以下三种：

（1）皱褶或凸起：船体钢板在总纵弯曲压缩应力作用下因稳定性不够而引起船壳板和强力甲板在肋骨间产生的永久变形。

（2）凹陷：外板、甲板、舱壁、围壁等板材结构受到大于其局部强度的外力作用而引起的残余变形。这种凹陷影响该处的局部强度，发生在水线以下时还会增大阻力和加速腐蚀，特别危险的是凹陷区在受到较小外力时，也会使内应力超过屈服点而遭到破坏。

（3）初拱度：船体钢板与骨架焊接时，因热应力影响造成的在骨架之间的钢板变形。

船体构件的变形用挠度，即用钢板或骨材凹陷最深距离来表示，单位为毫米。测量船体构件的变形：一是测量挠度；二是测量变形处的肋距 S 或变形区域沿船长方向的长度 l。S 和 l 的单位均为毫米。

（二）船体构件的耗损检查与蚀耗极限

1. 船体构件的耗损检查

船体构件的耗损检查主要是对钢板和骨材的厚度进行测量。

（1）钢板厚度的测量

测量前应清除影响测厚的表面污锈、涂料及测厚孔周围的毛刺。

测厚应选定能代表每块钢板平均厚度的至少两个部位进行测定。钢板腐蚀不均匀时，除上述两点外，在钢板腐蚀最严重肋距内，沿板宽方向选取三点，测量厚度求其平均值。

钢板测厚应采用超声波测厚仪，并应在测量过程中用标准厚块进行校核，必要时可用打孔测厚校对。用开孔测量钢板厚度时，板厚应取孔周厚度的平均数值。

超声波测厚时应注意以下几点：

①测厚仪工作前要调整好，包括电源、各种调节开关和探头（即换能器）。在测厚过程中应定期用试块校验其精确度。

②被测表面应除锈刮漆,并用粗砂纸或砂轮磨平,使其具有一定的平整度以传入声波。

③测厚时,探头和被测表面应滴上机油、甘油或水玻璃。

④测厚仪应水平放置,以避免读数不准及电表零位不正等影响。

⑤探头与所测钢材表面接触后应稍微径向转动,以利探头得到更好的接触,迅速而准确地反映出厚度数值。

(2)骨材的测厚

骨材测厚的位置应包括骨材两端及中间部位,并着重测量腐蚀较严重的部位(如肋骨下端较易腐蚀且承受弯矩也较大),测厚应记录在图纸的相应位置上。

骨材测厚包括对骨架的折边(或面板)及腹板的测量。

2. 船体构件的蚀耗极限

钢质船体构件的蚀耗极限之规定详见《内河营运船舶检验规程》。

四、修船注意事项

(一)厂修注意事项

1. 船舶厂修前的准备工作

(1)按规定办妥手续,编制和核对修理单或补充修理单。

(2)凡由船员拆卸而需进厂修理的设备和部件,应预先集中,用白漆在修理工件上写好船名、零件名称,并简单书写修理要求,以防遗失和弄错。

(3)将待修舱室内的物品、燃料、水等移出,排出待修管系内的残水、残气,清除垃圾,以便让船厂工人随时上船开工。油舱、油柜、油管的残油、油脚的清除和清洗工作由专人负责;检查是否需要测爆,测爆要做好记录,目的是防止修理人员中毒或施工中发生燃烧、爆炸等事故。

(4)将船上常用、备用物品收集放妥,如救生衣、救生圈等,以防物品不必要的丢失。

(5)制定好安全措施:全面检查消防设备并制定安全措施。如对易燃、易爆物品应妥善保管,对电焊施工现场布置专人值班。在防坠落方面,如跳板、安全带及防滑等设备应准备好;在安全用电方面,应用低电压照明施工现场,若超过 110 V,电线须系于高处,并有标志。

2. 出厂前的注意事项

(1)凡经开工修理的工程项目,必须完工并按规定验收;

(2)有关船舶检验项目,包括系泊试验和航行试验,必须合格,并取得验船部门的证明文件;

(3)修船的技术文件和检查测量记录应收齐;

(4)厂方的设备和工具应全部撤离;

(5)船上的所有废料、垃圾均应清除干净,船舶应处于营运状态;

(6)关闭水密舱盖,检查压载情况,对需要稳性校核的船舶,应核算稳性。

(二)坞(排)修注意事项

1. 船舶进坞或上排前的准备工作

(1)卸出船上不必要的物料、燃料和存油、存水,油舱须进行洗舱并测爆,调整好前、后吃水不使有纵、横倾（使纵倾不超过百分之一的船长、横倾不超过 1°）。

（2）将进坞图交给厂方，以便按船型安排坞墩。船底装有回声测深仪收发器、水压式计程仪、船底塞等的突出物应向厂方交代清楚。

（3）船上主机、舵机、锚机如能使用，需准备就绪；如不能使用，应事先通知厂方。

（4）所有可移动物件，如锚、救生艇、吊杆等应放置牢固，收进突出舷外的设备，如长靠把等。

（5）封闭船上的厕所及各污水管；停止使用厨房，同时安排好船员生活。

（6）准备好带缆设备，清除跳板口附近障碍，准备搭跳板。

（7）检查船上防火设备是否处于适用状态。

2. 船舶在坞中或排上修理时的注意事项

（1）上坞或上排后，应对水线以下的外板、舵叶、海底阀等进行检查并逐项核对坞修工程，如有增减项目，应进行追补或减除；

（2）会同厂方做好钻孔测厚记录、舵叶测厚及密性试验记录、海底阀的修理记录；

（3）电航仪器的船底通道或其他不能做一般性敲铲油漆的设备，进坞或上排后必须用封条封好。

3. 船舶出坞或下水时的注意事项

（1）全面检查坞修工程项目是否全部完工，车舵是否已装置正常。

（2）检查海底阀是否已全部关闭，测厚孔或检修用的临时孔洞是否已全部补好。

（3）将厂方设备工具及有关工作用的绳索全部拆除，可移动的物件固定妥当。

（4）向坞内放水时，检查各双层底舱。

（5）向坞内放水起浮后，记下船舶前、后、左、右的吃水。根据本船的稳性，必要时在出坞前调整压载水。

（三）修船期间的安全注意事项

修船过程中必须时刻注意安全，工作人员必须遵守各种操作规程和安全制度。主要应注意以下（电、火、摔）事项：

（1）接岸的电线应挂起系牢，不得任意放在甲板上，工作调整换灯泡应先关闭电源。行灯的引线不得触到湿地及热管上，防止漏电。

（2）检查舵机时，应在驾驶室舵轮上挂上“下面检修舵机，勿动舵轮”的牌子，检修电器时的电门挂上“正在检修”字样，关闭舱内电灯，必须预先通告用灯场所一切人员，以免发生事故。

（3）待修燃油舱用蒸汽熏舱或用热水充分冲洗之后，再经测爆确定无爆炸危险后才得入舱工作。如隔数日油气变浓要重新测爆。

（4）电焊工程应有专人检查其周围有无易燃物品，收工后尚须巡视以防隐火蔓延。

（5）舱口盖和人孔揭开后应设置明显的标志，放置照明灯并围以绳子等阻拦物，工作完毕要及时盖好舱口盖和人孔盖。进双层底工作必须有 2 人以上。

（6）使用梯子前，应在下端绑扎橡皮之类的防滑物，如仍觉不安全，须派人扶住或用绳子绑牢，以免滑跌。

（7）在积雪、结冰的露天甲板上工作时，应先将甲板打扫干净。

(8)做舷外临水作业时,应挂有救生绳或绳梯,并派专人瞭望来往船只,注意临水工作人员安全。

第二节 船舶检验

《中华人民共和国内河交通安全管理条例》第六条第一款规定,船舶必须经海事管理机构认可的船舶检验机构检验并持有合格的船舶检验证书,方可航行。通过对船舶及其设备的检验,可以保证船舶的营运安全和防止污染、损害水域环境,保证船旗国政府对船舶实施有效的管理和控制;同时也为船舶所有人提高船舶在航运市场的竞争力,降低保险费率,以及为公证、索赔、海事处理等提供必要的技术依据。

一、船舶检验的种类

按照检验性质的不同,船舶检验可以分为法定检验、船级检验和公证检验等三种基本类型。

(一)法定检验

法定检验是指船旗国政府或者其认可的船舶检验机构按照法律、行政法规、规章和法定检验技术规范,对船舶、水上设施、船用产品和船运货物集装箱的安全技术状况实施的强制性检验。法定检验必须由政府主管机关或其授权的组织或个人进行。法定检验是政府为保证船舶安全而强制实施的,是对船舶进行管理和控制的有效手段。

根据我国交通运输部 2016 年 1 月 14 日颁布的《船舶检验管理规定》,法定检验主要包括建造检验、定期检验、初次检验、临时检验、拖航检验、试航检验等。

1. 建造检验

在我国登记或者拟在我国登记的船舶、水上设施的所有人或者经营人,有下列情形之一的,应当向国内船舶检验机构申请建造检验:

(1)建造船舶、水上设施的;

(2)船舶主尺度、船舶类型、分舱水平、承载能力、乘客居住处所、主推进系统、船舶稳性等涉及船舶主要性能及安全的重大改建,或者涉及水上设施安全重大改建的。

2. 定期检验

营运中的中国籍船舶、水上设施的所有人或者经营人,应当向签发船舶检验证书的国内船舶检验机构申请定期检验。定期检验可以委托营运地国内船舶检验机构代为进行。

3. 初次检验

根据我国《船舶检验管理规定》,中国籍船舶、水上设施的所有人或者经营人, 有下列情形之一的,应当向国内船舶检验机构申请初次检验:

(1)国际船舶、水上设施改为中国籍船舶、水上设施;

(2)体育运动船艇、渔业船舶改为该规定适用的船舶;

（3）营运船舶检验证书失效时间超过一个换证检验周期的；

（4）老旧营运运输船舶检验证书失效时间超过一个特别定期检验周期的。

4. 临时检验

中国籍船舶、水上设施的所有人或者经营人，有下列情形之一的，应当向国内船舶检验机构申请临时检验：

（1）因发生事故，影响船舶适航性能；

（2）改变证书所限定的航区或者用途；

（3）船舶检验机构签发的证书失效时间不超过一个换证周期；

（4）涉及船舶安全的修理或者改装，但重大改建除外；

（5）变更船舶检验机构；

（6）变更船名、船籍港；

（7）存在重大安全缺陷影响航行和环境安全，海事管理机构责成检验的。

5. 拖航检验

我国管辖水域内对移动式平台、浮船坞和其他大型船舶、水上设施进行拖带航行，起拖前应当申请拖航检验。

6. 试航检验

船舶试航前，船舶所有人或者经营人应当向国内船舶检验机构申请试航检验，并取得试航检验证书。

（二）船级检验（也称入级检验）

船级检验（也称入级检验）是指应船舶、水上设施的所有人和经营人自愿申请，按照拟入级的船舶检验机构的入级检验技术规范，对船舶、水上设施进行的检验，并取得入级船舶检验机构的入级标识。船级检验是船舶所有人为了投保、索赔和处理海事纠纷的便利而自愿进行的，船级检验通常由船舶所有人选择船级社进行。

根据我国交通运输部2016年1月14日颁布的《船舶检验管理规定》，下列中国籍内河航行船舶加入船级的，应当向中国船级社申请入级检验：

（1）载重量1 000吨以上的油船；

（2）滚装船、液化气体运输船和散装化学品运输船；

（3）船舶所有人或者经营人申请入级的其他船舶。

（三）公证检验

公证检验是船级社或政府的船舶检验机构应船舶所有人、经营人、租船人或保险人等有关方面提出的申请，指派验船师对申请检验的项目提供技术鉴定以证明船舶的实际状况或产生事故的原因的检验。公证检验包括海损检验、索赔检验、起租退租检验、船舶状况检验、货损检验等。如船舶起、退租时的状况鉴定，买卖船时的船舶技术状况勘验，船存油、水的测量证明，某些海损事故所致损坏程度的鉴定等。公证检验的检验报告可作为海事索赔、保险理赔、费用追偿和分摊等的合法依据。

二、船级检验

船级是评定船舶技术状况的国际通用形式，船级检验由船级社执行。

（一）入级通则和船级符号

1. 入级通则

船舶的船体（包括设备）和轮机（包括电气设备）符合 CCS《钢质内河船舶建造规范》及相应规范的有关规定，CCS 将授予相应的入级符号和附加标志，签发入级证书。

2. 入级符号和附加标志

凡经 CCS 批准入级的船舶，其船体（包括设备）、轮机（包括电气设备）将根据不同情况分别授予不同的船级符号及附加标志。

（1）入级符号

船舶的船体（包括设备）与轮机（包括电气设备）经 CCS 批准入船级，将根据不同情况授予下列入级符号："★ CSAD 和★ CSMD""★ CSAD 和<u>★</u> CSMD""<u>★</u> CSAD 和<u>★ CSMD</u>"。

入级符号含义如下：

①★ CSAD——船舶的结构与设备由 CCS 进行审图和建造中检验，并符合 CCS 规范的规定。

②<u>★</u> CSAD——船舶的结构与设备不由 CCS 进行审图和建造中检验，其后经 CCS 进行检验认为其符合 CCS 规范的规定。

③★ CSMD——船舶的推进机械和重要用途的辅助机械由 CCS 进行产品检验，而且船舶轮机和电器设备由 CCS 进行审图和建造中检验，并符合 CCS 规范的规定。

④<u>★</u> CSMD——船舶的推进机械和重要用途的辅助机械不由 CCS 进行产品检验，但船舶轮机和电器设备由 CCS 进行审图和建造中检验，并符合 CCS 规范的规定。

⑤<u>★ CSMD</u>——船舶轮机和电器设备不由 CCS 进行审图和建造中检验，其后经 CCS 进行入级检验，认为其符合 CCS 规范的规定。

（2）附加标志

①附加标志加注在入级符号之后，船舶类型、航区限制附加标志属于必需附加标志，应随入级符号授予。

②除特别说明，附加标志一般的次序排列为：船舶类型、航区限制、货物特性、特殊性能、机舱自动化、特殊设备、特殊检验、环境保护、货物冷藏装置。

（二）入级证书

1. 证书

船体（包括设备）与轮机（包括电气设备）经审图和检验后，认为其符合 CCS 规范有关规定和其他要求，将授予船体入级符号和相应附加标志，并签发入级证书。

2. 证书有效期

（1）船舶入级证书的有效期自初次检验完成之日或上次特别检验到期日算起不超过表 7-2 规定的特别检验间隔期。

(2)临时入级证书的有效期不超过 5 个月。

(3)入级证书的有效期应尽量与该船法定证书有效期进行协调。

(三)保持船级的各种检验

1. 一般规定

(1)重新入级

当已被取消或暂停 CCS 船级的船舶要求重新入级或恢复时,CCS 将根据船龄和原船级具体情况进行检验,如检验表明船舶处于良好状态并符合 CCS 规范要求,CCS 将恢复其原授予的船级或按需要授予其他船级。

(2)损坏和修理检验

①涉及入级的船体(包括设备)和轮机(包括电气设备)等部件遭到认为可能影响入级的损坏时,应及时通知 CCS,CCS 将指派验船师在该船航程抵达的适当港口及时登船进行损坏检验,其检验范围应使验船师认为能查明损坏程度和原因所需的范围。

(2)涉及入级的船体(包括设备)和轮机(包括电气设备)做任何修理,应在 CCS 验船师在场下进行。

(3)改装或改建检验

①涉及入级的船体(包括设备)和轮机(包括电气设备)的结构尺寸或装置进行改装或改建时,其相关图纸应提交 CCS 批准。

②船舶有重大特征的改装或改建时,应符合“其他检验”的有关规定。

2. 检验的种类与周期

(1)年度检验

所有船舶应进行年度检验。年度检验应于初次入级检验日期或上次特别检验日期的每周年前或后 1 个月内进行。

(2)中间检验

所有船舶应进行中间检验。中间检验可在到期日前后 1 个月进行,如果中间检验与年度检验重合,则中间检验替代此次年度检验。

(3)船底外部及有关项目的检验

①船底外部及有关项目的检验既可以在干船坞或在船排上进行,也可以在船舶漂浮状态下进行。在干船坞或在船排上进行的检验称为坞内检验;在船舶漂浮状态下的检验称为水下检验。

②在船舶特别检验间隔期内,至少应进行 2 次船底外部及有关项目的检查。其中一次应结合特别检验进行,另一次一般结合中间检验或在 2 次中间检验之间进行。在所有情况下,任何两次检验的间隔不应超过 48 个月。在特殊情况下,可允许坞内检验到期后展期 3 个月进行。

③对船底外部及有关项目的检查通常应在干船坞内进行。但是,可以在船舶漂浮状态下,采用水下检验方法进行。对于船龄在 18 年以上的油船、散货船、化学品船,检查必须在船坞内进行。

(4)特别检验

①特别检验可在到期之日前 1 个年度检验开始,于到期之日前完成。如特别检验开始的

时间早于到期日前 1 个年度检验,则全部特别检验应在特别检验开始后的 15 个月内完成。

②在特殊情况下,如果特别检验在到期之日内船东未能安排进行,根据船东到期之日前的书面申请,并经 CCS 同意,特别检验可给予不超过 3 个月的展期。

③如特别检验在到期日 3 个月前完成,则下次特别检验的日期从特别检验完成日算起。其他情况下次特别检验的日期从原特别检验到期日算起。如特别检验在到期日以后完成,则下次特别检验的日期仍从原特别检验到期日算起。

表 7-2 内河入级船舶建造后检验种类和间隔期一览表 (单位:年)

船舶种类		特别检验次数 间隔期限(年) 检验种类	第一次	第二次	第三次	第四次及以后各次
自航船	客船、Ⅰ型客滚船、Ⅱ型客滚船、车客渡船、滚装货船(不含商品汽车滚装船)、油船、化学品液货船、液化气体船、油(化学品液货)推(拖)船	特别检验	6	6	6	4
		中间检验	3	2	2	2
		年度检验	1	1	1	1
	高速船	特别检验	4	4	4	4
		中间检验	2	2	2	2
		年度检验	1	1	1	1
	以上未包括的其他船舶	特别检验	6	6	6	4
		中间检验	3	3	3	2
		年度检验	1	1	1	1
非自航船	餐饮趸船	特别检验	6	6	6	4
		中间检验	3	2	2	2
		年度检验	1	1	1	1
	油(化学品液货)驳、油(化学品液货)趸、液化气体趸船、液化天然气加注趸船、储油趸船、车客渡驳	特别检验	8	8	4	4
		中间检验	4	4	2	2
		年度检验	2	2	1	1
	工程船	特别检验	8	8	8	4
		中间检验	4	4	2	2
		年度检验	—	2	—	1
	以上未包括的其他非自航船	特别检验	8	8	8	6
		中间检验	4	4	2	2
		年度检验	—	2	—	—

(5)特别定期检验

①根据船旗国政府主管机关的规定,达到规定船龄的船舶,应每年进行一次特别定期检验。

②在达到规定特别定期检验船龄的前后半年内,船舶所有人、经营人,应申请特别定期检验,特别定期检验的项目与特别检验的项目相同。

③特别定期检验完成后,签发新的入级证书,并加注"特别定期检验"附加标志,证书的有效期不超过 1 年。

(6)螺旋桨轴和尾管轴检验

(7)锅炉检验

(8)循环检验

①船体循环检验系统是特别检验的替代检验系统，但不适用于油船、散装货船和兼用船、化学品船、客船、客滚船和船龄20年以上的船舶。

②根据船东申请并经CCS的同意，满足船体特别检验要求的船体全面检验，可以在循环检验系统的基础上进行。

③采用循环检验时，船体特别检验的所有要求，应在特别检验期满之前完成。

④在循环检验周期内，所有特别检验项目，应尽实际可能在特别检验周期内均匀分配在每年度进行检验（必要时应做试验）。

⑤船东有权确定船体检验项目的顺序。但是，各检验周期内的顺序应与之前检验周期内的顺序相关联，以确保在2个周期内的检查项目间隔时间不超过特别检验间隔期。只要符合船底外部及有关项目的检验的相关要求，坞内检验也可以在特别检验间隔期内任何时候进行。

(9)机械计划保养系统检验

按计划维护保养的机械和装置，CCS可同意采用机械计划保养系统检验替代轮机和电气的特别检验和循环检验，条件是：

①制订船上所有机械、装置和设备的维护保养计划；

②船上实施计划人员应遵守认可的维护保养计划，按计划进行维护保养并做出记录；

③实施计划的维护保养记录应每年进行一次检查，以确认处于有效状态。

(10)临时检验

临时检验系指不属于各种定期检验的任何检验。按检验船舶的不同部分，该检验可以定义为船体、机械、锅炉、电气和自动控制与遥控系统等临时检验。船舶发生下列情况时，船东或其代理人应申请临时检验：

①船名、船籍港、船旗和船东或经营人变更；

②遭受影响船级的船舶及其设备的损坏；

③船舶航区的改变；

④涉及入级的任何修理或改装或更换时；

⑤检验的延期或建议。

临时检验根据情况可以是总体或部分的，应确保维修和任何换新业已有效地进行，且船舶及其设备继续适于船舶所从事的营运业务。完成临时检验，应在船舶入级证书中做相应的签注。

(11)搁置检验

①搁置开始时，应申请进行搁置检验；在搁置期间应进行搁置状态年度检验；搁置结束时，应申请恢复营运检验。

②船舶在其搁置期间，根据船东申请，特别考虑检验范围和日期，可进行部分或全部的建造后检验。这些所进行的检验可在确定船舶重新营运检验范围，和/或确定下一次相同类别建造后检验的有效期时予以考虑。

③如果搁置船舶具有CCS同意的搁置维护方案，而且搁置期跨过船级特别检验已到期日期，如完成搁置状态年度检验，则在搁置期间，所有已过期的建造后检验展期到重新营运日期。

(12)初次入级检验

初次入级检验系指对申请入级的船舶,在第一次授予其 CCS 船级和颁发入级证书之前,所进行的符合性检验,以确认其文件、结构和设备的设计、配置和技术状况以及管理等符合 CCS 入级规范、规则及 CCS 承认的其他技术要求。

三、法定检验

1. 检验种类

根据《船舶与海上设施法定检验规则》(内河船舶法定检验技术规则,2011)的规定,内河船舶法定检验的种类如下:

(1)初次检验:在船舶投入营运以及第一次对船舶颁发证书之前,对与某一特定证书有关的所有项目应进行一次完整的检查,以保证这些项目满足有关要求,并且适合船舶预期的营运业务。

(2)年度检验:对与特定证书有关的项目进行总体检查,以确保处于良好的状态,并且适合船舶预期的营运业务。该检验可在相应间隔期期限到期日前后 1 个月内进行。

(3)中间检验:对与特定证书有关的指定项目进行检验,以确保处于良好的状态,并且适合船舶预期的营运业务。该检验可在相应间隔期期限到期日前后 1 个月内进行。

(4)换证检验:在船舶证书到期之前,对与特定证书有关的项目进行检验,以确保处于良好的状态,并且适合船舶预期的营运业务。该检验按表 7-2 的期间进行。若船东提交检验确有困难,为使船舶能完成其航行,经船舶检验机构同意,并经检验满意后,可对其证书给予不超过 3 个月的展期。

(5)船底外部检查:对船舶水下部分和有关项目进行检查,以确保处于良好的状态,并且适合船舶预期的营运业务。在换证检验间隔期内应至少进行两次船底外部检查,其中一次应结合换证检验进行,另外一次一般结合中间检验或在两次中间检验之间进行。高速船一般每年进行一次船底外部检查。

(6)附加检验:在船舶发生事故或发现影响船舶安全性或完整性或影响其设备的效力或配套性的缺陷时,根据具体情况进行的一次全面或部分检验。当发生下列情况时船舶所有人或经营人应向船舶检验机构申请附加检验:

①因发生事故,影响船舶适航性能;

②改变船舶证书所限定的用途或航区;

③法定证书失效;

④船舶所有人或经营人变更及船名或船籍港变更;

⑤涉及船舶的修理或改装(包括证书注明的遗留项目的消除)。

(7)特别定期检验:对老旧运输船舶,按其船舶种类达到规定的船龄之日起,对与特定证书有关的项目进行检验,以确保处于良好的状态,并且适合船舶预期的营运业务,并颁发一份新证书。

(8)搁置检验:船舶在搁置阶段开始、搁置期间和结束搁置期重新营运前进行的检验。

2. 检验间隔期

除另有规定外,内河营运船舶年度检验、中间检验和换证检验的检验间隔期限如表 7-3

所示。

表 7-3　内河船舶营运检验间隔期一览表

船舶种类	检验种类 \ 间隔期限/年 \ 换证检验次数	第一次	第二次	第三次	第四次及以后各次
客船、Ⅰ型客滚船、Ⅱ型客滚船、车客渡船、滚装货船、油船（包括沥青船）、油推（拖）船	换证检验	6	6	6	4
	中间检验	3	2	2	2
	年度检验	1	1	1	1
高速船	换证检验	4	4	4	4
	中间检验	2	2	2	2
	年度检验	1	1	1	1
以上未包括的其他自航船	换证检验	6	6	6	4
	中间检验	3	3	3	2
	年度检验	1	1	1	1
油驳、油趸、车客渡驳、餐饮趸船	换证检验	8	8	4	4
	中间检验	4	4	2	2
	年度检验	2	2	1	1
非自航工程船	换证检验	8	8	8	4
	中间检验	4	4	2	2
	年度检验	—	2	—	—
以上未包括的其他非自航船	换证检验	8	8	8	6
	中间检验	4	4	2	2
	年度检验	—	2	—	—

3. 法定证书

船舶检验机构按照规定对船舶实施各种检验后，签发相应的船舶检验证书，这些证书的种类、有效期见表 7-4。

表 7-4　内河船舶检验证书及有效期一览表

<table>
<tr><th>序号</th><th>证书名称</th><th>有效期限</th><th>检验种类</th></tr>
<tr><td>1</td><td>内河船舶适航证书</td><td rowspan="7">不超过表 12-2 规定的换证检验间隔期</td><td>初次检验、年度检验、中间检验、换证检验、船底外部检查</td></tr>
<tr><td>2</td><td>内河船舶载重线证书</td><td>初次检验、年度检验、换证检验</td></tr>
<tr><td>3</td><td>内河船舶防止油污染证书</td><td rowspan="4">初次检验、年度检验、中间检验、换证检验</td></tr>
<tr><td>4</td><td>内河船舶防止生活污水污染证书</td></tr>
<tr><td>5</td><td>内河船舶防止垃圾污染证书</td></tr>
<tr><td>6</td><td>内河船舶防止空气污染证书</td></tr>
<tr><td>7</td><td>内河船舶船员舱室设备证书</td><td>初次检验、换证检验</td></tr>
<tr><td>8</td><td>内河船舶吨位证书</td><td rowspan="2">长期有效</td><td>年度检验、中间检验、船底外部检查、附加检验</td></tr>
<tr><td>9</td><td>内河船舶乘客定额证书</td><td>初次检验、年度检验</td></tr>
<tr><td>10</td><td>内河船舶装运危险货物适装/推或拖证书</td><td rowspan="3">不超过表 12-2 规定的换证检验间隔期</td><td rowspan="3">初次检验、年度检验、中间检验、换证检验</td></tr>
<tr><td>11</td><td>内河船舶散装运输危险化学品适装证书</td></tr>
<tr><td>12</td><td>内河船舶散装运输液化气体适装证书</td></tr>
<tr><td>13</td><td>内河船舶免除证书</td><td>不超过相应证书的有效期限</td><td>—</td></tr>
<tr><td>14</td><td>临时证书</td><td>—</td><td>通过附加检验发证</td></tr>
<tr><td>15</td><td>内河高速船安全证书</td><td rowspan="4">不超过表 12-2 规定的换证检验间隔期</td><td>初次检验、年度检验、中间检验、换证检验</td></tr>
<tr><td>16</td><td>内河浮船坞安全证书</td><td>初次检验、两年度检验、换证检验</td></tr>
<tr><td>17</td><td>京杭运河型船舶航行证书</td><td>—</td></tr>
<tr><td>18</td><td>川江及三峡库区船舶航行证书</td><td>—</td></tr>
</table>

第八章 船舶应变部署

船舶所处的环境复杂多变，随时可能发生各种危及船舶和人命安全的事故，为了避免严重后果，把损失减到最少，船舶必须备有各种应变设备和器材，船员必须明确自身的应变职责，掌握足够的应变知识，熟练操作应变系统、设备和器材，还必须制订一套完整的应变计划。

船舶应变部署是指船舶为适应各种可能发生救生、救火、堵漏、舵机失灵、弃船、防污染等紧急情况，而事先根据船舶设备和人员情况对各项有关工作的安排部署。船舶应变部署是船舶一项重要的安全制度，其目的是保证船舶在发生各种事故时，能有条不紊地迅速施救，以求减小或不扩大事故损失。

第一节 船舶应变部署表的编制

船舶应变部署表是指船舶为应对可能发生的危及人命财产安全的紧急情况，事先制订的以表格和文字形式表达的船上集体与个人协调行动的应急计划。当船舶不论由于何种原因发生火灾、人落水、船体进水或弃船等情况时，立即按照船舶应变部署表的规定，启用相应的应变信号，召集所有船员、旅客按事先部署立即抵达应急岗位和集合地点，在统一指挥下迅速采取应急措施，以避免或减少人命财产损失。我国规定 200 总吨及以上的中国籍船舶应配备由国家海事管理机构认可的统一印制的船舶应急部署表。

一、船舶应变部署表编制原则

(1)应结合本船的船舶条件、船员条件、客货条件以及航区自然条件。

(2)关键岗位与关键动作应指派技术熟练、经验丰富的人员。

(3)根据本船的具体情况,可以一职多人,或一人多职。

(4)人员的安排应有利于应急任务的完成。

二、船舶应变部署表的主要内容

(1)按照相关法规的要求,船舶应变部署表应写明:

①通用紧急警报信号和有线广播的细则;发出警报时船员、乘客应采取的行动;弃船命令如何发出。

②指派给不同船员应急职责,在客船上还应标明船员在组织旅客应急时的相关职责。

③有关救生、消防设备的配备。

④指明船员负责保证维护救生、消防设备并使其处于完好和立即可用状态。

⑤职务与编号、姓名、艇号、筏号的对照一览表。

⑥消防应急、弃船求生、放救生艇(筏)的详细分工内容和执行人编号。

⑦航行中驾驶台、机舱、电台固定人员及其任务。

⑧指明关键人员受伤后的替换者,要考虑到不同的应急情况要求不同的行动。

⑨船舶及船公司名称,船长署名及公布日期。

(2)我国海事主管机关认可的统一印制的船舶应变部署表包括以下内容:

①船名、船公司名、船舶识别号。

②各类应急警报信号。

③救生设备(包括救生衣、救生圈、救生艇、救生筏等)所在位置。

④消防设备(包括消防员装备、消火栓与消防水带、手提式灭火器、固定水灭火系统、应急消防泵、灭火站室等)所在位置。

⑤船员姓名、编号、职务及其应登乘的艇号、筏号对照一览表。

⑥弃船救生动作及执行人。

⑦降放救生艇动作与任务及执行人。

⑧救生部署、消防部署以及其他应变部署。

⑨关键人员受伤后的替换者。

⑩船长签署及公布日期。

三、船舶应变部署表的编制职责与公布要求

(1)船舶应变部署表应在船舶开航前制定。在船舶应变部署表制定后,如船员有所变动而必须变更应变部署时,应修订该表,或制定新表。

(2)船舶应变部署表由大副具体编制,经船长审核、签署后公布实施。

(3)船舶应变部署表应张贴或用镜框配挂在驾驶台、机舱、餐厅和生活区走廊的主要部位。

（4）应变部署表的推荐式样如表 8-1 所示。

表 8-1　船舶应变部署表（示例）

货船应变部署表

船名：　　　　　　船东/管理公司：

驾驶台/机舱 任务	执行人
协助船长，瞭望，操纵车钟，管理烟火探测器，对外联系，做好记录	
操舵，协助瞭望，悬挂信号	
轮机长替代人，机舱值守，管理操纵主机	

紧急报警信号：根据船长指令，用报警器或汽笛发出如下紧急报警信号，如有可能并应伴随有线广播。船员听到报警信号后，应立即着装就位。

消防：短声连放一分钟

弃船救生：七短一长重复连放一分钟

解除：一长声

人员落水：三长声

编号	1	2	3	4	5	6	7	8	9	10	11	12	13	14	15	16	17	18	19	20	21	22	23	24
职务																								
姓名																								
筏号	1	2	1	2	1	2	1	2	1	2	1	2	1	2	1	2	1	2	1	2	1	2	1	2

弃船救生动作

弃船时的任务	执行人	弃船时的任务	执行人
降国旗		关闭有关机器，操纵遥控阀门及电钮	
携带有关海图、航海日志、轮机日志、电台日志		携带、投放救生艇筏应急无线电示位标（操作说明）	
携带船舶证书及重要文件		携带双向无线电话（操作说明）	
携带现金及账册		管理操纵抛绳器（操作说明）	
携带食品、毛毯		携带雷达应答器（操作说明）	
关闭水密门窗、舱口、孔道、甲板开口，操作燃油速闭阀		发送最后求救信号	

放救生艇/救助艇/救生筏动作与任务

执行人	自由降落式救生艇	吊放式救生筏	执行人	抛投式救生筏	重力式救助艇/救生艇	执行人
	艇长，持艇员名单，核对艇员，指挥放艇	松开滑钩，脱开绑扎钢丝绳		筏长，持有筏员名单，检查登乘人员着装	现场指挥，总指挥接替人，指挥放艇	
	副艇长，持艇员名单，检查救生衣和浸水保温服	打开盖子，把卸扣挂在吊艇柱挂钩上		管理集合地点应急照明	艇长，现场指挥接替人，协助指挥放艇，操作脱钩装置，操纵救助艇	
	管理集合地点应急照明和救生艇电气设备			放登乘梯，照料人员登乘	检查集合地点应急照明和吊艇机电气设备	
	解除救生艇艉部固艇索，挂钩	拉出拉线，分别拧紧左、右扶手上的每根线		解除静水压力释放器，将筏抛投水中，拉动充气绳，扶正	放登乘梯	
	解除救生艇底部保险钩			解除救生筏系缆，使筏脱离船舶	解除艇前/后固艇索，带艇首/尾缆	
	带艉缆	拉缆绳，直到木筏充气，并将登艇布放在甲板上		抛投救生浮环，救助落水人员登筏	操纵吊艇架放艇	
	放登乘梯			管理海锚，控制救生筏漂流速度	拆除舷边护栏，照料艇员登艇	
	管理艇机和应急舵	登筏，解开吊艇索和登艇布，放低至海面			随艇下，管理艇首缆，出艇靠把，撑篙	
	操纵救生艇脱钩装置				随艇下，管理艇尾缆，携带救生圈	
		将吊艇柱吊钩从筏子上卸下，用小刀割断缆绳，使其处于自由状态			随艇下，操作艇机	
					携带急救药品、毛毯、担架、医疗器材，现场救助	

救生部署

驾驶台	
二副/三副	协助船长，瞭望，操纵车钟，对外联系
一水/二水	操舵，协助瞭望，悬挂信号，抛投带自亮浮灯和救生索的救生圈

船长

电台任务	
二副/三副	管理电台，VHF 等通信设备，根据船长指示，通知弃船救生集合地点协助对外联系

消防部署

消防队

任务	执行人
船长接替人，甲板着火，现场指挥，危险品着火携带装载图和应急措施表；机舱着火协助轮机长指挥	
机舱着火，现场指挥；甲板着火协助大副指挥	
消防队队长，大副接替人，管理国际通岸接头、固定式 CO_2 灭火系统危险品着火携带防化服	
消防队副队长，队长接替人，协助队长工作	
消防员，携带消防员装备，穿着消防员装备/防化服，探火、抢险	
管理消防栓，皮龙，水枪	
携带手提式 CO_2/干粉灭火器	
管理操纵主、应急消防泵	

隔离队

任务	执行人
隔离队队长，携带长柄太平斧	
隔离队副队长，队长接替人，协助队长工作	
隔离火场附近易燃物	
关闭防火门窗，挡火闸，舱口，孔道，通风筒	
切断有关电路，关闭风机	
切断有关油路，管理操纵副机、应急发电机	
检查供随后弃船用的必要设备和装置	

救护队

任务	执行人
救护队队长，携带急救药箱，救护	
副队长，队长接替人，携带担架，救护	

技术队

任务	执行人
队长：现场指挥	
副队长：队长接替人，协助队长工作	
管理固定灭火系统，按船长命令施放	
管理应急消防泵	
管理固定式局部灭火系统	
关闭机舱防火门、天窗、孔道及通风筒	
切断有关油路；管理国际通岸接头	

封闭处所救助

任务	执行人
现场指挥，负责甲板/机舱所属封闭处所区域	
驾驶台值班，保持通信畅通，负责对外联系	
机舱值班	
携带并穿防护用具、呼吸器，配备安全设备进入处所救助伤员	
携带便携式鼓风机，插线板，对处所进行彻底通风	
携带救生绳，安全带等属具，移开附近障碍物	
进行隔离，关闭相关的管路和阀门，对处所进行机械通风	
携带便携式舱灯，提供电源和充足的通道照明	
看护员，携带通信设备，建立与进入人员的通信	
拉警戒绳，挂警戒牌，禁止无关人员进入	
携带急救药箱、毛毯现场救护	
携带担架和医疗器材，现场救护	

三副
负责船上消防救生设备的日常检查和维护

注：1. 应变部署表中的任务可以一人多职，也可以一职多人。
2. 船长的接替人为大副。
3. 弃船救生，集合地点如与登乘地点不同，全体船员听到弃船救生信号后，应穿好救生衣先到集合地点集合。集合地点一般应在救生艇甲板。
4. 符合 SOLAS 公约第 Ⅲ 章第 Ⅴ 节第 17 条要求的救生艇可作救助艇用。
5. 救助艇的降落可参照救生艇的降落并在放艇任务中适当增设救助，救护和担架人员，具体人员由船长临时指定。
6. 航行途中发生应变部署时，驾驶室固定人员为船长、值班驾驶员、高级值班水手等。机舱固定人员为轮机长、值班轮机员、高级值班机工等。
7. 表中"执行人"一栏应填船员编号。
8. 应变部署表应在船舶出航前制定，在应变部署表制定后，如船员有所变动而必须更改应变部署表时，船长应修订该表，或制定新表

船长：__________ 日期：__________

四、船舶油污应变部署表

（1）船舶油污应变部署表的性质与船舶应变部署表相同，是针对船舶发生油污事故后参加应变的船员的职责和应采取的应急措施所做的明确分工和规定。各船应根据本船的具体情况编制。

（2）船舶油污应急部署表的主要内容包括：

①船名。

②油污警报信号。

③油污应变集合地点（通常为主甲板）。

④参加油污应变的船员的编号、职务、应变岗位以及应变职责。

⑤船长签署、公布日期等。

（3）油污应变部署表推荐样式如表 8-2 所示。

表 8-2　非油船溢油应变部署表（示例）

溢油演习警报信号：· — — ·			总指挥：船长	演习地点：主甲板
编号	职务	姓名	应变岗位	职责
1	船长		驾驶台	总指挥
2	大副		溢油现场	协助轮机长做好溢油现场指挥工作
3	二副		驾驶台/溢油现场	驾驶值班，协助船长做好应急反应记录/采取应急措施，防止溢油扩散，回收清除溢油
4	三副		溢油现场/回收艇现场	提供消防器材，艇长，指挥放艇，防止溢油扩散，回收清除溢油
5	水手长		溢油现场/回收艇现场	提供清污器材/协助指挥放艇，防止溢油扩散，回收清除溢油
6	木匠		溢油现场	测量有关舱室，检查甲板疏水孔，关闭有关通道，防止溢油扩散，回收清除溢油
7	水手 1		驾驶台	驾驶台值班
8	水手 2		驾驶台/溢油现场	驾驶台值班/防止溢油扩散，回收清除溢油
9	水手 3		溢油现场/回收艇现场	艇员，放艇，随艇下，防止扩散溢油，回收清除溢油
10	水手 4		溢油现场/回收艇现场	艇员，放艇，随艇下，防止扩散溢油，回收清除溢油
11	轮机长		机舱/溢油现场	轮机部指挥/现场指挥，协助船长做好溢油现场指挥工作
12	大管轮		机舱/溢油现场	管理机舱设备/防止溢油扩散，回收清除溢油
13	二管轮		机舱/溢油现场	采取应急措施，控制有关阀门、管线，做好现场记录，防止溢油扩散，回收清除溢油
14	三管轮		溢油现场/回收艇现场	协助放艇，随艇下，操作马达，防止溢油扩散，回收清除溢油

续表

溢油演习警报信号：· - - - ·			总指挥：船长	演习地点：主甲板
编号	职务	姓名	应变岗位	职责
15	机工长		溢油现场	提供应急工具和防污器材，防止溢油扩散，回收清除溢油
16	机工 1		机舱	机舱值班，协助大管轮管理机舱设备
17	机工 2		机舱/溢油现场	机舱值班/防止溢油扩散，回收清除溢油
18	机工 3		溢油现场/回收艇现场	防止溢油扩散，回收清除溢油
19	机工 4		溢油现场/回收艇现场	防止溢油扩散，回收清除溢油
20	大厨		厨房/溢油现场	检查厨房火源，关闭所有无关进风口/防止溢油扩散，回收清除溢油
21	二厨/服务员		溢油现场	防止溢油扩散，回收清除溢油
22	医生		溢油现场	携带急救医疗器械，药品，如无医生，由大副承担医生职责
23	实习生		溢油现场	防止溢油扩散，回收清除溢油

船名：________船长：________制表：________日期：________年________月________日

五、应变任务卡

（1）大副应根据船长批准并公布的应变部署表以及船舶应急程序文件编制应变任务卡，并分派给相应的船员或将其制成床头卡，放置在每个船员床头边的专用卡槽内。

（2）应变任务卡或床头卡内应注明应变时相应船员的应变岗位、应变职责、应变时应携带的器材、弃船时应登乘的救生艇（筏）的编号，以及各种应急警报信号等。

（3）货船上的应变任务卡应包括消防、人落水、弃船、溢油、失控、船体破损等应急情况下相应船员的应急任务。

（4）客船应在旅客舱室、集合地点及其他乘客处所，张贴图解和应急须知，向乘客介绍集合地点、应急时必须采取的行动、救生衣穿着方法等。

（5）船员及旅客应变任务卡参考式样如表 8-3、表 8-4 所示。

表 8-3　船员应变任务卡（示例）

船名：		编号：1	职务：船长	姓名：
弃船	信号	· · · · · · · — （七短一长）重复连续 1 min		
	任务	发出声号、报告各部门，携国旗、航行日志最后离船		
火警	信号	· · · · · · · · 连续短声或一阵乱钟后接火警位置信号 —艏、— —中、— — —艉、— — — —机舱、— — — — —上甲板		
	任务	总指挥、驾驶台操船、声号、报告		

续表

船名：		编号：1	职务：船长	姓名：
人落水	信号	━ ━ ━（三长声）重复连放 1 min		
	任务	总指挥、驾驶台操船、声号、报告		
溢油	信号	·━ ━ ·（一短二长一短）重复连放 1 min		
	任务	总指挥、驾驶台操船、声号、报告		
进水	信号	━ ━ ·（二长一短）重复连放 1 min		
	任务	总指挥、驾驶台操船、声号、报告		
解除	信号	━（一长声）重复连放 1 min		

表 8-4 旅客应变部署卡（示例）

应变部署卡	
船名：	
艇号：	集合地点：
火警信号：连续短声或一阵乱钟后：一长声（船前部失火），二长声（船中部失火），三长声（船后部失火），四长声（机舱失火），五长声（上甲板失火） 注意事项：	
弃船求生信号：七短声一长声，重复连放 1 min 注意事项：	
人员落水信号：连续三长声，随后：一短声（右舷落水），二短声（左舷落水） 注意事项：	
封闭处所救助信号：广播通知 注意事项：	
解除警报：一长声	

第二节 船舶应变警报

一、船舶警报系统

船上应急警报系统有全船性警报系统和局部性警报系统。全船性警报系统通常挂接火灾自动警报系统、烟火探测自动警报系统、手动火警按钮和驾驶台警报器等。局部性警报系统主要有主机、舵机、供电、锅炉等的故障自动警报系统，用于通知机舱值班人员照料和修理；机舱施放二氧化碳前的自动警报系统，用于通知机舱人员立即撤离。

感温式或感烟式火灾自动警报系统的探头遍布全船的人员生活和工作场所，通常装在舱室天花板上，切勿故意损坏或悬挂衣物，以免本舱室失火时不能自动报警而危及人命安全，妨碍全船的及时施救。

手动火警按钮用途广泛，除主要用作火灾报警外，当人员在遇到任何需要向全船报警的紧急情况时，能方便地使用就近的火警按钮及时发出警报。手动火警按钮遍布于起居处所、工作场所和控制站，每一通道出口都装有手动火警按钮，每一层甲板的走廊内的手动火警按钮的纵向距离最多为 20 m。

除上述的声光警报系统外，船上还使用汽笛和有线广播报警。必要时，船钟、雾锣、口哨等能发出有效响声的器具均可用于报警。

二、船舶常用警报信号

船舶常用警报信号如表 8-5 所示。

表 8-5　船舶常用警报信号

弃船	● ● ● ● ● ● ● ——	鸣放 1 min
救生	—— ● —— ●	鸣放 1 min
进水	—— —— ●	鸣放 1 min
人落水	—— —— ——	鸣放 1 min
人自左舷落水	—— —— —— ● ●	鸣放 1 min
人自右舷落水	—— —— —— ●	鸣放 1 min
救火	● ● ● ● ● ● ● ● ● ● ● ● ● ● ★★★★★★★★★★★★★★	鸣放 1 min
艏失火	连续鸣放短声汽笛后接一长声—（或一阵乱钟后接敲★）	鸣放 3 次
中失火	连续鸣放短声汽笛后接两长声— —（或一阵乱钟后接敲★ ★）	鸣放 3 次
艉失火	连续鸣放短声汽笛后接三长声— — —（或一阵乱钟后接敲★ ★ ★）	鸣放 3 次
机舱失火	连续鸣放短声汽笛后接四长声— — — —（或一阵乱钟后接敲★ ★ ★ ★）	鸣放 3 次
上甲板失火	连续鸣放短声汽笛后接五长声— — — — —（或一阵乱钟后接敲★ ★ ★ ★ ★）	鸣放 3 次
堵漏	—— —— ●	鸣放 1 min
防污染	● ———— ●	鸣放 1 min
解除警报	——————————	鸣放 1 min

注：1. ● 表示汽笛、警报器、口哨鸣一短声；——表示一长声；★表示钟声。

2. 应变演习时，为避免汽笛和船钟误听，失火地点以口令宣布。

第三节　船舶应变部署演习规定及注意事项

一、听到警报后的行动

听到紧急警报后能否有效行动,取决于平时的应急培训和演习效果。把应急计划的要求和目标变成船员的熟练行动,能有效地保障应急的成功实施。

1. 确认警报

船员听到紧急警报,应立即弄清属于何种紧急情况,一边迅速穿着衣服同时打开房门,一边沉着冷静地听完两组警报,如果不是熟悉的消防、弃船、人落水、堵漏信号,应核查布置于床头墙壁上的应变任务卡。切忌没有弄清情况而盲目行动,导致延误宝贵的时机和造成不必要的人身伤害。切忌不穿衣服就行动而在应急行动中造成自身伤害。切忌携带应急不需要的物品而妨碍行动。

2. 迅速行动

当确认警报性质后,应立即确认自己的任务。如有任何疑问,应当核实自身在应变任务卡或应变部署表中的任务,以免失误。听到警报信号后,船员必须在 2 min 内到达指定的集合地点。所有的警报确认、任务确认、穿衣服、拿取规定器材和到达集合地点,都必须在 2 min 内完成。

3. 保护旅客和下属船员安全

水上对象的应急优先权,依次为人命—船舶—环境。一切抢救财产的行动,应在不严重危及人身安全的情况下进行。但抢救船舶,往往是保护人身安全的最佳选择,不到万不得已时,不应放弃船舶这一最好的水上人员生存场所。无论何种应急情况,船员应首先保证旅客和下属船员的安全。火灾时,船员应引导旅客撤离现场,并迅速灭火。弃船时,应遵循先旅客,后船员,最后船长的撤离顺序。

4. 服从指挥、保持镇静

应急情况复杂多变,需要船长、现场指挥和各队负责人在应急计划的基础上,根据事态发展灵活指挥,服从指挥能使全船的应急行动忙而不乱,步调一致。服从指挥意味着全船人员形成一个坚强的整体,在任何情况下都能给人以信念、力量和成效。不服从指挥意味着有组织的团队瓦解为乌合之众,致使恐慌情绪迅速蔓延,船员放弃救船努力,争先恐后弃船和出现人员伤亡,导致不当或过早放弃船,从而失去良好的生存和待救基地,使人员在救生艇(筏)和水中面临明显增加的死亡威胁。因此,在应急时,全体船员维护统一指挥,是挽救船舶和保证人员安全的重要前提,对于不服从指挥的人和事,必须群起而制止。在任何应急情况下,保持镇静是取得成功的必要条件,恐慌只会使事态恶化。

二、海事法规的相关规定

《中华人民共和国内河交通安全管理条例》《中华人民共和国船员条例》《中华人民共和国内河船舶船员值班规则》《中华人民共和国船舶安全营运和防止污染管理规则》《中华人民共和国防治船舶污染内河水域环境管理规定》等法律法规，对船舶的应变部署和应急计划、船长及船员的应急职责等做了相应的规定和要求。

（1）《中华人民共和国内河交通安全管理条例》第四十六条规定：船舶、浮动设施遇险，应当采取一切有效措施进行自救。船舶、浮动设施发生碰撞等事故，任何一方应当在不危及自身安全的情况下，积极救助遇险的他方，不得逃逸。船舶、浮动设施遇险，必须迅速将遇险的时间、地点、遇险状况、遇险原因、救助要求，向遇险地海事管理机构以及船舶、浮动设施所有人、经营人报告。

（2）《中华人民共和国船员条例》第二十条规定，船员在船工作期间，应当符合下列要求：①参加船舶应急训练、演习，按照船舶应急部署的要求，落实各项应急预防措施；②遵守船舶报告制度，发现或者发生险情、事故、保安事件或者影响航行安全的情况，应当及时报告。第二十二条规定：船长管理和指挥船舶时，应当要求制订船舶应急计划并保证其有效实施。

（3）《中华人民共和国内河船舶船员值班规则》第三十七条规定：发现火情、人员落水、环境污染、船舶碰撞等紧急情况时，值班船员应当立即发出警报信号，报告船长，按应变部署全力施救，必要时请求救助；第六十五条规定：机舱发生火灾、抢险等紧急情况的，轮机值班船员应当在驾驶台的统一指挥下实施自救。

（4）《中华人民共和国船舶安全营运和防止污染管理规则》应急准备规定：①公司应当建立程序，以标识、描述船上可能出现的紧急情况，并明确对这些紧急情况如何做出反应；②公司应当制订应急行动的训练和演习计划；③安全管理体系应提供措施，确保公司能在任何时候对其船舶所面临的危险、紧急情况和事故做出反应。

（5）《中华人民共和国防治船舶污染内河水域环境管理规定》第九条规定：150 总吨及以上的油船、油驳和 400 总吨及以上的非油船、非油驳的拖驳船队应当制订“船上油污应急计划”；150 总吨以下的油船应当制定油污应急程序。

三、船舶应变部署演习注意事项

（1）救生、消防演习的进行，演习内容和警报均与实际应变部署动作相同。

（2）演习时所有船员除值班船员外均须参加，参加演习人员必须服从指挥，并以认真严肃的态度进行。

（3）船舶应急应变演习包括消防演习、救生演习、防污染演习、进水抢险演习、弃船演习等，弃船演习应吸收旅客参加。

（4）船舶演习与应急训练计划

①船舶演习与应急训练计划由船长组织安排大副编制。计划中应明确应急训练和演习的大致时间、内容，主持人应结合训练或演习的种类而确定；船舶除了按主管机关规定的时间周期进行消防、救生、油污应急等演习外，还应在 3 年内，将本公司已标识的紧急情况和相关应急设备及其操作按规定演习一遍；船舶应急演习计划 3 年编制一次，应急训练计划每年编制；船

长对应急训练和演习计划进行批准；本轮计划完成前 1 个月，必须编制好下轮应急训练及演习计划；完成后的计划由消防大副保存 3 年。

②应急演习及训练计划经船长审批后下发至船舶各部门实施。其中，油污应急演习每半年进行一次，弃船和恶劣天气损害演习每年进行一次；消防、救生演习每月进行一次；船舶年度修理后首航和在一港调换船员达 25%以上，应在离港后 24 h 内进行一次消防、救生演习。应急训练和演习由责任人具体组织实施。

③应急演习过程应如实记入“航行日志”“轮机日志”“船舶紧急情况演习记录”，应急训练情况由责任人记入船舶“应急训练记录表”中，“船舶紧急情况演习记录”及“应急训练记录表”由大副保存 3 年。

④每次演习结束后，船长、大副应对本船演习情况进行评价，评价应包括以下几个方面：紧急情况的报告、动员、应急措施的采取是否恰当，人员和设备到位情况、快速性与熟悉程度，人员穿着是否得当，应急反应启动是否迅速，通信联络是否畅通，各部门配合协调是否得力、到位，指挥是否得当，对内、对外报告求援是否有效等。

(5)船舶演习和训练相关要求：

①船舶演习日期应至少提前一天向部门和船员公布，但具体时间不公布。

②船舶演习时，应通过广播通知旅客，以免造成旅客慌乱，如因演习的宣传不够造成旅客遇演习而惊慌失措甚至酿成人命死伤事件者，船长、大副及客运负责人应负责任；应急演习如组织有旅客参加的演习时，应做好相关说明与安全保护工作，有序安全地进行演习。

③船舶演习前 5 min 应悬挂演习信号(“UY”信号旗组)。船舶演习的警报，应不影响附近船舶和港口。若在港口内演习，还需报当地海事部门并征得同意。

④消防演习时，各船员应按“应变部署表”中的要求，在警报发出 2 min 内携带规定器材到达指定部位，执行自己的任务。消防泵应于警报发出 5 min 内出水，并启动应急消防泵，与主消防管路接通进行喷水效用试验。

⑤消防演习由船长或大副指定假想失火地点进行演习施救，必要时可以选择一架到期换药的灭火机进行实际试验，演习完后重新补充新药剂。

⑥消防演习、进水抢险演习时，大副须假想施救失败必须弃船，经船长同意后即可进入弃船救生演习。

⑦弃船或救生演习时，应将救生艇放至水面，解除吊索，然后吊上原位(旅客不登艇)，自卸去艇罩到放至水面并将吊索解除，须在最短时间内完成，具体时间规定如下：

a. 旋转式吊柱的救生艇在 10 min 内放至水面；

b. 手摇式及机动吊柱的救生艇在 5 min 内放至水面；

c. 当天气不佳或有其他困难时，救生艇可放至搭乘甲板处为止，放落救生艇时应注意舷边及水面是否有障碍。

(8)弃船或救生演习时，救生艇准备至待放状态，听候艇长命令。

(9)演习时，应对设备、器材工具、备用品的完整性及使用情况进行检查。演习结束后，船长、大副应组织全体船员进行讨论，总结优缺点，吸取经验教训，并摘要进行表扬和批评。

(10)演习可以是单项的，也可以是综合的。例如，由消防转入人落水，或由消防转入船体进水堵漏，再转入救生等。

(11)船舶的应急训练是为熟悉应急设备及其操作而展开的练习，训练就在该设施设备的现场进行，并将训练情况记入“船舶应急训练周期表”。

（12）演习时结合检查各种救生、救火设备及属具，各项设备于演习后应妥慎归还原位，如发现损坏立刻报告大副，演习后进行一次普查。

（13）船员不但须熟悉本人在应变中的任务，还要求熟悉并能接替本组或者本队其他人员的任务，在救火演习中，大副可假想部分人员受伤或被困，部分区域不能进行扑救时，可下令变换队形，指定某队协助或参加另一队。

第四节 各种应变部署要求

一、消防应变部署制度

（1）职责

①船长负责船舶发生火灾时的应急总指挥，大副负责现场的应急指挥（如机舱火灾由轮机长任现场指挥）。

②全体船员按应变部署职责分工参与应急抢险。

③驾驶台和机舱应有固定人员值班，其余人员编成消防、隔离和救护 3 个队，每队指定队长一人，领导并指挥本队工作。

（2）各队队长应确定遇火警发生时本队的集合地点，做好一切准备工作。

（3）发现火警时应立即使用附近灭火工具灭火，并大声呼喊“××处失火！”，以便驾驶台闻报后发出警报，全体船员参加施救。不能认为火小即单身救火，因而延误了迅速灭火的时机。停泊中，值班者发现火警，必须立即报告值班驾驶员，遇危急情况时，得主动鸣放警报。

（4）救火警报发出后，所有船员（值班者除外）应按部署表的规定，迅速携带其所规定携带的救火工具赶往指定地点。各队队长应先赶往现场，听候大副或值班驾驶员（停泊中）指示。各队队员在预先规定地点集合听候调遣。灭火管理站的指定人员站定候令（停泊靠码头或系带浮筒 1/3 船员值班时，其救火动作按停泊中应变部署表规定执行）。

（5）消防应变中，全体船员在思想上做好准备，可能紧接救生或弃船，当救火转入救生或弃船时，船员应立即转到救生或弃船应变岗位。

（6）应变中如部分人员受伤或被困，部分区域不能进行扑救时，得下令变换队形，指定某队协助另一队或参加另一队合并工作。

二、救生应变部署制度

（1）职责

①船长担任应急总指挥，大副或三副担任指定救生艇的艇长，做好救生艇的释放准备工作。

②二副在驾驶台负责通信联络、传达船长指令、执行船长的操船指令、记录应急过程。

③轮机长应率领轮机员做好弃船前的机舱设备的规定保护动作。

(2)救生应变是指客船、客货船、滚装客船和客渡船等载客船舶发生重大海事,遇他船来救或自行搁浅(即收船),先将旅客运离险境的一种措施。其执行情况部署办法与弃船应变部署相同,船员除参加护送旅客离船者外,均留船抢险,未得到弃船命令,不得擅离。

(3)发出救生警报后,所有船员穿好救生衣,在集合地点听候命令。为了保障旅客生命安全,船长不仅要指挥船员抢险,还要指挥客运部负责人安全疏散旅客。服务员协助旅客穿好救生衣引导旅客至适当地点准备离船,并向旅客交代安全注意事项,除参加护送旅客的服务员外,继续进行抢险工作,并做好弃船准备。

(4)旅客搭乘救生艇,除少数贵重物品外,其余笨重行李,一律不得携带。

(5)每一艘救生艇的正、副艇长,负责维持艇内秩序,所有艇员及旅客必须服从其指挥,入艇后禁止喧哗及乱动。

(6)救生艇放下时,艇内仅留 2 人,其余人员由搭乘甲板上下。

三、人落水营救部署制度

(1)职责

①船长担任应急总指挥,在驾驶台负责指挥应急和操纵船舶。

②大副在主甲板(放艇时在救生艇甲板)担任现场指挥,组织对落水人员的施救。

③三副准备救生器材,并做好释放救生(助)艇的准备。

④全体船员按人落水应变部署职责分工参与应急抢险。

(2)人落水营救任务主要由驾驶部人员承担,船上救生艇或救生舢板,必须处于随时可以使用的良好状态。警报发出后,救生舢板或救生艇应于 10 min 内降至水面。

(3)救生艇放下时,应遵照指挥命令,并与驾驶台取得联系。

(4)救生艇离开大船后须以各种方法保持通信联络,以免大船与救生艇操纵配合不当而发生危险。

(5)船员发现人落水时,任何人都有职责对落水人员采取必要的救助行动,凡过往船舶均有责任协助寻救。

四、进水抢险部署制度

(1)职责如下:

①船长担任应急总指挥,大副担任现场指挥。

②执行抢险工作人员,由大副指定,以驾驶、轮机两部门为主。

(2)各船按进水抢险工作的性质,排定部署表,予以明确分工。

(3)船舶发生进水情况时,船长应立即发出抢险命令,并鸣放警报,如进水程度较轻,则用口哨或警报器发出警报。

(4)警报发出后,所有指定抢险人员,应立即携带部署表中规定携带的器材奔赴现场,听候队长指挥,执行抢险任务。

(5)木匠(或其他适当人员)与机舱联系抽水。

(6)抢险的同时全体船员应做好救生或弃船准备。

五、舵机失灵的应变部署制度

（1）职责如下：

①船长负责船舶发生舵机失灵时的应急总指挥，轮机长负责机舱现场指挥；

②全体船员按应变部署职责分工参与应急抢险。

（2）船员必须定期对舵设备、车钟进行检查与保养，并记录签字，使之处于良好状态。没有应急车钟设备的船舶，可利用警铃、指示灯、话筒等代替，并可自定使用办法。

（3）船长应有计划地部署在安全地段进行应急舵转换试验，驾驶员、舵工必须熟悉并正确掌握应急设备转换操作规程。

（4）航行中遇舵机失灵，应立即报告船长，联系机舱查清情况，并迅速采取各种措施稳船，防止发生事故，待解除故障后方可续航。

六、防污染应急部署制度

（1）职责如下：

①公司应急指挥部门负责船舶发生溢油时的岸基支持。

②船长负责船舶发生溢油时的应急指挥，大副和轮机长到现场指挥。

③其他船员按船舶发生溢油应急部署要求参与应急抢险。

（2）报告如下：

船舶发生污染事故，应当立即就近向海事管理机关如实报告，同时启动污染事故应急计划或者程序，采取相应措施控制和消除污染。在初始报告以后，船舶还应当根据污染事故的进展情况做出补充报告。发生船舶污染事故的船舶，应当在事故发生后 24 h 内向事故发生地的海事管理机关提交“船舶污染事故报告书”，因特殊情况不能在规定时间内提交“船舶污染事故报告书”的，经海事管理机关同意可以适当延迟，但最长不得超过 48 h。

（3）船舶有沉没危险或者弃船，应当尽可能地关闭所有液货舱或者油舱（柜）管系的阀门，堵塞相关通气孔，防止泄漏，并向海事管理机关报告船舶燃油、污染危害性货物以及其他污染物的性质、数量、种类、装载位置等情况。

（4）150 总吨及以上的油船、油驳和 400 总吨及以上的非油船、非油驳的拖驳船队应当制订“船上油污应急计划”。150 总吨及以上的油船、油驳和 400 总吨及以上的非油船、非油驳的拖驳船队应当将油类作业情况如实、规范地记录在经海事管理机关签注的“油类记录簿”中；50 总吨以下的油船、油驳和 400 总吨以下的非油船、非油驳的拖驳船队应当将油类作业情况如实、规范地记录在“轮机日志”或者“航行日志”中；载运散装有毒液体物质的船舶应当将有关作业情况如实、规范地记录在经海事管理机关签注的“货物记录簿”中。船舶应当将使用完毕的“油类记录簿”“货物记录簿”在船上保留 3 年。

（5）船长 12 m 及以上的船舶应当设置符合格式要求的垃圾公告牌，告知船员和旅客关于垃圾管理的要求；100 总吨及以上的船舶以及经核准载运 15 名及以上人员且单次航程超过 2 km 或者航行时间超过 15 min 的船舶，应当持有“船舶垃圾管理计划”和海事管理机关签注的“船舶垃圾记录簿”，并将有关垃圾收集处理情况如实、规范地记录于“船舶垃圾记录簿”中。“船舶垃圾记录簿”应当随时可供检查，使用完毕后在船上保留 2 年。

(6)禁止向内河水域排放船舶垃圾。船舶应当配备有盖、不渗漏、不外溢的垃圾储存容器或者实行袋装,按照"船舶垃圾管理计划"对所产生的垃圾进行分类、收集、存放。

(7)不符合排放规定的船舶污染物应当交由港口、码头、装卸站或者有资质的单位接收处理;禁止船舶向内河水体排放有毒液体物质及其残余物或者含有此类物质的压载水、洗舱水或者其他混合物;禁止船舶在内河水域使用焚烧炉;禁止在内河水域使用溢油分散剂。

第五节 船舶应急应变实操训练

一、消防应变实训

(一)实训目的

掌握消防应变所需设备、器材的使用方法,熟悉消防应变信号,熟悉船舶消防应变部署制度,熟悉船员应变职责,在发生事故时,能有条不紊地迅速施救,减少事故损失。

(二)实训步骤

1. 设备及器材使用训练

(1)消防员个人装备使用训练。

(2)常用灭火器使用训练:

①干粉灭火器使用;

②二氧化碳灭火器使用;

③泡沫灭火器使用;

④其他灭火器使用。

(3)船舶消防系统操作训练:

①火灾报警系统;

②水灭火系统;

③二氧化碳灭火系统;

④大型泡沫灭火系统。

2. 应急演习

按以下步骤进行火灾应急演习:

(1)不论船舶在航行或停泊中,船上任何人发现火警时,应立即报告船长:"报告船长,××处起火,请指示。"

(2)船长接到失火报告后,立即鸣放失火警报(连放短声,持续 1 min),并根据起火位置和当时风向,正确地驾驶船舶,减车慢舵,尽可能将失火部位置于下风。一般操纵方法如下:①船后部失火时应使船尾处于下风位置,船前部失火时应使船首处于下风位置,船中部失火时应使失火舷处于下风一侧。②船速不宜过高,仅能维持舵效即可。③防止船舶摇摆或穿堂风的发生。④如本船无法将火扑灭,应将船驶向崖边或浅滩处搁浅,并及时发出表示"本船失火,需立刻救助”的火警信号（悬挂 CB6 旗号，发出连续短声持续 1 min），以求得岸上和来往船舶的帮助。⑤随时做好弃船准备。

(3)救火警报发出后，所有船员应按部署规定（2 min 内）携带灭火器具迅速赶到现场（必须从上风处去救火，注意掉头转向或继续航行，均要减低航速以免助长火势）。驾驶员应尽快弄清楚火灾类别（确定属普通火、油类火、电气火或含氧物质火），并掌握失火的确切部位，指挥船员采取适当的灭火措施，使用合适的灭火器具（材）进行灭火；同时，派人报告船长。

(4)值班轮机员接到火警信号后，根据指示要求，立即拉下失火部位的供电闸刀和其他管线控制闸，同时启动消防供水、排水系统接通消防管道（警报发出 2 min 内完成以上动作），并实施有效喷射。应注意排水，以防船体超重沉没。

(5)根据失火部位进行施救：

机舱失火：

①值班轮机员应立即切断机舱电源、油源、关闭舱门、舷窗和一切通气通道（2 min 内完成以上动作）。

②若火势蔓延可能影响油柜或油舱时，用水枪向相关舱壁喷水降温。

③若火势蔓延致使空气压缩瓶受到威胁时，排气降压防止爆炸。

④备用油、物料应尽快撤离火场。

⑤根据火灾类别有针对性实施有效施救，加强监视，扑灭余烬。

厨房失火：

①使用水枪或适当灭火器具进行有效灭火。

②危及煤气瓶时，应迅速拧紧煤气瓶开关，拔开煤气管与瓶的连接，并将煤气瓶转移到安全地方。必要时，把煤气瓶抛入江河中。

其他舱室失火：

①探明火灾性质和失火部位后，使用适当的灭火器具（消防灭火器、沙箱、水枪）实施有效的施救。

②关闭可以隔绝空气的门、窗等，以免火势蔓延。现场如有易燃易爆物品应迅速转移，来不及转移的可以抛入河中，以免造成更大的损失。

(6)消防灭火应变中，全体船员应全力扑灭火种，并加强现场监视，未接到船长弃船的指令，任何人不得擅自离船，但船长应随时做好弃船求生的准备。

(7)火被扑灭后，应立即向船长报告。内容如下：“报告船长，××处失火已全部被扑灭，人员有/无伤亡，设备（不）正常，有/无人现场监控。”船长认为情况属实后，鸣放解除警报信号（一长声，持续 1 min）。

(8)驾驶员指挥船员清理现场和整理各种灭火器具，检查电器设备和机件装置、人员状况，确认没有问题，通知机舱恢复供电。

(9)船长组织召开总结会并进行讲评，有关人员发言总结，演习情况按规定应分别记录在“安全管理记事簿”“航行日志”中，参加人员分别签名确认，最后由船长核实后签署，并归类存档。

二、救生应变实训

(一)实训目的

掌握救生应变所需设备、器材的使用方法,熟悉救生应变信号,熟悉船舶救生应变部署制度,熟悉船员应变职责,在发生事故时,能有条不紊地迅速施救,减少事故损失。

(二)实训步骤

1. 设备及器材使用训练

(1)救生器材使用训练

①救生衣穿着训练;

②救生圈使用训练;

③救生绳使用训练。

(2)船舶救助艇操作训练

①救助艇机启动运转;

②救助艇(筏)释放与回收;

③救助艇(筏)水面操纵。

2. 应急演习

按以下步骤进行人落水救生应急演习:

(1)船上任何人发现有人落水或水中有落水者的(若船与落水者较近,50 mm 内)应立即抛出救生圈或其他救生浮具营救,并注意跟踪瞭望。应迅速报告船长:"报告船长,××位置发现有多少人落水,请指示。"船长接到报告后,立即停车向落水舷操舵,用车向落水者上风(或上游)驶去,并发出三长声警报信号(右舷落水:三长声一短声;左舷落水:三长声二短声,并持续 1 min),以防交叉相遇或追越船舶从落水者一侧经过,发生危险。

(2)船员按应变部署表的分工,携带救生器材(救生圈、救生绳、钩竹等)到应变岗位执行任务(全过程在 2 min 内完成),整个过程参加救助人员要穿着救生衣,以便必要时下水救援。同时根据船长指令悬挂"O"字旗。

(3)船长操舵停车,向落水者一舷操舵(夜间开启探照灯对准落水者),使船尾甩开,以免螺旋桨伤及落水者。配备有通信设备的应与外界保持联系,以求必要时取得救援。

驶近落水者的操船方法:

①一次转向法:假设发现有人右(左)舷落水或右(左)舷有落水者,根据船与落水者的距离实施转向。立即停车,右舵(左舷落水左满舵),然后低速向落水者一舷旋回。在旋回过程中可针对流速的影响,使用倒(顺)车旋回或进车差速旋回,以减少前进速度或加快旋回转向。待船首接近落水者(与落水者所成舷角约 150°时)应提前回舵,使船以惯性驶向落水者,操纵船舶处于有利于施救的位置(不得从落水者上游接近)进行施救。

②二次转向法:若发现有人右(左)舷落水或右(左)舷有落水者,先按一次转向操纵后待船旋回 180°回舵,保持直线前进。落水者与船首尾线成 120°。舷角时,以右(左)满舵旋回原航向,稳舵;并保证有一段稳定航向的机动距离,以便操船稳妥地接近落水者,进行施救。

③返回原航迹法:若发现落水者较晚,无法确定落水者的位置时,可采用返回原航迹法。

船按原来航速前进，然后向任一舷满舵，待航向改变60°时，再向相反方向满舵（一般在航向改变90°时，船即开始向反方向旋回）；当船旋回180°，航向与原航向相反时，稳舵，保持船位稳定在航向上，并沿原航迹寻找落水者。

④驾驶员迅速赶到落水者一侧指挥，如果第一个救生圈抛出后与落水者之间超过3 m范围，则施救无效。当船接近落水者，救助人员应迅速向落水者的上风或上游位置再抛落第二个救生圈，救生圈要尽量接近落水者，但不能抛到落水者身上，以防伤人（所抛救生圈与落水者之间的距离一般不超过3 m）。然后抛出救生绳或伸出救生竹进行施救。必要时下水救助，下水救助的船员一手执救生绳采用有效方法靠近落水者进行施救（特别注意防被落水者抱紧），并由船上人员合力抢救上船。

（4）落水者被救上船后，视情况组织人员进行抢救，拿保健箱待用，并将落水者俯卧于膝盖或垫起物上，使其吸入肚内的水呕吐出来，然后做人工呼吸，必要时送医院进行抢救。

（5）演习完成后，由驾驶员向船长报告："报告船长，落水者已安全救起，本船人员安全、设备齐全完好，按要求完成演习任务。"船长确认无误后解除演习警报（一长声，持续1 min）。

（6）停泊好船后，按职责分工各自整理演习的器材，然后由船长组织进行总结讲评，有关人员发言总结，演习情况按规定分别记录在"安全管理记事簿""航行日志"中，参加人员分别签名确认，最后由船长核实后签署，并归类存档。

三、弃船求生应变实训

（一）实训目的

掌握弃船求生应变所需设备、器材的使用方法，熟悉弃船求生应变信号，熟悉弃船求生应变部署制度，熟悉弃船求生应变职责，在发生事故时，能有条不紊地迅速撤离船舶，减少人员伤亡。

（二）实训步骤

1. 设备及器材使用训练

（1）求生器材使用训练

①救生衣穿着训练；

②救生圈使用训练；

③救生绳使用训练。

（2）船舶救生艇（筏）操作训练

①救生艇艇机启动运转；

②救生艇（筏）释放与回收；

③救生艇（筏）水面操纵。

2. 应急演习

按以下步骤进行弃船求生的演习：

（1）弃船由船长下达命令和统一指挥。进行弃船求生演习时，鸣放七短一长声持续1 min警报信号，并下达弃船指令。全体船员接到船长指令后穿好救生衣，并按应变部署分工，分别携带重要物品如"航行日志"、"轮机日志"、"安全管理记事簿"、"航道站记事簿"、"船舶检验证书”、机密文件、现款、账本、重要单据等重要资料及国旗、其他物品到船头集中（2 min 内完成全部动作）。

（2）如果通信设备完好，应保持与外界联系。

（3）船长或指派驾驶员检查携带物品和救生衣穿着情况，根据人员状况（如有伤员，派水性较好的船员协助其优先离船），确定靠岸地点、联系方法，有组织地安全离船，船员之间应互相照应。跳水逃生时，应选择远离船身缺口和破口或火势较弱处上风（水）舷跳水，跳水后向上风（水）一侧游离船体。若遇到水面上有燃烧的油体（其他可燃物或其他危险物），尽可能潜泳到油面（危险面）之外，以保证人身安全。

（4）船长应坚守岗位，合理调配人员，最后撤离船舶。

（5）弃船前应尽量操纵船舶处于浅水区或非经济航线范围，以免阻碍船舶航行，形成碍航物。

（6）演习结束后，用口令解除警报。

（7）船舶靠（系）泊好后，由船长组织进行总结讲评，有关人员发言总结，演习情况按规定分别记录在“安全管理记事簿”“航行日志”中，参加人员分别签名确认，最后由船长核实后签署，并归类存档。

第九章 轮机常识

本章内容概要性介绍了船舶动力装置、船舶辅机与机舱管理、船舶电气、船舶应急设备等方面的知识。作为驾驶部持证船员，了解船舶机电方面的常识是十分必要的。

第一节 船舶动力装置

柴油机是一种以柴油为燃料直接在机器内部燃烧将化学能转变为热能，再通过一套机构将热能转变成机械能的热力发动机。

一、柴油机常用名词

柴油机是一种压缩发火的往复式内燃机，是目前船舶应用最为广泛的动力装置，柴油机基本结构参数如图 9-1 所示。

(1)气缸直径(D)——气缸套的名义内径。

(2)曲柄半径(R)——曲柄的曲柄销轴线与主轴颈轴线之间的距离。

(3)上止点（TDC)——活塞在气缸中运动的最上端位置，也就是活塞离曲轴中心最远的位置。

(4)下止点(BDC)——活塞在气缸中运动的最下端位置，也就是活塞离曲轴中心最近的位置。

(5)冲程(S)——上、下止点之间的距离。活塞运动一个冲程，曲柄回转 180°，所以冲程等

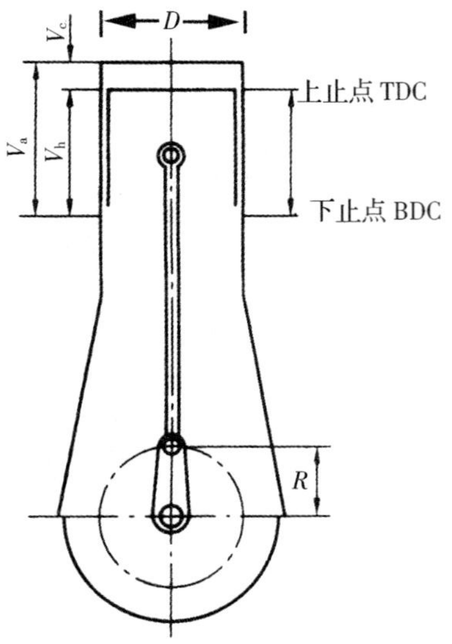

图 9-1　柴油机基本结构参数

于曲柄半径的两倍,即 $S=2R$。

(6)压缩容积(V_c)——活塞位于上止点时,活塞顶与气缸盖底面之间的气缸空间,又称燃烧室容积。

(7)气缸工作容积(V_h)——活塞从上止点到下止点所扫过的气缸空间,又称活塞排量或冲程容积。

$$V_h = \frac{\pi}{4}D^2S$$

(8)气缸总容积(V_a)——活塞在下止点时,活塞顶以上的所有气缸空间。它是压缩容积与气缸工作容积之和。

$$V_a = V_c + V_h$$

(9)压缩比(ε)——气缸总容积与压缩容积的比值。

$$\varepsilon = \frac{V_a}{V_c} = \frac{V_c + V_h}{V_c} = 1 + \frac{V_h}{V_c}$$

压缩比实际上是空气被压缩前最大体积与被压缩后最小体积之比,它表明了气缸内空气被活塞压缩的程度。压缩比愈大,压缩终点时气缸内空气的压力和温度就愈高,燃油就愈容易燃烧;反之,压缩比愈小,压缩终点的压力和温度就愈低,燃油就不易燃烧,柴油机起动就困难。压缩比 ε 对柴油机的燃油燃烧效率、启动性能和机械负荷等影响很大。

二、四冲程柴油机工作原理

活塞在气缸内往复运动四个行程完成一个工作循环的柴油机称为四冲程柴油机。其四个冲程是:进气冲程、压缩冲程、燃烧膨胀冲程和排气冲程。图 9-2 为非增压四冲程柴油机的工作原理图。$P-V$ 图表示气缸内气体压力随气缸容积的变化情况。

第一冲程(进气冲程)。这一冲程的任务是让气缸内充满新鲜空气。进气冲程开始时,活塞从上止点向下移动,这时进气阀 a 已经打开,排气阀 b 关闭。随着活塞下移,气缸容积增大,

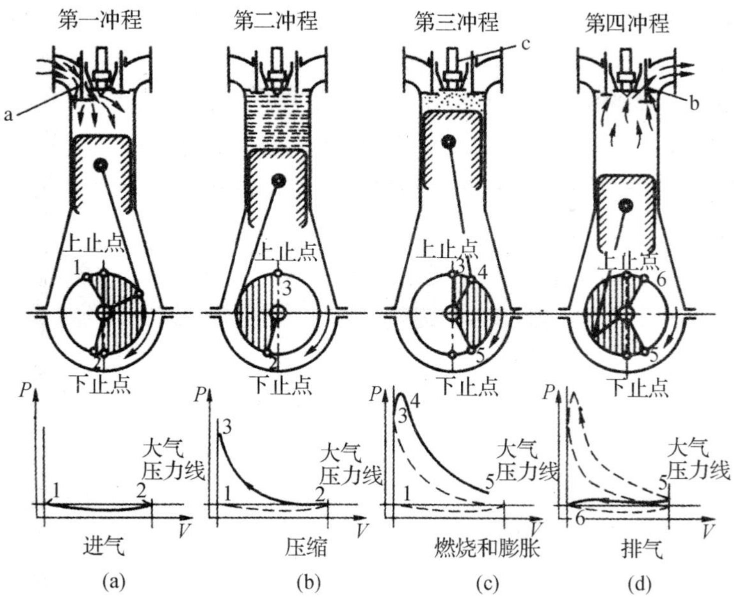

图 9-2 四冲程柴油机的工作原理

缸内压力下降至低于外界大气压力,利用气缸内、外的气压差作用,新鲜空气经进气阀进入气缸。由于受流阻等影响,在进气过程的大部分时间里,气缸内压力低于大气压力,到下止点时,缸内气压为 0.080~0.095 MPa,温度为 30~70 ℃。这时排气阀和喷油器均关闭。

为了使柴油机做功更完善,必须在进气过程中尽可能多地吸入新鲜空气。为此整个进气过程是超过曲柄转角 180°的(如图 9-2 所示),曲柄位于点 1 时进气阀已打开,曲柄位于点 2 时进气阀才关闭。进气阀开启始点至上止点的曲柄转角叫进气提前角。进气阀提前开启的目的是在新鲜空气进入气缸时进气阀已有足够的开度。下止点到进气阀关闭位置的曲柄转角叫作进气延迟角。进气阀延迟关闭的目的是利用进气流的惯性,尽可能多地向气缸充入新鲜空气。整个进气过程所占的总角度 φ_{1-2}(图中阴影线所示的角度)为 220°~250°CA(曲柄转角,下同)。进气热力过程变化见图(a)中 1-2 曲线。

第二冲程(压缩冲程)。这一冲程的任务是提高缸内新鲜空气的压力及温度,为喷入气缸的柴油自行着火燃烧及燃气膨胀做功创造条件。活塞从下止点向上运动,自进气阀 a 关闭(曲柄到达点 2)时开始压缩,一直到活塞到达上止点(曲柄到达点 3)为止。活塞上行,气缸容积减少,缸内气体压力和温度随之升高,到达压缩终点时,压力增高到 3~6 MPa,温度升至 600~700 ℃(柴油的自燃温度为 270 ℃左右),通常压缩终了的气体压力和温度分别用 P_C 和 T_C 表示。压缩过程总角度为 140°~160°CA。压缩热力过程变化见图(b)中 2-3 曲线。

第三冲程(燃烧和膨胀冲程)。这一冲程将完成两次能量转换,是柴油机对外做功的冲程。在活塞到达上止点前,燃油经喷油器 c 以雾状喷入气缸的高温高压空气中,并与其混合在上止点附近自燃,由于燃油强烈燃烧,气缸内气体温度迅速上升到 1 400~1 800 ℃或更高些,压力增加至 5~8 MPa 甚至 13 MPa 以上。燃烧产生的最高压力称为最高爆发压力,用 P_{max} 表示,最高温度用 T_{max} 表示。高温高压燃气(即工质)膨胀推动活塞下行做功。在上止点后的某一时刻(曲柄位于点 4)燃烧基本结束,燃气继续膨胀,到排气阀 b 在下止点前点 5 开启时膨胀过程结束。膨胀终了时气缸内气体压力 P_b 为 0.25~0.45 MPa,温度 T_b 为 600~700 ℃。

四冲程机燃烧膨胀过程所占的总角度 φ_{3-4-5} 为 130°~160°CA。热力过程变化如图(c)中 3-4-5 曲线所示。

第四冲程(排气冲程)。这一冲程的任务是尽可能充分地将做功后的废气排出气缸。排气阀也是提前开启,延迟关闭。排气阀 b 开启时,活塞尚在下行,废气靠气缸内、外压力差进行自由排气。从排气阀开启到下止点的曲柄转角叫作排气提前角。当活塞从下止点上行时,废气被活塞推出气缸,此时排气过程是在略高于大气压力(1.05~1.10 倍大气压),且在压力基本不变的情况下进行的。排气阀一直延迟到活塞到达上止点之后(曲柄位于点 6)才关闭,这样可利用气流的惯性作用,继续排出一些废气。上止点到排气阀关闭位置的曲柄转角叫作排气延迟角。

四冲程机排气冲程所占的总角度 φ_{5-6} 为 210°~240°CA。其热力过程变化如图 9-2(d)5-6 曲线所示。

综上所述,四冲程柴油机需经过进气、压缩、燃烧膨胀和排气四个冲程完成一个工作循环。在此过程中,曲轴回转两周,凸轮轴回转一周;只有燃烧膨胀冲程做功,其余三个冲程均耗功。

第二节 船舶辅机与机舱管理

一、船舶主电源装置

1. 内河船舶主电源装置的作用与组成

内河船舶的主电源装置应能确保为保持船舶处于正常操作状态和满足正常居住条件所必需的所有电气设备供电。自航船舶应至少设置两组主电源装置。非自航船舶可按使用所需设置主电源装置。主电源装置可采用:

(1)由独立的原动机驱动的发电机组;

(2)由推进主机驱动的发电机;

(3)蓄电池组。

带动发电机的柴油机应装有调速特性符合要求的调速器。当额定功率大于 220 kW 时,还应装有超速保护装置,以防止柴油机转速超过额定转速的 115%。

2. 船舶主电源装置的配置

(1)对于动力操舵装置、为主机服务的各种辅机、消防泵、舱底泵等船舶正常运行所必需的设备均为电力供电时,应至少设置 2 台与主机独立的发电机组。

这些发电机组的台数和容量,应能在任一发电机组停止工作时,仍能继续对保障船舶正常航行、船舶安全及冷藏货物所必需的设备供电。同时,最低舒适的居住条件也应得到保证,至少应包括适当的炊事、食品冷冻、机械通风、卫生和淡水设备的供电。

(2)船舶符合下列情况之一时,可只设 1 台与主机独立的发电机组:

①由推进主机带动 1 套下列设备:舵机油泵、为主机服务的各种辅机、消防泵、舱底泵,且船舶安全所必需的用电设备如航行信号设备、通信和报警设备及照明设备等能由蓄电池供

电时；

②当设置主机轴带发电机，且不论推进主机和轴系的速度和旋转方向如何，由推进主机驱动的发电机电压和频率的波动均能使船舶正常操作和居住条件所必需的电气设备处于正常工作状态时。

(3)对于船舶安全所需的全船动力设备不依靠电力供电时，应设置2组蓄电池作为船舶主电源。

(4)对于上述(2)①和(3)所述每组蓄电池组的容量应能在整个航程相适应的时间内，足以对维持船舶安全所必需的用电设备供电，至少能维持其用电设备4 h的供电。

(5)若变压器构成上述(1)要求的主电源供电系统的必要部分时，其容量和台数应能在其中1台停止工作的情况下，仍能保证向航行安全所必需的设备供电，且最低舒适居住条件也应得到保证，至少应向包括照明及适当的炊事、食品冷冻、机械通风、卫生和淡水等设备供电。

当船舶按照上述(2)①的规定设置电源时，允许只设1台变电设备。

二、离心泵、往复泵、齿轮泵概述

(一)离心泵

1. 离心泵的工作原理

离心泵属于叶轮式泵，它利用泵壳内的叶轮做匀速回转使泵能连续稳定地产生吸排作用。图9-3为悬臂式单级离心泵简图，其主要部件是叶轮1和泵壳3。叶轮是由5~7个叶片2和前、后盖板所构成，并用键和固定螺母7固定在泵轴6的一端。螺母通常采用左旋螺纹，以防反复启动时因惯性而松动。轴的另一端经填料轴封装置从泵壳中伸出，由原动机带动按标示的方向旋转。泵壳3呈螺旋形，称为蜗壳或螺壳。

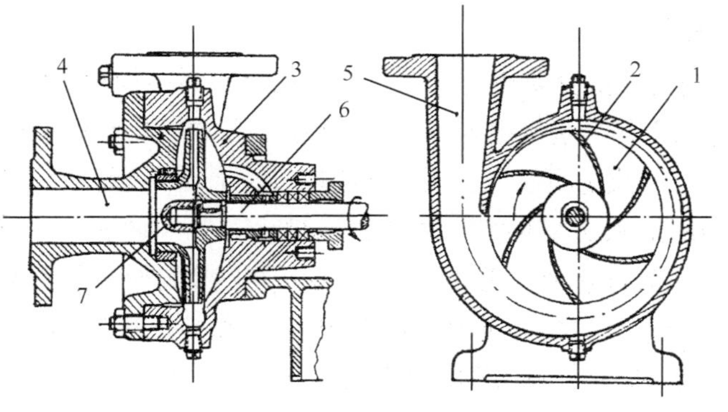

图9-3 离心泵

1—叶轮；2—叶片；3—泵壳；4—吸入接管；5—扩压管；6—泵轴；7—固定螺母

一般离心泵没有自吸能力，在启动前必须首先使泵内和吸入管中完全充满液体。当叶轮随泵轴回转后，叶片迫使液体随叶轮旋转，在离心力的作用下，液体从叶轮中心叶片入口处被甩向叶轮外周，直至流出叶轮，此时液体的压力和速度都有所增加。与此同时，叶轮中心区压力下降，在吸入液面和叶轮中心叶片入口处之间的压力差作用下，液体从吸入液面经吸入管进入泵的吸入口和叶轮中心区。泵内由蜗壳汇集从叶轮流出的液体，并平稳地导入截面渐扩的扩压管5。扩压管起能量转换作用，液体流经扩压管时速度降低而压力升高，最后经泵的排出口进入排出管中。这样，当叶轮连续回转时，液体就会连续不断地从吸入液面被吸入泵内，获得能量后排出泵外，输送到所需要的场合。

离心泵启动前所灌注的水称为引水。为灌注引水，在泵壳的最高处装设引水旋塞，并在吸入管下端装设一个单向阀作为底阀。

2. 离心泵的特点

（1）流量连续均匀，工作平衡，而且流量容易调节，流量范围大。

（2）转速高，可与电动机或汽轮机直接相连，结构简单紧凑，造价低。

（3）本身没有自吸能力，一般在吸入管下端装设单向阀为底阀，空泵起动时须灌注引水。要解决自吸问题，在结构上须采取特殊措施，如排出侧采取气液分离室的自吸式离心泵，或采用真空引水泵（水环泵、喷射泵等）。

（4）泵的流量随压头而变。压头越高，流量越小，当压头达到一定高度时，泵流量为零，这时的压头称为封闭压头。一般离心泵在封闭压头时消耗功率最小，所以离心泵宜封闭启停。

（5）泵所能产生的扬程主要是由叶轮外径和转速决定的，不适合小流量高扬程场合。泵产生的最大排压有限，故不必设安全阀。

（6）对杂质不敏感，结构简单，易损件少（仅阻漏环、轴封和轴承），寿命长，管理和维修较方便。

目前，船用水泵和较大油船的货油泵大多使用离心泵。有些要求自吸的场合，如压载泵、舱底水泵、油船扫舱泵等，也使用具备自吸能力的离心泵。

（二）往复泵

图 9-4 是单缸双作用往复泵的结构简图。它主要由活塞、泵缸、吸入阀和排出阀等部件组成。

1. 往复泵的工作原理

活塞 1 在泵缸 2 内将泵缸分隔成上、下空间，它们分别通向阀箱 3 中各自的小室。每个小室的下部装有吸入阀 7，上部装有排出阀 5，并分别通公共的吸入室 8 和排出室 4。活塞经活塞杆传动，在泵缸内做上下往复运动。当活塞上行时，泵缸下部空间容积不断增加，与之相通的小室内的压力也随之降低，吸入室中的气体将顶开相应的吸入阀进入泵缸。于是吸入室和吸入管 9 内压力也就降低，液体在吸入液面上的气压作用下将沿吸入管上升。当活塞向下回行时，泵缸下部容积减小，压力增加，迫使吸入阀关闭，并克服排出室中的压力将相应的排出阀顶开，部分气体经排出管 6 排出。与此同时，因活塞上部的容积在增大，吸入室中的气体改由右边小室的吸入阀吸入泵缸上部，吸入管中液面继续上升。这样，活塞继续不断运动，吸入管中的气体将不断被泵排往排出管，最后液体将进入泵缸，泵就开始正常排送液体。

2. 往复泵的特点

（1）有较强的自吸能力。泵的自吸能力是指其靠自身即有抽出泵内及吸入管路中的空气而将液体从低于泵的地方吸入泵内的能力。自吸能力可由自吸高度和吸上时间来衡量。泵在排送气体时在吸口造成的真空度越大，则自吸高度越大；造成足够真空度的速度越快，则吸上时间越短。自吸能力与泵的形式和密封性能有重要关系。当往复泵的泵阀、泵缸等密封性变差，或余隙容积较大时，其自吸能力就会降低。故泵启动前如能将缸内灌满液体，则可改善泵

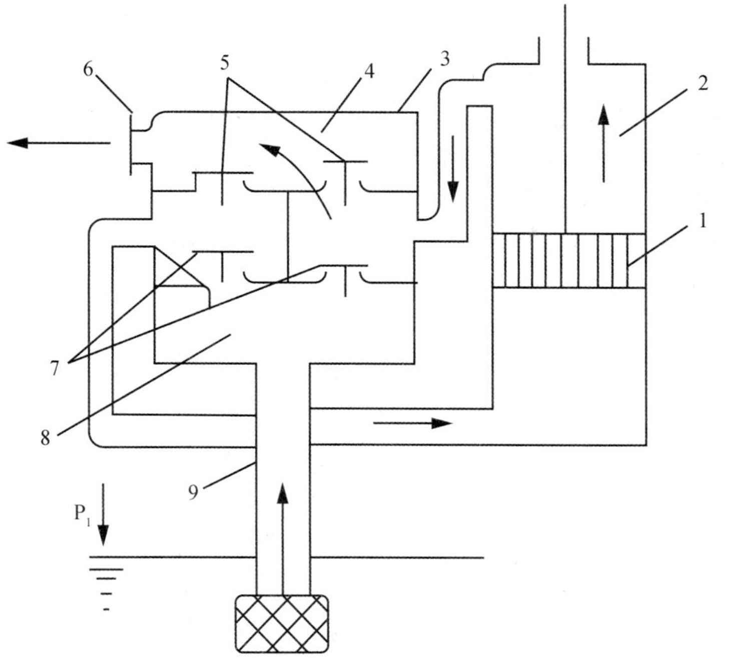

图 9-4 单缸双作用往复泵的结构简图

1—活塞;2—泵缸;3—阀箱;4—排出室;5—排出阀;6—排出管;7—吸入阀;8—吸入室;9—吸入管

的自吸能力。

(2)理论流量与工作压力无关,只取决于转速、泵缸尺寸和作用次数。因此,往复泵要调节流量不能采用调节排出阀开度的节流调节法,只能采用变速调节法或回流(旁通)调节法。有些特殊结构的往复泵可以通过调节柱塞的有效行程来改变流量。

(3)可产生很高的压头。额定排出压力与泵的尺寸和转速无关,主要取决于泵原动机的功率、轴承的承载能力、泵的强度和密封性能等。为了防止过载,往复泵启动前必须打开排出阀且在排出阀的内侧必须装设安全阀。

(4)流量不均匀,从而导致排出压力波动。为了减轻这种弊端,常采用多作用往复泵或设置空气室。

(5)转速不宜太快。电动往复泵转速多在 200~300 r/min 以下,最高不超过 500 r/min。由于活塞做变速运动,若转速过高,泵阀关闭迟滞造成的容积损失就会增加,而且泵阀撞击更为严重,引起的噪声增大,磨损也将加剧;此外,液流和运动部件的惯性力也将随之增加,而产生有害的影响。由于转速受限,故往复泵较难进入大流量的范畴。

(6)运送含固体杂质的液体时,泵阀容易磨损和泄漏。必要时应加装吸入滤器。

(7)结构比较复杂,易损件(活塞环、泵阀、填料等)较多。

由于往复泵的上述特点,故在流量相同时它与其他泵相比显得笨重,造价较高,维护管理比较麻烦,因此在许多场合已被离心泵所取代。但舱底水泵和油船扫舱泵等在工作中容易吸入气体,需要具有较好的自吸能力,故常采用往复泵,在要求小流量、高压头时,也可采用往复泵。

(三)齿轮泵

齿轮泵主要由主动齿轮、从动齿轮、泵体、吸入口、排出口等组成。

1. 外啮合齿轮泵的工作原理

齿轮泵按啮合方式可分为外啮合齿轮泵和内啮合齿轮泵两种。图 9-5 为外啮合齿轮泵的结构简图。图中，一对完全相同而互相啮合的主动齿轮 1 和从动齿轮 2 分别安装在两根平行的转轴上，主动齿轮轴的一端穿过泵体 3 的端盖，由原动机带动做等速回转。齿轮的齿顶和两端面分别被泵体和前、后端盖所包围。由于相互啮合的轮齿 A、B、C 的分隔，与吸入口 4 相通的吸入腔和与排出口 5 相通的排出腔彼此隔离。当齿轮按图示方向回转时，齿 C 逐渐退出啮合，其所占据的齿间的容积逐渐增大，压力相对降低，于是液体在吸入液面上的压力作用下，经吸入管从吸入口 4 流入该齿间。

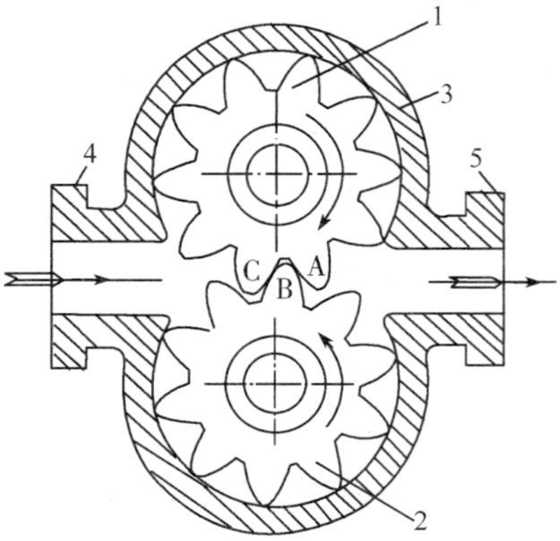

图 9-5　外啮合齿轮泵

1—主动齿轮；2—从动齿轮；3—泵体；4—吸入口；5—排出口

随着齿轮的回转，一个个吸满液体的齿间转过吸入腔，沿泵壳内壁转到排出腔，当它们渐次重新进入啮合时，充满齿间的液体即被轮齿不断挤出，并从排出口连续排出。由于齿轮始终紧密啮合，而泵体内壁与各齿顶以及端盖与齿轮端面的间隙都很小，故排出腔中压力较高的液体不会大量漏回压力较低的吸入腔。在泵体和前、后端盖之间垫有纸垫，调整纸垫的厚度即可改变齿轮端面与盖板之间的轴向间隙。

由图可见，普通齿轮泵如果反转，其吸排方向也就相反。但实际上，为了限制油泵的工作压力，以防超过额定排出压力，一般都装设安全阀，当排出压力过高时，安全阀打开，吸、排腔相通。因安全阀要求泵的吸、排方向已定，故此泵不能反转。

由于齿轮泵摩擦面较多，一般只用来排送有润滑性的油液。

2. 带月牙形隔板的内啮合齿轮泵

图 9-6 所示为一种带月牙形隔板的可逆转内啮合齿轮泵。它被用作轴带的润滑油泵。

齿环 3 与图 9-6 左图中右侧的圆盘做成一体，该圆盘另一侧有随车带动的泵轴，而位于图中左侧的底盘 6 上有月牙形隔板 2 和与泵轴偏心的短轴，短轴上空套着齿轮 1。当泵轴带齿环转动时，与齿环呈内啮合的齿轮也随之转动，产生吸排作用，其工作原理与外啮合齿轮泵相似。底盘 6 的背面圆心处有带弹簧的钢球，帮助其与带齿环的圆盘贴紧；此外，底盘背面还有一个偏心的销钉 4，卡在盖板 5 的下半部的半圆形环槽内。当泵轴逆时针旋转时，啮合齿的作用力传到底盘 6 的偏心短轴上，将产生逆时针的转矩，使底盘 6 转至其背面的销钉卡到半圆形环槽的最右端位置为止。这时齿轮与齿环的相对位置如图 9-6 的右上图所示，泵是下吸上排。当泵轴改为顺时针转动时，啮合齿传至偏心短轴上的力则产生一顺时针转矩，使底盘 6 转过

180°,直至其背面的销钉卡到半圆槽的左终端为止。这时齿轮与齿环的相对位置变成如图 9-6 右下图所示那样,从而使泵的吸排方向保持不变。

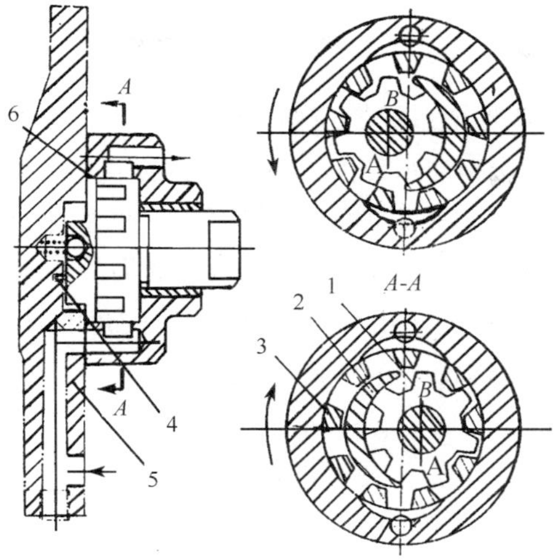

图 9-6 内啮合齿轮泵

1—齿轮;2—月牙形隔板;3—齿环;4—销钉;5—盖板;6—底盘

与外啮合齿轮泵相比,月牙形隔板式内啮合齿轮泵的吸油区大、流速低、吸入性能好、流量脉动小,而且其啮合长度较长,工作平稳,还可采用特殊齿形显著减轻困油现象,或在齿环的各齿谷中开径向孔来导油,从而完全消除困油现象,故噪声很低。其缺点是制造工艺较复杂,泄漏且途径多。

3. 齿轮泵的特点

(1)齿轮泵有一定的自吸能力,能在吸口形成一定程度的真空,所以齿轮泵可装得比油液面高。但因其排送气体时密封性差,故自吸能力不如往复泵。应注意的是,齿轮泵摩擦部位较多,间隙较小,线速度较高,初次启动前齿轮表面必须有油,不允许干转。

(2)理论流量是由工作部件的尺寸和转速决定的,与排出压力无关。

(3)额定排出压力与工作部件尺寸、转速无关,主要取决于泵的密封性能和轴承承载能力。为了防止泵在超过额定工作压力的情况下工作,一般应设安全阀。

(4)流量连续,但有脉动。

(5)结构简单,价格低廉。因工作部件做回转运动,又无泵阀,允许采用较高转速,通常可与电动机直连,故与同样流量的往复泵相比,齿轮泵的尺寸、重量小得多。另外,齿轮泵易损件少,耐冲击,工作可靠。

(6)因摩擦面较多,故适用于排送不含固体颗粒并具有润滑性的油类。

在船上,齿轮泵一般被用作排出压力不高、流量不大以及对流量和排出压力的均匀性要求不很严的油泵,常用作燃油泵、滑油泵、驳油泵以及液压传动中的供油泵等。由于齿轮泵结构简单、价格低廉、不易损坏,因而已开发了高压齿轮泵,在船上用作液压泵。

三、船用油水分离器或污水(油)柜概述

(一)船用分离器

油水分离设备,系指分离器或过滤器或两者的组合装置,其结构能保证排往舷外处理水的含油量不超过 15ppm。内河船舶油水分离设备的配置应满足下列要求:

(1)内河船舶主、辅柴油机总功率大于等于 220 kW 的船舶,至少装设一套油水分离设备;主、辅柴油机总功率小于 220 kW 的船舶,至少装设一套简易油水分离设备。

(2)油水分离设备应在船舶处于横倾 10°、纵倾 5°的角度时仍能正常工作。

(3)油水分离设备的安装位置应尽可能远离振源。若由于振动过大,影响该设备效用,应考虑采取适当的减振措施。

(4)安装油水分离设备时,应留出足够的通道和空间,以便于检修。

(5)油水分离设备处理水的排放应能手动控制。

(6)装有油水分离设备的船舶,应备有该设备易损件的备件。

(7)装有油水分离设备的船舶,应设置污油舱(柜),用于贮存污油。

(8)对于主、辅柴油机总功率小于 110 kW 的小型船舶,若设置污油舱(柜)较困难,可设置简易的污油储存桶存放污油。

(二)污油水舱(柜)

污油水舱(柜),系指留存含油舱底水和油船的货油舱污压载水、洗舱水及其他含油污水的舱(柜)。设置污油水舱(柜)的船舶,应将所产生的污油水贮存在船上,定期由岸上接收设施接收,严禁将污油水直接排往舷外。污油水舱(柜)的设置应满足:

(1)污油水(污油)舱与用于装载饮用水或锅炉水的清水舱之间应设有隔离空舱。污油水(污油)管不应通过清水舱。如不可避免,应设有水密管隧或水密管套,且在清水舱内不应有可拆卸的接头。

(2)污油水(污油)舱均应装设空气管和测量管,污油水(污油)柜均应装设空气管和液位计。污油舱(柜)的设计和布置应便于清洗。

第三节 船舶电气

一、船舶安全用电常识

(一)触电

1. 触电伤害的种类

触电是指人体触及带电的物体受到较高电压和较大电流的伤害。按照伤害程度的不同,触电可分为电伤(外伤)和电击(内伤)两类。

（1）电伤：电路放电时电弧或飞溅物使人体外部发生烧伤、烫伤的现象。

（2）电击：人体触到带电物体时，有电流通过人体内部器官而造成的伤害。

2. 触电方式

触电时，由于人体接触带电物体的方式不同，而使电流流经人体的路径不同，其伤害程度也不一样。人体触电的方式有三种：

（1）双线触电：人体同时接触到两相火线的触电叫双线触电，如图 9-7（a）所示。这种触电中人体承受的是线电压，电流通过人的心脏，是最危险的一种触电方式。

（2）单线触电：在中性点不接地的三相三线制供电系统中，当人体触到某一相线时，电流经人体、导线的绝缘电阻和分布电容形成的回路造成的触电，如图 9-7（b）所示。

（3）单相触电：在中性点接地的三相四线制供电系统中，人体触到某一相线而造成的触电，如图 9-7（c）所示。

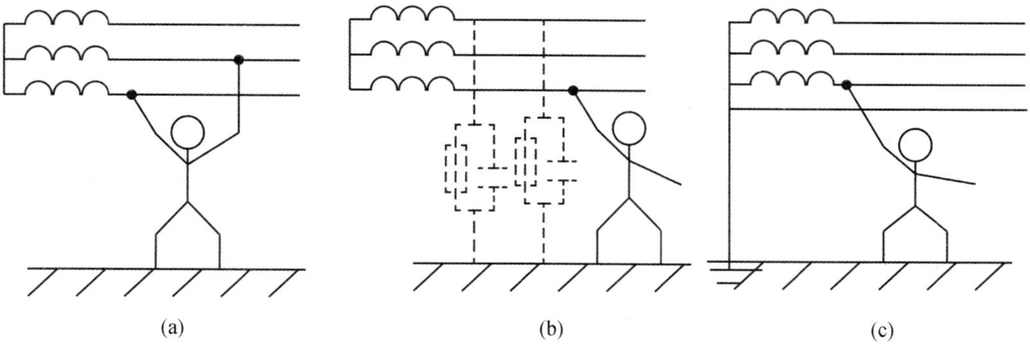

图 9-7　触电的几种方式

单线触电和单相触电与人穿的鞋的性质和踏的物体有很大关系，如人穿着干燥的胶底鞋踏在胶皮或干燥的木板上，触电的危险就很小。

3. 影响触电伤害程度的因素

人体触电后受伤害的程度与下列因素有关：

（1）与流经人体电流的大小有关。流经人体电流的大小是影响伤害程度的主要因素。当流经人体的电流达到 0.5 mA 时，人就有所感觉。当电流达到 23 mA 时，人就感觉疼痛。当电流达到 50 mA 时，就有生命危险。一般情况下，流经人体的电流交流在 15～20 mA 以下，直流在 50 mA 以下，人的头脑清醒，有能力自己摆脱带电体，不致受到伤害，是安全的。

（2）与电源的频率和电流的种类有关。25～300 Hz 的交流电对人体的伤害程度最大，交流比直流危害大。

（3）与电压的高低、持续时间的长短有关。一般情况下电压在 36 V 以下，由于人体电阻的作用，通过人体的电流在 50 mA 以下，不至于造成伤害，因此我国规定 36 V 以下为安全电压。在潮湿度很大的空气中，应将安全电压定在 12 V，12 V 为绝对安全电压。但在水中 12 V 是不安全的。

（4）与人体电阻的大小、电流流经人体的路径、人的健康状况有关；人体电阻在皮肤干燥的情况下可达几万欧姆，而在潮湿和皮肤破损的情况下只有几百欧姆至几十欧姆。电流从一只手到另一只手或从手到脚流经心脏最危险。健康的人受触电伤害的程度小。

4. 触电的原因

引起触电的原因很多，但主要有三点：

（1）思想麻痹，不遵守安全规则，直接触及或过分靠近电气设备的带电部分。

（2）电气设备年久失修，绝缘破坏，没有可靠接地，人体触到这种电气设备的金属外壳引起触电。

（3）因意外而使电线下落与人体接触引起触电。

5. 触电的急救措施

（1）经常性准备

发生人体触电事故时，时间就是生命，必须采取紧急救护措施。为保证在事故发生时能迅速采取有效救护措施，在平时就必须做好和检查触电时的紧急救护的准备工作。首先在思想上应有充分准备让全体人员都熟悉和掌握触电的应急救护知识。其次是物质准备，如绝缘木板和木杆、手套、干衣服、布带和绳子、梯子及必要的电工工具等都应事先准备好；没有这些准备，一旦发生事故就会手忙脚乱、束手无策以致延误对触电者的救护，或发生救护人员也被电击的事故。最后是应有专人负责经常抓紧和做好触电紧急救护的准备工作。

（2）触电时的紧急救护

就近拉断电源开关，否则应该用干燥不导电的衣物器具使触电者迅速脱离电源，人体各部分都不可直接触及触电者，避免连带触电，并注意触电者脱离电源时的碰伤或摔伤。将触电者置于通风温暖的处所，对呼吸微弱或已停止呼吸和心脏跳动停止的要实施人工呼吸抢救和心脏按压法抢救。

（二）预防触电措施

（1）经常检查、维护电气设备的绝缘和壳体的安全接地以消除触电隐患；

（2）禁止带电检修设备，特殊情况下必须使用绝缘合格的工具和护具进行带电操作；

（3）必须按照操作规程及正确的操作方法对电气设备进行操作；

（4）非安全电压便携式电气设备及其电缆、插头等的绝缘容易损坏，安全接地芯线容易折断而不易觉察，使用前必须仔细检查；

（5）若电气设备发生火灾时不能直接用消防水龙灭火以避免触电，对电气设备最好用惰性气体（二氧化碳）灭火器灭火，既避免触电或产生有毒气体，又对电气设备无有害的腐蚀作用。

（三）安全保护措施

1. 保护接地

保护接地是将电气设备在正常情况下不带电的金属壳罩或构架等与大地用接地体或导线可靠接地，如图 9-8 所示。一旦设备的绝缘损坏，设备外壳带电，因与地可靠接触，其具有的电位基本为零，人体触及设备外壳时，流经人体的电流很小，不会发生危险。

2. 工作接地及保护接零

工作接地在电源中性点接地的配电系统中采用，多用于低压系统。中性点接地的输电系统中，保护接地的作用不很完善，漏电时人仍然有触电的危险。最完善的方法是将电器设备外壳与中性线连接起来，实现工作接地和保护接零，见图 9-9。一旦有一相发生事故，而电气设

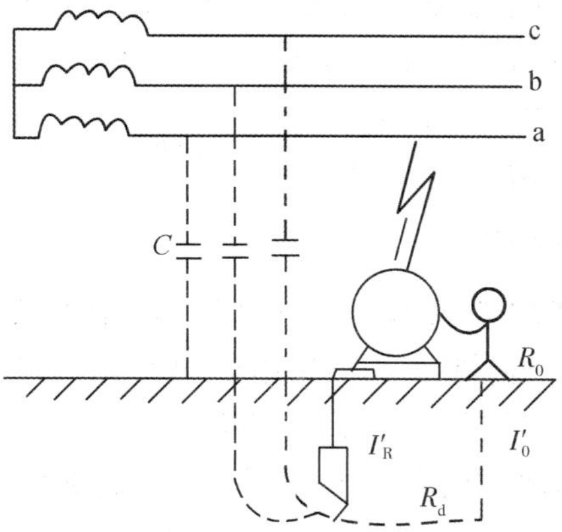

图 9-8 保护接地

备外壳相连,相线与中性线之间的瞬时电流将保险丝熔断,起到保护作用,保证人身安全。在同一配电系统中,不允许一部分设备采用保护接地而另一部分设备采用工作接地。

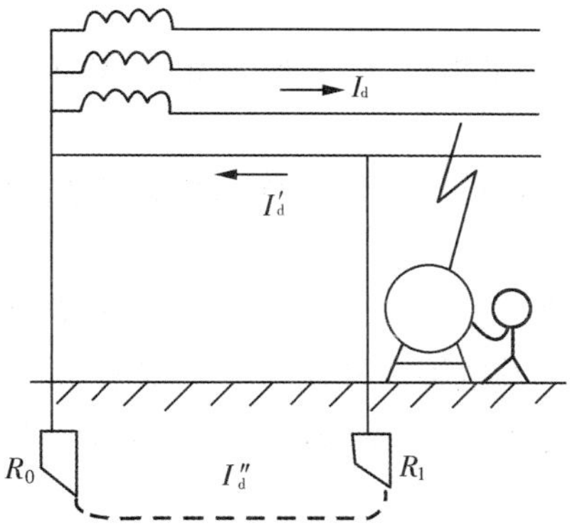

图 9-9 保护接零

3. 避雷保护

雷电是大气层中自然放电的一种现象,有时发生在云层之间,有时发生在云层与大地之间。发生在云层与大地之间的放电所经过的建筑物、电器设备和人畜就会遭到严重破坏和伤害,这就是直接雷击。建筑物除了受直接雷击之外,其金属部分由于静电感应和电磁感应等,还可产生感应电势,电位升高导致金属导体之间放电而引起爆炸和火灾,这种现象叫感应放电。

这种现象对于在恶劣天气(云层很低)下航行于水面上的船舶尤其危险。由此而引起爆炸的船舶已不罕见,特别是油船更危险。因为油在运输过程中不断和空气、舱壁摩擦及油分子之间的相互撞击都会产生大量静电,当静电聚集到一定数量时,若船舶上无消除静电的措施,就会在金属导体之间产生放电,也可能和带电云层产生放电。

所以必须在船舶上安装避雷装置(避雷针),让云层和避雷装置之间形成尖端放电,避免发生雷击。

4. 船舶消除静电的措施

由于船舶特别是油船可能产生静电而引起爆炸,所以除了在船舶上安装避雷装置外,还必须设置消除静电的装置,因为油船装运的油就是易燃易爆的危险品,一旦产生静电放电,就会引起爆炸。油船上消除静电的措施主要有两条:

(1)金属导体之间均应有可靠的电器连接;

(2)电器设备的金属外壳均应可靠接地。

(四)电气设备防火、防爆常识

船舶电气设备运行中出现故障,使用不当或管理不善都可能形成电气火种。为了防止电气设备引起火灾,在设计、制造、安装和使用船舶电气设备时,应按《规范》的规定和国家船用电气专业有关标准的规定进行,主要应注意下列各项:

(1)电气设备应用耐久、滞燃和耐潮的材料制成。金属部分除要有较好的耐蚀性能外,还要有可靠的防护层。铜部件和铝部件连接时,应注意防止电化腐蚀。

(2)电器设备的连接和紧固等要牢固,应有防止其受振动而脱落的措施。电器设备的金属外壳应有可靠的接地设备。

(3)要严格按照环境条件选择电气设备和电缆的防护形式。易燃易爆场所,必须使用防爆式电气设备。

(4)电气设备的操作手轮或手柄的温度不得超过 60 ℃。当电气设备的外壳温度超过 80 ℃时,应采取防护措施。

(5)调节电阻、起动电阻、电器器具等在工作时能产生高温的电气设备,安装时应有防止导致附近物体过热或起火的措施。

(6)电气设备和电缆不应直接安装在船壳板上,防止机械碰伤破坏绝缘。

(7)限制电气设备的负荷量及电缆的载流量在额定值以下,不得长期超载运行。

(8)按要求定期测量绝缘电阻,发现绝缘电阻的电阻值下降到最低要求值以下时,应查明原因处理。

(9)注意日常维护、保养和清洁工作,及时排除电机及电器等的故障。

二、柴油机电系的基本组成及功用

(一)柴油机电系的组成

柴油机电系的组成如图 9-10 所示。其主要组成部件包括蓄电池 1、继电调节器 9(节压器、限流器、断流器)、充电发电机 13、启动机 2 和启动按钮 4 等。

(二)各组成部分的功用

(1)蓄电池:为启动电动机提供电源。

(2)继电调节器:保证充电发电机对蓄电池充电过程的可控性。

①节压器:保证充电发电机发出的电压能符合蓄电池的标定值。

②限流器:保证充电电路中的充电电流满足标定值。

③断流器:保证蓄电池的供电电流不会逆流到发电机端。

(3)充电发电机:在柴油机正常运转时,能为蓄电池提供稳定的充电电流和标定的充电电压。

(4)启动电动机:在通电状态时,旋转并通过驱动机构的作用,保证柴油机正常启动。

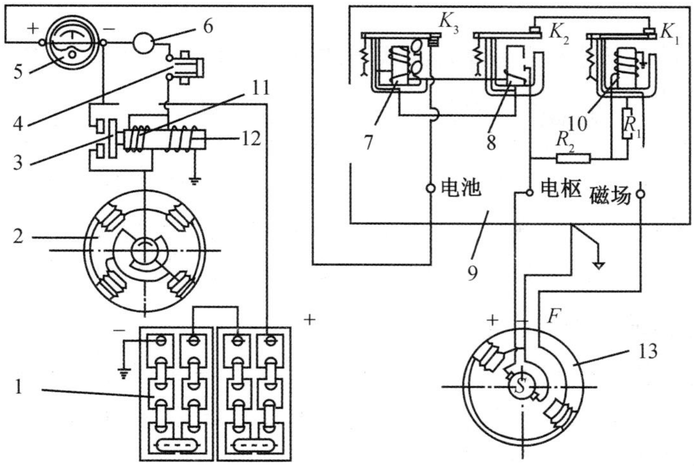

图 9-10 6135 柴油机电系线路图

1—蓄电池;2—启动机;3—电磁开关;4—启动按钮;5—电流表;6—电路钥匙;7—断流器;8—限流器;9—继电调节器;10—节压器;11—吸引线圈;12—保位线圈;13—充电发电机

(5)按钮:接通蓄电池与启动电动机线路的控制开关。

三、蓄电池的正确使用、测量方法及日常维护管理

启动柴油机用的蓄电池组,应可随时进行充电且只能用于启动机器本身的监控设备,并应采取措施,以保证其始终处于储能状态。

(一)蓄电池的正确使用

1. 配制和灌注电解液

(1)电解液应用蒸馏水和相对密度为 1.83(15 ℃)的纯净硫酸配制;

(2)配制电解液时,应在耐酸的玻璃、瓷质、铅金属等器皿内进行;

(3)配制电解液时,必须先将蒸馏水加入容器,再将硫酸徐徐加入,并需不停搅动。

2. 充放电过程

(1)将蓄电池的正、负极与充电电源的正、负极对应相接;

(2)注意选择充电电压;

(3)根据不同的充电阶段控制合适的充电电流;

(4)蓄电池应定期进行充放电。

(二)充放电结束时的测量方法

1. 相对密度计法(比重计法)

用比重计对电解液的相对密度进行测量,并根据所测数值,对蓄电池的放电情况做出正确的判断:

(1)测得的比重计读数值为 1.25~1.30 时,表明蓄电池的电量“已充足”;

(2)测得的比重计读数值为 1.15~1.25 时,表明蓄电池的电量“存一半”;

(3)测得的比重计读数值为 1.10~1.15 时,表明蓄电池的电量“已用完”。

2. 放电仪法

放电仪法是指用放电仪在强电流情况下放电测出此时蓄电池的端电压，根据所测数据判断蓄电池的放电程度，具体判断方法如下：

（1）测得单格电压，放电仪读数为 1.7～1.8 V 时，表明蓄电池已充足电；

（2）测得单格电压，放电仪读数为 1.6～1.7 V 时，表明蓄电池已放电 25%容量；

（3）测得单格电压，放电仪读数为 1.5～1.6 V 时，表明蓄电池已放电 50%容量；

（4）测得单格电压，放电仪读数为 1.4～1.5 V 时，表明蓄电池已放电达 75%容量。

（三）蓄电池的日常维护管理

（1）蓄电池应置于干燥通风处，且场所温度保持在 20 ℃，并距离热源 1 m 以上；

（2）注液孔盖应旋紧密封，并注意螺帽上的通气孔应保持畅通；

（3）长期不用时，应每半个月进行一次维护充放电；

（4）应经常检查电解液的相对密度；

（5）定期检查电解液的液面高度（高出极板 15 mm），及时补充蒸馏水；

（6）定期检查蓄电池极柱和连接线的紧密性，并对极柱表面涂以凡士林油防腐；

（7）不得将金属物体置于蓄电池上，以免造成蓄电池短路。

第四节 应急设备

一、船舶应急设备的种类

船舶应急设备按其功能不同可分为下列几种：

（1）主要应急设备：应急电源、应急操舵装置、地轴弄水密门、油路紧急切断装置、脱险通道、风机油泵速停装置、通风筒挡火板及机舱天窗应急关闭装置等。

（2）其他应急设备：应急消防泵、应急空气压缩机、应急舱底水吸口及吸入阀、救生艇发动机等。

（3）应急动力设备：应急电源、应急空气压缩机和应急操舵装置等。

（4）应急消防设备：应急消防泵燃油速闭阀、风油应急切断开关、通风筒防火板和机舱天窗应急关闭装置等。

（5）应急救生设备：救生艇发动机和脱险通道（逃生孔）等。

（6）机舱进水时的应急设备：应急舱底水吸口及吸入阀、水密门等。

二、应急舵机、应急电源、消防泵的作用

1. 应急舵机

应急操舵装置控制系统，系指应急操舵动力设备的控制系统。应急操舵动力设备，系指由应急能源驱动的电动机及其关联的电气设备，以及与此电动机相连接的操舵用泵等。应急操

舵装置用于主操舵装置损坏或失灵后在应急情况下操纵船舶。为了保证航行安全,除主操舵装置能正常工作外,应急操舵装置也必须能在应急情况下正常工作。急流航段,船舶的应急操舵装置应满足以下要求:

(1)转舵扭矩大于 16 kN·m 的船舶的应急操舵装置控制系统及应急操舵动力设备的管系和附件应与正常操舵装置相互独立设置,仅在油缸入口隔离阀处汇合。其布置应在正常动力设备或管系发生单项故障时,使此缺陷能被隔离,并自动启动应急操舵系统,转换时间应不大于 10 s。

(2)对转舵扭矩大于 16 kN·m 的船舶的应急操舵动力设备,其转舵时间应满足表 9-1 的要求。对转舵扭矩不大于 16 kN·m 船舶的舵机装置动力设备的应急能源,应能在 60%最大营运前进航速时(一般相当 36%的转舵扭转),使舵从一舷 15°至另一舷 15°的转舵时间不大于 15 s。

表 9-1 转舵时间要求表

		急流航段船舶	非急流航段船舶
舵从一舷 35°至另一舷 30°	船长≥30 m	≤12 s	≤20 s
	船长<30 m	≤15 s	

2. 应急电源

应急电源是在船舶主发电机故障而造成全船停电时,能自动接通供临时照明和一些设备的用电。应急电源应选用独立的蓄电池组或发电机组。内河船舶的应急电源一般应满足以下要求:

(1)应急电源应能在主电源失效时自动供电。在主配电板或机舱主机操纵台附近或机舱有人值班处所,应设有标明应急电源正在供电的听觉和视觉信号,并附有消声装置。

(2)当应急电源为发电机组时,在主电源失效的情况下,应急发电机组应能自动启动、自动投入电网供电。应急发电机组的自动启动和自动投入电网供电的全过程应不超过 30 s(启动次数不限制),自动启动失败和自动投入电网失败后,应发出听觉和视觉报警信号。

(3)应急电源的容量必须保证在主电源失效时,应至少向应急负载同时供电 1 h。如需向应急消防泵供电时,则至少向应急消防泵供电 3 h。若应急电源为蓄电池组,该蓄电池组应能承载应急负载而不必充电;在整个供电期间蓄电池的电压变化,应能保持在其额定电压的±12%之内。

(4)在应急照明线路上,不应设置就地开关(驾驶室除外)。应急照明灯应有明显的红色标志,或在结构上与一般照明灯不同。

3. 消防水泵

消防水泵,俗称救火泵,用于提供消防水进行灭火,其驱动方式有独立动力驱动或主机带动,甲板辅机动力带动或手动等方式,其数量一般大船设置 2 台,小船设置 1 台。卫生泵、压载泵、舱底泵或总用泵,如满足消防泵的有关要求,在不影响抽吸舱底水的能力时,允许作为消防泵使用。总用泵作消防泵时,不得用于抽输油料。消防泵的排量和压头应满足在最高甲板的消火栓上,能以一台水泵的排量满足规定的出水的要求,且射程应不小于 12 m;在Ⅰ型客滚船、Ⅱ型客滚船及滚装货船上,应能以一台水泵的排量从滚装处所的消火栓上获得 3 股射程不小于 12 m 水柱的出水量。

消防水泵的使用要点：

（1）平时做好消防水泵的维护保养工作，保证需要时能立即投入使用；

（2）打开泵吸入端的相关阀件和吸入截止阀，关闭泵排出截止阀；

（3）启动消防水泵，待泵的转速和排出压力达到额定值；

（4）打开泵的排出截止阀，向消防管路供给消防水至消防水栓。

4. 水密门

水密门是设置在水密舱壁上，用于船舶破舱进水时进行水密封舱的设备。常用的有铰链式（手动）和滑动式（手动和动力）水密门两大类。前者结构轻便、启闭简便；后者用于有耐水压要求和地位受限制的处所，结构牢固但需配控制系统。内河船舶上基本是采用铰链式水密门。其使用有以下要求：

（1）通往轴隧的水密门能正、反两面手动开启。

（2）当机舱前、后壁上设有水密门时，在驾驶室内设有表明水密门是开启或关闭的显示装置，并能在干舷甲板上操纵这些门。

（3）船舶航行中所有水密门应保持关闭。若因船舶机械作业必须开启某些水密门，在不影响船舶安全和有效监控的条件下，可允许开启这些水密门，但进入作业处所后必须迅速关闭该门。水密门开启和关闭的时间应记入航行日志中。

第十章 海事案例分析

对船员进行典型事故案例教育是提高船员安全意识、强化船员安全责任的一种重要途径，对新、老船员的培训都是十分必要的，也是船公司安排船员教育培训的一项必选内容。通过典型事案例分析，受教育培训船员可从中吸取经验教训，“前事不忘，后事之师”，避免同类事故再次发生。

第一节 案例分析的一般规律与方法

一、水上交通事故

（一）水上交通事故的分类

世界各国对海损事故的分类都有规定，尽管细节不同，但基本原则相同。我国《水上交通事故统计办法》对水上交通事故的范畴进行了界定。

1. 碰撞事故

碰撞事故是指两艘以上船之间发生撞击造成损害的事故。碰撞事故可能造成人员伤亡、船舶受损、船舶沉没等后果。

2. 搁浅事故

搁浅事故是指船舶搁置在浅滩上，造成停航或者损害的事故。搁浅事故等级按照搁浅造成的停航时间和造成的损失确定。

3. **触礁事故**

触礁事故是指船舶触碰礁石，或者搁置在礁石上，造成损害的事故。

4. **触碰事故**

触碰事故是指船舶触碰岸壁、码头、航标、桥墩、浮动设施、钻井平台等水上水下建筑物或者沉船、沉物、木桩、渔栅等碍航物并造成损害的事故。触碰事故可能造成船舶本身和岸壁、码头、航标、桥墩、浮动设施、钻井平台等水上水下建筑物的损失。

5. **浪损事故**

浪损事故是指船舶因其他船舶兴波冲击造成损害的事故，也称为“非接触性碰撞”。

6. **火灾、爆炸事故**

火灾、爆炸事故是指船舶因自然或人为因素致使船舶失火或爆炸造成损害的事故。火灾、爆炸事故可能造成重大人员伤亡、船舶损失等。

7. **风灾事故**

风灾事故是指船舶遭受较强风暴或强对流天气袭击造成损失的事故。

8. **自沉事故**

自沉事故是指船舶因超载、积载或装载不当、操作不当、船体漏水等或者不明原因造成船舶沉没、倾覆、全损的事故。

9. **操作性污染事故**

操作性污染是指船舶营运过程中由于船员操作不当或所及系统的损坏导致的意外排放。操作性污染事故包括操作性油污染、操作性散装有毒液体物质污染、操作性包装有害物质污染、操作性船舶生活污水污染、操作性船舶垃圾污染等。

10. **其他引起人员伤亡、直接经济损失或者水域环境污染的水上交通事故**

这类事故常见的有：船舶因外来原因使舱内进水、失去浮力，导致船舶沉没；船舶因外来原因造成严重损害，推定为船舶全损的；船舶机务事故导致的水上交通事故等；船舶因发生碰撞、搁浅、触礁、触碰、浪损、火灾、爆炸、风灾及自沉事故造成水域环境污染的；影响适航性能的机件或者重要属具的损坏或者灭失，以及在船人员工伤、意外落水等事故。

（二）船舶常见的工伤事故

1. **击伤**

击伤事故主要是人与物之间的接触量超过了人体承受能力所致。例如，不戴安全帽被上方的坠落物击伤；站位不当被受力或破断的缆绳击伤；抛锚时紧靠锚链而被高速飞出的锚链击伤；敲铲焊渣时不戴防护镜而被溅出的碎屑击伤眼睛；船舶横摇剧烈时被工作场所或居所未固定的物体飞出击伤；用抛掷方法传递物具时被击伤；等等。

2. **坠落**

常见的坠落事故有：人员在高处作业时嫌麻烦不用安全带或使用不当而坠落摔伤；工作时不慎摔落货舱；在舱口上空作业前，未按规定关闭舱盖；未采取安全措施就冒险攀高而摔伤；因使用严重锈蚀或损伤的直梯或扶梯导致踏步断裂而摔伤；高空支撑物的栏杆和构件因严重锈蚀而发生断裂、脱落，导致作业人员坠落。

3. **人落水**

常见的人落水事故有：船员在舷外作业不用安全带或使用不当而掉落水中；舷梯或桥板未使用安全网或使用不当或严重损坏导致人员落水；使用的绳梯严重损坏或不会使用导致人落水；船员在舱面甲板上工作未使用安全系绳而被甲板上浪卷入水中。

4. **轧伤**

常见的轧伤事故有：在检修转动的机械时，衣服、手指等被卷入而伤害人员；收绞缆绳时，操作者距卷筒过近，被受力回抽的缆绳拉入卷筒而轧伤；疏忽作业环境，被高垒或直立的货物或物具倒塌压伤；修理机械或开关舱时，因操作者配合不当而被压伤；等等。

5. **触电**

触电事故常见的有：船员乱拉电线和私接电器而触电；违章带电操作而触电；损伤电线电器而触电；在健康状况不良、过度疲劳、严重晕船的情况下进行带电操作而触电；等等。

6. **窒息/中毒**

触电事故常见的有：人员擅自进入长久封闭的场所，因缺氧或吸入积聚的有害气体而衰竭；在未充分通风和无人接应的情况下，进入大量存放农产品的封闭舱室而窒息；违反熏舱操作和管理规定，导致中毒伤亡；等等。

二、案例分析方法

（一）案例分析的目的

海事案例分析的目的主要是探明事故发生的原因，探求“事故为什么会发生”的过程，进而寻求事故发生的规律，吸取事故教训，防止类似事故再次发生。

（二）案例分析的基本思路

事故的致因理论认为，事故是物体或人的身体与超过其阈值的能量接触，其后果是人的伤亡和物的损害。导致事故的直接原因是不安全行为、不安全状态和不良环境。引发不安全行为、不安全状态和不良环境的原因是对事故基本要素的管理不当。事故原因分析的基本思路是将调查中所获得的杂乱无章的信息归纳为几种基本要素，分析各要素在事故中的作用机理，查找事故原因。

（三）原因分析

水上交通事故调查的基本目的、基本要求和主要工作就是查明水上交通事故发生的原因，原因分析是探求“事故为什么会发生”的过程。一切事故，都是人、机、环境相互作用下发生的出乎人们意料的和不希望发生的破坏性事件。安全科学的基本要素结构是由人、机、环境和管理（控制）四大要素构成的四面体结构。该结构中的船员属于“人”要素，船舶、货物属于“机（物）”要素，航道和港口属于“环境”要素，船公司属于“管理”要素，由此构成船舶营运系统的安全四面体结构。海事原因分析可以从四面体结构入手。

1. **水上交通事故原因的分类**

水上交通事故发生的原因是多方面的和多层次的。为了更好地认识事故的原因以及其所起的作用，应将事故原因进行分类。水上交通事故发生的原因可分为以下几类。

（1）条件和原因

条件是影响事故发生、存在或发展的因素；原因是指造成各种结果或引起另一事件发生的条件。它们之间的关系是：条件是大范畴，它包括原因；原因是小范畴，它属于条件的一个种类。

（2）直接原因和间接原因

直接原因是指事故原因中不经过中间事物而起作用的原因；间接原因是指事故原因中经过中间事物才起作用的原因。这里所说的中间事物也属于或称为事故原因的事物。

（3）主要原因和次要原因

主要原因是指导致事故发生的数个原因中最重要的原因；次要原因是指数个原因中次重要的原因。区分主要原因和次要原因不仅有利于掌握吸取教训的重点，而且有利于抓住防范事故的关键。

（4）主观原因和客观原因

主观原因是指人的自我意识方面的原因；客观原因是指人的意识以外不以意识而存在的原因。主观原因和客观原因是从人的因素和外界因素两个方面探求事故发生规律而提出的。

（5）原因和可能原因

通过事故调查获得充分证据而直接确定出的原因称为事故的原因；凭借不太充分或间接的证据加以分析或推断出的原因称为事故的可能原因。

（6）最终原因和近因

最终原因一般被认为是原因链上的最后一个原因链环，无须其他原因介入而直接产生事件的结果。在导致事件结果的诸原因中，它在空间和时间上是与事件结果最接近的原因。近因一般被认为在导致事件结果的性质上或作用上与事件结果最接近，尽管它在时间和空间上并不与事件结果最接近，但没有它，事件结果不会发生。

（7）原因不明

事故发生后，调查人员无法取得任何证据，因此无法判断事故的原因。

2. 事故致因理论

事故原因分析的方法与思路主要有事故链（原因链）、多米诺理论、海事结构说、事故树分析和因果关系等。

（1）事故链

实践证明，船舶事故或灾难很少是由一个人的失误或单一事件造成的，它们几乎都是由一系列不严重的失误或事件的叠加、互为因果导致的。也就是说，这些事故或灾难都是一连串小错误接踵而至的结果，或者说是失误链或事件链发展的最终结果。在这个“错误链条”当中，每一个单独的错误都可以被避免、单独发生或以另外的次序发生，都不会造成重大损害，但恰恰以某种顺序导致了严重的后果。

这条错误链的发展模式如图 10-1 所示：首先，一个小的错误或事故发生了，没有被发现，或没有被解决；随后发生的事件加剧了初始事故的破坏力和严重性；有关人员不相信，也未能立即评估问题的严重性，在试图解决问题的同时，也在试图掩盖问题；突然意识到情况已经完全失去控制时，重大灾难性事件已经发生；最后，在对事故进行的调查和反思中发现，错误链的第一环初始的“小问题”总发生在人们没有考虑到的地方。我们不可能完全避免孤立和偶然

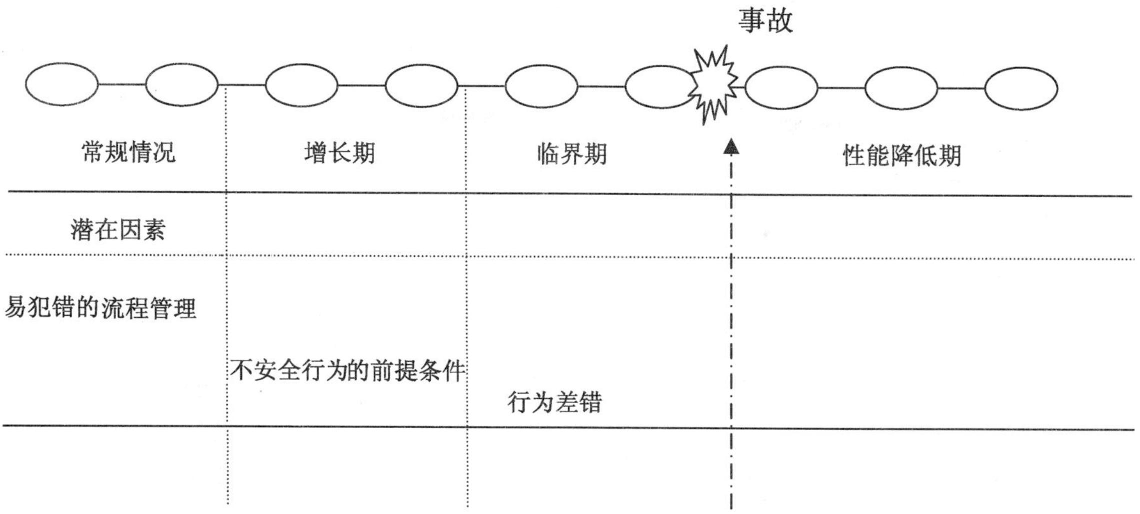

图 10-1 事故发生过程

的错误,但我们可以并且应该采取措施,切断这条错误链,防止灾难性事件的发生。我们要对小错误多一些敏感,因为它们往往会导致致命的结果。"错误链条"一旦连通,就再也没有改正的机会。

(2)多米诺理论

1936 年,美国人海因里希(Heinrich)首先提出了事故因果连锁的理论,用以阐明导致伤亡事故的各种原因和伤害之间的关系。该理论认为,伤亡事故的发生不是一个孤立的事件,尽管伤害可能在某瞬间突然发生,却是一系列原因事件相继发生的结果,并用 5 个竖立的骨牌(骨牌效应)来形象地说明这种关系,即当第一块倒下后,会引起连锁反应而导致其余的骨牌倒下。因此,这一效应也被称为多米诺理论。

海因里希提出的事故因果连锁过程包括 5 个因素,如图 10-2 所示。他认为伤害事故的发生、发展过程为 5 个具有一定因果关系的因素。发生事故的因果关系如下:

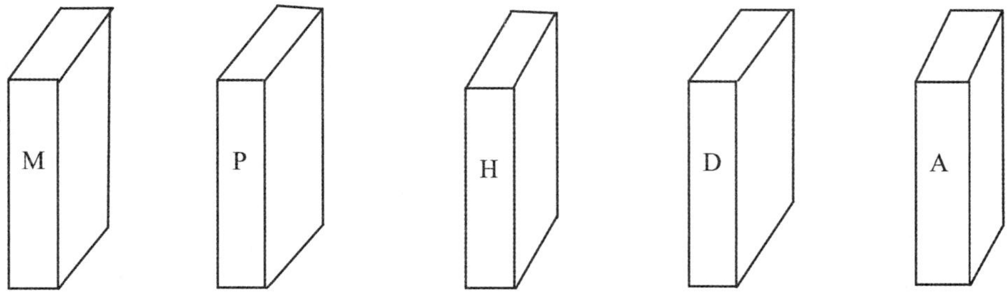

图 10-2 事故因果关系多米诺

①遗传以及社会环境(简称 M)

人性格上的缺点是由于遗传因素及社会环境而产生的。遗传因素可能造成鲁莽、固执等不良性格;社会环境可能妨碍教育,助长性格上的缺点发展。

②人的缺点(简称 P)

人的缺点是使人产生不安全行为或造成机械、物质不安全状态的原因,它包括鲁莽、固执、过激、神经质、轻率等性格上的先天的缺点,以及缺乏安全生产知识和技能等后天的缺点。

③人的不安全行为或物的不安全状态(简称 H)

事故的发生是由人的不安全行为或物的不安全状态造成的。人的不安全行为或物的不安全状态是指那些曾经引起过事故,或可能引起事故的人的行为,或机械、物质的状态,它们是造成事故的直接原因。

④事故(简称 D)

事故是由于物体、物质、人或放射线的作用或反作用,人员受到伤害或可能受到伤害的、出乎意料的和失去控制的事件。

⑤伤害(简称 A)

由于事故才产生人身伤害。坠落、物体打击等能使人员受到伤害的事件是典型的事故。

在实际工作中,我们不难看出多米诺骨牌效应与上述失误链或事故链的结论具有相同的道理。如任其发展,骨牌一向前倒,即一倒都倒,最终导致造成损失或伤害;失误链或事故链也将从增长期进入了临界期直至导致事故的最终发生。但是,如果移去其中的一块骨牌或连锁中的一个部分(因素),则这种骨牌和失误链或事故链之间的连锁关系即被破坏,事故发展的过程也就被中止了。

(3)海事结构说

海事基本致因条件也可归纳为自然条件、航道条件、船舶条件、交通条件和船员条件这五个方面。这些条件的单独作用、相互间的作用以及在防止海事中所处的地位,即海事发生条件的作用机制,通常称为海事结构。研究海事发生条件的作用机制,不但可以了解一般的海事致因条件,而且可以了解到条件怎样起作用和如何相互作用,从而从中得到重要启迪,抓住关键环节,对海事发生条件实施最佳控制,尽可能预防海事的发生。

(4)事故树分析

事故树分析是分析系统安全的一种逻辑方法。其目的是分析系统中事故产生的原因和评价系统潜在的危险。

事故树分析是在无任何限制条件下,由顶上事件开始向下分析能获得导致顶上事件发生的一切原因。用事件把这些原因通过逻辑门连接起来,这样就能清楚地表示出哪些原因事件及其组合导致了顶上事件发生的动态过程。利用事故树分析技术,可以找出导致事故的基本事件的最小组合,即最小割集。有几个割集就有几种导致事故的组合,而且可从中找出危险最小割集,有针对性地采取有效措施,防止顶上事件的发生。

(5)因果分析

因果分析又称因果分析图,其作用是寻找影响系统安全的主要原因和具体原因。针对这些原因所采取的措施常被纳入工艺标准、操作规程和管理制度中,以求发展及深化。因果分析图由原因与结果两部分组成。原因部分由大枝(大的原因)、中枝(中等原因)、小枝(小的原因)和细枝(更小的原因)组成。通过对原因的展开,即对事故致因因素做分类和分析,可由大到小、由粗到细,追根寻源,直到能具体地采取措施解决问题为止。因果分析对于涉及人、设备和环境的危险因素的分析是非常有效的分析方法。

第二节 案例分析

2015年6月1日21时32分左右,重庆东方轮船公司所属"东方之星"号客船由南京开往重庆,在航行至湖北省荆州市监利县长江大马洲水道(长江中游航道里程300.8 km处)时翻沉,造成442人死亡的特别重大水上交通事件。

一、事件基本情况

(一)"东方之星"号客船情况

"东方之星"号客船(以下简称"东方之星"轮)为重庆东方轮船公司所有的长江干线普通客船。具体情况如下:

1. 主要技术参数

"东方之星"轮为尖艏双艉双底钢质船舶。经核查,船舶总长76.50 m,两柱间长66.00 m,型宽11.00 m,最大船宽12.40 m,型深3.10 m,最大船高18.60 m,满载排水量890.602 t,满载吃水2.16 m,总吨位2 200,主机额定功率441.00 kW×2,乘客定额534人,船员定额50人。

2. 船舶持证情况

经调查,"东方之星"轮法定证书齐全有效。该船具有"船舶国籍证书""船舶最低安全配员证书""内河船舶适航证书""川江及三峡库区船舶航行证书""内河船舶防止生活污水污染证书""内河船舶防止油污证书""内河船舶吨位证书""内河船舶载重线证书""内河船舶乘客定额证书""符合证明(副本)""安全管理证书"。

3. 船舶航区

重庆市船舶检验局万州船检局为"东方之星"轮核发的"内河船舶适航证书"核定航区为B级航区(自涪陵李渡长江大桥至江阴长江大桥)、J2航段(急流航段)。事发水域属于B级航区,船舶航行区域符合核定航区要求。

4. 船舶装载

"东方之星"轮的"内河船舶乘客定额证书"核定乘客人数为534人、船员50人。经调查,事发时该船实际在船人员为454人,其中乘客408人、船员46人,实际载客符合"内河船舶乘客定额证书"的要求。船舶由南京开航时,"航次签证申请书"载明船首吃水2.10 m,船尾吃水2.10 m,未超该船核定最大吃水。

5. 船舶设备

"东方之星"轮的"内河船舶检验证书簿"记载其配备以下主要设备:

(1)航行设备:AIS(B级)1台、GPS设备1台、测深仪1台、导航雷达2台、ECS(电子海图系统)1台、探照灯3盏。

(2)无线电设备:甚高频无线电话2部、可携式甚高频无线电话2部、对外扩音装置1套。

(3)主机、舵机及电器设备:主机2台,舵设备2套,主操舵装置型式为电动液压,应急电源为蓄电池组,辅助操舵装置型式为动力操舵。

通过对沉船驾驶室、机舱集控室、主机及舵机进行现场勘验,该船主辅机、舵设备、无线电设备、航行设备及信号设备齐全。经对生还船员的调查,上述设备在事发前工况正常。

6. 船员配备情况

"东方之星"轮的"船舶最低安全配员证书"要求,该船应配备:船长1人,大副2人,二副1人,水手6人,轮机长1人,大管轮1人,机工1人,客运部最低配员11人,合计24人。

经调查,该船本航次实际配备船员46人,其中:船长1人,大副3人,水手7人,轮机长1人,大管轮1人,二管轮1人,三管轮1人,机工3人,电工1人,客运部27人。在船船员数量、职务满足该船最低安全配员要求。

7. 值班持证船员

船长、轮机长、当班大副和大管轮在"东方之星"轮上均有较长的任职经历。

船长张某,从业32年,任船长17年;在7艘船舶上担任过船长,自2007年12月起任"东方之星"轮船长。

当班大副刘某,从业24年,任大副12年,主要在"东方之星"轮上工作。

轮机长杨某,从业25年,任轮机长13年,自1996年1月起在"东方之星"轮上工作。

当班大管轮程某,从业14年,2008年4月至2012年12月在"东方之星"轮上任轮机员,自2013年1月起任大管轮。

(二)船舶设计建造改装情况

1. 1994年年初始建造情况

"东方之星"轮于1994年2月1日建造完工。船舶总长62.00 m,两柱间长55.00 m,型宽11.00 m,最大船宽12.40 m,型深3.10 m,满载排水量657.75 t,总吨位1 563,主机额定功率441.00 kW×2,乘客定额584人。船舶设计单位为长江轮船总公司东风船厂重庆东风船舶设计研究所,图纸审查单位为重庆市船舶检验处,建造检验单位为四川省船舶检验处万县检验所。建造船厂包括:船体部分为国营川东造船厂,其他部分为四川省东方轮船公司修造船厂。1993年12月16日进行了船舶倾斜试验,稳性衡准结果符合《长江水系船舶稳性和载重线规范(1985)》及其1988修改通报的要求。四川省船舶检验处万县检验所于1994年6月4日为"东方之星"轮签发了船舶检验证书。

2. 1997年改建情况

"东方之星"轮于1996年9月在国营重庆造船厂进行改建,1997年4月30日改建完工。改建后该船总长增加14.50 m,两柱间长增加11.00 m,由平艏双艉单底钢质船舶变为尖艏双艉双底钢质船舶,乘客定额744人。船舶改建设计单位为重庆东风船舶工业公司船舶设计研究所,图纸审查单位为四川省船舶检验处万县检验所,改建检验单位为四川省船舶检验处万县检验所。改造船厂包括:船体部分为国营重庆造船厂,其他部分为四川省东方轮船公司修造船厂。1997年4月25日重新进行了倾斜试验,稳性衡准结果符合《内河船舶稳性规范(1993)》规定。四川省船舶检验处万县检验所于1997年6月22日为该船签发了船舶检验证书。

3. 2008 年改造情况

此次改造主要是在主船体不变的情况下提升旅客舱室等级，并进行防止生活污水污染系统改造。设计单位为重庆市万州通亚有限责任公司船舶设计中心，图纸审查单位为重庆市船舶检验局，船舶检验单位为重庆市船舶检验局万州船检局。2008 年 7 月，重庆东方轮船公司提出重新核定乘客定额的申请，重庆市船舶检验局万州船检局执行附加检验重新校核完整性，稳性衡准结果符合《内河船舶法定检验技术规则(2004)》规定。2008 年 7 月 16 日，重庆市船舶检验局万州船检局为该船重新签发了“内河船舶乘客定额证书”(乘客定额 534 人)。

4. 2015 年改造情况

2014 年，“东方之星”轮船长张某以旅客多次反映生活用水不足、底舱清水舱容积较小和渗漏严重等为由，向公司安全技术部提出变更清水舱和压载舱的要求。2015 年 2 月 28 日，重庆东方轮船公司在没有报审的情况下，对“东方之星”轮底舱的压载舱和清水舱进行变更，将船后部主甲板下两个清水舱(5~16 肋位)变更为空舱，船前部主甲板下 94~104 肋位处 2 个压载舱和 2 个调载舱变更为 3 个清水舱和 1 个调载舱。

5. 船舶稳性验算分析

事件调查组委托专业机构对“东方之星”轮初始建造、1997 年改建、2008 年改造、2015 年 6 月实船技术状态下的风压稳性衡准数进行了验算(满载出港风压稳性衡准数复校计算结果见表 10-1)。结果表明，历经三次改建、改造和技术变更，其风压稳性衡准数均大于 1，符合《内河船舶法定检验技术规则》要求，但船舶风压稳性衡准数逐次降低。

表 10-1 “东方之星”轮满载出港风压稳性衡准数复校计算结果一览表

年份/年	1994	1997	2008	2015
风压稳性衡准数(复校计算)	1. 355	1. 090	1. 018	1. 014

(三)重庆东方轮船公司及船舶建造单位情况

1. 重庆东方轮船公司

该公司是重庆市万州区国资委管理的国有独资企业。其前身为 1967 年成立的四川省万县轮船公司，1997 年更名为重庆东方轮船公司。公司许可经营项目包括旅游运输(重庆至南京长江干线涉外旅游船运输，重庆至南京普通客船运输)；一般经营项目包括船舶设计、建造修理等。公司现有“东方大帝”三星级标准涉外游船 1 艘，东方系列国内游船 5 艘，目前主要经营重庆至南京、重庆至宜昌、万州至宜昌等航线旅游客运。公司持有交通运输部长江航务管理局颁发的水路运输许可证和长江海事局颁发的安全与防污染能力符合证明。

2. 船舶建造单位

国营川东造船厂(2009 年 9 月 30 日改制更名为重庆川东船舶重工有限责任公司)承担了 1994 年“东方之星”轮主船体初始建造工作；国营重庆造船厂(2007 年已破产并注销登记)承担了 1997 年改建主船体部分；重庆东方轮船公司修造船厂(原为四川省东方轮船公司修造船厂)，属重庆东方轮船公司内设修造船厂，承担了 1994 年“东方之星”轮初始建造的机电、舵机、线路安装等工作，1997 年改建的部分设备安装和客舱木作装修项目，2008 年改造的客舱布置调整等工作。经调查，以上船厂承担的相关工作符合相应时段所承担任务的资质要求。

（四）天气情况

1. 事发前后天气情况

由中国工程院两位院士牵头国内外气象专家组成的气象调查分析团队，在综合分析气象卫星、天气雷达、闪电定位、地面自动气象观测、现场勘查航拍资料和当事人谈话笔录的基础上，还原了事发前后的天气情况，并形成以下结论：

6 月 1 日 21:00—22:00，“东方之星”轮航行水域上空出现飑线天气系统，该系统伴有下击暴流、龙卷风、短时强降雨等局地性、突发性强对流天气，客船倾覆水域遭受强风暴雨袭击。（注：飑线是由许多单体雷暴云连在一起并侧向排列而形成的强对流云带。下击暴流是指一种雷暴云中局部性的强下沉气流，到达地面后会产生一股直线型大风，越接近地面风速越大，最大地面风力可达 15 级。）

21:00—21:17，“东方之星”轮航行水域为偏南风，风力总体不大，瞬时极大风速为 6.3～10.2 m/s（风力 4～5 级）；约 21:18，“东方之星”轮航行水域受到飑线天气系统影响，风力开始加大，风向转为西北风；21:18—21:25，瞬时极大风速达 24.6 m/s 左右（风力 10 级）；约 21:26，“东方之星”轮航行水域遭受下击暴流影响，影响时间约 6 min，在此期间，风力进一步加大，瞬时极大风速达 32～38 m/s（风力 12～13 级）。

21:00—22:00，“东方之星”轮倾覆水域出现了短时强降雨天气并伴有雷电，1 h 累计降雨量达 94.4 mm，其中 1 min 最大降雨量达 2.6 mm。（注：24 h 降雨量超过 50 mm 为暴雨，超过 100 mm 为大暴雨。）

2. 飑线天气系统情况

据卫星和雷达监测资料分析研判，6 月 1 日 16:00 开始，在湖北中部偏南地区有对流云团生成，并向东略偏南方向移动，21:15—21:55，对流云团发展到最强盛阶段（见图 10-3）。在该对流云团下，“东方之星”轮航行水域上空出现了飑线天气系统，飑线宽度 20～30 km，长度 80～100 km，其雷达回波强度超过 45 dBZ，过境影响时间为 21:18—21:55。

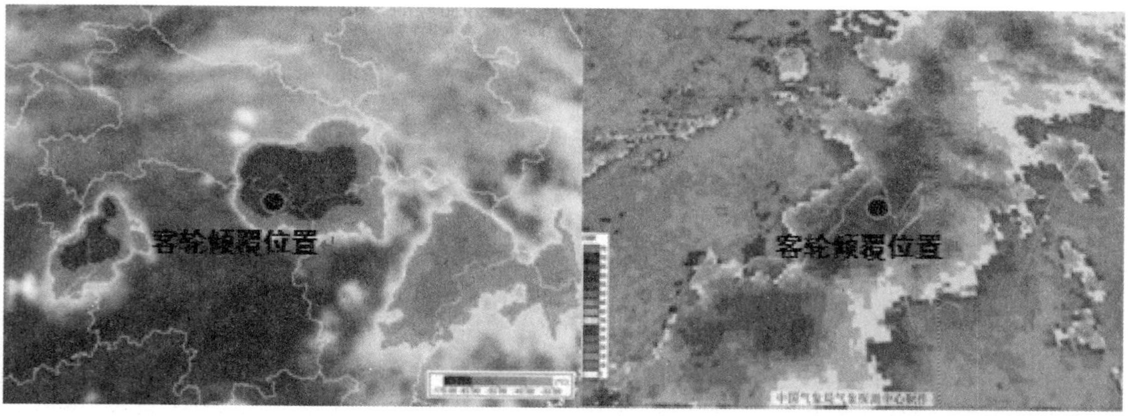

图 10-3　6 月 1 日 21:30 卫星红外云图（左）及雷达回波强度图（右）

3. 下击暴流情况

据岳阳多普勒天气雷达（距事发地点 50 km）观测资料分析，21:26:32，雷达测到的 700 m 高度上的径向风速度在不到 6 min 之内由 12 m/s 增大至 17～20 m/s，据气象专家综合雷达观测、现场灾情调查及当事人和目击者谈话笔录分析判断,“东方之星”轮倾覆水域遭遇下击暴流影响。

国内外研究表明,下击暴流引起的风速随高度降低而快速增大,根据模型推算地面瞬时极大风速为 32~38 m/s(12~13 级)。另外,根据气象专家现场调查和航拍得到的大量照片和影像资料分析,“东方之星”轮倾覆水域两岸 5 km 范围内出现了多处遭受大风损毁区域,许多直径大小不一的树木被拦腰折断,成片树林和玉米倒伏,其中腰坦(距“东方之星”轮倾覆位置 0.6 km 右岸)直径为 20 cm 的树木被拦腰吹断,也进一步印证了瞬时极大风力为 12~13 级。当时雷达径向风速度图(见图 10-4)分析表明,该下击暴流约从 21:26 开始,21:32 左右减弱,持续影响时间约 6 min。

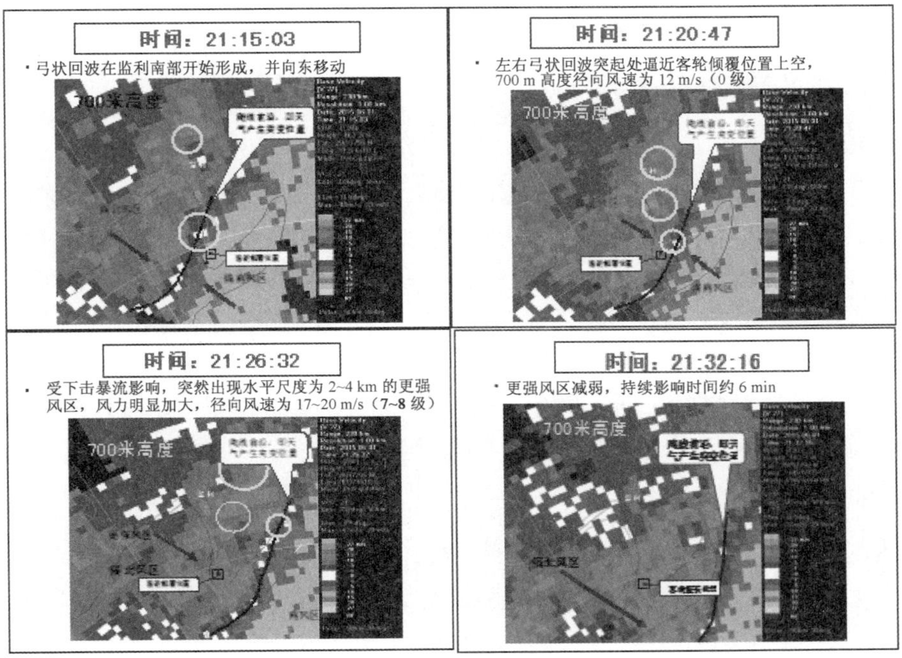

图 10-4　6 月 1 日 21:15 到 21:32 岳阳雷达径向风速度图

4. 客船倾覆前遭遇下击暴流影响的主要证据

目前,多普勒天气雷达是探测下击暴流的主要手段。在雷达回波上,下击暴流主要表现为以下特征:(1)大多数下击暴流常发生在弓形回波突起处和钩状回波的钩内(或钩的周围);(2)低空(1 km 高度以下)雷达径向速度上有明显辐散特征,中高层有明显辐合特征;(3)雷达强度回波质心下降。据岳阳多普勒天气雷达观测分析,6 月 1 日 21:15 左右,弓状回波在监利南部开始形成,并向东移动,21:20 左右弓状回波突起处逼近“东方之星”轮倾覆位置上空,21:26 左右影响“东方之星”轮倾覆位置,在低空 700 m 高度(雷达 0.5°仰角观测)突然出现了水平尺度 2~4 km 的强风区,最大径向风速度达到 17~20 m/s;通过雷达垂直剖面观测,“东方之星”轮倾覆位置上空 1 km 以下具有较强的辐散特征,在其上空 1.6 km 和 2.4 km 高度上,有明显气流辐合;21:26:32—21:32:16,超过 50 dBZ 的强雷达回波从 5 km 高度下降至 700 m 高度,回波质心明显下降。上述三个方面的情况均符合雷达识别下击暴流特征。

另外,专家现场勘查和航拍资料表明,“东方之星”轮倾覆水域右岸树木倒伏方向主要为东南方向，朝向较为一致。据多位当事人和目击者回忆，遭遇大风影响后风向无明显变化，这些均符合下击暴流产生的地面直线型大风迹象。

综合上述雷达回波特征和地面灾情调查判断，认为"东方之星"轮倾覆水域出现了下击暴流。该下击暴流在"东方之星"轮倾覆位置及其附近的江面上产生了呈直线形的向外辐散强风区，"东方之星"轮正好处于强风区的影响范围内，主导风向为西北风。

5. 降雨情况

事发前后，"东方之星"轮航行水域出现了强降雨天气，并伴有闪电。根据距"东方之星"轮倾覆位置 1.5 km 的湖南岳阳友谊机埠自动气象站实测资料和雷达资料分析，从 21:04 开始出现降雨，21:18 开始增大，21:24 降雨强度达到最大，22:07 降雨基本结束。21:00—22:00，"东方之星"轮倾覆水域累计降雨量达 94.4 mm。

（五）航道水文等情况

1. 航道情况

长江武汉航道局提供的资料说明：根据交通运输部的批复，2015 年 6 月份大马洲水道航道维护尺度为 5.0×100 m（航道水深×航道航宽）。依据 6 月 3 日江图量算，事发水域江面宽度约为 1 060 m。长江航道局外网公布：6 月 1 日—7 日，大马洲水道实际维护尺度为 6.0×150 m。长江武汉航道局 6 月 3 日测图显示，事发水域未发现浅点、障碍物，大马洲水道河床形态、滩槽格局基本稳定，水流平顺。

大马洲水道航道左侧自下而上设置大马洲白浮标 11 座、沿岸标 1 座，另设置了航道整治工程施工专用标 2 座；右侧自下而上配布 44 号过河标 1 座、大马洲红浮标 8 座。

2. 水文情况

长江水利委员会长江科学院提供的资料表明：6 月 1 日 20 时，监利流量 11 700 m^3/s，监利水位 29.77 m，事发当时南岸堤顶距水面高度约为 10.6 m；6 月 3 日 8:19 在事发地点上游 400 m 处实测，监利流量 11 600 m^3/s，断面面积 11 900 m^2，平均流速 0.97 m/s，最大流速 2.34 m/s，监利水位 30.01 m。事发河段 6 月 3 日观测的流量与监利站 6 月 1 日的流量很接近，6 月 1 日的流速可参考 6 月 3 日观测的流速。

3. 现场刑侦勘验情况

经公安部、湖北省和武汉市、荆州市及长江航运公安局刑事技术专家和刑事技术人员现场勘验，未发现起火燃烧痕迹、爆炸痕迹和人为破坏痕迹。

二、事件基本经过

（一）事件发生经过

经对气象、船舶有关情况的调查和船舶模拟试验，根据"东方之星"轮 AIS、GPS 轨迹资料，现场勘查记录及获救船员、旅客、事发水域附近船舶船员陈述，查清了事发经过。

2015 年 5 月 28 日 13:00，"东方之星"轮由南京港五马渡码头开航上行，计划 6 月 7 日 6:30 抵达目的港重庆。开航时在船船员 46 人、乘客 398 人；存燃油 30 t、生活用水 17 t、调载水 3 t，艏、艉吃水均为 2.10 m。

5 月 29 日—31 日，途中分别停靠安徽安庆港（上乘客 10 人）、江西湖口石钟山、江西九江港、湖北武汉港。

6 月 1 日 5:00，停靠湖北赤壁。

11:44，“东方之星”轮由赤壁续航前往荆州港，当时天气多云，风力 2 级，能见度在 10 km 以上。

17:30，大副刘某、舵工李某、水手黎某在窑咀（长江中游航道里程约为 236 km）接替大副谭某、舵工黄某、水手徐某操作船舶，航速约为 14 km/h。当时天气多云，风力 2 级，能见度在 6 km 左右。

21:03，“东方之星”轮航行至“天宇一号”附近水域（长江中游航道里程约 297.5 km），航速约为 14 km/h。此时前方远处有闪电，随后开始下小雨。

21:18，“东方之星”轮行驶至大马洲水道 3 号红浮（长江中游航道里程 301.0 km）附近，遭遇了飑线天气系统，风向由偏南风转为西北风，风雨开始加大。

21:19，“东方之星”轮船长在房间听见风雨声加大，进入驾驶室。此时，当班大副刘某正在雷达显示器后指挥驾驶，舵工李某在操舵，水手黎某站在车钟旁协助瞭望。船长向当班大副了解基本情况后，接手指挥。

21:21，风雨加大，瞬时极大风速达 24.6 m/s 左右（风力 10 级），能见度严重下降，船长命令大副减速，左微舵，欲转向顶风至右岸一侧水域抛锚。航速为 12.0 km/h。

21:22，“东方之星”轮舵工逐步操舵至左满舵。航速为 7.5 km/h。

21:23，“东方之星”轮航速逐渐下降至 2.2 km/h。随后，航速逐步下降为 0 km/h。

21:24，在强风作用下，船舶逐步向右后方后退。后退速度为 4.0 km/h。

21:25，后退速度为 5.6 km/h。船长察觉到船在后退，命令大副加车。

21:26，后退速度减缓至 5.0 km/h。此时该船所处水域突遇下击暴流袭击，风力进一步加大，瞬时极大风速达 32~38 m/s（风力 12~13 级）。

21:28，休班大副程某、谭某进入驾驶室。

21:29，在车舵作用下，后退速度减缓至 4.0 km/h。

21:30，在强风暴雨作用下，船舶偏转，风舷角加大，船舶处于失控状态，后退速度增加至 6 km/h。随后，船舶突然向右倾斜并开始进水。

21:31，船舶主机熄火，迅速向右横倾。

约 21:32，“东方之星”轮翻沉，AIS 与 GPS 信号消失。

该船翻沉于湖北省荆州市监利县长江中游大马洲水道 3 号红浮正横，横距约为 600 m，长江中游航道里程 300.8 km 处（29°42′39″N，112°55′32″E），后漂移 900 多米至长江中游大马洲水道左岸一侧，长江中游航道里程约 299.9 km，距左岸水沫线约 130 m 处（29°42′05″N，112°55′28″E）。

（二）有关情况的调查分析

（1）事件发生时间如下：

沉船打捞出水后，根据现场勘查，驾驶室石英钟时间定格在 21:33，机舱石英钟时间定格在 21:32。另据生还的旅行社工作人员张某陈述：“约 21:23 与妻子通电话，大约通话 5 min。通话被旅行社同事姜某打断，说旅客房间进了雨水，急忙通知楼层服务员帮助客人处理，接着进到 221 房间。后来姜某也到 221 房间，这个时候地板向上越来越高，有水漫进来了，从地板翘起来到船舶翻覆大约有 30 s 的时间。”经调取张某及其妻子通话记录查证，最后中断通话时间为 21:29:44。通过 AIS 和 GPS 轨迹查证，“东方之星”轮最后一个 AIS 信号和 GPS 信号的时间分别为 21:31:49、21:32:02。按照船载 AIS 和 GPS 系统信号发射规则，“东方之星”轮发出下一个 AIS 数据点和 GPS 数据点的时间分别为 21:32:19、21:32:22。AIS 和 GPS 系统的天线一旦没入水中，将无法发出信号。

通过以上物证及相关分析认为：约 21:31，为船舶向右横倾时间；约 21:32，为船舶翻沉时间。

(2)人员逃生和获救情况如下：

共有 12 人生还(船员 6 人，乘客 6 人)，其中 7 人自游上岸、5 人被救上岸。根据调查询问，逃生获救经过如下：

船舶倾覆后，船长张某在水里摸到驾驶室左舷窗户钻出水面，游到船尾抓住舵叶，随后顺流游上左岸。上岸后，在下游方向遇到自游上岸的轮机长杨某、大副谭某和程某；随后 4 人沿岸边寻找其他可能自救人员，后来遇到重庆航道工程局施工作业船舶“鄂黄冈货 2177”，张某借助施工人员手机向岳阳海事局和重庆东方轮船公司报告了船舶翻沉情况。

轮机长杨某事发时在机舱平台靠近左侧门处，船突然向右边倾斜时顺手抓住附近铁架，后被进水从机舱左侧门冲出，然后爬上船底，在船继续下沉时离船游向左岸上岸。

大副谭某在该船突然向右边倾斜时摔倒，被水流冲出水面，后游至船底，在该船继续下沉时离船游向左岸上岸。

大副程某在该船突然向右边倾斜时，抓住雷达扶手，摸到左侧一个窗户洞钻出水面，顺水下淌并游上左岸。

客运部小卖部服务人员余某到三楼甲板收衣服推开舱门时，该船突然向右倾斜将其甩入江中，后自游上岸。

值班机工陈某在船舶倾斜进水时，被困于机舱，6 月 2 日被潜水员救出。

旅客吴某在船舶向右倾斜后，用手推开窗户浮出水面，趴在船底，后自游上岸。

旅客胡某在船舶向右倾斜时，在三楼过道处被水流冲出舷外，抓住 2 个救生圈漂流，后抓住一座航标的锚链，与旅客谢某一起被海巡艇救助上岸。

旅客谢某在船舶向右倾斜后，被水流冲出窗户，出水后抓住乘客胡某的救生圈，后一起漂流并抓住一座航标的锚链，被海巡艇救助上岸。

旅行社工作人员姜某在船舶右舷倾斜时拿到救生衣，从窗户钻出水面，顺水下漂约两个小时，被一艘船舶救起。

旅行社工作人员张某在船舶右舷倾斜时爬出窗户，后顺水漂流至岳阳水域自行上岸。

旅客朱某在船舶翻覆后被水流冲至被服间舱室，6 月 2 日被潜水员救出。

由于事件发生于夜间，室外狂风暴雨，且船舶倾斜后顷刻翻沉，绝大部分船员、旅客在舱室内，很难逃出。

(3)事发信息报告情况如下：

6 月 1 日 22:10，岳阳海事局指挥中心接“铜工化 666”轮报告，称在“天字一号”附近水域发现有 2 名落水人员。

22:12，岳阳海事局指挥中心通知监利海事处和华容海事处立即出艇救助，并联系周围施工船参与救助落水人员。

23:09,岳阳海事局向长江海事局总值班室报告人员落水险情信息。

23:22,岳阳海事局指挥中心接监利海事处报告,“东方之星”轮可能出事,之后多次与重庆东方轮船公司和监利海事处等联系确认。

23:35,岳阳海事局指挥中心负责人向岳阳海事局负责人报告,可能是“东方之星”轮发生翻沉,随后立即组织过往船舶及其他社会救助力量参与救助。

23:40,岳阳海事局负责人与获救的“东方之星”轮船长通话,确认“东方之星”轮已遇险翻沉,随即向岳阳、监利两地人民政府报告;随后,重庆东方轮船公司从岳阳海事局获悉“东方之星”轮已翻沉。

23:47,监利海事处窑监执法大队在陶市河口救起 2 名落水人员,确认为“东方之星”轮上的 2 名旅客。

23:54,岳阳海事局向长江海事局报告“东方之星”轮翻沉。

6 月 2 日 00:10,“东方之星”轮船长张某向重庆东方轮船公司值班员报告船舶翻沉,该公司随后启动了应急预案,并向万州区人民政府报告。

00:45,长江海事局将事件信息上报长江航务管理局。

00:55,长江海事局将事件信息上报湖北省人民政府值班室。

01:00,长江海事局将事件信息上报中国海上搜救中心。

01:15,中国海上搜救中心将事件信息电话报告交通运输部和国务院总值班室。

(4)“东方之星”轮周围船舶动态情况

“东方之星”轮在大马洲水域共与 5 艘船舶会过船。

①“长航江宁”轮:该船为滚装船,装载 682 辆汽车,自武汉上行开往重庆。

21:03,“长航江宁”轮航行至“天字一号”附近水域(长江中游航道里程约 299 km),船长发现闪电打雷,进入驾驶室,在雷达屏上发现前方约 1 500 m 处显示雨的杂波,于是命令当班二副慢车,航速由 16 km/h 开始下降。

21:07,“东方之星”轮与“长航江宁”轮联系,“长航江宁”轮(航速 10 km/h)告诉其本船已慢车,准备在前面稳船观察天气,如天气不好就在前面红浮处抛锚。

21:15,“东方之星”轮(航速 14 km/h)告诉“长航江宁”轮(航速约 7.0 km/h)拟从其右舷驶过。

21:20,“东方之星”轮(航速 13.5 km/h)在大马洲水道 3 号红浮附近(长江中游航道里程约 301 km)从“长航江宁”轮(航速 3 km/h)右舷驶过。随后,“长航江宁”轮受风影响,开始向江心偏移。

21:21—21:28,受强风影响,“长航江宁”轮在大马洲水道 3 号红浮正横 300 m 附近水域用车用舵顶风,船舶前后左右移动。其中 21:24—21:28,“长航江宁”轮向右后方后退,后退方向与“东方之星”轮相同时段的后退方向一致。

21:29—21:31,船长加车至双车进三顶风(实际输出功率为 1 100 kW,该船全速为四挡),船位向其左后方缓慢移动。

21:32,下击暴流开始减弱,船舶逐渐驶向右岸一侧。

21:39,在大马洲 3、4 号红浮连线处抛锚。

②“翔渝 9”号货船:该船载货 3 700 t,自重庆丰都下行开往武汉,21:23,当船舶行驶至大马洲 4 号红浮时,当班二副发现天气不好,便通知船长进入驾驶台;21:24,该船与“东方之星”

轮右舷会过;21:26,与“长航江宁”轮右舷会过;21:40,在“长航江宁”轮下游约 500 m 处抛锚。

③“港盛 1010”货轮:该船装载 4 120 t 矿石,自重庆涪陵下行开往江苏泰州。约 21:18,与“东方之星”轮在大马洲 3 号红浮右舷会过。约 21:25,船舶行驶至大马洲 2 号红浮时,当班大副感觉天气非常恶劣,便通知船长上驾驶台,此时雷达无法正常显示。后约于 22:40 在韩家洲抛锚停泊,距“东方之星”轮翻沉地点下游约 10 km。

④“东怡 99”货船:该船装载电石渣 1 400 t,自湖北枝城下行开往湖北汉川。约 21:21,与“东方之星”轮在大马洲 3 号红浮附近右舷会过;约 21:25,当班大副看到外面下暴雨,便通知船长上驾驶台;后约于 22 时在洪水港附近抛锚,距“东方之星”轮翻沉地点下游约 10 km。

⑤“铜工化 666”液货船:该船空载,自湖北宜都下行开往安徽铜陵。约 21:22,当班船长驾驶船舶与“东方之星”轮在大马洲 3 号红浮附近右舷会过,后约于 21:40 在“东方之星”轮翻沉地点下游约 5 km 的大马洲左岸附近抛锚。

(5)“东方之星”轮与附近船舶的对比情况

21:00 至 22:00,上行的“长航江宁”轮、“东方之星”轮,下行的“翔渝 9”号轮航经大马洲水道时,均突遇暴风雨袭击。各船舶由于排水量、吃水、上层建筑型式、风压稳性衡准数等方面的差异(见表 10-2),在江里所处区域位置不同,导致了不同的结果。

表 10-2　相关船舶主要数据对比表

船舶	航区	排水量/t	型深/m	吃水/m	上层建筑型式	风压倾侧力臂	风压稳性衡准数
“东方之星”轮	B 级	890.6	3.10	2.16	封闭式	0.173	1.014
“长航江宁”滚装船	A 级	2 904.6	4.10	2.65	贯穿式	0.123	1.233
“翔渝 9”号货船	A 级	4 637.4	4.90	4.10	横向受风面积小		

注:(1)风压倾侧力臂$\propto\frac{\text{受风面积矩}}{\text{排水量}}=\frac{\text{受风面积}\times\text{形心高}}{\text{排水量}}$。风压倾侧力臂越小,说明受风面积产生的相对倾侧力影响越小,船舶抗风能力越强。

(2)根据船舶抗风浪标准由高到低,内河航区分为 A、B、C 级。“东方之星”轮的核定航区为 B 级,实际遭受 21.52 m/s(9 级)横风时,丧失稳性;“长航江宁”轮的核定航区为 A 级,在 B 级航区遭受 33.35 m/s(12 级)横风时,丧失稳性。

“长航江宁”轮在减速准备锚泊前突遇强风暴雨并受到较大的影响,船长采取了稳船操作措施,也有受强风暴雨作用出现下漂、后退的航迹,船位一直在附近水域上下游弋。但其受风面为贯穿通透式,实际排水量是“东方之星”轮的 3.3 倍,吃水比“东方之星”轮深 0.49 m。“长航江宁”轮的核定航区为 A 级,在 B 级航区遭受 33.35 m/s(12 级)横风时,丧失稳性;而“东方之星”轮的核定航区为 B 级,在遭受 21.52 m/s(9 级)横风时,即丧失稳性。

“翔渝 9”号轮为重载下行船,航速快,且为右侧船尾来风,受风面积小,加之实际排水量是“东方之星”轮的 5.2 倍,吃水比“东方之星”轮深 1.94 m,风压稳性衡准数超过 20,船舶抗风能力远远超过“东方之星”轮。

(6)船员求救与警报情况。船长对遭遇的极端恶劣天气及其风险认知不足,未向外发出求救信息,未向全船发出警报,也没有组织弃船及疏散旅客等措施。

三、客轮翻沉事件原因和相关情况

经调查认定，“东方之星”轮翻沉事件是一起由突发罕见的强对流天气（飑线伴有下击暴流）带来的强风暴雨袭击导致的特别重大灾难性事件。“东方之星”轮航行至长江中游大马洲水道时突遇飑线天气系统，该系统伴有下击暴流、短时强降雨等局地性、突发性强对流天气。受下击暴流袭击，风雨强度陡增，瞬时极大风力达12～13级，1 h降雨量达94.4 mm。船长虽采取了稳船抗风措施，但在强风暴雨作用下，船舶持续后退，船舶处于失控状态，船首向右下风偏转，风舷角和风压倾侧力矩逐步增大（船舶最大风压倾侧力矩达到船舶极限抗风能力的2倍以上），船舶倾斜进水并在一分多钟内倾覆。

调查组还查明，“东方之星”轮抗风压倾覆能力不足以抵抗所遭遇的极端恶劣天气。该船建成后，历经三次改建、改造和技术变更，风压稳性衡准数逐次下降，虽然符合规范要求，但基于“东方之星”轮的实际状况，经试验和计算，该轮遭遇21.5 m/s（9级）以上横风时，或在32 m/s（11级以上）瞬时风，风舷角大于21.1°、小于156.6°时就会倾覆。事发时该轮所处的环境及其态势正在此危险范围内。船长及当班大副对极端恶劣天气及其风险认知不足，在紧急状态下应对不力。船长在船舶失控倾覆过程中，未向外发出求救信息并向全船发出警报。

四、调查中检查出的日常管理问题

调查组在对事件的从严、延伸调查中，也检查出相关企业、行业管理部门、地方党委政府及有关部门在日常管理和监督检查中存在以下主要问题：

一是重庆东方轮船公司管理制度不健全、执行不到位。违规擅自对“东方之星”轮的压载舱、调载舱进行变更，未向万州区船舶检验机构申请检验；安全培训考核工作弄虚作假，对客船船员在恶劣天气情况下应对操作培训缺失，对船长、大副等高级船员的培训不实，新聘转岗人员的考核流于形式；日常安全检查不认真，对船舶机舱门等相关设施未按规定设置风雨密关闭装置、床铺未固定等问题排查治理不到位；船舶日常维护保养管理工作混乱；未建立船舶监控管理制度、配备专职的监控人员，监控平台形同虚设，对所属客船未有效实施动态跟踪监控，未能及时发现“东方之星”轮翻沉。

二是重庆市有关管理部门及地方党委政府监督管理不到位。重庆市港口航务管理局（重庆市船舶检验局）、万州区港口航务管理局（万州船舶检验局）未严格按照要求进行船舶检验，未发现重庆东方轮船公司违规擅自对船舶压载舱和调载舱进行变更，机舱门等相关设施未按规定设置风雨密关闭装置、床铺未固定等问题；对船舶检验机构日常管理不规范，对验船师管理不到位；对公司水路运输许可证初审把关不严，对公司存在的安全生产管理制度不健全、执行不到位、船员培训考核不落实等问题监督检查不力。万州区交通委对万州区港口航务管理局安全监督管理工作指导和监督不到位；万州区国资委未认真落实“一岗双责”，对公司未严格开展安全监督检查，对公司存在的培训考核弄虚作假、安全管理制度不健全等问题督促检查不到位。万州区委区政府对万州区交通委等相关部门的安全生产督促检查不到位，对辖区水上交通安全工作指导不力。

三是交通运输部长江航务管理局和长江海事局及下属海事机构对长江干线航运安全监管执法不到位。长江航务管理局未有效落实航运行政主管部门职责，办理水路运输许可证工作制度不健全，审查发放水路运输证照把关不严；长江海事局、重庆海事局、万州海事处对重庆东方轮船公司安全管理体系审核把关不严，未认真履行对航运企业日常安全监管的职责，日常检查中未发现企业和船舶存在的安全隐患和管理漏洞等问题。岳阳海事局未严格落实交通运输部、长江海事局对客船跟踪监控的要求，未建立跟踪监控制度，值班监控人员未认真履行职责，对辖区内“东方之星”轮实施跟踪监控不力，未及时掌握客船动态和发现客船翻沉。

五、防范和整改措施建议

为深刻总结吸取教训，牢固树立安全发展观念，健全完善相关法制体制机制，编织全方位、立体化的公共安全网，进一步加强长江等内河航运安全工作，提出以下建议：

（一）进一步严格恶劣天气条件下长江旅游客船禁限航措施

交通运输部门要及时发布并严格实施长江旅游客船恶劣天气条件下禁限航规定，遇以下情况船舶不得开航或要采取其他有效避险措施：一是气象部门预报或船舶发现出发港有 7 级以上（含 7 级）或超过船舶抗风等级的大风，船舶必须采取有效避、抗风措施，船舶不得开航；二是气象部门预报船舶途经水域有 7 级以上（含 7 级）大风或超过船舶抗风等级的大风，船舶必须采取提前停航等避风措施；三是船舶出发港能见度不足 1 000 m 时，船舶禁止进出港口；船舶航行途中下行能见度不足 1 500 m 或上行能见度不足 1 000 m 时，船舶必须尽快择地抛锚停航。

（二）提高船舶检验技术规范要求，完善船舶设计、建造和改造的质量控制体制机制

交通运输部门要研究完善内河船舶检验技术规范，提高内河客船抗风能力等安全性能。对涉及船舶稳性和尺度的改建、改造应当严格控制和审批。研究提高船舶检测检验机构准入门槛。工业信息化等主管部门应建立健全船舶设计能力评估和规范机制，完善船舶建造企业生产条件规范体系，推进企业船舶设计、建造能力水平的动态评估制度，进一步提高船舶设计、建造企业规范化水平。

（三）进一步加强长江航运恶劣天气风险预警能力建设

气象部门要针对中小尺度强对流天气强度大、突发性强、致灾重等特点，进一步加大科研投入，加强监测预警方法研究，提高监测预警能力。适应长江航运安全保障需求，进一步加强长江沿岸天气雷达、自动气象观测站网建设，并加强船舶自动气象探测系统建设，提高恶劣天气预测预警能力。完善气象部门与海事部门信息快速共享机制，强化短时临近预警信息的快速发布，健全长江水上交通安全广播电台甚高频气象广播、手机短信等多种接收方式，确保海事监管机构和航行船舶及时准确获取灾害性天气预报预警信息。制定《气象灾害防御法》，进一步提高全社会防御气象灾害的能力。

（四）加强内河航运安全信息化动态监管和应急救援能力建设

交通运输部门要进一步健全完善水上交通动态监控相关措施，大力推进 AIS、VTS 等水上交通管理动态监控系统建设和应用，充分发挥信息技术在提高安全防范和应急反应能力方面的重要作用。建立重点客运船舶动态监控系统，合理安排值班人员，加强重点船舶、重点水道、极端天气值班值守。地方政府和交通运输部门要进一步加强长江应急救援体系建设，加大投

入,增加设置长江搜救站点,强化救援队伍建设,配备结构合理、性能高效的救援装备,提高应急反应能力,做到及时发现,快速反应,科学施救,保障有力。

(五)深入开展长江航运安全专项整治

交通运输部门要进一步严格航运尤其是客运市场准入,加强客船运输经营人资质动态跟踪管理,严格经营资质年度考核和不定期资质现场抽查,强化对水运经营人和客船进入市场后的监管。加快内河老旧客船升级换代,优化客船运力结构,提高客船安全性。进一步加强长江等内河航行安全管理,严禁旅游客船在恶劣天气条件下航行,加大现场监督执法力度,及时发现并纠正船舶违法违章行为。

(六)严格落实企业主体责任,全面加强长江旅游客运公司安全管理

长江旅游客运公司要按照《安全生产法》和水上交通管理的法律法规及规章制度,严格实施公司安全管理体系,健全企业安全生产责任体系,全面落实企业主体责任;建立健全本公司船舶限航、停航、抛锚及预警的制度规定;加强企业员工尤其是船员的培训考核,针对不同船舶、不同航线、不同险情,定期组织针对性船岸应急演练,不断提高船舶和岸上应急反应能力;利用企业 CCTV、GPS、AIS 等手段,对公司所属旅游客船进行 24 h 不间断监控,加强船舶驾驶台资源管理,强化船舶航行动态管理,确保及时发现和解决船舶航行中存在的问题。

(七)加大内河船员安全技能培训力度,提高安全操作能力和应对突发事件的能力

交通运输部有关部门统筹规划航海院校和培训机构的培训教育工作,完善内河船员职业培训教育和船员考试基础设施建设,提高客运船舶船员考核培训标准。教育、人力资源社会保障部门要在船员教育培训和社会保障等方面出台优惠政策,提升内河船员职业吸引力,提高内河船员特别是船长等高级船员整体素质和业务能力。

参考文献

[1]陈晓翔,杨学辉.船舶管理.大连:大连海事大学出版社,2010.

[2]杨学辉,刘芳伍.船舶管理.大连:大连海事大学出版社,2016.

[3]中国海事服务中心.船舶管理(船长).北京:人民交通出版社,2012.

[4]邱文昌,伍生春,田佰军.船舶结构与货运.北京:人民交通出版社,2012.

[5]杨德坤.船舶货运技术.北京:人民交通出版社,2018.

[6]中国船级社.钢质内河船舶建造规范.2019.

[7]中华人民共和国国家质量监督检验检疫总局,中国国家标准化管理委员会.包装储运图示标志:GB/T191—2008.2008.

[8]中国船级社.内河集装箱系固手册编制指南.2011.

[9]中华人民共和国海事局.内河船舶法定检验技术规则.2019.

[10]国际海事组织.国际海上人命安全公约(2009 年综合文本).中国船级社,译.北京:人民交通出版社,2010.

[11]国际海事组织.73/78 防污公约(2006 年综合文本).中国船级社,译.北京:人民交通出版社,2007.